# KULTUR UND GESCHICHTE DES HANDELS

Hans-Jörg Bauer und Bernd Hallier

Eine Veröffentlichung des
EHI-EuroHandelsinstitut

# INHALT

| | |
|---|---|
| Vorwort | 4 |
| Einleitung | 6 |

**Kapitel 1: Eine kasuistische, deskriptive Betrachtung**     11

| | |
|---|---|
| Es begann mit Adam und Eva | 12 |
| Feuerstein gegen Steinbeil | 14 |
| Handel und Schrift | 16 |
| Pharaonen liebten Verstaatlichung | 18 |
| Babylon und der Kodex Hammurabi | 20 |
| Phönizier– Seemacht im Mittelmeer | 22 |
| Hermes – Gott der Händler | 24 |
| Etrusker, Kelten und Germanen | 27 |
| Chinesen – Erfinder der Marktwirtschaft? | 30 |
| Aufstieg und Fall Roms | 32 |
| Die Wikinger: Besser als ihr Ruf | 38 |
| Islam, Basare und Karawansereien | 42 |
| Klöster und Karolinger | 44 |
| Kreuzzüge und die Macht der Päpste | 47 |
| Die Hochkultur der Mauren | 50 |
| Handel und Handwerk im Mittelalter | 54 |
| Jahrmärkte und Kauffrauen | 58 |
| Weinhandel im Mittelalter | 64 |
| Der Städtebund der Hanse | 69 |
| Die Hanse in London | 73 |
| Handelsherren zur Hansezeit | 76 |
| Venedig – Drehscheibe für den Handel | 79 |
| Der portugiesische Pfeffer-Imperialismus | 86 |
| Land der aufgehenden Sonne | 88 |
| Kolumbus – Entdecker neuer Handelswege | 94 |
| Die Fugger – Erster multinationaler Konzern | 96 |
| „Vereenigde Oost-Indische Compagnie" | 99 |
| Teehandel: East-India-Company | 104 |
| Der Bosporus und das Osmanische Reich | 108 |
| St. Petersburg – Tor zum Westen | 112 |
| Handelsallegorien | 115 |
| Kaufleute oder Abenteurer | 118 |
| Sklaven und Ressourcen | 126 |
| New Orleans und die Baumwollkontore | 129 |

| | |
|---|---:|
| Merkantilismus und Liberalismus | 131 |
| Wasserstraßen: Teil der Infrastruktur | 136 |
| Vogelhändler und Buckelapotheker | 141 |
| Stationärer Handel und Galerien | 145 |
| Facetten einer Markt-Atmosphäre | 153 |
| Ein Jahrhundert der Kauf-Kathedralen | 162 |
| 1939-1945 – Eine Zäsur der Zerstörung | 175 |
| Lifestyle made in USA | 176 |
| Expansion im Westen | 181 |
| Öffnung im Osten | 185 |
| Großflächen und Neue Medien | 189 |
| Emotionale Nischen | 193 |
| Der Handel und das Geld | 198 |
| | |
| **Kapitel 2: Chronologie der Handels-Geschichte** | 207 |
| | |
| **Kapitel 3: Übergreifende Interpretationen** | 257 |
| | |
| Das Rote Sortiment | 258 |
| Stetige Innovationsschübe im Handel | 260 |
| Handelsstandort Nordrhein-Westfalen | 264 |
| | |
| **Kapitel 4: Handel als Kultursponsor** | 267 |
| | |
| Pawel Michailowitsch Tretjakow | 268 |
| Louis Comfort Tiffany | 270 |
| Gottlieb Duttweiler | 271 |
| Lord Sainsbury | 272 |
| Karlheinz Essl | 273 |
| Die Damen Koyama | 274 |
| Garry Weston | 275 |
| Drogeriemarkt dm | 276 |
| EHI: Potentieller Katalysator | 276 |
| | |
| **Kapitel 5: Register und Quellen** | 279 |
| | |
| Namensregister | 280 |
| Firmenverzeichnis | 286 |
| Literaturverzeichnis | 290 |
| Bildnachweis | 294 |

# VORWORT

Herr Prof. Dr. H.-J. Bauer hat 1982 im AT-Verlag erstmals den Titel „7000 Jahre Handel – Eine Kulturgeschichte" herausgegeben. Nunmehr greift das EHI: EuroHandelsinstitut Köln 1999 mit einer zweiten, stark erweiterten Auflage das Thema der Interdependenz zwischen Handel und Kultur erneut – und in Zusammenarbeit mit Prof. Dr. Bauer – unter dem Titel „Kultur und Geschichte des Handels" auf.

Die Erstausgabe wurde als Kapitel 1 übernommen und aktualisiert. Desweiteren erfolgte unter Verwendung der seit November 1997 in „Dynamik im Handel" gemeinsam vom EHI sowie Ulrich und Martin Mertens unter der Rubrik „Kunst und Kommerz" erstmals veröffentlichten Artikel eine neue Akzentuierung. In jener Zeitschriftenreihe wurden Werke bekannter Maler vorgestellt, die sich als Künstler mit der Darstellung von Handelsthemen befaßt haben.

Im Kapitel 2 werden wichtige Geschehnisse des Handels in einer Zeittafel im Zusammenhang mit grundlegenden geschichtlichen Ereignissen gebracht. Die Auswahl der historischen Daten korreliert allerdings bewußt mit dem Blickwinkel des Handelsforschers. Analog werden in der Zeittafel auch nur diejenigen Künstler aufgenommen, von denen ein Werk im ersten Kapitel dieses Kultur- und Geschichts-Reports publiziert wird.

Das Kapitel 3 zeigt anhand dieser Beispiele, wie das „Rohmaterial" der einzelnen Epochen beziehungsweise der Daten übergreifend interpretiert werden kann.

Kapitel 4 stellt exemplarisch eine Auswahl bedeutender Kaufleute vor, die sich um die Kulturförderung verdient gemacht haben. Sie stehen sozusagen als Animation für Nachahmer!

Das Übersichtskapitel 5 enthält ein Suchregister der im Kulturreport des Handels erwähnten Namen, ein Literaturverzeichnis, einen Bildnachweis sowie ein Firmenverzeichnis.

Auch diese zweite Auflage erhebt nicht den Anspruch auf Vollständigkeit, sondern es ist das Anliegen der Herausgeber, mit dem vorliegenden EHI-Kultur- und Geschichts-Report des Handels zu weiteren wissenschaftlichen Auseinandersetzungen anzuregen. Letztendlich sollen durch diesen Report die im Handel tätigen Mitarbeiter für die Kultur sensibilisiert und Externe darauf aufmerksam gemacht werden, welche Leistungen der Handel auch für die Kultur erbracht hat. In diesem Sinne bleibt die vorliegende Arbeit eine populärwissenschaftliche Darstellung.

Der Dank des EHI geht zum einen für die Basisarbeit der ersten Ausgabe und damit des ersten Kapitels dieses neuen EHI-Reports an Herrn Prof. Dr. Bauer, der mit seinem Erstwerk das EHI wesentlich dazu angeregt hat, sich mit dieser Thematik grundsätzlich und ergänzend auseinanderzusetzen. Weiterer Dank gilt Herrn Ulrich Mertens, der als Teilnehmer einer EHI-Studienreise nach Rußland im Juni 1997 beim Besuch der Tretjakow-Galerie in Moskau und der Ermitage in St. Petersburg der Geschäftsführung des EHI „den letzten Kick für dieses Projekt" gegeben und seinen Sohn Martin Mertens zur Mitarbeit animiert hat. Für die Prodjektkoordination – darüber hinaus insbesondere die Aufbereitung der Kapitel 2 und 5 – und das gemeinsam mit Frau Jeannette Fritsch entwickelte Layout ist Frau Dr. Ursula Münch zu danken.

Last but not least wäre ohne die Nachdruckgenehmigungen der vielen Verlage diese umfassende Darstellung des Themas nicht möglich gewesen. Das EHI hofft, daß durch die Quellenangaben des EHI-Reports eine Win-Win-Situation entsteht und auch die Originärquellen/Institutionen gefördert werden. Es gilt, stärker in das Bewußtsein zu rücken, daß die Kultur ein „systemübergreifendes Premiumprodukt" eines ansonsten möglicherweise profanen Alltagslebens ist.

Köln, im Dezember 1999

Dr. Bernd Hallier
Geschäftsführer des EHI

*Den Ursprung der Mitsukoshi-Warenhäuser dokumentierte Okumura Masanobu unter dem Titel: Das Kaufhaus Echigoya*

# EINLEITUNG

In Zeiten des Internets und der E-mails geht der Bürger wie selbstverständlich davon aus, daß es eine funktionierende Weltwirtschaft gibt. Der nach dem 2. Weltkrieg erzielte Lebensstandard und Lebensstil in den USA und Westeuropa setzen hierbei einen weltweiten Austausch von Kommunikation und Ware voraus.

Weniger denkt man darüber nach, daß es Zeiten gab, in denen die Erde in allen ihren wesentlichen Teilen erst erkundet und vermessen werden mußte. Dies geschah vielfach durch oder mit Initiative von Kaufleuten, angefangen vom Wanderhändler bis zum Außenhandelskaufmann, von namenlosen Basarhändlern bis zu großen bekannten Handelshäusern.

Der Handel hat den Wohlstand und Reichtum vermehrt, die Kenntnisse über diese Welt vermittelt, das gegenseitige Verständnis und das Gefühl der Gemeinsamkeit unter den Völkern verstärkt und für den Frieden gewirkt.

Umso unverständlicher ist das schlechte Image des Handels. Prof. Dr. Roland Mattmüller von der European Business School (EBS) konstatiert: „Die negative Grundeinstellung zieht sich über alle Zeitabschnitte hin – von den Physiokraten über die Klassiker und Frühsozialisten bis zum Produktivitätsstreit der ökonomischen Literatur im 19. Jahrhundert und letztendlich bis in unsere heutige Zeit."

Das EHI-EuroHandelsinstitut hat es sich zur Aufgabe gemacht, aufklärend zu arbeiten, um so dem Negativimage entgegenzuwirken, denn es gab Regionen, in denen der Handel den Ton angab, vom „königlichen Kaufmann" gesprochen wurde und der Stand der Kaufleute sich an der Spitze der sozialen Hierarchie befand.

*Markt in Peru*

Von Thomas von Aquin stammt der Satz: „Wer Ware einkauft und verkauft, um dem Nächsten einen Dienst zu erweisen, der übt Tugend". Johann Wolfgang von Goethe schrieb in „Wilhelm Meisters Lehrjahre": „Ich wüßte nicht, wessen Geist ausgebreiteter wäre, ausgebreiteter sein müßte, als der Geist eines echten Handelsmannes"; und auch Friedrich Schiller pries den Stand der Kaufleute: „Euch, Ihr Götter, gehört der Kaufmann!"

Last but not least ist auch die Beschreibung des Aufstiegs und Falls des Hauses Buddenbrook von Thomas Mann eine Ode an den Kaufmann: „Was hat zum Beispiel nach 48 und zu Anfang dieses Jahrzehnts mein Vater nicht alles für die Reformation unseres Postwesens getan! Denken Sie mal, wie er in der Bürgerschaft gemahnt hat, die Hamburger Diligencen mit der Post zu vereinigen, und wie er anno 50 beim Senate, der damals ganz unverantwortlich langsam war, mit immer neuen Anträgen zum Anschluß an den deutschen-österreichischen Postverein getrieben hat! Wenn wir jetzt einen niedrigen Portosatz für Briefe haben und die Kreuzbandsendungen und die Freimarken und Briefkästen und die telegraphischen Verbindungen mit Berlin und Travemünde, er ist nicht der Letzte, dem wir dafür zu danken haben...... Der Zollverein, Wenzel, wir müssen in den Zollverein, das sollte gar keine Frage mehr sein, und Sie müssen mir alle helfen, wenn ich dafür kämpfe! Als Kaufmann, glauben Sie mir, weiß ich da besser Bescheid als unsere Diplomaten, und die Angst an Selbständigkeit und Freiheit einzubüßen, ist lächerlich in diesem Falle. Das Inland, die Mecklenburg und Schleswig-Holstein, würde sich uns erschließen, und das ist umso wünschenswerter, als wir den Verkehr mit dem Norden nicht mehr so vollständig beherrschen wie früher..."

Ein weiteres interessantes Beispiel der kulturellen Dokumentation ist die Oper „Sadko" von Rimsky-Korsakow. Sie erzählt das Märchen des Nowgoroder Kaufmanns Sadko. Aufbauend auf dieser Oper malte Repin 1876 ein Bild mit dem Titel „Sadko". Für jenes Gemälde wurde Repin zum Mitglied der Akademie in St. Petersburg berufen.

Beachtlich und wahrscheinlich durch diesen Kulturreport erstmals in dieser kompakten Darstellung in Umrissen erkennbar, ist die Bandbreite berühmter Maler, die sich in ihren Arbeiten mit Themen des

Handels befaßten. Zu ihnen zählen Bernardo Belotto (Canaletto), Jan Brueghel d. Ä., Marc Chagall, Edgar Degas, Albrecht Dürer, Vincent van Gogh, Jean Gossart, Francisco Goya y Lucientes, Utagawa Hiroshige, Hans Holbein d. J., Wassily Kandinsky, Boris Kustodiew, August Macke, Quentin Metsys, Carl Moll, Leopold C. Müller, Pierre Pourbus, Ilja Repin, Diego Rivera, Louis Comfort Tiffany, Stefano Torelli, Hendrick Cornelisz Vroom, Andy Warhol und Antoine Watteau.

Für die Kunst war der Handel und für den Handel bzw. den Kaufmann waren Kunst und Kultur immer ein herausragendes Thema. Erfolgreiche Kaufleute haben ihre Handelsreisen, ihre Kontore und ihre breiten Tätigkeitsfelder von Künstlern dokumentieren und darstellen lassen. Sie haben Kunst gefördert und Kunstwerke gesammelt.

Kunststile und Handelsaktivitäten lassen sich durchaus miteinander in Analogie bringen:

- **Der Futurismus** strebt das Sichtbarmachen von Dynamik und Bewegung an. Diese Ausdrucksformen weisen im Handel deutlich auf die Dynamik als eine Grundtugend hin.

- **Der Expressionismus** reduziert auf das Wesentliche, arbeitet die „große Linie" heraus und sucht den emotionalen Ausdruck. Für den Handel heißt das, die Attraktivität und Stärke des Angebotes muß überdeutlich seinen Ausdruck finden, so wie zum Beispiel August Macke die Warenschwerpunkte in seinen „Mode-Bildern" unübersehbar in das Blickfeld rückt und alles Nebensächliche beiseite läßt.

- **Der Kubismus** betont gerade Linien, abgegrenzte Farbflächen, klare Gliederungen und reduziert den optischen Eindruck auf blockhafte „Kuben" – daher die Bezeichnung. Dieses Prinzip signalisiert Ordnung, Klarheit und Übersicht, Kubismus als künstlerisches Stilmittel korrespondiert in gelungener Weise mit einer attraktiven Schaufenstergestaltung, im Ladenbau und mit einer geordneten Warenpräsentation.

- **Der Orphismus** läßt eine eher lyrische harmonische Komponente anklingen, so wie es wohl der antike Sänger Orpheus in seinem Gesang bevorzugt hat. In ihren Bildern erzielen Maler diese kaufstimulierende Harmonie-Wirkung durch eine Feinabstimmung warmer und volltöniger Farbgebung, ebenso wie eine ausgewogene Formgebung, die beide für eine Präsentation von Mode und Suggerierung von Kaufreizen nicht feinfühlig genug kultiviert werden können.

- **„Les Fauves"** sind die Wilden, Unbändigen und Ungeduldigen in der Malerei, die leuchtende Farben, Kraft, Spontanität und Experimentierfreudigkeit in ihren Bildern deutlich werden lassen, eben Eigenschaften, die für einen innovativen Handel in hohem Maße gefordert sind und deutlich machen, daß ohne Aktivität und Mut zu unkonventionellen Lösungen sowie avantgardistischem Vorwärtsdrang nichts bewegt werden kann.

Kunst und Kultur in den Gefühls- und Erlebniswelten von Läden und Kaufhäusern sowie in der Werbung bieten das weite Feld, auf dem sich erfolgreicher Handel auch in der Zukunft abspielt.
Eine echte Seelenverwandschaft zwischen Handel und Malerei ist auch das kosmopolitische Weltbild vieler Händler und Maler. Allein die im EHI-Report mit ihren Werken erwähnten Maler sind – gemessen am Verhalten der Durchschnittsbürger, an ihrer jeweiligen Zeit und den finanziellen Ressourcen – viel gereist:

- Der Nürnberger Albrecht Dürer arbeitete 1493 in Basel und weilte 1494 und 1505 in Italien.

- Der Augsburger Hans Holbein arbeitete von 1516 bis 1532 als Drucker in Basel, bevor er als Hofmaler nach London ging.

- Der in Amsterdam geborene Claes Jansz Visscher zeichnete 1616 Stadtansichten von London.

- Der Flame Antoine Watteau, bekannt als der französischste aller französischen Maler, besuchte 1719/20 London.

- Der Venezianer Canaletto gelangte als Hofmaler an den Fürstenhöfen Europas zu höchstem Ruhm.

*Damnoen Saduak, Thailand*

- Der Italiener Stefano Torelli ging nach seiner Ausbildung 1740 als Hofmaler nach Dresden und übernahm ab 1761 eine Professur in St. Petersburg.

- Der Pariser Impressionist Edgar Degas besuchte 1872/73 seine Verwandten in New Orleans.

- Der Russe Ilja Repin besuchte 1875 London und Paris und reiste 1883 nach Deutschland, Holland, Frankreich und Italien.

- Der Amerikaner L. C. Tiffany studierte 1868 in Paris und vertiefte seine Eindrücke durch eine Nordafrika-Reise 1880/71. Weitere Europa-Visiten und eine Nilfahrt 1908 folgten.

- Der Dresdner Leopold C. Müller siedelte beruflich nach Wien um und reiste nach Ungarn, Frankreich, Italien, die Türkei und Ägypten.

- Der Russe Marc Chagall kam durch ein Stipendium 1910 nach Paris, wohin er nach mehrjähriger Unterbrechung 1922 erneut zurückkehrte. Die Jahre 1941 bis Kriegsende verbrachte er dann in den USA, ab 1949 ließ er sich dann im südfranzösischen Vence nieder.

- Der Russe Boris Kustodijew besuchte 1912 die Uffizien in Florenz

- Der Deutsche August Macke erhielt wichtige Eindrücke von der jungen französischen Malerei in Paris und war 1914 mit Paul Klee zusammen in Tunis.

- W. Kandinsky bereiste gegen Ende des 19. Jahrhunderts Italien, Frankreich, Holland und Deutschland. Er lehrte ab 1920 gleichzeitig an der Moskauer Universität und in Weimar am Bauhaus.

- Der Bremer Balet wanderte 1938 in die USA aus, kehrte 1965 nach Deutschland zurück und übersiedelte dann nach mehrjährigem Aufenthalt in Frankreich in die Schweiz.

Der EHI-Report weist nach, daß der Handel in der Vergangenheit schon immer Betrachtungsobjekt der Malerei war, ebenso wie seitens des Handels die Malerei als Dokumentation genutzt wurde. Heute sind Kunst und Kultur für den Handel aktueller denn je. Denn nur mit Kulturverständnis, ist der Austausch der Kulturen weltweit möglich. Dann ist Globalisierung auch keine Bedrohung – dann ist Globalisierung eine Chance.

# EINE KASUISTISCHE, DESKRIPTIVE BETRACHTUNG

Die Geschichte des Handels wird in 47 Zeitabschnitten dargestellt und überwiegend mit Werken aus der Malerei verknüpft. Durch diese kompakte Darstellung wird erstmals in Umrissen die Bandbreite berühmter Maler erkennbar, die sich in ihren Arbeiten mit Themen des Handels befaßten.

# ES BEGANN MIT ADAM UND EVA

Unstrittig ist die Bedeutung des Handels an der Entwicklung der Menschheit. In allen Geschichtsepochen tritt er vor allem dann in Erscheinung, wenn es galt, einen Fortschritt zu erzielen, Entwicklungen in Gang zu bringen, Neues zu schaffen. Verfolgt man die Entwicklung des Handels über die Jahrhunderte und Jahrtausende zurück, so verlieren sich seine Anfänge im Dunkel der Geschichte. Er ist sicher älter als vieles andere, das der Mensch im Laufe seiner Entwicklung geschaffen hat. „Längst bevor der Staat sich erhob vom Lager, noch in der Morgendämmerung der Geschichte, hatte der Handel schon ein Gutteil seines Tagwerks vollbracht", heißt es bei einem Dichter.

Und in der Tat: Wo der Handel begann, wissen wir nicht genau. Vielleicht schon zu Anbeginn der Menschheitsgeschichte selbst. Damals, als Eva zum verbotenen Baum der Weisheit ging, die reife Frucht pflückte und diese Adam als „als besondere Gabe" reichte. Er aber konnte gar nicht anders, als dieses Angebot anzunehmen, wenn er nicht unhöflich sein wollte. Dabei war natürlich beiden bekannt, daß jede Großzügigkeit mit eben solcher zu honorieren ist und daß jede Gabe eine Gegengabe erfordert. Wie diese aussah und welcher Wert größer war, der des Apfels oder der Wert der Gegengabe, das läßt sich nicht mehr so genau feststellen. Schließlich ist ja auch einige Zeit vergangen seit dieser denkwürdigen Stunde. Eines steht fest: Mit Tausch von Gabe und Gegengabe begann es. Damit war aber auch die Grundformel des Handels gefunden: der Tauschhandel.

„Unter allen Arten zu handeln", so heißt es in dem alten Buch „Die Welt in Bildern" aus dem Jahre 1793, „ist der Tauschhandel die erste, und beinahe so alt wie die Welt. Denn nachdem Gott wider den ersten Menschen das Urteil ausgesprochen hatte, daß er im Schweiße seines Angesichtes sein Brot essen solle, brachte die Erde nichts ohne menschliche Beschäftigung hervor. Solches nötigte die Menschen, insonderheit bei ihrem großen Anwachsen, daß sie Arbeiten untereinander teilten, und der eine sich auf den Ackerbau verlegte und der andere auf die Viehzucht, der dritte auf den Weinbau und so weiter. Alle die Handarbeiten erforderten Werkzeuge, und die Blöße des menschlichen Körpers wollte bedeckt sein. Daher widmeten sich wieder andere den Handwerken und Manufakturen. Auf solche Art entstanden unter den Menschen besondere Stände. Eben dieser Ursprung der verschiedenen Stände ist auch der Zeitpunkt, auf welchen man den Ursprung des Tauschhandels anzusetzen hat."

## Handel ohne Händler

In den früheren, vielfach noch im Dunkeln liegenden Epochen der Menschheitsgeschichte gab es den Berufsstand des Händlers oder Kaufmannes noch nicht. Vielmehr war durch Jahrtausende hindurch jeder einzelne in irgendeiner Form ein Händler. Jeder, der etwas besaß, suchte anderes dafür einzuhandeln, das ihm fehlte.

Bei den Indianern an der Nordwestküste Britisch Kolumbiens – so wie heute noch allzu oft – wurde der Handel als Geschenk getarnt, ja geradezu ein Geschenkfest daraus gemacht. Das Schenken wird zur Pflicht oder zumindest zu einem Ritual um des Geschäftes willen. Mit der Gegengabe darf man sich nicht lumpen lassen, das „freiwillige" Geschenk ist in Wahrheit eine strikte Verpflichtung und dabei gab es Weihnachten noch gar nicht.

Als Kolumbus an der „Indischen Küste" landete, fand er bedauerlicherweise keine Kaufleute vor, doch anscheinend gelang es ihm, auch ohne diese seine Schiffe mit Schätzen anzufüllen. Aber nahezu 300 Jahre später, als der Abenteurer Cook die Hawaii-Inseln anlief, wurde es ihm zum Verhängnis, daß es dort keine Kaufleute mit vollen Lagern gab. Die tauschfähigen Waren der Insulaner waren bald erschöpft, und damit begann das schreckliche Ende Cooks und seiner Leute.

Bei anderen Völkern und Stämmen aber gab es seit urdenklichen Zeiten solche, die sich mehr zulegten, als sie eigentlich benötigten, die sich kleine Lager hielten,

*Hieronymus Bosch:
Weltgerichtstryptichon
(Detail)*

um sie in Notzeiten mit Gewinn zu verkaufen. Die Bibel erzählt von Alt-Ägypten, daß der Israelite Joseph im Dienste des Pharaos in „fetten Jahren" Getreide aufkaufte, um in „mageren Jahren" auf Lagerbestände zurückgreifen zu können. Kaufleute waren auch die ersten, die ihre engere Heimat verließen, um fehlende Waren zu besorgen und neue Waren aufzustöbern. Sie begannen Verbindungen zwischen den Völkern herzustellen, überwanden Entfernungen und brachten verschiedene Lebensbereiche miteinander in Kontakt.

In diesem Sinne waren die ersten Kaufleute auch die ersten Erkunder oder Entdecker und von allem Anbeginn an der Motor des Fortschritts. Jahrtausende hindurch sollte ihnen diese Rolle niemand streitig machen können. So standen auch hinter den zahllosen und vielfach namenlosen Helden der Entdeckung des Mittelalters als treibende Kraft die Händler. Erst in den letzten zwei Jahrhunderten übernahmen Gelehrte und Wissenschaftler, Forscher und Abenteurer diese Funktion.

# FEUERSTEIN GEGEN STEINBEIL

Schon in der Steinzeit, also etwa vor rund 6000 Jahren, gab es Tauschhandel. Innerhalb mancher Stämme, aber auch zwischen diesen, wurden damals schon, wenn auch manchmal auf etwas abenteuerliche Weise, Äxte, Feuersteine, Picken, Meißel und Pfeile, Meermuscheln, Tonkrüge, Felle, Leder und anderes mehr gehandelt. Natürlich durften auch die Schmucksteine und Schmuckstücke selbst nicht fehlen. Es gab aber auch Stämme, bei denen der Handel verpönt oder sogar mit einem Verbot belegt war. In solchen Fällen mußten die überflüssigen Gegenstände dem Stammeshäuptling oder dem Obersten des Stammes abgeliefert werden, und dieser übernahm die "gerechte" Verteilung. Anfänge des Oligopols also oder des Staatshandels im kleinen, angeblich zum Nutzen der Allgemeinheit. Über den Naturalrabatt, den sich der Stammesoberste selbst einräumte, weiß allerdings die Geschichte nichts Genaueres zu sagen.

Doch diese Steinzeitära wird nur allzu bald vom Fortschritt der Bronzezeit abgelöst und überlagert. Zunächst war dies Kupfer, dann Zinn und später Eisen. So entstanden rasch regelrechte Rohstoffstraßen, wie etwa die Zinnstraße, die Eisenstraße, aber auch die Bernsteinstraße, die Salzstraße und später die Seidenstraße quer durch Asien. Es gab in der Alten Welt zahlreiche solcher Straßen, beginnend von der Ostsee bis nach Italien, von der Sahara bis nach Ägypten, von China quer durch Indien bis nach Europa. Die Natur zeichnete die Wege des Handels vor. Die Eigenarten der Landschaft und des Geländes mußten genutzt werden. Die Saumpfade führten die Täler entlang, überquerten die Flüsse und Furten und fanden die günstigsten Alpenübergänge. Einer der ältesten Alpenübergänge überhaupt war der Brenner. Pelze aus dem Norden, Haar der blonden Germaninnen, vor allem Bernstein von den Küsten der Nord- und Ostsee nahmen hier ihren Weg nach Süden. Es gab auch bereits die ersten lagerhaltenden Händler, und die Transportmittel machten geradezu sprunghafte Entwicklungen durch. Die Revolution der Erfindung des Rades und damit des Wagens führte zeitweilig zu einer Arbeitslosigkeit der Eseltreiber und Kameltreiber, und nur jene, die sich rasch genug umstellen konnten und Wagenlenker wurden, hatten die Zeichen der Zeit erkannt. Sie, die Wagenlenker und Fuhrleute, waren die Fernlastfahrer der Alten Zeit und somit eine wichtige und angesehene

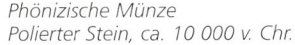

*Phönizische Münze*
*Polierter Stein, ca. 10 000 v. Chr.*

*Tausch von Waren oder Opfergaben in Ur, ca. 2100 v. Chr.*

Stamm, von Land zu Land, ja teilweise bereits von Kontinent zu Kontinent her.

Die Kaufleute dieser Zeit waren Einzelgänger, Individualisten, so wie sie es vielfach bis heute geblieben sind. Nur bestand damals ihr Geschäft aus dem Tausch. Verkaufen und Kaufen war mit Schwierigkeiten verbunden, denn das Geld im eigentlichen Sinne entstand erst später.

Der Tauschhandel der Steinzeitmenschen blieb über die Jahrtausende hinweg in den verschiedensten Formen erhalten. Vielfach vollzog er sich in der ersten Phase der Begegnung unter Umgehung persönlicher Kontakte. Die ersten Handelsbeziehungen zwischen portugiesischen Seefahrern und der schwarzafrikanischen Bevölkerung spielten sich so ab, daß die Europäer ihre Ware, Glasperlen und billiges Tuchzeug, am Strand niederlegten, sich dann zurückzogen, bis die Afrikaner ihrerseits sich heranwagten und ihr Angebot, etwa Nahrungsmittel und Trinkwasser, deponiert hatten.

Und wenn heute ein Teil der Geschäfte mit den ehemaligen Ostblockstaaten und mit Ländern der Dritten Welt im Rahmen von sogenannten Barter- oder Gegengeschäften abgewickelt werden, so sind diese nicht gar zu weit entfernt vom Tauschhandel der Steinzeit.

Berufsgruppe. Viele von ihnen waren zugleich Kaufleute. Dem Handel zuliebe gingen sie auf weite, gefahrvolle Reisen, entwickelten vereinfachte Transportformen und stellten die ersten Querverbindungen von Stamm zu

# HANDEL UND SCHRIFT

Wohl eine der wichtigsten Erfindungen der Menschheit ist die Schrift. Erst durch sie wurde es möglich, Wissen, Erfahrung und Gefühle des Menschen zu speichern, zu bewahren, künftigen Generationen weiterzugeben. Erst durch die Schrift ist es möglich, das umfassende Wissen der Menschheit ständig zu erweitern und auszubauen. Allerdings war die ursprüngliche Bilderschrift dazu noch nicht in der Lage. Erst die daraus entwickelte Symbolschrift, die auch nichtmaterielle Begriffe darstellen kann, und die weiterentwickelte „Lautschrift" erschlossen all die Möglichkeiten von Datenspeicherung und Datenvermittlung.

Schon in den Höhlen der Eiszeitmenschen fanden sich primitive Formen von bildlichen Darstellungen als Wandmalereien. Erste Formen von Schrift waren Bildzeichen, die nicht nur zur Darstellung irgendeines Gegenstandes dienten, sondern schon als Symbole zur Wiedergabe abstrakter Begriffe verwendet wurden. Hervorgegangen ist diese älteste Bilderschrift auf zentimetergroßen Figuren und Formen aus gebranntem Ton zur Darstellung von Objekten, offenbar Handelswaren. Diese ersten Anfänge sind über zehntausend Jahre alt. Es sind Halbkugeln, Blättchen, Pyramiden, Doppelkegel und andere Formen, die man als „Zählsteine" für bestimmte Waren und Güter verwendete. Über sechshundert dieser Zeichen wurden im südlichen Mesopotamien gefunden. Dort befand sich die Stadt Uruk.

Von ihr wissen wir durch Ausgrabungen, daß sie schon vor der großen Zeit der Ägypter eine unglaubliche Wirtschaftsblüte erlebte. Die Nahrungsmittelerzeugung war offensichtlich groß genug, so daß viele die bäuerliche Lebensweise zugunsten einer Handels- oder Gewerbetätigkeit aufgeben konnten. Es entstand das erste rationalisierte, arbeitsteilige Wirtschaftssystem. Ein blühender „Außenhandel" schaffte Obsidian, Kupfer, Lapislazuli und andere Importwaren heran. Der Warenaustausch zwischen den einzelnen Dörfern und mit den umliegenden Gebieten machte „Wirtschafts- und Verwaltungszentren" notwendig. Steuern mußten zu deren Finanzierung eingetrieben werden. All das erforderte eine Buchhaltung, Dokumentation, „Archivierung".

In dieser Zeit entwickelte sich das althergebrachte Zählsystem mittels Steinen aus gebranntem Ton zur Perfektion. Eine Halbkugel mit eingeritztem Kreuz bedeutet ein Schaf, eine Art Tannenbaum auf einem viereckigen Blättchen war das Zeichen für Getreide, ein schneckenartiger Kegel das Symbol für Parfüm. Es gab eine Vielfalt solcher Symbole, wie Striche, Einstiche, Wülste oder Noppen, unterschiedliche Größen

*Ägyptische Bilderschrift, wie sie im Nefertari-Grab gefunden wurde, um 1300 v. Chr.*

und anderes mehr. Alles hatte seine genaue Bedeutung. Eine Art Dokumentationssystem, das sogar für Vertragsabschlüsse verwendet wurde.

Dem Handel waren diese dreidimensionalen und doch etwas unhandlichen Tongebilde bald zu voluminös und zu umständlich, schließlich war der Kaufmann immer schon erfindungsreich, wenn es ums Rationalisieren ging. So entstanden flache Tontafeln, auf denen die ursprünglichen Tonformen nur mehr abgebildet waren. Für ein Schaf ein Kreuz mit einem Halbkreis darum, als Zeichen für Brot wurde statt eines Tonkegels ein Dreieck mit einem Strich verwendet. Eine Schrift war erfunden! Es dauerte nicht lange, da wurde sie weiter vereinfacht. Die Keilschrift war geboren. Und wer darf den Verdienst für sich in Anspruch nehmen: eine auf Handel aufgebaute Wirtschaft, in der jeweils das Geschäftsleben erleichtert und rationalisiert wird.

Die ältesten „Schriften" im engeren Sinn entstanden vor rund 5300 Jahren bei den Sumerern, die im heutigen Süden des Irak lebten. Mit Rohrgriffeln ritzten sie Zeichen für Namen, Zahlen und Waren auf feuchte Tontafeln. Wahrscheinlich waren die Hieroglyphen der Ägypter am Nil eine höchst eigenständige Entwicklung. Diese Bilderschriftt trug vorwiegend religiösen Charakter. Sowohl in Indien als auch viel später in China und Mittelamerika entstanden ebenfalls Schriften als kulturell eigenständige Leistungen.

*Oberer Teil der Hammurabi-Stele die um 1700 v. Chr. in Babylon aufgestellt wurde*

# PHARAONEN LIEBTEN VERSTAATLICHUNG

Wo immer das sagenumwobene Atlantis gelegen haben mag, weitestgehende Übereinstimmung herrscht unter den Gelehrten darüber, daß die Ägypter die Erben dieser versunkenen Kultur waren. Auf irgendeine Weise scheinen einige Atlanter, höchst wahrscheinlich Kaufleute, von der großen Katastrophe des Unterganges ihres Kontinents verschont geblieben zu sein. Vielleicht befanden sich einige gerade auf einer Handelsreise und suchten nach der Vernichtung ihrer eigenen Häfen nach neuen Ankerplätzen. Der hohe Entwicklungsstand der Ägypter läßt es für sehr glaubhaft erscheinen, daß sie tatsächlich von anderen ihr Wissen erbten.

Ohne die Berichte der Kaufleute wäre wohl so mancher Pharao nicht in der Lage gewesen, die Tempel, die Paläste und die prunkvollen Grabstätten zu bauen und auszuschmücken. Manche der Farben, die heute noch in unveränderter Pracht von den Wänden der Gräber leuchten, mußten von weither bezogen werden. Der „Staatshandel" allein aber, dem grundsätzlich der Vorzug gegeben wurde, war dazu sicher nicht imstande.

*Brotverkäufer, 6. Jh. v. Chr.*

Diese Erfahrung mußten die Ägypter schon vor mehr als 4000 Jahren machen, ebenso wie Mittel- und Osteuropa im 20. Jahrhundert. Trotz der Betonung des Staatshandels nach außen hin war das alte Ägypten ein fruchtbarer Boden für Händler und Kaufleute und es ist nicht verwunderlich, daß dieser Berufsstand berühmte Männer hervorbrachte.

Ein großer Sandsteinblock voller Hieroglyphen berichtet uns ausführlich die Taten des „Würdenträgers" und Kaufmannes Una, der 2300 Jahre v. Chr. in Abydos, einer der ältesten Städte Oberägyptens, lebte. Aber sein Landsmann Chuefhor übertraf ihn noch und ließ seine Taten bei Lebzeiten in die Wände seines Felsengrabes einritzen. Recht hatte er, denn zu einer Zeit, da im heutigen Europa noch fin-

sterste vorgermanische Dunkelheit herrschte und höchstens Felle gegen Felle oder Knochennadeln getauscht wurden, drang Chuefhor weit in den Süden Nubiens vor und kam mit 300 voll beladenen Eseln zurück. Weihrauch, Ebenholz, Salben, kostbare Pflanzen, Pantherfelle, Waffen aus Metall und viele andere afrikanische Kostbarkeiten wurden dem pharaonischen Hof geliefert, der mit Dattelwein, Bier, Brot und anderen Lebensmitteln bezahlte. Ein Kompensationsgeschäft auf altägyptisch also, und dem Erfinder stand wahrlich zu, sich das in seinem Grabmal bestätigen zu lassen.

Doch schon viele hundert, ja mehr als tausend Jahre vor Chuefhor gab es hier den Handelsstand. Nur wirkte er in aller Stille und dachte aus ganz bestimmten Gründen nicht daran, in der Öffentlichkeit besonders aufzufallen oder sich gar Monumente setzen zu lassen. Man muß das Museum in Kairo gesehen haben und die dort ausgestellten, ja man kann fast sagen, angehäuften Goldschmiedearbeiten. Türkise, Malachite und andere Edelsteine trugen schon im 4. vorchristlichen Jahrtausend die Frauen schön gefaßt um Arme, Beine und Hals. Zur Freude natürlich der Juweliere, aber auch des Handels, denn sowohl Gold als auch Edelsteine gab es im Niltal nicht, sie mußten erhandelt und herbeigebracht werden.

In der toten Stadt Sakkarrah kann heute, 6000 Jahre später, noch jeder Tourist eine Grabmalerei mit Hieroglyphen beschriftet bewundern, auf der ausführlichst von dieser wichtigen Etappe des Handels Zeugnis gegeben wird. Essenzen gegen Sandalen oder geschnitzte Einlagekästchen, Fische gegen Handarbeit, irdenes Geschirr gegen Salben und Zwiebeln, Korn und Mehl gegen Halsketten, ein Blasebalg oder eine Armspange gegen Angelhaken, das waren so die Geschäfte im Land der Pharaonen.

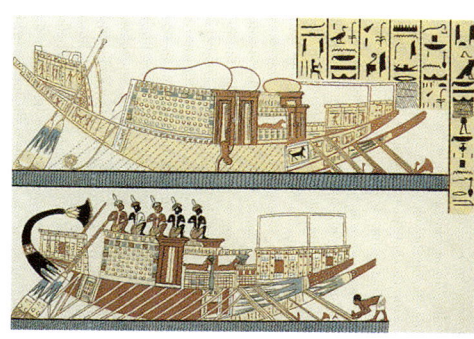

*Transportschiffe in Alt-Ägytpen, Wandgemälde in den Privatgräbern im westlichen Theben*

Der Außenhandel im großen Stil, der Fernhandel, im sogenannten Alten Reich Ägyptens war fast ausschließlich Angelegenheit der staatlichen Versorgungsbetriebe, so daß man beinahe vermuten könnte, die Ostblockstaaten hätten das viele tausend Jahre zurückliegende ägyptische Modell nur nachgeahmt. Diese Staatshandelsbetriebe besaßen als einzige die notwendigen Schiffe. Einige dieser Schiffe dürfte ein günstiger Wind vom Roten Meer bis nach Australien verweht haben. Wie sonst wäre es zu erklären, daß inzwischen mindestens sechs Fundorte einwandfrei phönizisch-ägyptischer Gegenstände in Australien bekannt sind. So wurden auch die Hölzer für den Tempel von Karnak von staatswegen herbeigebracht und diese mit Linsen, Dörrfischen, Schmuckwaren, Leinengeweben oder Papyrus bezahlt. Aber gerade unter dem Deckmantel dieses schwerfälligen Staatshandels mit seinen unzähligen Beamten, Inspektoren und Kontrolleuren, mit seinen Räten und Oberräten entwickelte sich mehr und mehr ein Handel, der die steigenden Erfordernisse einer immer höher stehenden Zivilisation befriedigen konnte.

Dabei ging man höchst unauffällig vor, um nicht den Neid der Pharaonen zu erwecken. Nur allzu leicht konnte es nämlich passieren, daß der Händler zum Staatsbeamten gemacht und als solcher zwar mit hohen Würden ausgestattet wurde, er aber die Quellen seines Wohlstands dem göttlichen Pharao übertragen mußte. Sozusagen Verstaatlichung in Gottes Namen!

*Fleischer und Lebensmittelträger in Ägytpen, 16.-14. Jh. v. Chr.*

# BABYLON UND DER KODEX HAMMURABI

Als ein Volk der Viehzüchter und Handwerker verließen die Juden das Gelobte Land. Nein, nicht freiwillig etwa, um in die Lehre zu gehen, sondern weil Nebukadnezar, der große babylonische König, das jüdische Volk nach Babylon in die Gefangenschaft stecken wollte, nachdem er Jerusalem geplündert und niedergebrannt hatte. Bis dahin aber kannten die Juden nur die edle Form des Handels. Im Alten Testament wurde sie für immer festgehalten. Um eine Grabstätte zu erstehen, versuchte einer den anderen an Großzügigkeit zu überbieten. Man schenkte die Grabstätte gleich mit dem dazugehörigen Acker, allerdings nicht ohne die Bemerkung zu vergessen, wie groß der Wert des ganzen Geschenkes sei: „Das Feld ist 400 Lot Silber wert, was aber ist das zwischen dir und mir!"

Doch diese Haltung sollte sich bald ändern. In der Zeit des babylonischen Exils vollzog sich die große Wandlung. Hätte es eine bessere Lehre geben können als in Babylon, dem damaligen Mittelpunkt von Handel, Verkehr und Handwerk? Und so wurden die Juden Kaufleute und Händler und sollten es lange bleiben. Das war auch ihr Glück, denn nur so, und nicht etwa als Bauern, Handwerker oder Siedler, konnten sie später, verstreut in aller Welt, aber zäh festhaltend am alten Glauben, überleben.

Wie gelehrig die Kinder Israels in der Verbannung waren, geht aus den tönernen Geschäftspapieren der Firma „Murasha & Söhne" hervor, die im unversehrten „Safe", mit Asphalt verschlossenen Tonkrügen, im ehemaligen Geschäftshaus der jüdischen Firma gefunden wurden. Innerhalb kurzer Zeit war dieses Familienunternehmen zu einer internationalen Großbank und zu einem Immobilienbüro geworden, mit Filialen an allen bedeutenden Plätzen. Der Zinssatz allerdings betrug damals 20 Prozent!

Ansonsten aber muß es ein prachtvolles Bild gewesen sein, dieses Babel, in dessen Straßen sich die Kaufleute und Straßenbankiers, die Schreiber und Anwälte, die vollgeladenen Kamele und hochrädrigen Händlerkarren drängten. Nicht zu vergessen die Priester und Tempeldiener, deren Kultdienst mit dem Geschäftemachen schon damals eng verflochten war. Die Spenden und Opfergaben mußten gut verhökert werden, dazu waren eigene Verkaufslager und Depots notwendig.

Es mag wohl auf deren Einfluß zurückzuführen sein, daß in einem der ältesten Gesetzeswerke der Welt überhaupt, dem „Kodex Hammurabi", der Handel Erwähnung findet und sogar einen besonderen Schutz genießt. Man stelle sich vor: Siebzehnhundert Jahre v. Chr. wird hier für den Handel, der sich an den Flußufern und den Toren der Stadt abspielt, ein ordnender Rahmen gesetzt, es werden Agenturwesen und Gesellschaftsverträge geregelt, und es genießen vor allem die kleinen Kaufleute einen besonderen Schutz!

Daß die Kirche ihre Gelder in eigenen Banken anlegte, war auch den Babyloniern eigentlich nichts Neues. Wenn man schließlich noch weiß, daß unsere Maß- und Gewichtssysteme ebenfalls in diesem Babel erfunden wurden und zur Anwendung kamen, dann wundert es eigentlich nicht mehr, daß man in diesem Reichtum und Überfluß auf den Gedanken kam, einen Turm zu bauen, das Weltwunder, das bis in den Himmel reichen sollte.

Die Geschäftigkeit, die die gelehrigen Kinder Israels

entwickelten, führte natürlich ebenso schnell zu Verdächtigungen. Ja, ein Kaufmann könne sich schwerlich vor Unrecht hüten und ein Krämer gar kaum vor Sünden. Wie dem auch sei, anscheinend hat man es damals mit der Waage nicht sonderlich genau genommen, sonst hätte man nicht wiederholt auf „rechtes Scheffel, rechtes Pfund,

rechte Waage, rechte Kannen" hingewiesen. Die Kinder Mose wären keine Semiten gewesen, hätten sie sich nicht als gelehrige Kaufleute erwiesen.

Für die große Völkergruppe der Semiten, zu der neben vielen andern orientalischen Völkern auch die Juden gehören, war eine große Zeit gekommen. Etwa 700 v. Chr. wurde so gut wie die ganze damals zivilisierte Welt von Semiten regiert. Sie beherrschten das große assyrische Reich und hatten das stolze Ägypten unterjocht. Assyrien, Babylon und Syrien waren semitisch geworden. Das hatte neben vielen anderen Auswirkungen einen großen Vorteil: Man benötigte keine Dolmetscher. Die Sprachen waren so ähnlich, daß man sich auch so untereinander verständigen konnte. Aber was noch wichtiger war: Der Handel der damaligen Welt lag in semitischen Händen! Man hatte Kolonien in Spanien, Sizilien und Afrika. Daß diese Kolonien schließlich größer und mächtiger wurden als die Mutterstaaten, blieb allerdings kein Sonderfall in der Geschichte.

Doch diese semitische Weltherrschaft war nicht von Dauer. Bis zum 3. Jh. v. Chr. hatten die arabischen Eroberer sie ausgelöscht. Übrig blieben aber jüdische Gemeinden: in Spanien, Afrika, Ägypten, Arabien, im Osten, in der Alten Welt. Dorthin waren die Weisheit der Priester und die Worte der Propheten den Handelsströmen gefolgt, und so war der Handel auch Wegbereiter für die Religion geworden.

*oben: Der Turmbau zu Babylon, Gemälde von Pieter Brueghel d. Ä., 1563*

*links: Juden mit beladenem Kamel auf den Weg ins Exil, Basrelief aus dem Palast von Sennacherib in Ninive, 70 v. Chr.*

# PHÖNIZIER – SEEMACHT IM MITTELMEER

Vom 3. Jahrtausend an trieben die Phönizier und später – zunächst als Niederlassung der Phönizier – die Karthager Handel und Außenhandel. Sie besaßen ungewöhnlich seetüchtige, den Wikingerbooten ähnliche Schiffe, mit denen sie nicht nur das Mittelmeer befuhren, sondern sogar Britannien aufsuchten und dort Handelsniederlassungen unterhielten. Die Verbindung durch das Rote Meer nach dem Süden war ebenfalls bekannt. Allerdings konnte es vorkommen, daß man ein Stückchen zu Fuß gehen und das Schiff schultern mußte, wenn die Verbindungskanäle vom Roten Meer zum Mittelmeer wieder einmal versandet waren. Zu einer Zeit, da die arischen Völker noch Barbaren waren, umsegelte eine phönizische Expedition Afrika. Aber man hatte das offensichtlich sehr bald wieder vergessen, denn es mußten viele Jahrhunderte vergehen, bis dieses Abenteuer wiederholt wurde.

Ja nicht genug damit. Lehrte man jahrhundertelang, daß Kolumbus der Entdecker Mittelamerikas und Südamerikas sei, so ist heute wissenschaftlich erwiesen, daß Südamerika durch die Phönizier um 500 v. Chr. bereits besucht wurde, also lange bevor Kolumbus auf seiner dritten Reise Südamerika „fand". Phönizische Kontore und Handelshäuser lagen an allen Seewegen.

Die Drehscheibe aber für diesen unglaublichen Handelstausch war die Stadt Tyrus. Diese Stadt, an der Küste des heutigen Libanon gelegen, befand sich an der Nahtstelle zweier sich ergänzender, hoch entwickelter Kulturkreise: Mesopotamien und Ägypten. Dank ihrer Drehscheibenfunktion hat die Stadt Tyrus einen unglaublichen Reichtum und eine unvorstellbare Pracht entwickelt. „Mit der Menge deiner Waren und deiner Kaufmannschaft machtest du reich die Könige auf Erden", sagte schon 600 v. Chr. der Prophet Hesekiel von der Stadt Tyrus. Doch auch der Neid war groß, vor allem bei den in der Nachbarschaft lebenden Kindern Mose, so daß derselbe Hesekiel den Schiffsherren und Schiffsleuten, den Handeltreibenden wie auch den Kriegführenden, ja dem ganzen Volk den Untergang prophezeite.

Aber vorläufig war es noch nicht soweit. Vielmehr wurde zu Wasser und zu Lande alles nur Erreichbare heran geschleppt, um die „Genußsucht der Frauen" zu befriedigen. Wer von der Prächtigkeit der Kleidung und des Schmuckes der damaligen Welt nur eine annähernde Vorstellung haben will, lese beim Propheten Jesaja nach: Fußspangen, Stirnbänder, Möndchen, Ohrgehänge, Armkettchen, Kopfbinden, Schrittkettchen und Gürtel, Halsbänder und Amulette, Finger- und Nasenringe, dazu Feierkleider, Mäntel und Überwürfe, Täschchen, Schleier, Untergewänder und Stirnbänder sowie Umschlagtücher und letztlich nicht zu vergessen den Balsam. Welch ein Angebot, welch eine Nachfrage, welch ein Geschäft, welch ein goldenes Zeitalter des Handels!

Aber das „Kaufmannsein" sah damals schöner aus, als es in Wirklichkeit manchmal war. Der Kaufmann mußte in den meisten Fällen sein eigener Spediteur und Seefahrer sein. Er hatte einen großen Kapitalbedarf. Die Kosten und das Risiko waren enorm. Das hatte natürlich seinen Einfluß auf die Preisbildung. Für den, der das Risiko aber nicht scheute, war noch, im Gegensatz zu heute, Gelegenheit zu reichlichem Handelsgewinn. So waren auch die Preise von Ort zu Ort sehr unterschiedlich. Preisregelungs- oder Preistreibereigesetze, Von-bis-Preislisten und ähnliche Erfindungen unserer Zeit waren noch unbekannt.

Eines aber hatte der Handel der damaligen Zeit mit dem von heute gemeinsam: Er stieß in weiten Kreisen der Bevölkerung auf großes Mißtrauen. Darüber hinaus war er natürlich gegen Gewalt, Plünderungen und Überfälle nicht gefeit. Einen gewissen Schutz bot allerdings die Tatsache, daß der Händler in erster Linie Lieferant der Könige und Priester war. Woher sollten die Priester die

*Syrisch-römisches Lastschiff aus dem römisch besetzten Libanon auf einem sidonischen Sarkophag, 2. bis 3. Jh.*

Unmengen von Weihrauch nehmen, wenn die Kaufleute nicht das Wagnis der Reise zu den weit entfernten Lieferquellen von Weihrauch, Harzen und Ölen auf sich genommen hätten? So waren es auch die Priester, die sich um das Gedeihen des Handels und das Wohlergehen der Kaufleute sorgten und diesen immer wieder besonderen Schutz boten. Die Phönizier kannten nur eines, ihre Wirtschaft und ihren Handel, und sie wußten, indem sie zusammenhielten, ihre Vormachtstellung lange zu halten. Sie hüteten um jeden Preis das Geheimnis der Herkunft ihrer Waren. Das ging so weit, daß später das Geheimnis der Purpurfarbe wieder in Vergessenheit geriet. Jener Purpurfarbe, die teurer war als Gold und eine der Grundlagen für das große Handelseinkommen der Phönizier bildete.

Diese Tradition phönizischen Unternehmer- und Kaufmannsgeistes wurde in Karthago weiter gepflegt und auch diese Stadt wurde so reich, daß sie, wie einst Tyrus, den Neid der andern – diesmal waren es die Römer – erweckte. Sie glaubten nämlich, daß im übrigen mit Karthago nur eines zu machen sei: es zu zerstören. Drei punische Kriege zwischen 264 bis 146 v. Chr. legen hierfür Zeugnis ab. Punier leitet sich aus dem lateinischen Wort „poeni" ab, das in unserer Übersetzung für die Phönizier steht. Trotz der im Gegenstoß durch Hannibal 203 v. Chr. gelungenen Alpenüberquerung gelang es den Römern, die Karthager zuerst aus Sizilien, dann aus Sardinien zu vertreiben und 146 v. Chr. Karthago zu zerstören.

Phönizischer Unternehmungsgeist entdeckte über die afrikanische Küste hinaus weiter die jetzt noch sagenumwobene Stadt Tartessos an der Westküste Spaniens, in der Nähe der heutigen Handelsstadt Sevilla. Was heute das Uran für ein Land bedeutet, war in jener Zeit das Zinn, um Bronze daraus zu erzeugen, und Tartessos' sagenhafter Reichtum beruhte auf dem Zinn, das dort gehandelt wurde – von Frankreich, Spanien und den Zinninseln vor England bis nach Ägypten und Mesopotamien.

# HERMES – GOTT DER HÄNDLER

Unsere bisherige Wanderung in die Anfänge der Geschichte führte in Epochen, die für uns noch immer „sagenhaft" weit zurückliegen. Dieses Dunkel wird aber plötzlich hell und die Geschichte vorstellbar, wenn wir an die alten Griechen denken. Man nennt Griechenland die „Wiege der Menschheit", obwohl wir inzwischen längst wissen, daß diese um Hunderte, ja um Tausende von Jahren früher zu suchen ist. Denn als die Griechen begannen, langsam in der Weltgeschichte eine Rolle zu spielen, etwa um 1000 v. Chr., hatte Ägypten schon dreitausend Jahre hinter sich und trat in den Herbst seines Geschichtslebens ein; China zählte zehn Millionen Menschen, und die lange Kette seiner Kaiser war im fünfzigsten Glied angelangt; das babylonische Reich blickte auf eine viertausendjährige Geschichte und eine zweitausendjährige Macht zurück; und gar Atlantis war neuntausend Jahre früher in den Wellen, wo immer es auch letztlich gewesen sein mag, versunken.

Aber was haben wir da nicht alles gelernt und lernen müssen über Griechenland und die Schöpfer unserer Zivilisation, über die Erfinder der Demokratie, der schönen Künste und der Olympischen Spiele, über die griechischen Dichter und Staatsmänner. Das griechische Wirtschaftswunder findet da meist keine Erwähnung. Dabei gab es wirklich eines. Die Grundlage für das Wirtschaftswunder waren die Seefahrt und noch etwas sehr Wichtiges, das Geld: Das erste geprägte Geld, das nicht mehr gewogen werden mußte, so wie früher die Goldplättchen. Die Einführung des Geldes und der Handel machten aus armen Hirten ein reiches Volk, schafften Wohlstand, und erst in diesem Wohlstand konnte sich auch das Schöne, das Schöngeistige, das uns an Griechenland immer wieder fasziniert, entwickeln. Dabei hatten die Griechen wirklich gute Anlagen zum Beruf des Kaufmanns, die schon bei ihren Vorfahren vorhanden gewesen sein müssen.

Wie hätte sonst schon Agamemnon, König und Kriegsherr der Griechen, für die Herausgabe der geraubten Tochter des Chryses eine „Entschädigung aus der gemeinsamen Kasse" verlangen können. Und schon in der alten mykenischen Epoche genossen nur „vornehme interessante Fremdlinge und Handelsreisende" das Gastrecht. Schließlich konnte man ja nicht wissen, ob so ein freizügig gewährtes Gastrecht sich nicht letzlich zum Nutzen und Frommen des Gastgebers entwickelte.

Ja, und einen eigenen Gott, den Schutzpatron für den Stand der Kaufleute und Händler, gab es auch: Hermes. Mit Flügeln an den Schuhen versehen, mit Reisehut und Heroldstab, war er Vermittler zwischen den Göttern und Menschen, wachte aber auch über Wege, Straßen und Kreuzungen und deren Benutzer. Er war der verständige und allzeit hilfsbereite Geleiter der Wanderer und Fahrenden, er war der Gott des „gesegneten Ein- und Ausgangs". Was gab es denn Wichtigeres für den Kaufmann, schon damals wie heute, als einen „gesegneten Ein- und Ausgang"?

Eines Schutzes bedurften die Krämer und Kaufleute wohl auch deshalb, weil, nach Ansicht des griechischen Philosophen Platon, „in den richtig eingerichteten Staaten fast nur die körperlich Schwächeren und die, welche unbrauchbar, untauglich für ein anderes Handwerk sind", Handel betreiben. Und schließlich brauchten die Kaufleute einen besonderen Schutzherrn, da ihr Stand, so viel Wohlstand er auch brachte und so wichtig er auch war, gar nicht das gesellschaftliche „Image" hatte, wie man annehmen könnte. Angesehen waren die Gelehrten, die Philosophen, hohen Beamten, Richter. So nimmt es einen auch nicht wunder, daß wir aus dieser Zeit keine Darstellungen berühmter Kaufmannsgeschlechter besitzen, hingegen Prozeßakten, aus denen hervorgeht, daß es damals schon einzelne gab, die es mit der Ethik dieses Berufstandes und der Moral nicht ganz ernst nahmen.

Dafür konnten die Kaufleute ein anderes Verdienst für sich in Anpruch nehmen: Sie waren die Erfinder des Exportes im eigentlichen Sinn. Ja, sie kannten sogar schon die Manipulation des Exportes durch Veränderung der Währungsparitäten. Solon war von Beruf Kaufmann, bevor er der berühmte Gesetzgeber wurde, und das kam der Wirtschaft des Landes zugute. Er wechselte einfach den Währungsblock – man bedenke, wir befinden uns noch im 6. vorchristlichen Jahrhundert – und erreichte damit eine 30prozentige Abwertung. Die Impulse, die dadurch für den Export entstanden, waren so groß, daß eben derselbe Staatsmann Solon schließlich in seinen Gesetzen 593 v. Chr. ein Exportverbot für alle Bodenprodukte, die lebenswichtig oder zu knapp waren, erlassen mußte.

Das antike Korinth, von dem heute nur mehr ein paar Trümmer zu sehen sind, hatte einen Ruf wie Hamburg oder Genua, den Ruf einer reichen und lebendigen kosmopolitischen Stadt. Die Schiffe segelten von dort nach Italien, nach Spanien, nach Karthago, nach Ägypten und dem Orient. Korinth wurde zum Umschlagplatz der Waren und zu einer neuen Drehscheibe für ein Völkergewirr von Reisenden und Seeleuten. Man arbeitete heiter mit einer Art Sonntagsgefühl. Denn da ließ sich schwunghaft Handel treiben. Über Piräus wurde heran gekarrt, was nur immer gebraucht wurde: Getreide, Wein, Datteln, Feigen, Rosinen, Mandeln, Süßigkeiten, Tuche, Teppiche, Edelsteine, Holz, Gewürze und anderes mehr.

Aber auch die Betriebsamkeit in Piräus, dem Hafen von Athen, war unbeschreiblich. Der kleine Hafen konnte nur zu oft die Schiffe nicht fassen, die von allen Küsten des Mittelmeeres hier ankamen. Die „Erzeugnisse der ganzen Welt wurden importiert", berichtet Perikles.

Und tatsächlich sind die griechischen Kaufleute bis in das Innere Rußlands und Asiens, bis rund um England, zur Ostseeküste und bis nach Skandinavien vorgedrungen. Getreide, Salzfische, Wein, makedonisches Holz, kaukasisches Wachs, ägyptischer Papyrus, afrikanisches Elfenbein, nordischer Bernstein und englisches Zinn wurden herbei geschleppt.

Es ist nicht verwunderlich, daß bei einem derartigen Importüberschwang auch das erste Handelshemmnis erfunden wurde: der Zoll! Für ankommende wie für abgehende Waren mußten 2 Prozent an den Fiskus abgeliefert werden. Es ist aber auch ebenso verständlich, daß die Münze Athens, die „Eule", so genannt, weil sie mit einer Eule versehen war, unter solchen Umständen zu einer der am meisten verbreiteten Münzen wurde. So war „Eulen" nach Athen zu tragen wahrlich nicht notwendig.

Noch etwas entwickelte sich in den griechischen Städten zur Perfektion: das Bankwesen. Von den kleinen Geldwechslern auf der Straße bis zu den Außenhandelsbanken, die die risikoreichen Überseegeschäfte finanzierten, war alles da. Die Geldwirtschaft nahm ihren Anfang.

Welch ein prachtvolles Bild muß damals der

*Goldmünze aus dem persischen Raum, 2. Jh. v. Chr.*

Markt, die Agora, am Fuße der Akropolis in Athen, abgegeben haben. Hier machte der Einzelhandel seine großen Geschäfte, hier gab es den Gemüsemarkt und den Käsemarkt, den Fleischmarkt und den Stoffhändler. Die Geldwechsler waren ebenso vertreten wie die Schreiber, die notwendig waren, um Verträge schriftlich abzuschließen. Alles spielte sich geordnet ab, es war kein orientalischer Basar. Dafür sorgte die amtliche Oberaufsicht, die Markt- und Fiskalbeamten. Letztere hatten es allerdings auf den Obulus, eine Art Marktsteuer, abgesehen. Sie wußten genau, wann diese zu zahlen war. Wer aber zu betrügen versuchte, dessen Ware wurde für verfallen erklärt, und darüber hinaus bekam er vom Herold in aller Öffentlichkeit Geißelhiebe.

Auf den Märkten machte der Einzelhandel seine guten Geschäfte, aber noch besser waren sie an den großen hellenischen Festen. Und gar erst die Olympischen Spiele. 1000 Menschen wollten an einem

*Die griechische Insel Delos – 168 v. Chr. von Rom zum Freihafen erklärt. Sie wurde zum bedeutendsten Warenumschlagplatz in der Ägäis.*

Platz verköstigt werden, sie brauchten Quartier, und in der allgemeinen Feststimmung saßen die Drachmen locker. Händler und Kaufleute konnten da einfach nicht fehlen.

Das war die goldene Zeit für den Kaufmann in dem griechischen Wirtschaftswunder, über dessen trauriges Ende sich den Kopf zu zerbrechen keine Zeit verbleibt, denn es sollte bald eine Fortsetzung in einem anderen Teil des Mittelmeerraumes stattfinden.

Während das griechische Mutterland langsam seine wirtschaftliche Vorrangstellung einbüßt, entstehen im östlichen Mittelmeer neue Handelsmetropolen. Eine Stadt, von Alexander dem Großen gegründet, wird besonders rasch berühmt, nicht nur wegen ihres Weltwunders, dem Leuchtturm, sondern auch wegen ihres Reichtums: Alexandria. Jüdische, syrische, arabische, äthiopische, griechische und persische Händler lassen sich hier nieder. Wieder einmal bilden geistiges Zentrum und Handelszentrum eine glückliche Verbindung.

Ein weiteres neues Handelszentrum entstand im östlichen Mittelmeer auf einer unscheinbaren Insel vor dem türkischen Festland: Rhodos. Wie in Alexandria der Leuchtturm wurde hier fast zur selben Zeit ein anderes Weltwunder geschaffen, der Koloß von Rhodos. Wie in Alexandria war auch hier dieses Weltwunder Ausdruck von Reichtum und Wohlstand. Rhodos lag im Fadenkreuz der damals bekannten Handelswege Ost-West, Nord-Süd. Die Insel liegt in Reichweite Asiens, Afrikas, aber auch Europas, und so wurde Rhodos zwangsläufig ein Handels-, vor allem aber auch ein Bankenzentrum. Hier wurden im großen Stil Geschäfte gemacht, mit Getreide, mit Öl, aber auch mit einer anderen Ware: mit Menschen, den Sklaven. Hier wurden Waren bis zur künstlichen Verknappung aufgekauft, mit Kredit wurden Geschäfte gemacht und Geld verliehen. Die Kaufleute hatten Spürsinn, sie liebten das Wagnis und nutzten jede sich bietende Gelegenheit. Hier ging es um den Ertrag, hier wie in Alexandria konnte man schnell reich werden.

Alexanders des Großen Indienzüge brachten die Begegnung des Orients mit dem Abendland. Sie brachten aber auch so viel Gold nach Europa, daß in der Folge die Goldmünzen weniger wert waren als die aus Silber.

# ETRUSKER, KELTEN UND GERMANEN

Im Altertum gab es in Europa neben den Griechen noch ein anderes Volk mit hoher Kultur und großem Reichtum, die Etrusker. Lange Zeit wußte man über sie sehr wenig, und heute noch haben sie in den Schulbüchern nicht den ihnen gebührenden Platz. Sie waren in Mittelitalien zwischen Tiber und Arno, zwischen dem Tyrrhenischen Meer und dem Apennin zu Hause. Mit den vorhandenen Vorkommen von Kupfer, Eisen, Blei und Silber und dem Wissen, wie der hohe Schmelzgrad für Eisen von 1500 Grad erreicht werde konnte, bauten sie eine regelrecht Montanindustrie auf. Die Produktion erfolgte in Großbetrieben und hinterließ riesige Schlackenfelder. Diese enthalten noch 35 bis 40 Prozent Eisen, so daß während des Ersten Weltkrieges begonnen wurde, sie zu verwerten, und bis heute wird in Italien Eisen und Stahl aus den Abfällen von vor über 2500 Jahren gemacht.

Eine bedeutende Handelsflotte brachte die Etrusker mit Nordafrika und dem Orient in Verbindung. Mit den Griechen lagen sie in edlem Wettstreit um den Außenhandel. Aus Caere, nördlich des heutigen Rom, mit seinen ausgebauten Häfen, dem Treffpunkt griechischer und phönizischer Händler, strömten die Importe vom ganzen Mittelmeerraum ins Land: Elfenbein, Skarabäen und Straußeneier aus Afrika, Weihrauch aus Arabien, große Kessel aus Anatolien, Öl in roten Terrakottagefäßen aus Athen, Parfüme und Keramik aus Korinth, Gold- und Silberschmuck aus Phönizien und aus Rhodos. Bezahlt wurde der Import nicht nur mit den gesuchten Rohstoffen, Erz und Kupfer, sondern die Etrusker hatten auch schon geradezu eine Großindustrie für Fertigwaren. Wenn heute die italienischen Schuhe einen wichtigen Exportartikel darstellen, so geht das wohl bis auf die Etrusker zurück. Wie kein anderes Volk am Mittelmeer trieben sie einen Luxus mit der Fußbekleidung. Die etruskischen Schuhfabrikanten boten Kollektionen an, in denen von leichten Sandalen mit goldenen Bändern bis zum geschnürten Stiefel nichts fehlte. Selbst Überschuhe für Regenwetter, außen mit hauchdünner Bronze verkleidet, gehörten dazu. Als besonders schick galten Schnabelschuhe mit nach oben gebogenen Spitzen.

Nicht nur auf dem Seewege betrieben die Etrusker Handel, auch über die Alpen hinweg errichteten etruskische Kaufleute ein weit verzweigtes Außenhandelsnetz, das die wichtigsten Länder und Völkerstämme Europas mit den erlesensten Erzeugnissen aus den Mittelmeerländern, aus Italien und auch aus Griechenland, bekannt machte und laufend versorgte. Den Etruskern verdanken wir die erste große Marktöffnung nach Mitteleuropa. Exportgüter etruskischer Kaufherren wurden in Österreich wie in Frankreich, in Ungarn und in Polen, in der Schweiz wie im Rheinland aufgefunden. Selbst in Schweden kam ein ganzer Schatz etruskischer Bronzen zutage. Am stärksten wirkte sich Etruriens Fernhandel bei den keltischen Stämmen am Oberlauf der Donau aus. Unter den Importen aus dem Süden rangierte dabei bald der Wein an erster Stelle. Er fand so großen Anklang, daß er zum ernsten Konkurrenten

*Frührömische Tonlampe und römische Hängelampe aus Bronze, 1./2. Jh.*

für das einheimische keltische Bier wurde. Werner Keller meint in seinem Werk „Die Etrusker", daß „die trinkfreudigen Kriegerfürsten der Kelten, einmal auf den Geschmack gekommen, den Wein in immer größeren Mengen bestellten". Dadurch wurde aber auch ein Markt für das nötige Zubehör geschaffen: Schnabelkannen, Amphoren, Becken, Kessel und Schalen, Krüge und Weinbehälter von überdimensionierter Form. Gezahlt haben die Kelten für diesen Luxus mit Gold, aber auch mit Menschen, blonden, langhaarigen Sklavinnen, die bei den Etruskern sehr begehrt waren.

So lernten die Germanen von den Etruskern den Handel und den Außenhandel kennen. Später machten sie Bekanntschaft mit der römischen Lebenshaltung. Diese veranlaßte gewisse Kreise der vornehmsten Germanen zur Einfuhr von römischen Luxusgütern, wie Silberbecher, Kelche, Schmucksachen, bronzene Tischgestelle, gläserne Trinkhörner, kostbare römische Töpferwaren und wiederum Wein. Spanien und Britannien lieferten das Zinn, Südeuropa Kupfer, das später auch aus den Schätzen der Salzburger und Tiroler Alpen erschlossen wurde. Heimisches Gold gewann man aus dem Sande des Rheins. Den neuen Rohstoff für den Grobschmied, das Eisen, sandte vor allem Noricum. Für die eingeführten Waren und Rohstoffe tauschten die Germanen Lebensmittel, Tierhäute, Pelze, Daunen, Frauenhaar und Sklaven. Im hohen Wert stand der Bernstein, den die Küsten der Nordsee und Ostsee spendeten. Er fand schon in früher Zeit in großen Mengen Abnahme bei den Römern und gelangte auch nach Griechenland, wie es zum Beispiel die Funde in den Mykenischen Königsgräbern beweisen. Wie gesucht der Bernstein war, wie er geradezu einen der Hauptgegenstände des frühen Welthandels bildete, geht auch daraus hervor, daß er

*Goldarmband, 6. Jh. v. Chr.*
*Grabbeigabe, 5. Jh. v. Chr*

schon in den Gräbern der ältesten ägyptischen Dynastien vorkommt. Der Bernstein war neben dem nordischen Pelzwerk das bedeutendste und wichtigste Tauschobjekt. Dem Handel mit diesen Gütern verdankte der germanische Kulturkreis schon in der Bronzezeit seine hohe Blüte. Mit dem Vorrücken der Römer an die Rhein- und Donaulinie bekam auch der Warenverkehr einen starken Auftrieb. Der Bedarf der fremden Heere in den Lagern, der Zuwanderer in den neu errichteten Siedlungen und Städten belebte nicht nur die heimische Produktion, sondern vor allem auch den Handel. Die im Gefolge der Truppen erscheinenden Kaufleute hatten reichlich zu tun, die Bedürfnisse der Besatzer als auch der Besetzten zu befriedigen. Vorwiegend waren es gallische Händler. Sie wagten sich trotz der unzähligen Gefahren, trotz des Argwohnes der Stämme und trotz der Unwirtlichkeit der Wege tief in das Land der Germanen hinein. Wie oft werden wohl ihre Wagenladungen und ihre schwer bepackten Zaumtiere räuberischen Angriffen zum Opfer gefallen sein, ja die Händler selbst ihr Leben verloren haben?

In dieser Zeit zeichnete die Natur die Wege des Handels vor. Man nützte die Eigenart des Geländes, führte die Straßen Flußtälern entlang, überquerte, da es noch keine Brücken gab, die Wasserläufe an Furten und fand geeignete Übergänge über die Gebirge. Die Hauptverkehrswege, die der Handel schon vor 3000 Jahren benutzte, konnten durch Funde festgestellt und bestätigt werden. Eine Straße ging von der damaligen griechischen Kolonie Massalia in der Gegend des heutigen Marseille, und führte die Rhone aufwärts durch die burgundische Pforte an den Rhein und weiter zur Nordsee. Ein zweiter bedeutender und vielleicht der älteste Landweg kam von der Adria zum Brennerpass und gabelte sich nach der Donauüberquerung bei Linz in einen Strang durch Böhmen und einen durch Bayern. Die beiden Wege vereinten sich wieder in der Norddeutschen Tiefebene und folgten dem Lauf der Elbe bis zu ihrer Mündung. Eine dritte Straße, die hauptsächlich den Anschluß von den Balkanländern vermittelte, ging von Aquiläa, in der Gegend des heutigen Triest, in die Steiermark, querte bei Carnuntum, südlich von Wien, die Donau und führte die March aufwärts zur Weichselmündung.

Heute braucht ein Fernlaster für die Fahrt vom Mittelmeer zur Nordsee 2 bis 3 Tage. Damals mußten glückliche Umstände walten, um diese Wegstrecke mit dem Saumtier in 40 bis 50 Tagen zurückzulegen. Mühselig, zeitraubend und gefährlich war wohl die völkerverbindende Aufgabe des Handels in dieser Zeit, doch auch der Gewinn dürfte dementsprechend gewesen sein.

*Fußfragment eines Reiterstandbildes aus Bronze, Straßburg, 1. Jh.*

# CHINESEN – ERFINDER DER MARKTWIRTSCHAFT?

In der Marktwirtschaft, so steht es in den Büchern der Nationalökonomen des 19. und 20. Jahrhunderts, bildet sich der Preis eines Gutes auf dem Markt durch Angebot und Nachfrage. Doch diese Erkenntnis ist nicht neu, sondern über 2000 Jahre alt und auch durch ein ebenso altes historisches Dokument belegt. Es stammt von einem chinesischen Gelehrten namens Tschien, der im 2. Jahrhundert vor Christus lebte und der Autor eines berühmten Geschichtswerkes war. Darin zählt er Waren auf, die für die damalige Zeit von Bedeutung waren, und von welcher Stadt sie geliefert wurden. So kamen aus Schantung Fische, Salz, Lacke, Seide und Musikinstrumente. Kiangnan, ein Ort südlich des Jangtse Flusses, lieferte Zedern, Ingwer, Zimt, Gold und Zinn, Zinnober, Rhinozeroshorn, Schildpatt, Perlen und Felle. Aus dem Norden kamen Pferde, Rinder, Schafe, Pelze und Horn. Kupfer- und Eisenvorkommen, so schreibt damals Herr Tschien, als wäre dies im zweiten vorchristlichen Jahrhundert die größte Selbstverständlichkeit, gibt es überall in den Gebirgen.

Dann aber fährt er fort: „Das alles sind Dinge, die das chinesische Volk liebt, die seine Lebensbedürfnisse befriedigen und das Zeremoniell für die Verstorbenen ermöglichen. Die Bauern erzeugen sie, die Großhändler schaffen sie vom Land in die Städte, die Handwerker bearbeiten sie und die Kaufleute handeln mit ihnen. Das alles findet ohne Dazutun der Regierung oder der Philosophen statt. Ein jeder tut sein Bestes und benutzt seine Arbeitskraft, um zu dem zu kommen, wonach es ihn verlangt. Darum suchen die Preise ihr Niveau, billige Waren wandern dorthin, wo mehr dafür bezahlt wird, und höhere Preise werden gedrückt. Die Leute gehen ihren jeweiligen Berufen nach und tun dies aus eigenem Antrieb. Es ist wie beim fließenden Wasser, das Tag und Nacht hindurch unaufhaltsam der niedrigeren Stelle zufließt. Alles wird von den Leuten freiwillig hergestellt, ohne daß sie dazu aufgefordert werden, und dorthin gebracht, wo es gebraucht wird. Stimmt es also nicht, daß sich dieser Prozeß auf ganz natürliche Weise vollzieht, seinen eigenen Gesetzen entsprechend?" Im Buch des Tschien heißt es: „Ohne die Bauern gäbe es keine Nahrungsmittel; ohne die Handwerker würde sich das Gewerbe nicht entwickeln; ohne die Kaufleute würden die wertvollen Güter verschwinden; ohne die Großhändler gäbe es kein Kapital, und die natürlichen Quellen der Seen und Berge würden nicht erschlossen werden." Man könnte diesen hervorragenden Geschichtsschreiber des alten China auch als den ersten Vertreter des Kapitalismus bezeichnen, wenn er sich über „die unumgänglichen Gesetze von Reichtum und Armut" Gedanken macht. „Die Klugen haben mehr als genug, während die Dummen nicht einmal das Nötigste besitzen ... Folglich müssen zunächst die Kornkammern gefüllt sein, ehe sich das Volk kulturellen Dingen zuwenden kann ... Die guten Sitten und sozialen Vorzüge liegen in der Wohlhabenheit begründet und verschwinden wieder, „wenn das Land verarmt." „Reichtum", so meint Herr Tschien, „ist etwas, wonach der Mensch ganz instinktiv strebt, ohne daß man es ihn lehrt", und zählt dann die verschiedensten Betätigungen auf, die alle das einzige Ziel hätten, zu Reichtum zu kommen, von den Söldnern, Jägern, Ärzten und Geisterbeschwörern bis zu den Kurtisanen. „So verfolgen alle, Bauern, Handwerker, Kaufleute und Viehzüchter, das gleiche Ziel, nämlich zu Reichtum zu gelangen." Nur mit der Moral der Beamten muß es schon vor 2000 Jahren nicht zum besten gestanden sein, denn: „Bürokratische Beamte spielen Versteck mit dem Gesetz und begehen Urkundenfälschungen, sie riskieren auch, ins Gefängnis geworfen zu werden, weil sie Bestechungsgelder annehmen."

Das Kapitel über Reichtum und Handel in diesem einem der ältesten Geschichtswerke der Welt schließt mit der Darstellung der Wege, die von den Großkaufleuten eingeschlagen wurden, um sich aus kleinsten Anfängen zu großem Reichtum emporzuarbeiten, und so manche diese Großkaufleute sollen wie Könige gelebt haben.

*Stimmungsbild aus der chinesischen Stadt Shiht'-ouch'eng*

# AUFSTIEG UND FALL ROMS

In den kurzen Jahren von 58 – 51 v. Chr. begann mit der Unterwerfung Galliens durch die Römer Bewegung in die Geschichte zu kommen. In Rom wurden die Voraussetzungen für die späteren Eroberungen der Kaiserzeit geschaffen und die inneren Verhältnisse geregelt. Es war die Zeit der großen Alpenüberschreitungen.

Und in dieser raschlebigen Zeit stellte sich heraus, daß mit dem bisherigen Kalendarium, mit der bisherigen Praxis der Datengebung, etwas nicht stimmte und daß ein ordentlicher Kalender geschaffen werden müßte. Gajus Julius Cäsar war es, der im Jahre 46. v. Chr. den Julianischen Kalender einführte.

Funde von Münzen und Waren, ja ganzen Warenlagern, bezeugen, daß der römische Handel nicht nur den Mittelmeerraum, sondern auch den bisher „finsteren" Norden Europas mit einem dichten Handelsnetz überzogen hatte. Vom Handel erhielt Cäsar die wertvollsten Hinweise und Angaben, um seine Kriegszüge zu planen. „Denn außer den Kaufleuten kam so leicht niemand nach Britannien", heißt es im 4. Buch des Gallischen Krieges. Die Kaufleute folgten den siegreichen römischen Soldaten, doch oft waren es auch die Soldaten, die, begierig von den Schilderungen über reiche Plätze, den Kaufleuten folgten. Als im Jahre 19 n. Chr. nach harten Kämpfen in Böhmen römische Soldaten in die Burg des Markomannenkönigs Marbod eindrangen, wurden sie mit einem mehrstimmigen „Salve" aus dem Munde römischer Kaufleute, die vor ihnen dort waren, begrüßt.

*Julianischer Kalender nach Johannes von Gmünd*
*Holzschnitt um 1475 (Ausschnitt)*

Die Kaufleute und Händler waren auch die Informanten für die Kartographen jener Zeit und wußten Erklärungen selbst für Naturphänomene wie etwa die Nil-

schwemme. Erst 1500 Jahre später gelang es Forschern, die Angaben, die sich etwa in der Weltkarte des Ptolemäus befanden, zu bestätigen.

All diese Leistungen, die sich im Stillen vollzogen und deren Ergebnisse vorwiegend in Form eines reichen Warenangebots allen zugute kamen, wollten die Politiker, die Soldaten und Philosophen, aber auch die Geschichtsschreiber häufig nicht wahrhaben. Nur so ist es zu erklären, daß der Kaufmann, daß der Handel und sein Wirken in den Texten der damaligen Zeit kaum Erwähnung finden. Es ist heute nicht anders mit der Berichterstattung: Kriege, Schlachten, Katastrophen, die Leistungen der Soldaten und der Politiker finden Erwähnung, der Kaufmann aber liebt den Frieden und braucht ihn, deshalb war und ist für ihn in der Geschichtsschreibung kein Platz. Selbst im römischen Recht, das sonst alles bedacht hatte und zum großen Vorbild für unsere Rechtsordnung wurde, findet der Handel nicht den ihm gebührenden Platz. Ein eigenes Handelsrecht kannten die Römer nicht oder wollten es nicht kennen.

## Ostia – eine Welthandelsstadt

Etwa 15 km vor den Mauern Roms, wo der Tiber ins Tyrrenische Meer mündet, wurde Ostia in der zweiten Hälfte des 4. Jahrhunderts vor Christi als römische Kolonie zur Sicherung des Seehandels gegründet. Mit der Ausdehnung des Imperium Romanum, welches im 2. und 3. Jahrhundert nach Christi den gesamten Mittelmeerraum beherrschte, wuchs auch Ostia schnell auf 60.000 Einwohner an.

Aus allen Provinzen flossen Waren über den Hafen von Ostia in die Haupstadt des gewaltigen Reiches, um die steigenden Ansprüche der römischen Bevölkerung (um 300 nach Christi etwa 1 Mio. Einwohner) zu befriedigen. Dank des florierenden Seehandels erlebte Ostia einen raschen wirtschaftlichen Aufschwung. Um die Flut der angelieferten Waren bewältigen zu können, ließ Kaiser Claudius zwischen 42 und 54 nach Christi einen neuen Hafen anlegen, welcher sich aber bereits 50 Jahre später als zu klein erwies. Also ließ Trajan von 98 – 117 nach Christi eine weitere größere Hafenanlage errichten.

Der Sonderstatus Ostias als Stützpunkt der römischen Flotte und Versorgungszentrum Roms bescherte den Bewohnern ungeahnten Luxus, der noch heute in den Ruinen der Stadt zu erahnen ist. Neben den gut erhaltenen Zeugnissen römischer Architektur (drei- bis fünfstöckige Wohnhäuser) fand man mitten in der Stadt auch etwas weltweit einmaliges: die Piazza delle Corporazioni (den Platz der Korporationen) mit den Mosaiken der Händler. Der 107 x 78 m große Platz war ehemals an drei Seiten von einer 14 m breiten Säulenhalle umgeben und wurde an seiner südlichen Schmalseite von einem halbrunden Theater abgeschlossen. An den Längsseiten des Platzes lagen ca. 60 Büroräume von Reedern, Handelsvertretungen, Speditionen, Schiffahrtslinien und anderen Dienstleistern. Die einzelnen Kontore waren zum Säulengang hin geöffnet und sowohl innen als auch im offenen Teil des Säulengangs durchgehend mit schwarzweißen Bodenmosaiken ausgestattet. Besonders in diesen Mosaiken kann man wie in einem Bilderbuch der Geschichte noch heute lesen, welches pulsierende Handelszentrum dieser Platz gewesen sein muß. Seine Bilder und Inschriften erzählen etwas über die Händler und hier umgeschlagene Waren, ihren Bestimmungsort und ihre Herkunft. So findet sich beispielsweise ein Mosaik, das eine Amphore zwischen zwei Palmen zeigt. Eine Inschrift verrät, daß es sich um Palmöl aus Mauretanien handelt. Der Sitz der libyschen Handelsvertretung ist gekennzeichnet durch einen Elefanten und die Inschrift Büro von Sabratha (Libyen). Ein anderes Mosaik zeigt die Tiere, die für die beliebten Spiele in den römischen Amphitheatern benötigt wurden: Wildschwein, Hirsch oder Elefant. Häufig vertreten sind auch Schiffe mit dem Namen ihrer Heimathäfen: z. B. Karthago oder Narbonne.

Diese frühe Form der Fußbodenwerbung hatte nicht nur ästhetische Gründe, sondern ermöglichte es auch Händlern, Kunden oder Reisenden, leicht den gewünschten Geschäftspartner zu finden. Die Mosaiken hatten den Effekt – ähnlich wie heutige Diaprojektionen

*Die Isis Géminiana unter Kapitän Farnaces*

auf dem Gehweg vor Geschäften – zusätzlich zum Schaufenster bzw. Warenauslage Aufmerksamkeit zu erregen.

Die Warenvielfalt des Handelsplatzes Ostia muß den Bürgern Roms erschienen sein wie uns heute das Angebot eines großen Einkaufszentrums oder Großkaufhauses. Neben dem Handel mit Grundnahrungsmitteln wie Öl, Wein und vor allem Getreide, welcher von den jeweiligen Zünften organisiert war, gab es exotische Luxusgüter wie Zinn aus Cornwall, eingelegte Singvögel aus Zypern, griechische Statuen, afrikanische Sklaven, Bernstein aus Germanien, grünen Marmor aus Südgriechenland, Gold, Silber und Blei aus Spanien und Pelze aus Rußland. Über Indien und Arabien bezog man chinesische Seide, Weihrauch und Pfeffer und vieles mehr. Die meisten Waren wurden in Ostia auf kleine Schiffe umgeladen und bis Rom auf dem Tiber getreidelt. Parallel benutzte man natürlich auch den Landweg.

Die Händler der Antike werden die gleichen strategischen Überlegungen zum Bau des Platzes angeregt haben wie die Betreiber heutiger Shopping Malls, Passagen und Einkaufszentren. Die Gemeinschaft macht stark. Dem Kunden wird eine Vielzahl unterschiedlicher Dienstleistungen und Waren am gleichen Ort angeboten. Die Säulenhalle schützt die Kunden und die halboffenen Läden vor Wettereinflüssen und lädt zum attraktiven Einkaufsbummel und weltoffenen Kommunikation ein. Der direkte Anschluß des Theaters integriert zusätzlich den schon damals wichtigen Standortfaktor Kultur und trägt zur Belebung des Platzes auch außerhalb der Geschäftszeiten bei. Diese multikulturelle Einkaufs- und Erlebnisatmosphäre ist heute bei der Konzeption neuer Einkaufszentren wie etwa dem Centr-O in Oberhausen oder dem Leipziger Bahnhof wieder hoch aktuell.

Diese Form der Händlergemeinschaften ist keine Erfindung der Römer. Vorbilder finden sich zum Beispiel auf der kleinen griechischen Insel Delos. Dennoch bietet Ostia ein besonders gelungenes Beispiel der internationalen Kooperation im Handel und der Einbindung eines Handelszentrums in das städtische Leben.

Außer dem Platz der Korporationen finden sich in Ostia auch Reste der anderen Stätten merkantilen Lebens, Klubhäuser bedeutender Handelsgesellschaften oder die Statio Mensorum, die die Kontrolle des eingeführten Getreides unter sich hatte sowie Getreidespeicher, Wein- und Ölmagazine, die Handelshöfe und Geschäftshäuser, handwerkliche Betriebe, Lebensmittelläden und Gasthäuser.

Als die Hafenanlage 1908 ausgegraben wurde, entdeckte man ein Steinrelief aus dem 3. Jahrhundert nach Christi, welches das Einlaufen eines Schiffes in Ostias Hafen zeigt. Unter dem breiten quadratisch zugeschnittenen Segel, welches es als römisches Handelsschiff kennzeichnet, erkennt man eine Opferszene zum Dank für die geglückte Überfahrt. Hinter dem Schiff erhebt sich der mehrstöckige quadratische Leuchtturm von Ostia, der von einem gewaltigen Feuer gekrönt wird. Die Monumental-Statue des Meeresgottes Neptun mit dem Dreizack leitet über zu einem zweiten Schiff, dessen Hauptsegel eingeholt ist. Es hat seinen Ankerplatz erreicht und wird bereits von einem Mann, der eine Amphore über einen Steg trägt, entladen. Die vielen Statuen und Monumente veranschaulichen den Reichtum Ostias.

Einen weiteren Einblick in die Handelstätigkeit in Ostia bietet ein farbiges Wandbild aus einem Grabbau vor den Toren der Stadt. Dargestellt ist ein kleineres Schiff, welches mit Getreide beladen wird. Es wird sich um ein Binnenschiff handeln, denn die großen Getreidefrachter, die beispielsweise zwischen Ostia und Alexandria pendelten, faßten 1100 Tonnen und konnten über 50 m lang sein. Die Inschriften auf dem Bild verraten uns sogar den Namen des Schiffes „Isis Giminiana", den Namen des Kapitäns „Farnaces", der das Ruder hält und einer weiteren Person „Arascantus", bei dem es sich wohl um den Schiffseigner handelt. Der Mann im schwarzen Gewand hält einen Zweig in der Hand, um das Korn, welches aus Säcken in ein Kornmaß umgefüllt wird, glattzustreichen. Folglich könnte es sich um einen Zollbeamten handeln. Eine fast identische Szene – allerdings nicht auf dem Schiff – findet sich auf einem der Bodenmosaiken. Ein Träger bringt einen Sack voll Korn, der Zollbeamte hält einen Stab in der Hand, um bereits umgefülltes Getreide in einem Kornmaß glatt zu streichen.

*Bäckerladen in Pompeji, 1. Jh.*

Rom war dem Konsum verfallen und es wurde jeder Preis bezahlt, denn man konnte ihn bezahlen. Die Provinzen und Kolonien wurden wohlhabend und reich. Es regierte das Geld, Geld ist Macht. Geld wird zum Wundermittel für gesellschaftlichen Aufstieg. Positionen, die früher dem Adel vorbehalten waren, wie die Zugehörigkeit zum Senat, konnten nun erkauft werden.

Der Einzelhandel erlebte eine nie zuvor dagewesene Blüte. Er konnte sich wunderschöne Ladenschilder leisten, aus Kupfer getrieben, in kunstvoller Schmiedearbeit oder gar von einem Bildhauer aus Stein gemeißelt. Voraussetzung für diese Expansion auf allen Gebieten war die Errichtung von funktionierenden Infrastrukturen. So würde man das heute bezeichnen, worunter nichts anderes zu verstehen ist, als der Bau von Straßen, Wasserleitungen, Kanälen und so weiter.

Die Römer waren in der Antike eindeutig die unbestrittenen Meister des Straßenbaues Das ausgedehnte Reich, zeitweilig größer als das heutige Europa, ist ohne dieses weitverzweigte Netz erstklassiger Straßen gar nicht vorstellbar. Das römische Straßennetz hatte eine Länge von rund 85.000 km und reichte von Schottland bis Jerusalem, von der Donau bis über die Pyrenäen. Ein gut funktionierendes Postwesen auf den alten Römerstraßen war bereits eingerichtet, und so hatten diese Straßen für Politik und Handel, strategisch wie handelspolitisch, größte Bedeutung. Ein ähnliches Straßennetz besaß nur noch das Inkareich in Südamerika, aber erst rund 1000 Jahre später. Mußten früher mühsam und gefährlich die Alpen auf Saumpfaden überquert werden, so konnten jetzt die Waren auf den drei Meter breiten, mit Steinen gepflasterten Straßen ihren Weg vom Norden nach dem Süden und vom Süden nach dem Norden nehmen.

*Römischer Reisewagen*

Aus Helvetia wurde schon damals, so wie heute, Alpenkäse und Butter, Wildbret und Schlachtvieh an die Römer verkauft, dazu kamen Wolle und Felle, Honig und Wachs, Pech und Kiefernholz. Auch die Töpferwaren aus dem Norden, wie Henkelkrüge, Amphoren, Urnen und Schüsseln, waren sehr geschätzt. Es muß schon eine große Kunst der Fuhrleute gewesen sein, diese zerbrechlichen Waren auf Pferdekarren heil über die Pässe zu bringen. Auf dem Rückweg brachten sie dann, zur Freude der Räter und Kelten, Öl und Südfrüchte, bunte Stoffe, Schmuck aus Gold und Silber und südliche Weine über den Alpenkamm.

Die Goldbarzahlung, sei es in Münzen oder in Barren, war gang und gäbe. Aus den kleinen Geldwechslern waren Bankiers und Financiers geworden. Das Kreditwesen erlebte seine erste große Blüte. Die Bankherren wurden für den Handel nicht mehr wegzudenkende Partner. Die Bankiers beteiligten sich selbst an den verschiedenen Handelsunternehmungen, oder sie wurden zumindest zu Maklern, indem sie Beteiligungen an solchen Handelsfirmen handelten.

Das Risikodenken wurde großgeschrieben. Cato riet den Kapitalbesitzern, ihr Vermögen nicht ausschließlich in Grundbesitz, sondern einen Teil auch im Handel anzulegen. Auch sollte nicht einer allein mit seinem Geld ein Schiff ausrüsten, sondern mit 49 anderen besser an 50 Schiffen beteiligt sein. So etwas nennt man heutzutage Risikostreuung. Aber nicht nur für diese können die Römer die Urheberschaft in Anspruch nehmen.

So gab es natürlich auch schon die Unterscheidung in Einzel- und Großhandel. Auf dem österreichischen Magdalensberg befand sich ein heute noch in seinen Überresten zu sehendes regelrechtes Großhandelszentrum, auf dem mit den verschiedenen Erzeugnissen des nordischen Metallgewerbes gehandelt wurde. Der Großhandel brachte aus den römischen Kolonien heran, was herzuschaffen war.

Um die Kassen der Weltstadt zu füllen und die Straßenbauer bezahlen zu können, wurde das Reich in Zollgebiete unterteilt, an deren Grenzen Abgaben zu bezahlen waren. Diese Abgaben und die Aufteilung des Imperiums in Zollgebiete hinderten aber den Warenverkehr kaum.

Doch so sehr das Geld, der Geldbesitz, immer größeren Einfluß bekamen, blieb doch eine gewisse gesellschaftliche Trennung erhalten: auf der einen Seite die Senatoren, Beamten und Soldaten, auf der anderen Seite die Händler, Bankiers und Gewerbetreibenden. Die Händler und Kaufleute waren fast ausschließlich freigelassene Sklaven. Die Großhändler, Gewerbetreibenden und Bankiers aber waren „Zugereiste", Ausländer oder Menschen, die vom Lande kamen und in der Stadt Karriere gemacht hatten. Für die Römer selbst waren diese Berufe unter ihrer Würde. Nur so ist es überhaupt zu verstehen, daß in der großen Zeit des Handels der Kaufmannsstand trotzdem nicht geachtet war.

Schon Cicero machte bei der Berufsberatung seines Sohnes kein Hehl aus seiner Verachtung für diesen Beruf. Er bezeichnete ihn als „schmutzig", glaubte, daß man nur verdienen könne, wenn dabei auch ausgiebig gelogen würde, und daß vor allem „ein Laden nichts Freies haben könne". Soldat mußte man sein, Großgrundbesitzer, Politiker oder zumindest hoher Beamter, eventuell auch Arzt oder Philosoph, dann gehörte man der geachteten Bevölkerungsschicht an.

Diese Trennung und das unterschiedliche Sozialprestige wurden aber schließlich zum Unheil des Kaufmannes. Es klingt wie aus unseren Tagen: Wie die allgemeine wirtschaftliche Situation schlechter wurde, die Eroberungszüge der Römer ein Ende hatten und aus neuen Kolonien keine neuen Reichtümer herangeschafft und verteilt werden konnten, wurde plötzlich der Handel beschuldigt, dies verursacht zu haben. Und nachdem der Schuldige feststand, begann man auch unverzüglich, gegen ihn vorzugehen. Zunächst wurde die Steuerschraube angezogen, der man sich schon bisher allzugut zu bedienen wußte. Dann folgten staatliche Eingriffe in die Preisgestaltung, in den Warenabsatz, ja selbst in die Rechte der Kaufleute. Höchstpreise, Preiskontrollen und Ausfuhrverbote wurden erlassen! Die Kaufleute kämpften unter solchen Umständen ums Überleben. Teils gaben sie auf und zogen es vor, als Angestellte in einer staatlich geduldeten Verteilstelle Lebensmittel und Eintrittskarten für die Spiele an die verarmte Bevölkerung auszugeben, teils suchten sie Schutz, indem sie sich zu Verbänden zusammenschlossen. So können die Römer auch das Urheberrecht für die Berufsverbände und Handelskammern für sich in Anspruch nehmen. Es dauerte nicht lange, bis die Zugehörigkeit zu einem solchen „Collegium" zur Notwendigkeit, ja vielfach zu einer Zwangsmaßnahme wurde. Dem Staat andererseits erleichterte dieser Umstand sehr oft die Einflußnahme und die „Gewerbeaufsicht".

Dieser Zeitgeist spiegelt sich auch in den Berichten der Bibel wider. Hat doch Christus selbst die Händler aus dem Tempel gejagt und Augustus deutlich gesagt, wer nach Reichtum trachte, falle der Versuchung anheim. Die Verdächtigung, ja Geringschätzung und Verachtung des Handels, wie sie schon bei den Griechen und bei den Römern zu finden waren, wurden vom Klerus der jungen christlichen Kirche übernommen.

So beginnt der langsame Tod des Handels. Die private Initiative wird gelähmt, mit der Wirtschaft geht es bergab, die Bürokratie breitet sich aus. Übertriebene Sucht nach Ordnung und Regulierung, ein System des Zwanges führt zum finanziellen Ruin und zum politischen Niedergang eines Weltreiches.

Nach der Erhebung Konstantinopels zur Hauptstadt des Römischen Reiches 330 nach Christi und der Verlegung der weströmischen Kaiser nach Mailand und Ravenna verlor Rom seine politische Bedeutung. Die Plünderung Roms durch die Westgoten 410 nach Christi und die fortschreitende Versandung der Tibermündung und Hafenanlagen sowie Malaria-Epidemien führten dazu, daß Ostia schließlich im frühen Mittelalter aufgegeben wurde.

# DIE WIKINGER: BESSER ALS IHR RUF

Der Nachruhm der Wikinger ist sehr widerspruchsvoll. Viele Berichte erwähnen in erster Linie kriegerische Überfälle, Heidentum und Mordgier. Zu bedenken ist jedoch einerseits die geschichtliche Situation, aus der heraus die Wikinger handelten und andererseits, wer die Verfasser der (häufig einseitigen) Quellen waren. In erster Linie erzählen die Geschichte der Wikinger schreibende Mönche von den Küsten des Abendlandes, die natürlich nichts Gutes von den angreifenden Heiden zu berichten wußten. Die Mönche malen überwiegend das ersehnte Idealbild des frühen Mittelalters in herrlichen Farben. Bei den verlorenen Kämpfen gegen die Wikinger wird kurzerhand jede Schuld von den Christen genommen und auf die teuflischen Heiden außerhalb der abendländischen Kultur geschoben. Gut, daß an dieser Stelle nichts über die (blutrünstigen Taten der) Kreuzritter oder (die Ausrottung der Azteken durch) Hernán Cortés zu berichten ist!

Bei diesen Berichten erfolgt vielfach stereotyp die Darstellung der Wikinger mit Hörnerhelmen, Berserker- und Wolfsvermummungen. Diese gehörten zum Kult der Wikinger und verliehen dem Träger die Kräfte der gemimten Tiere. Ansonsten trugen die Wikinger konische Stahlhelme, an denen jeder (christliche) Schwerthieb abglitt. Auch die Wikinger sollten einen Anspruch auf die gleiche historische Genauigkeit in Wort und Bild haben wie die Gestalten anderer Epochen.

Die Fundorte der Wikinger-Boote als auch Ausgrabungen mit ihren Schätzen als keineswegs stumme Zeugen der Vergangenheit erzählen uns eine überaus interessante Geschichte. Und so wies auch schon Gustav Adolf II. von Schweden auf die Wikinger als tapfere Vorfahren seiner Soldaten im 30jährigen Krieg hin und ernannte einen „Reichsantiquar", der von Amts wegen alle Runensteine und Denkmäler der Vorzeit zu sammeln hatte. Man kann durchaus Parallelen zwischen der Vorherrschaft der Schweden im 17. Jahrhundert und der Macht der Wikinger im 8. Jahrhundert in der geographisch gleichen Lage ziehen.

Die Wikinger gelten zumindest in ihrer Zeit als beste Ozeansegler der Weltgeschichte. Dennoch versanken alljährlich ungezählte Drachenschiffe in den Fluten. Sie liegen zu Tausenden in der Ost- und Nordsee, zu vielen Hunderten in jedem deutschen und französischen Fluß, im Ozean und im Mittelmeer, vereinzelt aber auch noch in entfernteren Gewässern. Die historische Auseinandersetzung mit den Wikingern sollte folgende große Phasen berücksichtigen:
- 150 v. Chr. – 650 n. Chr.
- 650 – 790 n. Chr.
- 793 – 850 n. Chr.

In der ersten Phase kam die Kontaktaufnahme durch die Römer. Kaiser Nero schickte über Wien und Preßburg/Bratislava Kundschafter nordwärts, vermutlich nach Ostpreußen. Über die Rückkehr eines der „Bernsteinritter" schreibt Tacitus: „Lange lag der Bernstein dort mit all dem anderen, was das Meer aufwirft ... Selbst nutzen sie ihn zu nichts; sie sammeln die rohen Stücke, bringen sie unverarbeitet zum Markt und wundern sich über den gezahlten Preis."

Neben dem Bernstein wurden aus Skandinavien Pelze geliefert, im Austausch erhielt man Gold. In dieser Kommunikations- und Handelsphase verfügten die Wikinger nur über kiellose Ruderboote. Als Handelswege dienten ihnen die Flüsse Weichsel, Oder, Elbe und Rhein.

Die zweite Phase wird verursacht durch die Wanderung der Slawen nach Westen und der östlichen Steppenvölker aus dem asiatischen Raum bis zum Donaubecken vor. Für die Wikinger bedeutete dies eine Umorientierung in den Handelswegen, um Überfällen zu entgehen. Nunmehr fuhren ihre Schiffe an der Küste entlang nach Friesland, um von dort in den Rhein zu gelangen. Wichtigste friesische Handelsstadt für die Wikinger wird Dorestad, östlich von Utrecht. Auch der Städtchenname Wijk bij Duurstede läßt sprachlich den Einfluß der Wikinger erkennen. Technisch hatten die Wikinger gegenüber der ersten Phase ihre Boote weiterentwickelt; nunmehr segelten die Fürsten nördlich Stockholms in voller Waffenpracht ins Jenseitsreich, wie viele Fundstellen belegen.

*Die Handelstätigkeit der Wikinger in Rußland nimmt 1902 Nikolaj Rerich unter dem Titel „Kaufleute von Übersee"
in seinem Bild auf. Deutlich sind die Drachenboote und die Wikinger mit ihren Helmen herausgearbeitet.*

*Rerich (1874-1947) war Schüler von Repin und Kuindzis. Er beschäftigte sich neben der Malerei mit Geschichte und
Philosophie. In seiner Phantasie entstanden Bilder aus der alten Geschichte Rußlands, die er in einen Gemäldezyklus
umsetzte, der der Waräger-Periode der Alten Rus gewidmet war. In Osteuropa werden die Wikinger auch Rus genannt.*

Dieses ist auch die Zeit, in der die Ostsee zum Binnenmeer wird und auf Kurland und am Ladogasee Kolonien der Wikinger/Svear und Gotländer entstehen. Die Hervarar-Sage berichtet aus dem 8. Jahrhundert: „Ivar gewann für sich Kurland, Saxland und Estland und alle Länder im Osten bis nach Gardarike. Er herrschte auch über das westliche Saxland und gewann den Teil von England, der Northumberland genannt wird ..."

Das Handelszentrum der Wikinger aus jener Zeit tauchte per Zufall 1953 auf einer Insel im Mälarsee westlich von Stockholm auf. Helgö ist in der Tat der älteste handelspolitisch-strategische Vorgänger der

*Ausschnitt aus dem Bayeux-Teppich (1066), auf dem die Eroberung Englands durch die Normannen dargestellt wurde.*

schwedischen Hauptstadt. Sie ermöglichte den Kauf der schönen Luxuswaren aus dem Süden, weil hier unter anderem auch der nordschwedisch-finnische Pelzhandel kontrolliert wurde. Man kann davon ausgehen, daß Helgö nicht von einem privaten Handelshaus besiedelt wurde, sondern durch königlichen Auftrag lebte. In der Tat regierte nur 70 km nördlich von Helgö der König von Alt-Uppsala.

Die dritte Entwicklungsphase schließlich ist die, welche die Wikinger als Heiden, Räuber, Schänder und Plünderer stigmatisierte. Es war die Phase der Eroberungen und Beutezüge:

- 793 - wird auf der Insel Lindisfarne an der Grenze zwischen England und Schottland das dortige Kloster überfallen
- 794 - die Klöster Jarrow und Monkwearmouth werden an der britischen Küste angegriffen
- 795 - Rechru, Skye und Jona in der Irischen See werden geplündert
- 799 - die friesisch-fränkische Festlandküste wird bedroht
- 820 - Irland wird erobert
- 830 - über die Unterläufe der Düna, Memel und Weichsel und die Swir aufwärts, die Landrücken überbrückend und dann die Wolga und den Dnjepr abwärts erreichen sie gegen 830 Byzanz
- 835 - Dorestad wird in den nächsten Jahren fast jährlich geplündert
  die Hammaburg/Hamburg wird überfallen
- 841 - dänische Wikinger segeln die Seine aufwärts; Rouen wird abgebrannt
- 842 - die friesische Hafenstadt Quentowic wird verwüstet
- 843 - norwegische Wikinger segeln auf 67 Schiffen die Loire aufwärts und plündern Nantes
- 845 - Ragnar Lodbrok segelt mit 120 Schiffen die Seine aufwärts und erobert Paris.
  Eine Wikingerflotte mit 850 Schiffen segelt an Spanien vorbei bis Nordafrika und erobert auf dem Heimweg Sevilla.

Mit ihren Eroberungen hatten die Wikinger als erste Europa umsegelt. Sie hatten eine unerhörte Weite erreicht von Rußland im Osten bis Spanien im Westen, von Skandinavien im Norden bis Nordafrika im Süden.

Parallel zur kriegerischen Eroberung konnte nun der Fernhandel in einer noch ungeahnten Weite ausholen. Brückenkopf der Handels-Expansionspolitik war Haithabu, heute Hedeby bei Schleswig. Von der Ostsee erstreckt sich hier die Schlei tief westwärts ins Land hinein. Hinter einem nur 13 km breiten Landrücken beginnt die Rheider Au, ab Hollingstedt kann die Treene bis zur Nordsee befahren werden. Die Wikinger erkannten 808, daß man diese enge Landverbindung dadurch überbrücken konnte, daß die Handelsware und die Schiffe getragen wurden. Für die damaligen Verhältnisse war dies eine Problemlösung, die ähnlich revolutionär gesehen werden kann wie der 1887 – 95 gebaute nicht weit entfernte Nord-Ostsee-Kanal. Haithabu stand in engem Kontakt mit Dorestad in Friesland, Skiringssal am Oslofjord und Birka/heute Björkö im Mälarsee. Die neuen Handelsorte können durchaus als erste Stadtgründungen des Nordens hervorgehoben werden, in deren Fußstapfen später die Hanse eintrat. Analog dem Lübschen (Lübecker) Recht in der Hansezeit gab es auch bei den Wikingern für zahlreiche nordische Städte einen gesetzlichen Rahmen, das Bjärkö-Gesetz, abgeleitet vom Birka-Björkör-Stadtgesetz für den „Kauffrieden".

Die seetüchtigen, aber doch recht kleinen offenen Drachenschiffe jener Epoche vermochten kein Getreide, keine Lebensmittel oder sperrigen Güter zu verfrachten; sie eigneten sich eher für den Transport hochwertiger Produkte. Aus dem Süden kamen daher in jener Zeit als kostspielige Handwerks- und Industrieerzeugnisse

- Stoffe aus Friesland; die Wertigkeit der friesischen Tücher wird durch einen Bericht unterstrichen, daß auch Karl der Große dem Kalifen Harun-al-Raschid diese Stoffe als Geschenk schickte
- Trinkgläser aus fränkisch-rheinländischen Glashütten, die sich in den Wikingergräbern in Haithabu, Birka und Helgö wiederfinden
- staniolverzierte Henkelkannen als lithurgische Geräte, aber auch rädchenverzierte Tongefäße und Reliefbandamphoren für die Oberschicht
- Gold- und Silberware; allein der Schatzfund aus Hon/Norwegen hat ein Gewicht von 2.548 Gramm und besteht vorwiegend aus Gold: gewundene Halsringe, Armringe, Spangen, Anhänger und Münzen

- Waffen; fränkische Schwerter waren von den Wikingern besonders begehrt.
- Die Wikinger tauschten die südlichen Industrie-Erzeugnisse gegen Rohwaren aus dem Norden:
- Eisen; auf Helgö sind Schmelzöfen und Eisenschlacken ausgegraben worden. Untersuchungen zeigen, daß so phosphorarmes Eisen geschmiedet wurde, daß es sich beim Rohstoff um Grubenerz gehandelt haben muß. Hinzuweisen ist darauf, daß auch im 17. Jahrhundert später die Blüte Schwedens auf dem Eisenexport basierte.
- Feuerfeste Kochtöpfe aus Speckstein; diese wurden in Südnorwegen direkt aus dem Felsen herausgeschnitten. Insbesondere die Handelsstadt Skiringssal am Oslofjord profitierte von diesem Exportschlager
- Pelze; ein Chronist berichtet: „Schwarzer Zobel, so daß man ihn nicht mehr zählen konnte; Hermelinpelz so viel aufgebunden, daß es unmöglich war festzustellen, wie viel es war; leuchtendes Feh und rubinfarbener Fuchs; Luchspelze wie Frühlingslaub, besprengt mit hunderttausend Veilchen; Eselslasten glatter Biberfelle ..."
- Sklaven; insbesondere östlich der Elbe und in ganz Rußland gab es Sklavenjagden. Die Wikinger dienten damit den Juden. Diese hatten per Schutzbrief der ersten Kaiser das Privileg, Sklaven zu handeln. Der größte Absatz an slawischen und nordischen Sklaven ging südwärts über Lyon nach Spanien. Teilweise wurden sie weiter ins östliche Kalifat, in die riesige Völkermühle des vorderen Orients gehandelt. Arabische Schriftsteller melden einen blühenden Handel mit „Eunuchen, Sklavinnen und Sklaven", die an die Mohammedaner bis nach Bagdad verkauft wurden.

Es entwickelte sich auch bei den Wikingern die Einsicht, statt kurzfristig von kriegerischen Überfällen zu profitieren, lieber die Menschen für die eigene mittel- bis langfristige Wohlstandsoptimierung einzusetzen und mit den Händlern in Europa und Arabien friedlich zusammenzuarbeiten. So begannen die Wikinger ihre wichtigsten Handelsstraßen zu sichern und Kolonien zu gründen. Ihre Handelsplätze bezeichneten sie mit dem Wort Wik. Noch heute gibt es 870 ursprüngliche Wik-Orte in Westeuropa, beispielsweise Wijk auf Föhr, Schleswig, Bardowik bei Lüneburg, Braunschweig, Wijk bij Duurstede, Lundenwic/heute London.

# ISLAM, BASARE UND KARAWANSEREIEN

Aus dem Dunkel der Geschichte, in das Nord- und Mitteleuropa nach dem Zerfall des Römischen Reiches zurückkehrte, begann sich vom östlichen Mittelmeerraum aus eine neue Blütezeit für Handel und Kaufmannsstand zu entwickeln. „Arabia felix", an der Südküste der arabischen Halbinsel gelegen, war der Ausgangspunkt dieser Entwicklung. Hier war der Umschlagplatz für chinesische Seide, Gewürze, syrisches Glas, indische Baumwolle, ägyptisches Leinen. Araber waren die Träger dieses Handels. Juden, Syrer, Ägypter und alle jene, die bisher Handel betrieben hatten, kamen immer mehr ins Hintertreffen.

Zunächst waren die Araber politisch noch unbedeutend, religiös ohne Halt und in zahlreiche sich gegenseitig bekriegende Nomadenstämme aufgesplittert. Das bekümmerte zwar besonders einen jungen Kaufmannssohn und Ehemann einer reichen Kaufmannswitwe, der in Geschäften seines Vaters Reisen nach Syrien und Mekka unternehmen mußte, trotzdem aber tat er bis zu seinem vierzigsten Lebensjahr wenig, was ihn besonders ausgezeichnet hätte. Er lernte die jüdische und die junge christliche Lehre kennen, doch beide stellten ihn nicht zufrieden. Als sich dann aber innere Stimmen einstellten, da war für Mohammed die Stunde gekommen: Er predigte den arabischen Stammesgenossen den Glauben an den einen Gott, Allah. So wurde aus dem Sproß der Kaufmannsfamilie aus Mekka ein Prophet, der Gründer der Weltreligion des Islam. Als Mohammed 632 starb, setzten seine Nachfolger, die Kalifen, sein Werk fort.

Mit dem islamischen Glauben breitete sich auch der arabische Machteinfluß rasch aus: Alexandrien, Karthago, das ganze westliche Nordafrika wurden rasch erobert. Die großen Inseln des Mittelmeerraumes von den Balearen über Sardinien und Korsika, Malta und Kreta bis Zypern wurden bald beherrscht, Persien unterworfen, und schließlich drangen die fanatischen Reiterscharen sogar über die iberische Halbinsel bis ins südliche Frankreich vor.

Hinter dieser ersten Welle der alles aus dem Wege räumenden, brennend und mordend durch die Lande ziehenden Krieger, entstand eine glanzvolle, reiche Welt. Prächtige Paläste und kunstvolle Residenzen wurden errichtet. Der Staat kümmerte sich nicht um die Wirtschaft. Diese war Privatsache. Nicht Beamte gaben den Ton am Hofe des Kalifen an, nein, Kaufleute und Händler waren seine Berater. Handelsstädte blühten neu auf, Kunst und Wissenschaft konnten sich entfalten, der Handelsverkehr in ferne Länder wurde bedeutend. Arabische Kaufleute waren ständig unterwegs zwischen der neuen Hauptstadt Bagdad und Indien, ja bis Madagaskar, China und Indonesien.

Die Geschäfte waren Wagnis und Abenteuer, aber wenn alles gut ging, brachten sie vielfachen Gewinn. Aufschläge von 100 bis 200 Prozent waren keine Ausnahme, und trotzdem war es keine Zeit für nüchterne Rechner. Das Geschäft mußte Freude machen. Käufer und Verkäufer sollten zufrieden sein, so daß man Allah danken konnte. Noch heute küßt der Händler im Basar die erste Münze oder den ersten Schein, den er am Morgen einnimmt, und dankt Allah dafür. Wer besonders günstig kaufen will, der gehe frühmorgens hin, denn der erste Kunde, der den Laden betritt, darf nicht ohne etwas gekauft zu haben wieder gehen.

Damals wie heute hat man im Orient Zeit für den Handel, für das Geschäft. Das Feilschen um den Preis, das Herausfinden des wahren Preises sind für den Orientalen bei Gott keine Plage oder gar unangenehm. Im Gegenteil: Es zählt zu seinen größten Vergnügen, es ist ein Spiel, eine Frage der Menschenkenntnis, es gehören Geist und Witz dazu. Ein Spiel, ein Zweikampf, bei dem es zwei Sieger geben sollte. Nichts macht den orientalischen Verkäufer unglücklicher, als wenn der Käufer zwar mit der erworbenen Ware, aber mit äußerst unzufriedenem Gesicht das Geschäft verläßt. Allah wünscht zufriedene Menschen, und so soll auch der Handel Allah gefällig sein. Ein Fremder, der den Laden betritt und mit falschem Ton einen noch so hohen Preis für einen Gegenstand bietet, kann leicht eine abschlägige Antwort erhalten. Man muß Zeit für eine Tasse Tee haben und eine Geschichte zu erzählen wissen.

Und was für Geschichten es da gab! Märchen nahmen, ebenso wie die Ware, ihren Weg vom Fernen Osten bis hin zum Frankenland, von Lagerfeuer zu Lagerfeuer, von Karawanserei zu Karawanserei. Die Welt des Handels war voller Romantik, voller Zauber. Wer Augen dafür hat, findet diesen Zauber noch heute da und dort im Orient wie vor mehr als 1000 Jahren. Welch eine Atmosphäre, welche farbenprächtige, erregende Welt ist das in den arabischen Basaren von Casablanca und Tunis, von Kairo und Bagdad, von Istanbul und Isfahan! Wie muß es erst damals gewesen sein?

Jede Ware hat ihre eigene Straße: da sind die Teppichhändler, dort die Lederwaren, in der Straße der Kupfergeschirrhändler herrscht ein höllischer Lärm, in der Straße der Teppichhändler aber Stille und Beschaulichkeit. Allah ist Zeuge, daß hier nicht geschwindelt wird, und „Insch Allah", so Allah will, stimmt es auch. In der dreiundachtzigsten Sure des Korans steht es ganz deutlich: „Wehe denen, welche die unrichtig Messenden sind, die, wenn sie von anderen Menschen zugemessen bekommen, volles Maß verlangen, wenn sie aber anderen zumessen oder zuwiegen, Maß und Gewicht verkürzen." Mohammed, der ehemalige Kaufmann, wird seine Gründe und wohl auch Erfahrungen gehabt haben, warum er hier so deutlich wurde.

Ein eigenes Kapitel müßte man den arabischen Weltreisenden, jenen schriftstellerisch tätigen Kaufleuten widmen, die wagemutige Reisen über Indien bis nach China, nach Ostafrika und bis in das Innere Afrikas und gar bis in das nördliche Rußland unternahmen. Diese Reiseberichterstattungen, in feinen arabischen Schriftzeichen, gehören heute zu den Kostbarkeiten berühmter Bibliotheken und stellen Erlebnisse anderer späterer Entdecker nur allzu oft in den Schatten.

*Der Prophet Mohammed im Kreise seiner Familie, um 1590/1600 türkische Miniaturmalerei*

# KLÖSTER UND KAROLINGER

In dem von der Völkerwanderung arg mitgenommenen Europa begann sich nur langsam das Leben zu normalisieren. Zunächst hatte in den Klöstern die Arbeit wieder eine Heimstätte gefunden. Die Klöster waren kleine Reiche für sich. Dort wurden Leder gegerbt und Schuhwerk erzeugt, die Wolle gesponnen, Bier gebraut, Holz verarbeitet, und es wurden Schmuck, Devotionalien, Pergamentpapier sowie Einrichtungsgegenstände erzeugt. Immer öfter kam es zu Überschüssen, und auch die landwirtschaftlichen Erträge verbesserten sich ständig. Wenn gute Ernten waren, dann wußte man nicht wohin mit dem vielen Getreide, dem Fleisch, dem Heu, aber auch manchmal dem Wein. Gleichzeitig benötigten die Klöster viele Dinge, die sie nicht selbst erzeugten, wie Öl für die Beleuchtung, Werkzeuge, Salz und anderes mehr.

So war es naheliegend, daß die Klöster selbst begannen, schwunghaften Handel zu treiben und besonders geeignete Klosterbrüder zum Einkauf und Verkauf auf weite Reisen schickten. Die Ordensregel des heiligen Benedikt mußte dem Rechnung tragen und erlaubte ausdrücklich den Verkauf, vorausgesetzt, daß der Preis unter dem des Laienhandwerks liege.

Heute würde man so etwas unlauteren Wettbewerb nennen oder gar Preisdumping und sofort Gegenmaßnahmen fordern. Damals sah der heilige Benedikt nur das Interesse des Konsumenten und Handelspartners, dem eben kein übermäßiger Preis abverlangt werden sollte. Kein Wunder, daß derart die Klöster blendende Geschäfte machten und immer reicher wurden. So trugen Arbeiten und Beten reiche Frucht.

Eine zweite Gruppe von Menschen tauchte plötzlich ebenfalls wieder aus der Versenkung auf und begann, blendende Geschäfte zu machen: die Juden.

Sie haben mit Beharrlichkeit und Ausdauer die Wirren der Jahrhunderte relativ gut überstanden. Sie lebten innerhalb der Städte in geschlossenen Gruppen und eigenen Vierteln beisammen und hielten streng an den alten Bräuchen fest. Sie waren findig und wendig und halfen einander. So gelangten manche von ihnen zu Wohlstand und Reichtum. Noch waren sie keiner Verfolgung ausgesetzt, im Gegenteil, man wußte ihren Handelssinn zu schätzen. Aber ebenso schnell wie sie zu Gewinn und Vermögen kamen, tauchten wie immer und überall viele Neider auf, und sie wurden von der Konkurrenz in zunehmendem Maße nicht nur gefürchtet, sondern auch angefeindet.

Unter den Karolingern hatte inzwischen ein umfassender Prozeß des Wiederaufbaus begonnen. Die Ansprüche des Hofes und der Kirche stiegen. Vor allem an Luxuswaren ausländischer Provenienz bestand großer Bedarf. Die Überschüsse der Landwirtschaft und die Erzeugnisse der Handwerker mußten in jene Landesteile gebracht werden, wo Bedarf oder Mangel herrschte. Die europäische Einigung Karls des Großen wurde ergänzt durch eine einheitliche Währung. Aus gutem Silber wurden Denare geschlagen. Es entstand ein reger Marktverkehr, besonders in den Pfalzen und an den Bischofssitzen. Aus kleinen Märkten entstanden Städte, Städte mit berühmten Namen wie Regensburg, Zürich, Konstanz, Straßburg, Speyer, Worms oder Mainz, „das goldene Mainz", die erste Stadt des Reiches.

Am Unterrhein begegnen wir zum ersten Mal oder in neuer Blüte uns heute vertrauten Namen wie Dortmund, Bingen, Trier und nicht zu vergessen Köln. Die Römergründung Köln, die bald Mainz übertrumpfen sollte und im 11. und 12. Jahrhundert an die erste Stelle unter den Handelsstädten des Reiches aufrückt.

Die Kaufleute gewinnen in jener Zeit zunehmend an Bedeutung. Nicht nur als Vermittler von Waren, sondern auch als „Friedensvermittler". Schon seit jeher stand die Kaufmannschaft ein wenig zwischen den Fronten, denn nur im Frieden konnte man gute Geschäfte machen und zudem gut schlafen. So werden in den alten Jahrbüchern immer wieder Namen von großen Kaufleuten genannt, deren sich die Fürsten und selbst die Könige bedienten, um Unterhandlungen zu führen und Kontakte anzubahnen, um politische, militärische oder wirtschaftliche Streitfragen zu klären. Solche Missionen waren oft heikel und konnten auch schiefgehen.

Insbesondere die sächsischen Kaufleute bewährten sich hier und erlangten großen Ruhm. Sie stritten mit den Friesen um Einflußbereiche und hatten im Osten und Norden besondere Erfolge. Noch heute heißt im Finnischen „Saxa" soviel wie Kaufmann. Und Karl der Große sah sich sogar gezwungen, dem Unternehmergeist der Kaufleute im Osten Grenzen zu setzen, da über diese Grenze hinaus ihre Sicherheit nicht mehr garantiert werden konnte. Magdeburg verdankte dieser Grenze, daß es zur Ost-West-Drehscheibe wurde, sowie auch zum Ausgangspunkt für den späteren wirtschaftlichen und kulturellen Einfluß auf den Osten Mitteleuropas.

Die Bayern bauten, mit Regensburg als Handelsmittelpunkt, im Süden und Südosten die Handelsverbindungen aus. Sie reichten über Böhmen und Mähren bis nach Rußland und Bulgarien. Holz, Hopfen und vor allem Salz wurden in großen Mengen ausgeführt. Besonders das Salz brachte nicht nur vielen Menschen, sondern auch vielen Städten Reichtum und war der Ursprung des Wohlstandes im ganzen süddeutschen Raum. Was heute das Erdöl, war damals das Salz.

Als Stapelplätze waren unter besonderen staatlichen Schutz gestellt: Bardowick, Magdeburg, Erfurt, Hallstatt, Vorchheim, Bremberg, Regensburg, Linz, Lorch, Pöchlarn und Mautern. Viele dieser Orte wie Mautern, Pöchlarn, Lorch, Vorchheim lassen heute anhand einiger erhaltener Bauten ihre wichtige und bunt bewegte Vergangenheit erahnen.

Daneben lag nahezu der gesamte beruflich betriebene Handel der damaligen Zeit in fremden Händen. Es waren die Nachfahren der Kolonisten aus den Gebieten des alten römischen Reiches, die Syrer und Griechen, Juden und „Kaworzen" (Südfranzosen), Lombarden und Venezianer. Im Osten kamen die slawischen Händler dazu, die sehr be-

*Karl der Große, prächtiges Büstenreliquiar aus Bronze, um 1350*

deutende Handelsbeziehungen zwischen dem deutsch-slawischen Grenzgebiet und dem Westen unterhielten.

Wenn sich auch diese landesfremden Händler unentbehrlich zu machen wußten und da und dort nicht geringen Einfluß hatten, waren sie doch heimatlos, volksfremd, in ihren Rechten beschränkt und zahlreichen anderen Einengungen unterworfen. „Für die Juden und übrigen Kaufleute" wurde schon früh ein eigenes Recht entwickelt, das später eine wichtige Basis für das deutsche Kaufmannsrecht darstellte.

Die „Fremdarbeiter" im Handel des frühen Mittelalters waren auch wohl der Grund, warum die Handelsgeschäfte in vielen Städten und an den wichtigsten Handelsplätzen strengen Reglementierungen unterworfen waren. In Landshut wurde 1256 am Donnerstag nach dem Martinstag auf ein Jahr verordnet, „daß die Breite des grauen Tuches fünf Spannen beträgt und die beste Elle davon für zehn Pfennig verkauft wird; die es anders halten, werden der Stadt sechs Schilling, dem Richter 60 Pfennig zahlen". Was ist das anderes als der heutzutage wieder so modern gewordene „Konsumentenschutz", gekoppelt mit Preisstop. Aber es gab auch schon fixe Handelsspannen, denn in derselben Verordnung heißt es: „Die Lebensmittelkrämer sollen 5 Pfennige verdienen." „Brezeln dürfen nur aus Weizenmehl hergestellt werden; Gerste darf mit Semmelroggen nicht vermischt werden", woraus zu sehen ist, daß es lebensmittelrechtliche Bestimmungen schon im frühen Mittelalter gab! Offensichtlich hatten die Stadtväter auch bereits Probleme mit langhaarigen Hippies, denn unter Punkt 20 der Verordnung von Landshut wird bestimmt, „Lotterbuben und jede Art fahrender Schüler mit langen Haaren seien hier ferngehalten, und wer sie länger als eine Nacht beherbergt, zahlt ein Pfund."

*Altar Karls des Großen in der Pfalzkapelle in Aachen*

# KREUZZÜGE UND DIE MACHT DER PÄPSTE

Die Kirche spielte eine immer bedeutendere Rolle. Zunächst wußten die Bischöfe und Landesherren, sich neue Einnahmequellen zu erschließen: Zölle, Abgaben und wieder Zölle. Wollte ein Kaufmann seine Waren durch das in der heutigen Schweiz gelegene Bistum Chur nach dem Süden transportieren, so mußten am nördlichen wie am südlichen Zugang zum

Bistum saftige Zölle bezahlt werden. Da half kein Lamentieren, es half auch nicht der Nachweis, daß es sich um Transitware handelte, die gar nicht im Lande bleiben sollte, sondern deren Bestimmungsort weit im Süden oder hoch im Norden lag.

Im Gegenteil – wollte man den kürzesten Weg über den Walensee wählen, so hatte hier der Bischof erneut ein Monopol, da er im Besitz der einzigen Fähre war. Die Preise für die Überfahrt waren entsprechend. Die Kaufleute aber mußten sehen, wie sie diese hohen Kosten noch unterbrachten. Bei den traditionellen Waren, wie Honig, Wachs, Holz, Hopfen, wurde es immer schwieriger. Bei neuen Produkten war dies schon leichter, und es gab immer wieder neue Produkte: Waffen und Rüstungen aus den deutschen Werkstätten, Leder- und Pelzwaren aus Ungarn, kunstvolle Strohgeflechte aus Sachsen. Die besten Kunden waren wiederum die Kirche, der Klerus.

Und dann war da die Idee mit den Kreuzzügen. Schließlich mußte man die bekannt übergroße

*Ritterlicher Kampf gegen die Sarazenen, Kupferstich. Der Reiter in der Mitte ist der hl. Jakobus, der in der Schlacht von Clariso im Jahre 849 das christliche Heer zum Siege über die Ungläubigen führte*

*vorhergehende Seite:*
*Papst Urban II. ruft 1095 zum Kreuzzug auf Französische Miniatur von 1490 (Ausschnitt)*

Kampflust der Deutschen, der zum Christentum bekehrten Wikinger wie der Franken und Normannen in irgendwelche Bahnen lenken. Im Nahen Osten bot sich dazu Gelegenheit. So löste der Aufruf zu einem religiösen Krieg, zum Kreuzzug gegen die türkischen Eroberer Jerusalems eine Woge der Begeisterung aus. Die Masse der europäischen Bevölkerung wurde in Bewegung gesetzt.

Der erste Kreuzzug war zwar ein Mißerfolg, aber am Ende des rasch folgenden zweiten Kreuzzuges standen schließlich die Ritter doch mit ihren Gefolgsleuten, erschöpft, von oben bis unten mit Blut bespritzt von dem fürchterlichen Gemetzel, das sie bei den Bewohnern Jerusalems angerichtet hatten, in der Kirche des Heiligen Grabes.

Der berühmte Saladin sorgte dann jedoch mit seinen „Vereinigten Islamischen Streitkräften" dafür, daß die Freude über die Befreiung Jerusalems nicht von langer Dauer war. Daran änderte auch der dritte Kreuzzug nichts. Vielleicht wäre er ein wenig erfolgreicher verlaufen, wenn der berühmte Kaiser Friedrich Barbarossa, der an diesem dritten Kreuzzug teilnahm, beim Baden etwas vorsichtiger gewesen wäre. So aber starb er nicht den Heldentod, sondern nur den unrühmlichen Tod eines Nichtschwimmers und harrt, darüber vergrämt, noch heute im Untersberg zu Salzburg mit langem Barte sitzend, auf die Wiederkehr und die Erneuerung des Reiches.

Trotz dieser Fehlschläge waren das 11. und das 12. Jahrhundert die große Zeit der päpstlichen Macht. Niemals mehr in der Geschichte sollte die geeinte Christenheit unter der Herrschaft des Papstes mehr reale und wirksame Macht erlangen. Es war die Zeit, da der Papst selbst den Kaiser beherrschte. Drei Tage und drei Nächte stand – so sagt die Überlieferung – in ein härenes Gewand gekleidet, Kaiser Heinrich IV. bei seinem Gang nach Canossa barfuß im Schnee und wartete auf die Vergebung durch den Papst.

Doch was hat das alles mit unserem Thema, dem Handel, zu tun? Nun – die Finanzierung eines Kreuzzuges machte zwar manchmal Sorgen, aber es gelang doch immer wieder, das Geld dafür aufzutreiben. Ja so eigenartig es klingen mag, trotz der hohen Kriegskosten wurde die Kirche dabei immer reicher. Reuige Sünder wurden eben ermahnt, ihren Besitz, Grund und Boden der Kirche zu vermachen, und Sünden wurden schließlich nur gegen bares Geld vergeben. Der Zweck heiligte die Mittel, und die Ausstattung der Kreuzzüge kostete nun einmal viel Geld. Dieses kam aber wieder zu den Händlern und Kaufleuten, zu den Handwerkern und etwas auch unter das Volk.

Die ersten Kreuzfahrer, die in den Orient kamen, staunten, als sie dort keineswegs unterentwickelte, sondern hoch zivilisierte Länder vorfanden und keine zurückgebliebenen Heiden, sondern Menschen, die ihr Leben reizvoller, luxuriöser und zugleich praktischer zu gestalten wußten.

In den Basaren konnte man die erstaunlichsten Dinge kaufen, Dinge des täglichen Lebens, die im Abendland unbekannt waren: raffinierte Parfüms und wohlriechende Seifen, Baumwolle und Seide, Reitstiefel aus Giraffenleder. Da waren Verkaufsstände der Zuckerbäcker mit Honigwaffeln und mit Ingwer-, Granatäpfel-, Quitten- und Anispastillen. Es gab die Stände der Limonadenverkäufer, wo Sirup, Honigwasser, Fruchtsäfte und köstliche gekühlte Tees in bunten Flaschen aus Glas, das man im Abendland auch noch nicht kannte, angeboten wurden. Und dann die Früchte, die man noch nie zuvor gesehen hatte: Orangen, Zitronen, Bananen, Kürbisse, Granatäpfel, Pampelmusen, Datteln, Feigen. Und erst die Vielfalt der Gewürze: Kümmel, Senf, Anis, Majoran, Malve, Pfeffer, Koriander, indonesischer Paprika. Eine ganz neue Welt tat sich den Kreuzfahrern auf, und vieles brachten sie mit nach Hause. So unter anderem auch das Papier, vor allem aber zahlreiche Arzneimittel.

Wie armselig war dagegen das Warenangebot in deutschen Ländern, wie bescheiden die Lebens- und Wohnverhältnisse in deutschen Burgen und Städten. Die Moslems hingegen wohnten in teppichgeschmückten Häusern, mit künstlich bewässerten Gärten; sie kleideten sich schon damals, am Beginn des zweiten Jahrtausends, in kostbare Gewänder aus Atlas, Damast und Musselin; sie aßen raffiniert gewürzte Speisen. Ihre Städte, wie etwa Damaskus, hatten schon herrliche Moscheen, Paläste, fünf- bis sechsstöckige Wohnhäuser, viele sogar mit fließendem Wasser, ihre Straßen und Plätze wurden nachts von Öllämpchen beleuchtet. Es gab Vergnügungsstätten, öffentliche Parkanlagen, Tiergärten und prunkvolle Bäder.

# DIE HOCHKULTUR DER MAUREN

## Alhambra und Cordoba

Planer und Erbauer der Alhambra war Mohammed Abu Alahmar. Er entstammte dem alten Geschlecht der Beni Nasar, das mit den ersten Mauren in Afrika nach Gibraltar herüberkam und sich in der Gotenschlacht bei Jerez hervortat.

Im Kulturtransfer sollten auf keinen Fall die Mauren unerwähnt bleiben. Sie waren auf der Iberischen Halbinsel gewissermaßen eine Nation ohne rechtmäßiges Vaterland. Ihr kriegerischer Eroberungsfeldzug vom Felsen Gibraltars quer durchs Gotenreich wurde erst in der Ebene von Tours und Poitiers vom König der Franken „Karl Martell" gestopt.

Die Mauren zeichneten sich neben ihrer kriegerischen Leistung jedoch auch durch eine umsichtige Staatsführung aus. Während ihrer Blütezeit war die arabische Herrschaft im Osten durch Sinnlichkeit charakterisiert. Zur gleichen Zeit dominierten im nördlichen Europa mehr essentielle Lebensfragen. Die Städte des arabischen Spaniens wurden daher der Sammelplatz auch christlicher Künstler und Handwerker, die sich im Süden bilden wollten. Wißbegierige Studenten aller Länder sah man in den Gängen der Universitäten von Toledo, Cordoba, Sevilla und Granada. Sie kamen ins Mauren-Reich, um sich arabische Kultur anzueignen.

Eine Erinnerung besonderer Art an die Mauren ist die Alhambra bei Granada. Sie ist ein mohammedanisches Denkmal mitten in einem heute christlichen Land. Zugleich erinnern die Alhambra und Cordoba an ein tapferes und kluges Volk, das eroberte, herrschte, baute und dahinschwand. Zurück bleiben jedoch bis heute ihr Mythos und Stilelemente ihrer Kunst.

Geboren wurde er 1195 der christlichen Zeitrechnung. Schon in jungen Jahren wurde er Alcayde von Arjona und später Stadthalter von Jáen, der reichsten Provinz des Königreiches. 1238 kam er nach Granada, wo ihn Adel und Bürger zum König ausriefen. Gegen die Mitte des 13. Jahrhunderts begann er den Bau des prachtvollen Palastes der Alhambra. Er überwachte persönlich alle Arbeiten, mischte sich unter die Werkleute, sprach mit Künstlern und Handwerkern.

Der König zeichnete die besten Handwerker aus; er verbesserte die Zucht von Haustieren; sorgte für eine planmäßige Bodenbearbeitung und ausgeklügelte Bewässerungsanlagen. Auf früher dürren Hängen und in verlassenen Tälern entstanden Felder und Wiesen, Äcker und Gärten. Eine besondere Spezialiät war die Seidenraupenzucht: Die Seidengewebe Granadas übertrafen an Feinheit und Schönheit die weltbekannten Erzeugnisse Syriens und im Ausland trieben geschulte Fachleute Stollen für die Förderung von Gold, Silber, Kupfer und andere Metalle in die Erde. Im Münzturm schlug man hieraus Münzen mit dem Bildnis von Mohammed Abu Alahmars. Münzen wiederum förderten den Warenaustausch.

Als Mohammed Abu Alahmar 1274 starb, hinterließ er ein Königreich mit blühendem Handel und Bauwerken, dessen hervorragendstes Beispiel die Alhambra ist. Viele Stilelemente jener Epoche zeichnen auch heute noch die Architektur der Iberischen Halbinsel aus.

Kennzeichnend für die maurische Kultur war auch die große Moschee von Cordoba und es ist ein Glück, daß sie zusammen mit einem Teil der alten Stadtmauer und der vielfach wieder aufgebauten Brücke über den Guadalquevir noch da ist. Einige Straßenzüge der Altstadt erinnern in ihrem Verlauf an gewisse Marktviertel des alten Cordoba, ohne daß die 80.000 Läden und Werkstätten, die dieses zählte, heute darin Platz finden könnten. Verschwunden

*Gabrielle Moore:*
*In der Alhambra vor dem Sultan*

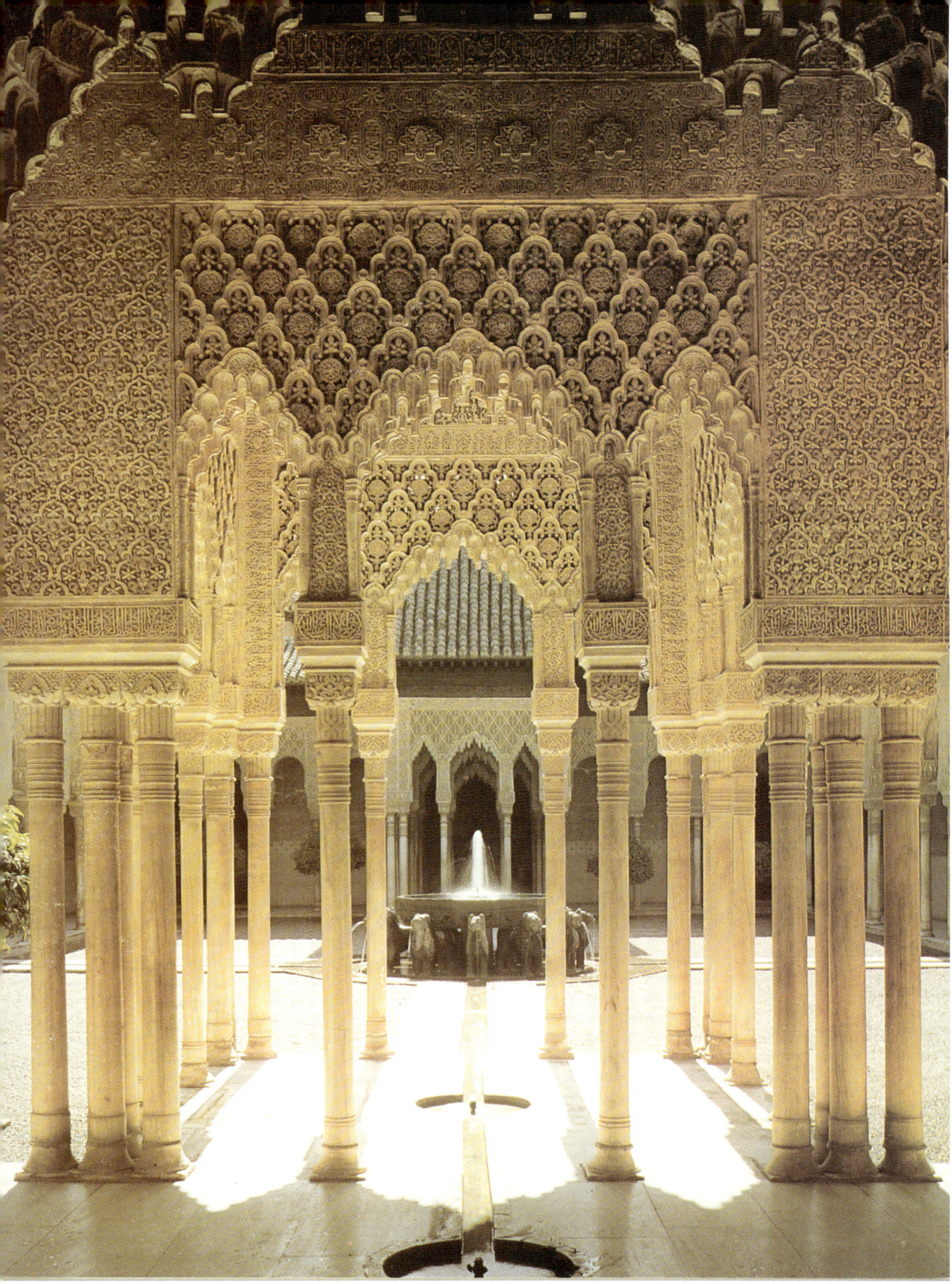

*„On the Way between Old and New Cairo...", um 1872, Gemälde von Louis Comfort Tiffany*

links: Alhambra, Der Löwenhof

sind die großen Rasthäuser, in welchem die reisenden Kaufleute mit ihren Saumtieren Unterkunft fanden, zerstört sind die zahlreichen Bäder, die Schulen, die großen Büchereien. Die einstige märchenhafte Königsstadt Medinat-az-Zahra ist heute ein Trümmerfeld.

## Maurischer Exotismus

Nicht wie in einigen Sagen angekündigt als Geisterarmee des letzten Herrschers Boabdil, sondern vielmehr in der Malerei tauchen die Mauren Ende des 19. Jahrhunderts unter dem Begriff „Maurischer Exotismus" wieder auf. Ein sehr schönes Beispiel für diese Stimmungsbilder ist Tiffanys „On the way between Old and New Cairo" (um 1872).

Neben dem Bild „On the Way between Old and New Cairo" (um 1872) tauchen in dem der Malerei gewidmeten Lebensabschnitt Tiffanys auch weitere Szenen aus dem Handel in seinen Werken auf, so zum Beispiel:
- Snake Charmer at Tangier (um 1872)
- Duane Street/New York (um 1875 bis 78)
- Straßenszene, Morlaix/Bretagne (um 1880)
- Markttag in Nürnberg (1897)

Louis Comfort Tiffany (1848 bis 1933) wurde in New York als Sohn des Firmengründers der Silber- und Juwelierwerkstatt Tiffany & Young geboren. Während seiner Zeit an der Militärakademie Eagleswood/New Jersey (1862 bis 1865) lernte er die Maler George Inness, einen Landschaftsmaler, der an der Akademie einen kleinen Kreis talentierter Schüler in Malerei unterwies und Steele McKaye, der später eine Malschule in New York eröffnete, kennen.

1866 schloß sich Tiffany den Hudson River Painters an. In dieser Lebensphase entdeckte er die Natur als seine wichtigste Inspirationsquelle. 1867 studierte er bei George Innes in New York, 1868 in Paris bei Léon Charles Adrien Bailly. Ein Besuch im Atelier Léon Adolphe Auguste Bellys, der für seine Landschaftsgemälde Nordafrikas und des Nahen Ostens bekannt ist, beeinflußte dann die künstlerische Entwicklung Tiffanys nachhaltig: hier lernte er den maurischen Exotismus kennen. Von diesem Zeitpunkt an findet man diese Stilrichtung in vielen seiner Werke wieder. Vertieft wurden diese Eindrücke durch eine Nordafrika-Reise, die ihn 1880/71 nach Ägypten, Tunesien, Algerien, Marokko und durch Spanien führte.

# HANDEL UND HANDWERK IM MITTELALTER

Zeugnisse der Kultur des fahrenden Handels und des Handwerks im Mittelalter finden sich in der Manessischen Handschrift, einem bedeutenden Werk deutscher Lyrik, in der Handschrift Tacuinum Sanitates in medicina, dem Hausbuch der Cerruti und in den beiden Bänden der Mendelschen Zwölfbrüderbücher. Sie dokumentieren die Interdependenz zwischen dem Niveau von Handwerk, Handel, Literatur und Kunst.

## Manesse: Blüte des Minnesangs

Dietmar von Aist wollte das Herz einer Hofdame gewinnen. Um zu seiner verehrten Burgdame gelangen zu können, verkleidete er sich als fahrender Händler. Er hängte seine Ware (Gürtel, Taschen, ein rundes Spiegeletui) an einer Stange auf und pries sie an. Sein Sortiment entsprach der Vorstellung jener Zeit über Schmuck für Hofdamen und garantierte somit die Aufmerksamkeit seiner Angebeteten. Der Erfolg seiner Werbung wird durch zwei Details signalisiert:
- die Hofdame greift nach einem Gürtel.
- Sie trägt ein Hündchen auf dem Arm – in jener Zeit ein Zeichen der Treue.

Historisch ist die Person des Dietmar von Aist schwer zu bestimmen. Er lebte als Ritter etwa um die Mitte des 12. Jahrhunderts und ist damit ein früher Vertreter des Minnesangs. Identifiziert wird Dietmar von Aist durch sein Wappenschild – ein Einhorn auf blauem Grund.

Das Bild gehört zur Großen Heidelberger Liederhandschrift der Universitätsbliothek Heidelberg. Es ist die bedeutendste Sammlung deutscher Lyrik aus der Blütezeit des Minnesangs. Sie wurde zwischen 1300 und 1340 vermutlich von den Rittern Manesse, in der Nähe von Zürich, zusammengetragen und niedergeschrieben. Daher ist die Textsammlung auch als Codex Manesse oder Manessische Liederhandschrift bekannt.

Die Schrift vereinigt Dichtung vom letzten Drittel des 12. Jahrhunderts bis zum ersten Drittel des 14. Jahrhunderts, die 140 verschiedenen Dichtern zugeordnet wird. Neben ihrem literarischen Wert zeichnet sich die Handschrift besonders durch ihren außergewöhnlich vielschichtigen und prächtigen Bildschmuck aus, der die Texte durch gemalte Darstellungen jedes Dichters ergänzt. Diese 138 Bilder nehmen jeweils eine ganze Seite ein und behaupten damit ihre wichtige Stellung in der Handschrift. Ihre Qualität ist für die Zeit unvergleichlich; ihre vielfältigen Szenen spiegeln unterschiedliche Aspekte mittelalterlichen Lebens wider.

Die meisten Dichter, die fast alle dem gebildeten adeligen Stand angehörten, waren zur Entstehungszeit der Schrift bereits lange verstorben. So sind die Bilder keine naturgetreuen Porträts, sondern die Darstellung typischer Wesenszüge des adeligen Standes in phantasievoller romantisierender und idealisierender Form. Es wird auf individuelle Gesichtszüge oder die Wiedergabe von Gefühlsregungen verzichtet. Wichtiger war die Repräsentation des adeligen Standes und der tugendhaften Geisteshaltung, die sich in den Texten ausdrückt. Im Mittelpunkt der meisten Gedichte steht als Verkörperung von edler Gesinnung und Bildungsideal die angebetete Hofdame, der die Liebeslyrik in einem weniger erotischen als mehr ethischen Sinne angetragen wird.

Vermutlich entstand die aufwendige Handschrift über viele Jahre hinweg in einem Werkstattbetrieb, denn man kann heute mindestens vier verschiedene Maler und sieben Schreiber unterscheiden, die aber namentlich nicht zu bestimmen sind. Stilistisch finden sich Vorbilder in der Glas- und Wandmalerei oder in anderen Buchmalereien. Die Manessische Handschrift ist in einer Zeit entstanden, in der sich allmählich der geschlossene, repräsentative Malstil der Romanik in den stärker rhythmisierten Stil der Gotik wandelte.

*rechts: Dietmar von Aist: Krämer breitet vor einer Dame seine Waren aus. Heidelberger Liederhandschrift (Manessische Liederhandschrift), 1310-1340*

Her Dietmar von Ast.

So werden in der Darstellung des Dietmar von Aist die Gegenstände stark stilisiert. Das Gebäude, aus dem die Burgdame heraustritt, setzt sich aus konstrastierenden Farben und Formen zusammen, die unvermittelt aufeinandergeschichtet werden. Sie bezeichnen eher symbolisch eine Burg, als daß sie diese abzubilden versuchen. Der grüne Grund, auf dem die Esel und Händler stehen, symbolisiert das Land und der gelbe steinerne Boden der Hofdame steht für die Burg.

Die Bildszene entfaltet sich zweidimensional auf dem Blatt, ohne Raumtiefe zu erzeugen. Vorder- und Hintergrund lassen sich nicht unterscheiden. Anstatt die Szene in eine Landschaft einzubinden, schwebt sie isoliert vor dem hellen Hintergrund des Pergaments. Nur ein breiter farbiger Rahmen hält die Komposition zusammen und hebt den Bildraum vom Blatt ab.

## Tacuinum Sanitates in medicina

Das „Hausbuch der Cerruti" ist eine Bilderhandschrift und enthält über 200 Miniaturen, die anschaulich das mittelalterliche Leben illustrieren.

Das Werk stammte ursprünglich aus dem Arabischen, wurde in Italien ins Lateinische übersetzt und mit Miniaturen versehen, die das Leben und die Natur auch in kleinen Details wunderbar schildern.

Dem Auftraggeber dieser Prunkhandschrift, höchstwahrscheinlich einem Mitglied der Familie Cerruti aus Verona, kam es auf Bilder zum Betrachten an. Die Bildfassung des „Tacuinum Sanitates in medicina" wurde zum Luxusbuch, geeignet für einen Besteller, der jeden Preis bezahlen konnte.

Das „Handbuch der Gesundheit in medizinischen Fragen" ist ein umfassendes Werk für alle Fragen der Gesundheit und der gesunden Lebensführung. Zugleich finden sich Darstellungen, die vielfältige mittelalterliche Handelstätigkeiten

*Darstellung aus der Handschrift Tacuinum Sanitates in medicina, Hausbuch der Cerruti, Ende des 14. Jh.*

erkennen lassen. Gezeigt werden nach vorn hin offene Läden, in denen Fleisch, Fisch, Öl, Gewürze, Tuche und vieles andere mehr verkauft werden.

**Mendels Bruderhaus**

1388 gründete der Kaufmann Konrad Mendel d. Ä. in Nürnberg eine Stiftung, die es zwölf alten, unverschuldet in Not geratenen Handwerkern erlaubte, unentgeltlich in einem „Bruderhause" ihren Lebensabend zu verbringen. Aufgenommen wurden „getreue, harte Arbeiter, die sich mit ihrer harten Arbeit genährt haben und jetzt arm und krank sind". Ebenso war ein guter Leumund Voraussetzung für die Aufnahme.

Das Mendelsche Bruderhaus hat vor allem als Dokument zur Handwerksgeschichte Weltgeltung erhalten. Die künstlerische Qualität der Darstellungen ist zweitrangig.

Die Idee, die in das Bruderhaus aufgenommenen alten Handwerker in der Ausübung ihres ehemaligen Berufes darstellen zu lassen, kam von Marquard Mendel, der von 1425 bis 1438 Pfleger des Bruderhauses war. Aus seiner Zeit datieren die Bilder des ersten Bandes. Bedingt durch den langen Zeitraum der Dokumentation und das unterschiedliche Können der einzelnen Maler variieren die Stilrichtungen und die Qualität der Bilder. In den Darstellungen sind besonders Schuhmacher, Schneider, Bäcker, Messerer und Metzger sehr häufig vertreten.

Exemplarisch für die Bilder aus Mendels Bruderhaus steht die Darstellung der 123. Bruders, des Fleischhackers Hans Lengenfelder.

*Fleischhacker Hans Lengenfelder, 123. Bruder der Mendelschen Stiftung zu Nürnberg, Anfang des 15. Jh.*

# JAHRMÄRKTE UND KAUFFRAUEN

Bei den Griechen gab es für den Markt einen eigenen Platz, die Agora, bei den Römern das Forum. Das Forum in Brigantium, dem heutigen Bregenz, hatte nach den Ausgrabungen eine Länge von 80 Metern. Hier mag an den Markttagen ein buntes und reges Leben geherrscht haben, wenn römische, rätische und gallische Kauf- und Handelsleute mit ihren verschiedenen Gewändern und Sprachen unter sich handelten und feilschten. Da die lateinische Sprache die herrschende war, wußten die einheimischen Räter, sich in ihrem eigenen Interesse mit dieser Sprache allmählich vertraut zu machen. So lernten sie die lateinische Volkssprache, wie sie eben damals vom Volke in Italien, nicht von den Gelehrten, gesprochen wurde. Auch die Umgangsformen der Römer fanden auf diesem Wege Eingang in Rätien. Die römischen Kaufleute und Händler genossen offensichtlich geradezu göttliches Ansehen, denn bei den Ausgrabungen aus dem römischen Brigantium kam unter anderem auch eine Inschrift zum Vorschein: „Diis deabusque cives Romanorum negotiatores Brigantienses", das heißt, „Den Göttern und Göttinnen, die Kaufleute von Bregenz, römische Bürger".

Nördlich der Alpen hingen vielfach Märkte, insbesondere die Jahrmärkte, mit den Festen der Kirche zusammen, an denen die Gläubigen zusammenströmten und sich – wie heute noch bei so mancher Landkirche – mehr außerhalb als innerhalb des Gotteshauses aufhielten. Auch die anderen Namen für derartige „Verkaufsveranstaltungen", wo dem Volk in seiner Festtagsstimmung die Ware leicht verkauft werden kann, lassen, ebenso wie die Bezeichnung Messe, den engen Zusammenhang mit religiösen Zeremonien erkennen. So etwa die heute noch im süddeutschen Raum übliche „Dult", die sich von dem lateinischen Wort für „Ablaß" ableitet, jenem Ablaß, der ja im Mittelalter für Papst und Kirche ein großes Geschäft war, indem er gegen bare Münze erteilt wurde. Die „Kirmes" oder „Chilbi", wie der dörfliche Jahrmarkt auch heute noch im Alpenland bezeichnet wird, ist ja auch nichts anderes als die „Kirchmesse", die als besonderes Fest des jeweiligen Kirchenpatrons und Heiligen das Landvolk mehr zu heiterem Treiben und Fröhlichsein zusammenführt, als zur Andacht und zum Beten. Da sitzt der „Gulden" locker, und die Kaufleute wären keine Kaufleute, wenn sie das nicht wüßten. Schon im Jahre 710 kamen zur Messe von Saint-Denis, nahe Paris, an die 700 Händler allein aus Friesland angereist, um sich diese Kauflust nutzbar zu machen.

Für den Seeweg von Brügge nach Venedig waren bei guten Verhältnissen drei Monate notwendig. Ein Pferdefuhrwerk schaffte es auf dem Lande in etwa einem Monat. Was lag näher, als daß man sich die Wegstrecke teilte und auf halbem Wege traf. So waren im 12. und 13. Jahrhundert die Messen in der Champagne, die sechsmal im Jahr stattfanden, Hauptumschlagplatz für Güter des Orients wie für gewerbliche Erzeugnisse von Nordwesteuropa. Französische, italienische, flämische Händler kannten keine Sprachschwierigkeiten, wenn es darum ging, ihre Ware an den Mann oder die Frau zu bringen. Später wurden regelmäßig veranstaltete Märkte in ganz Mitteleuropa zur Selbstverständlichkeit.

1235 weilte Kaiser Friedrich II. in Mainz und aus diesem Anlaß wurde eine riesige Messe veranstaltet, die Messe des Jahrhunderts. Prächtige Veranstaltungen, Turniere und Gelage sorgten dafür, daß die Massen zusammenströmten. Bei dieser Gelegenheit wurden so manche, sonst gültigen strengen Vor-

*Kleinhändlerinnen, die ihre Gewürzkräuter am Fuß der Fischbänke feilbieten*

*links: Der Markt, Gemälde von Prof. Larsen (Ausschnitt)*

schriften aufgehoben, bei Zöllen und Abgaben hatte man Nachsicht, so wie sich das heute teilweise in den sogenannten Messekontingenten erhalten hat. Während der übrigen Zeit des Jahres aber wußte sich die mittelalterliche Stadt sehr wohl ihre Vorrechte zu sichern: Markt-, Münz- und Zollrechte sorgten für Einnahmen.

Eine Messe abzuhalten war aber, im Gegensatz zu einem gewöhnlichen Jahrmarkt, nicht jeder Stadt erlaubt. Das Messeprivileg war deshalb heiß begehrt. Die Frankfurter Messe geht auf ein Privileg aus dem 12. Jahrhundert zurück, die Leipziger Messe auf das 15. Jahrhundert.

Dann gab es noch etwas ganz Besonderes, den sogenannten Stapelzwang: Fernhändler, Transithändler und Reisende, die mehr als Reisegepäck

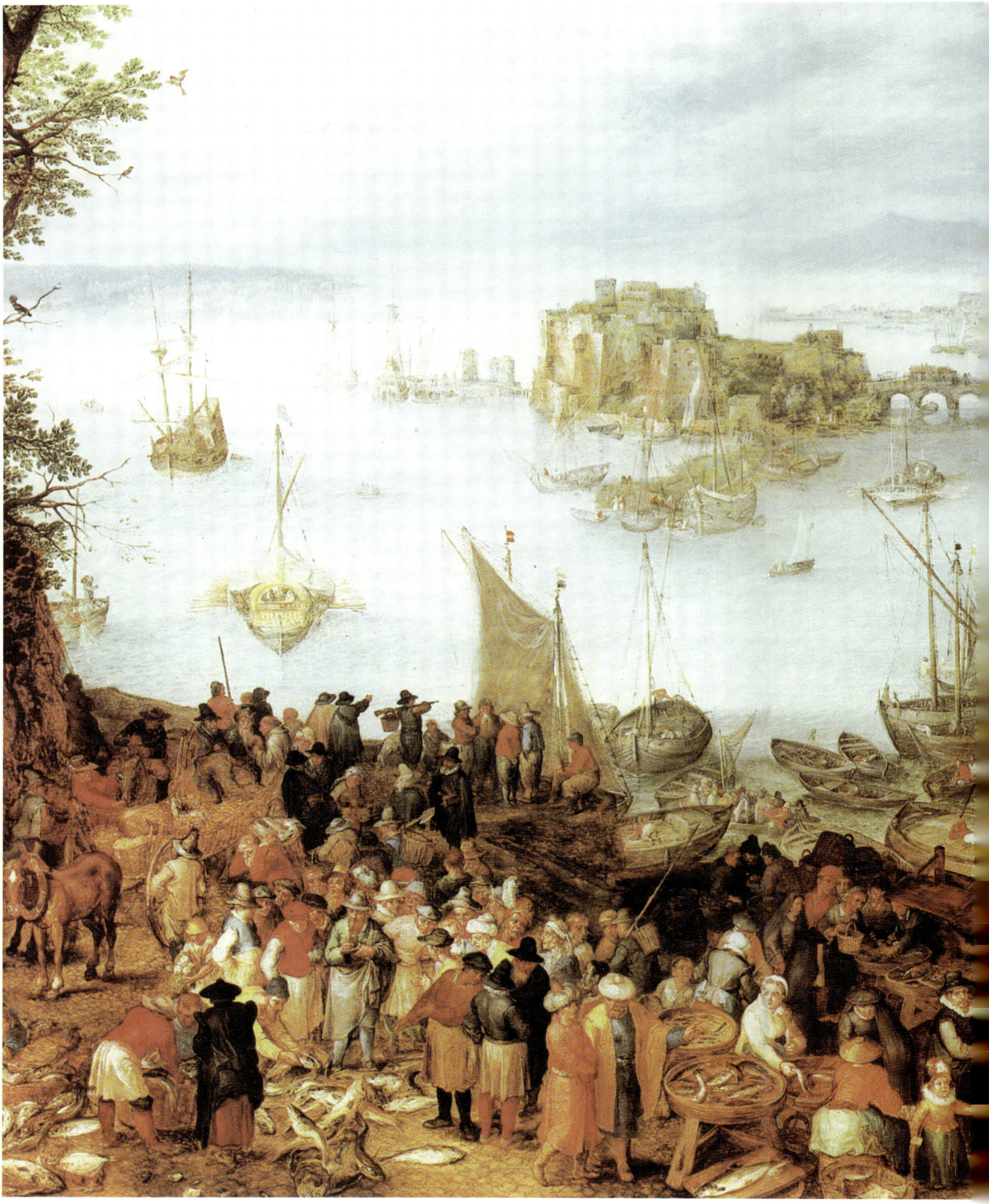

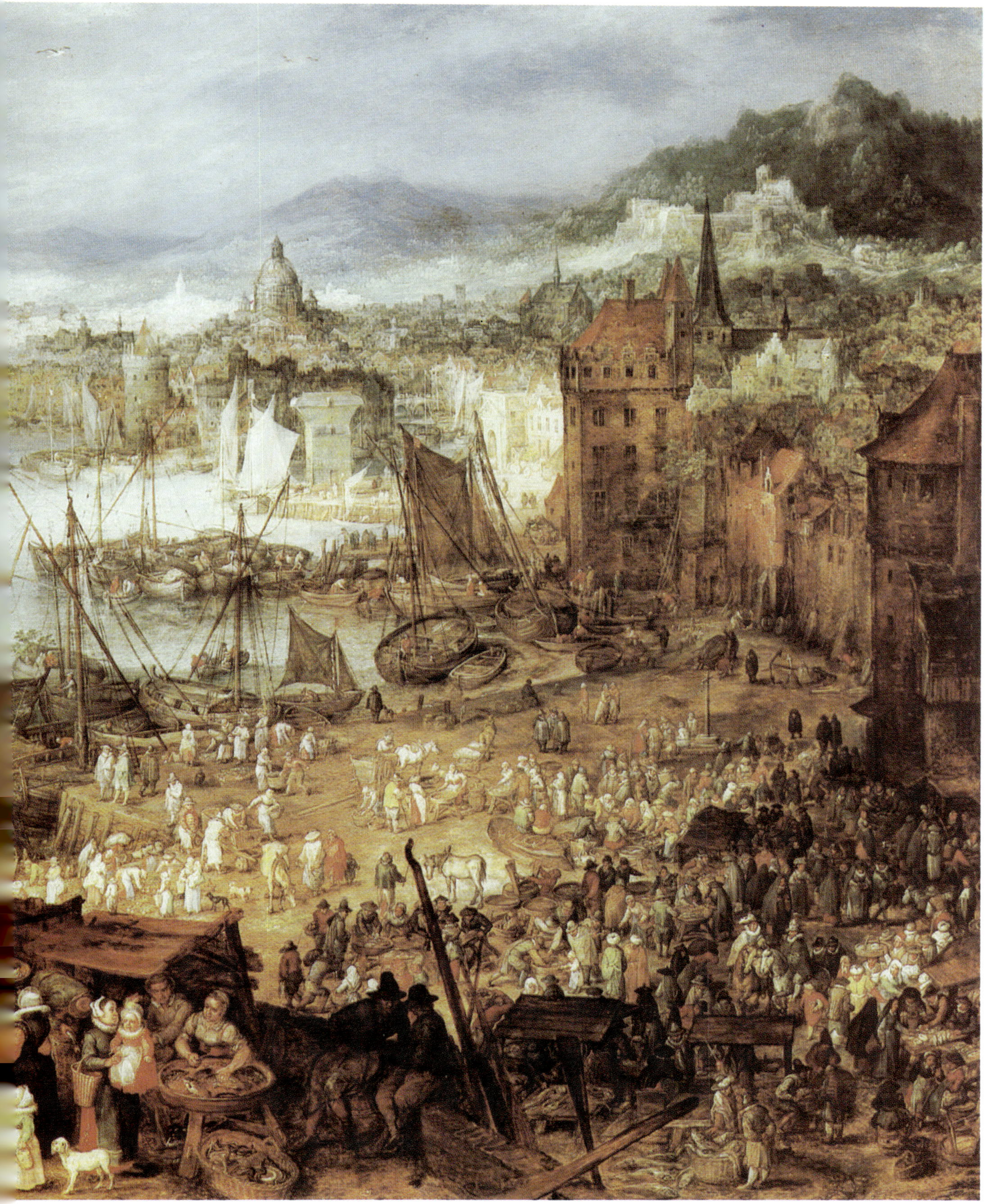

*Händlerin im Gespräch mit einem Kunden.
Sie bietet Täschnerwaren und Handschuhe feil.*

*vorhergehende Doppelseite: Großer Fischmarkt,
Gemälde von Jan Brueghel d. Ä.*

über statt. Hier war das Angebot der Waren zu günstigen Preisen groß, hier sah man die Neuigkeiten aus der ganzen Welt, hier konnte man sich über die letzten Modetrends informieren. Von Reifröcken über Stöckelschuhe bis zu Miedern, von Duftwässerchen bis zum italienischen Schnallenschuh oder der französischen Samtpumphose war alles zu haben. Die Konkurrenz war groß, die Preise günstig, und dabei ging alles doch schön geordnet zu. Alles hatte seinen Platz und je nach Branche jeder seinen bestimmten Standort.

## Handelsfrauen

Das Gemälde „Großer Fischmarkt" von Jan Brueghel d. Ä. (1568 bis 1628) gibt auch einen Hinweis auf die zunehmende Bedeutung von Frauen im Handel. Speziell im Fischhandel waren viele Frauen tätig. Der Fisch besaß im Mittelalter als Nahrungsmittel eine große Bedeutung – vor allem als Fastenspeise. Deshalb trugen die Fischverkäuferinnen eine hohe Verantwortung für die Versorgung der Bevölkerung. Sie waren vereidigt und mußten das Bürgerrecht besitzen. Obwohl beispielsweise in Köln Frauen nur mit Einschränkungen Fischhandel betreiben durften, wurde der Großteil des Verkaufs von ihnen bestritten.

Fischhändlerinnen gehörten vielerorts zum mittelalterlichen Stadtbild, das von Kleinhändlerinnen und Hökerinnen geprägt wurde. Der Handel mit lebensnotwendigen und alltäglichen Dingen lag zum Teil auch in der Hand von Kleinhändlerinnen, die ihre eigenen Waren im Laden oder auf dem Markt im Heimatort verkauften. So befanden sich z. B. in Frankfurt am Main in den Jahren 1424 bis 1431 unter den 26 am Hockenwerk beteiligten Personen 19 Frauen. Die Hökerinnen verkauften ihre Waren in kleinen Mengen an fliegenden Ständen. Sie waren auf die Verbrauchsgüter des täglichen Bedarfs spezialisiert und deckten damit einen Teil der Nachfrage der Stadtbevölkerung und des Nahmarktes.

bei sich hatten, waren gezwungen, eine bestimmte Route einzuhalten und zunächst in den Städten, die sie dabei passierten, ihre Ware feilzuhalten, wobei beim Verkauf natürlich wieder Marktgebühren, Zölle und andere Abgaben zu entrichten waren. Erst viel später schlossen sich einzelne Städte zu regelrechten Zollunionen zusammen, indem sie sich gegenseitig die Abgabenfreiheit einräumten.

Im 17. Jahrhundert fanden im deutschsprachigen Raum mehrere hundert Jahrmärkte das ganze Jahr

Die Tätigkeiten von Frauen in Handel und Gewerbe sowie im Groß- und Kleinhandel waren jedoch fließend. Krämerinnen, die ihr vielseitiges Warenangebot in ihrem Heimatort verkauften, waren auch im Großhandel, teilweise sogar im Fernhandel tätig. Oft lag der Groß- und Kleinhandel in der Hand eines Ehepaares, wobei der Ehemann meistens die Fernhandelsreisen unternahm, während die Ehefrau den Laden führte. Handel und Gewerbe waren durch die enge Kooperation der Eheleute verbunden. War der Gewerbebereich überwiegend Männerarbeit, wie z. B. in der Metallverarbeitung, übernahm die Partnerin die kauffrauliche Arbeit, z. B. den Import/Export von Metallen, Ein- und Verkauf von Metallprodukten; war der Gewerbebereich jedoch überwiegend Frauenarbeit wie im Seidengewerbe, so übernahm der Mann den Handel. Inwieweit die Frauen ihre Geschäfte autonom führen konnten, hing von ihrer rechtlichen Stellung in den jeweiligen Städten ab. Im Gegensatz zu den meisten ihrer Kolleginnen durften zum Beispiel die Kölner Händlerinnen aufgrund des ehelichen Güterrechts unabhängig von ihrem Mann selbständig Handel treiben. Sie waren für die Gewinne, aber auch die Verluste verantwortlich. Die Kölner Kauffrauen hatten einen großen Anteil an den Import- und Exportgeschäften. Sie handelten mit Gewürzen, Chemikalien, Färbemitteln (Waid), Baumwolle, Rohseide, aber vor allem mit Tuchen, Metall und Wein.

Für die ersten Fernhändlerinnen gibt es Belege seit dem 13. Jahrhundert. Den Einstieg in die Import- und Exportgeschäfte mit auswärtig produzierten Gütern fanden die Frauen durch ihre Beteiligung an Handelsgesellschaften. Meist ging die Händlerin nur mit einem Partner bzw. einer Partnerin eine Gesellschaft ein. An der Großen Ravensburger Handelsgesellschaft waren aber auch neben 267 Männern immerhin 39 Frauen mit ihren Kapitaleinlagen beteiligt.

*Pfandleiherin*

*Die Goldwägerin, Wenzel von Olmütz, Ende des 15. Jh.*

# WEINHANDEL IM MITTELALTER

Der Rhein bildete im Spätmittelalter als größte schiffbare Wasserstraße Westeuropas eine wichtige Verbindung zwischen Nordwesteuropa und Italien bzw. dem Orient. Bis zum Beginn des 13. Jahrhunderts war er auch Seeverkehrsweg. Köln war als Knotenpunkt überregionaler Handelswege die bedeutendste Handelsstadt des Rheinlands. Die Kölnerinnen und Kölner unterhielten Kontakte zu den wichtigsten Metropolen Europas.

Die Reisen von Rotterdam bis Basel gestalteten sich im Mittelalter durch den unbegradigten Lauf des Rheins relativ schwierig. Die natürlichen Begebenheiten des Flusses machten ein Wechseln der Schiffe und somit ein Umladen der Güter notwendig. Die Stadt Köln zog insofern ihren Nutzen daraus, als sie sich im Jahre 1259 das Stapelrecht verbriefen ließ. Es sicherte ihr das Recht, den Handelsverkehr aufzuhalten und somit den Zwischenhandel und das Transportwesen zu beherrschen. Folgende Güter waren für drei Tage dem Stapel unterworfen: Lebensmittel, Salz, Wein, Hopfen, Pferde, Bau- und gewerbliche Rohstoffe und niederländische Waren. Gleichzeitig profitierten die Kölner von dem Vorkaufsrecht an Waren, die von auswärtigen Geschäftsleuten in Köln deklariert wurden.

In der Hanse erlangte Köln seine Bedeutung unter anderem durch den Handel mit Weinen des Rheinlandes; der Hafen von Brügge diente als Hauptumschlagplatz für französische Weine. Weinhandel und Weingüter waren im 15. Jh. ein Zeichen des Wohlstandes. Für den Weinhandel waren Rhein und Maas traditionelle Handelswege.

Die Kölner verkauften ihren Wein zum Beispiel in Brabant und Flandern, um dafür verschiedene Sorten von Tuchen einzukaufen. Eine Grundlage des

*rechts: Ankunft einer Weinlieferung im Hafen von Brügge zu Beginn des 16. Jh., Miniatur von Simon Bening*

*Der Altermarkt in Köln, Kupferstich von Johann Toussyn und Abraham Aubry, 1650*

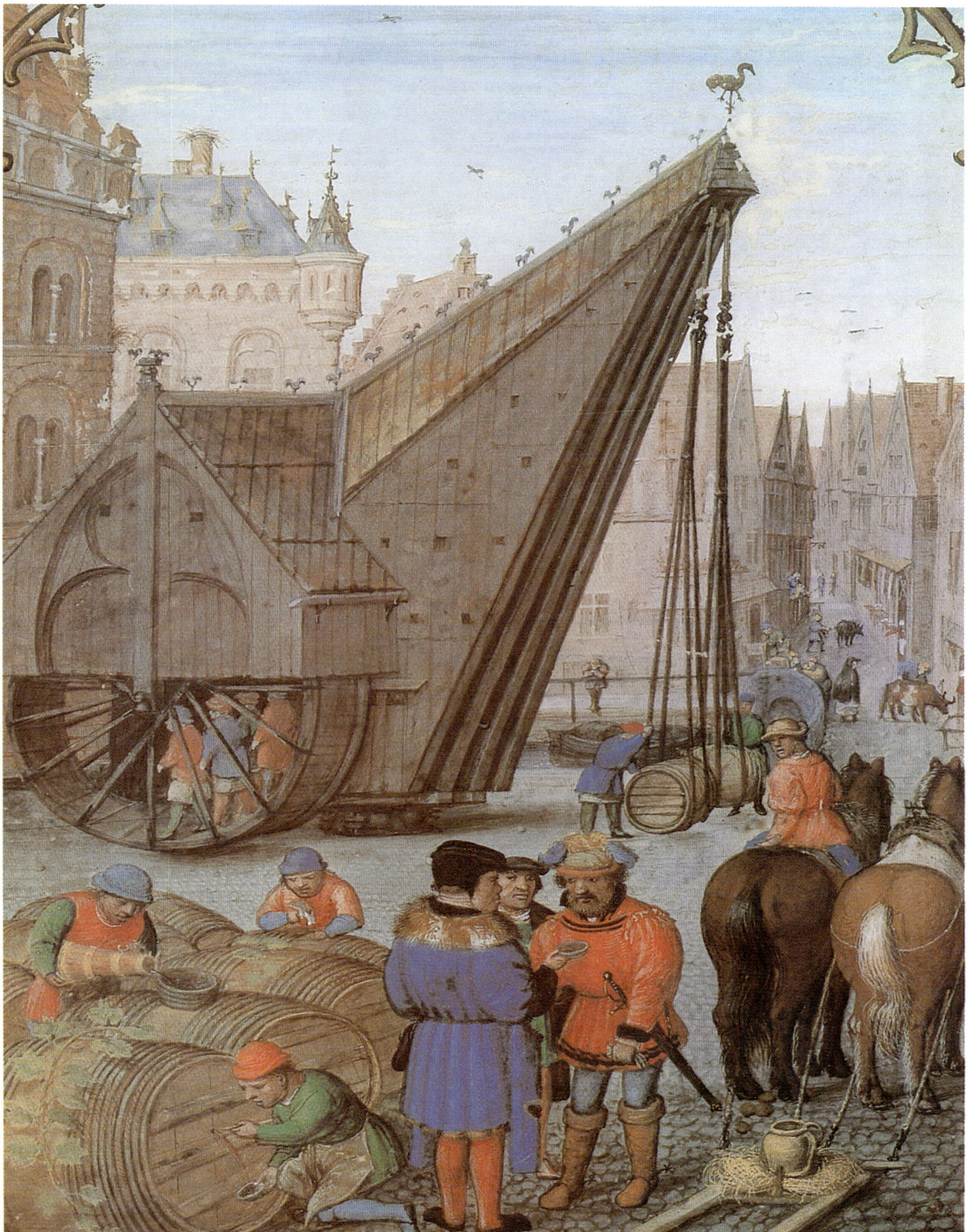

Kölner Wohlstandes, der Wein, stammte vom Oberrhein. Dorthin schickten sie Tuche, gesalzene Fische aus Skandinavien und der Nordsee sowie Pelze. In den westfälischen Städten wurde der Wein vor allem gegen Leinen eingetauscht.

Die Kölner Hanseaten belieferten nicht nur Nordwesteuropa, sondern auch Skandinavien und den europäischen Osten. Der Rheinwein war aus liturgischen Gründen für den Klerus unentbehrlich und hatte damit eine feste, beinahe kalkulierbare Nachfrage.

Neben dem Meßwein gab es jedoch auch in Nord- und Osteuropa einen Konsum von bedeutendem Umfang. Wein war hier auch das Getränk der Bürger, insbesondere ihrer Mittel- und Oberschicht. Überall, zuerst in ihren eigenen Städten, dann aber auch auf den Heringsmärkten in Schonen, in Bergen, in Königsberg, im Baltikum und bis nach Rußland hinein betrieben Hansekaufleute neben dem Großhandel mit Wein auch dessen Ausschank und erwarben dafür Privilegien. Dennoch stieß das Weingeschäft auf die durch seine Preise bedingten Grenzen. Im gesamten Handelsraum der Hanse war und blieb der Wein ein teures und daher nicht alltägliches Getränk.

Einerseits limitierte also die doch noch geringe Kaufkraft das Volumen des Rheinweins, andererseits hatten die Hanseaten auf den Märkten im Nordwesten von vornherein mit der französischen Konkurrenz

*Der Hafenkran von Brügge, Gemälde (Ausschnitt) von Pierre Pourbus, 1551.*

*links: Der Kran im Hafen von Brügge im Jahr 1479, Ausschnitt aus einem Tryptichon von Hans Memling*

zu kämpfen. Insbesondere auf dem englischen Markt machten Kaufleute aus der Gascogne den Hanseaten das Geschäft schwer. Von deren Angebot übernahmen sie jedoch den Rotwein zum Absatz in Skandinavien und Osteuropa. Dort war er – offenbar durch seine begrenzten Mengen – ein ausgesprochen begehrter Luxusartikel, also ein Premiumprodukt. Hauptumschlagplatz der französischen Weine – aus dem Poitou, aus La Rochelle, Bordeaux und Orléans – aber auch spanische, italienische und griechische Weine war seit dem 15. Jahrhundert Brügge.

Brügge war Ende des 14./Anfang des 15. Jahrhunderts Handelszentrum des Herzogtums Burgund. Die aus Frankreich stammenden Valois-Herzöge hatten sich ein Reich von der Schweizer Grenze bis zur Nordsee aufgebaut. In Brügge landeten die Segler aus dem Mittelmeer, aus England und die Schiffe der Hanse. Es wird berichtet, daß an einem Tag des Jahres 1455 zeitgleich 42 britische Karawellen, 12 Segler aus Hamburg, drei venezianische Galeeren, zwei spanische Karawellen und eine portugiesische Hulk im Hafen der Stadt lagen!

Brügge war nicht nur Umschlagplatz für Wein, sondern auch für Teppiche, Seidenstoffe und Gewürze aus dem Süden, als auch für Holz, Getreide, Pelzwerk und Stockfisch aus dem Norden. 1282 hatten Kaufleute der Hanse durchgesetzt, daß in Brügge eine Waage aufgestellt wurde, die aus Lübeck stammte! Der Handel zog die Banken nach, die italienischen Geldinstitute wählten Brügge als Standort ihrer Dependancen im Norden. Goldstücke vieler Nationen zirkulierten in der Stadt.

Im 14. Jahrhundert entstanden in Brügge und anderen niederländischen Städten Zünfte. Sie sollten einen ruinösen Wettbewerb verhindern, einen Qualitätsstandard garantieren und die Interessen des Handwerks vertreten. So trugen die Zünfte anfangs zum Aufstieg Brügges bei, später aber auch entscheidend zu deren Niedergang. Aus progressiven Organisationen wurden Clubs zur Verteidigung von Privilegien. Sie kapselten sich gegen neue Mitglieder und Produktionsformen ab, lagen ständig im Streit mit anderen Zünften und schwächten so die bürgerliche Stadtvertretung. Gegen Ende des 15. Jahrhunderts hatte der Handel in Brügge völlig aufgehört. Es gab 4.000 bis 5.000 leerstehende, verschlossene und verfallene Häuser. Kaufleute und Bankiers zogen ins flexiblere Antwerpen, dem Zentrum der Habsburger, die Burgund vereinnahmten und die sich nicht so engstirnig an die Zunftordnungen des Mittelalters hielten.

Eine Dokumentation der dortigen Handelsszene in Form der Miniatur „Ankunft einer Weinlieferung im Hafen von Brügge" wird Simon Bening, einem in Gent geborenen Miniaturmaler, der 1508 der St. Jan- und St. Luc Bruderschaft in Brügge beitrat, zugeschrieben. Das zu Beginn des 16. Jahrhunderts entstandene Bild zeigt die Ankunft von Wein in einem Hafen des Nordens. Das auf dem Kanal rechts vor dem Kran liegende Lastschiff hatte vermutlich gerade den Wein gebracht. Das Boot war wahrscheinlich in den Vorhäfen Ecluse oder Damme beladen worden, da die Reie für größere Schiffe nicht tief genug war. Zu erkennen ist, daß die gelöschte Fracht auf dem gepflasterten Kai liegt. Es handelt sich um Fässer von ca. 450 Liter Inhalt. Eines der Fässer wird gerade für ein Probierglas angestochen; ein Gehilfe verschließt das Loch mit einem Zapfhahn. Der neben der Ware stehende Kaufmann läßt einen Kunden, der wahrscheinlich durch eine dritte Person, einem Makler, vorgestellt wurde, den Wein probieren. Ein Fuhrmann erwartet die Entscheidung des potentiellen Käufers, um die Ware wegbringen zu können. Der Krug, der vorn auf seinem Gefährt steht, scheint anzudeuten, daß er sich in Naturalien bezahlen lassen will.

Wie sehr die zeitgenössischen Maler von diesen Handelsaktivitäten beeindruckt waren, zeigen auch Gemälde von Hans Memling und Pierre Pourbus, die dieselbe Thematik an gleicher Stelle 1479 und 1551 in ihren Werken verewigt haben.

## Weingut als Latifundium

Die Bedeutung des Weins und des Weinhandels ergibt sich auch aus einer anderen historischen Gegebenheit. 1816 ließ sich Fürst Franz Georg von Metternich vom Kaiser Franz für das gelungene Management des Wiener Kongresses in Form eines Latifundiums belohnen. Von seinem ersten Besuch auf Schloß Johannisberg berichtet 1817 Metternich voller Begeisterung: „Hochoben von meinem Balkon sehe ich 20 Meilen des Rheinlaufes, acht oder zehn Städte, etwa 100 Dörfer und Weinberge, die für 20 Millionen Wein hergeben, ..."

Drei Jahre nach seinem Rücktritt als Kanzler Österreichs kehrte Metternich 1851 nach Johannesberg zurück. Hier empfing er neben seinem Landesvater, dem Herzog von Nassau, auch Friedrich-Wilhelm IV., König von Preußen, und den Grafen Otto von Bismarck, seinerzeit Vertreter Preußens beim Bundestag in Frankfurt.

Dem Schloß Johannisberg wird die Entdeckung der Edelfäule für Beerenauslese und Trockenbeerenauslese zugeschrieben. Aufgrund der Überlieferung geht sie auf einen Reiter zurück, der 1780 die Leseerlaubnis, ohne die die Trauben nicht geerntet werden durften, vom Bischof in Fulda einholen sollte. Der Reiter verspätete sich um 10 Tage. Die Trauben waren mittlerweile alle von Fäule befallen und galten als ungenießbar. Um wenigstens einen armseligen Haustrunk zu keltern, ließ man die Trauben doch einholen und preßte daraus ein Faß voll Wein. Als die Kellermeister von dem Jungwein probierten, fanden sie einen fürstlichen Trunk vor und erkannten den Zusammenhang zwischen Fäule und Weinqualität.

# DER STÄDTEBUND DER HANSE

Welch eine Wohltat, nach den Jahren, ja Jahrhunderten des Waffenlärms plötzlich festzustellen, daß es auch anders ging und daß der Deutsche auch anders konnte. Man hatte plötzlich erkannt, daß man mit dem Schwert mehr zerstört als aufbaut, daß

*Lübeck von Osten her gesehen, um 1660*
*Wandmalerei in der Kanzlei des Rathauses*

*unten links: „Sigillum Civium Kilensium", Lübeck*

Da standen einige Männer im Jahre 1157 vor den rauchenden Trümmern und Überresten eines großen Brandes und hatten eine Idee: sich die Rechte und Freiheiten für den Wiederaufbau und damit auf die Stadt einzuräumen. Wer anders hätte diese Idee haben können, noch aus einer Brandstätte Kapital zu schlagen, als Kaufleute. Und aus dieser Idee wurde die großartige deutsche Handelsstadt Lübeck, im westlichen Teil der Ostsee gelegen. Während die anderen Städte mit berühmten Namen am Rhein oder etwa in Süddeutschland auf Römergründungen zurückgehen oder sich zumindest der Obhut eines Bischofs oder Landesherrn unterstellt hatten, war diese Stadt allein das Resultat kaufmännischen Unternehmergeistes und die Gründer wußten sich, entsprechende Freiheiten einzuräumen. In ihrem Stadtrat gab es nur Kaufleute.

man mehr Feinde als Freunde gewinnt, mehr Kummer und Not als Wohlstand und Freude bereitet. Diese neue Generation von Handelsleuten wollte den Frieden und wohin sie kamen, schwiegen die Waffen. Sie erweiterten mit Phantasie und Tatkraft ihren Einfluß auf Städte und Länder.

Die Entwicklung des Warenverkehrs ging einher mit der Selbstorganisation der Kaufleute, der Hanse. Der vom 12. bis zum 17. Jahrhundert bestehende Hanse-Bund unterlag wie alle Organisationsformen auch einem dynamischen Prozeß:

- von 1161 bis 1299 war die Hanse lediglich eine Gemeinschaft deutscher Kaufleute, die sich aufgrund des gemeinsamen Herkunftsortes zusammengeschlossen hatten;
- bis zur Mitte des 16. Jahrhunderts war sie eine Gemeinschaft von Städten, die im Ausland Handel trieben, und an deren Spitze der Hansetag stand;
- später und bis zu ihrem endgültigen Untergang im 17. Jahrhundert war die Hanse eine Liga von nur wenigen Städten, die – im Prinzip – präzisen finanziellen

69

Überlebendes Zeugnis der Hanse sind heute die Stadtanlagen und Bauten, die alle Wirren der Zeit überdauerten. Sie prägten das Gesicht so mancher deutschen Stadt bis heute. Das äußere Bild dieser Städte, obwohl oft weit voneinander entfernt, ist ähnlich: Ein Wassergraben und eine mächtige Mauer boten Schutz. Darüber ragten die Spitztürme der zahlreichen Kirchen und innerhalb der Mauern ein Gewirr von engen Straßen und Gassen mit Häusern, die sich stufenartig nach oben erweitern, um auf dem damals schon kostbaren Grund möglichst viel Raum zu schaffen. Wichtig aber war der große freie Platz in der Mitte für die Versammlungen und Zusammenkünfte, an dessen einem Ende das prächtige Rathausgebäude stand.

Für die Gebiete östlich der Elbe waren Stadtkonzepte teilweise eines der ersten Importprodukte der Hanse. Es erfolgte eine Übertragung sozialer und kultureller Werte auf Regionen, die bis dahin keine städtische Tradition hatten. Die Aktivitäten der Hanse führten bis 1300 zur Städtebildung rund um das nordöstliche Binnenmeer an allen Küsten einschließlich von Mittelschweden und Südfinnland. Dabei wurde Lübeck zum Prototyp der Hansestädte rund um die Ostsee. Andererseits finden sich auch in jenem Prototyp Elemente wieder, die Lübecker Kaufleute gesehen hatten: der Hafen von Brügge, der mit seiner riesigen Einfahrt nachgeahmt wird und das Heilig-Geist-Krankenhaus als genaues Abbild des Bijloke in Gent.

Damit zeigt sich, daß über das von der Hanse geschaffene Netz stabiler merkantiler Kommunikationen zwischen Ost-, West- und Nordeuropa auch die Übermittlung geistig-kultureller Errungenschaften stattfand. Obwohl der Hansekaufmann selbstverständlich bei allen seinen Aktionen primär nach dem Handelsprofit strebte, wirkte er nachhaltig auch als Förderer der Kulturentwicklung in vielen Ländern: bei der Verbreitung und Festigung neuer bürgerlicher Lebensnormen, bei der Entwicklung der profanen und sakralen Architektur und bildenden Kunst, wo sich unter seinem Einfluß in weiten Gebieten eine starke Tendenz zur Unifikation bemerkbar machte, und nicht zuletzt auch bei der Stimulierung des Bildungswesens, und zwar sowohl des elementaren als auch des akademischen.

*Karte der Heringsbänke in der Nordsee, Aquarell von Adriaan Coenen (1514-1583)*

*rechts: Der Hamburger Hafen, 1497, Miniatur aus dem Buch „Livre des Droits de la Ville",*

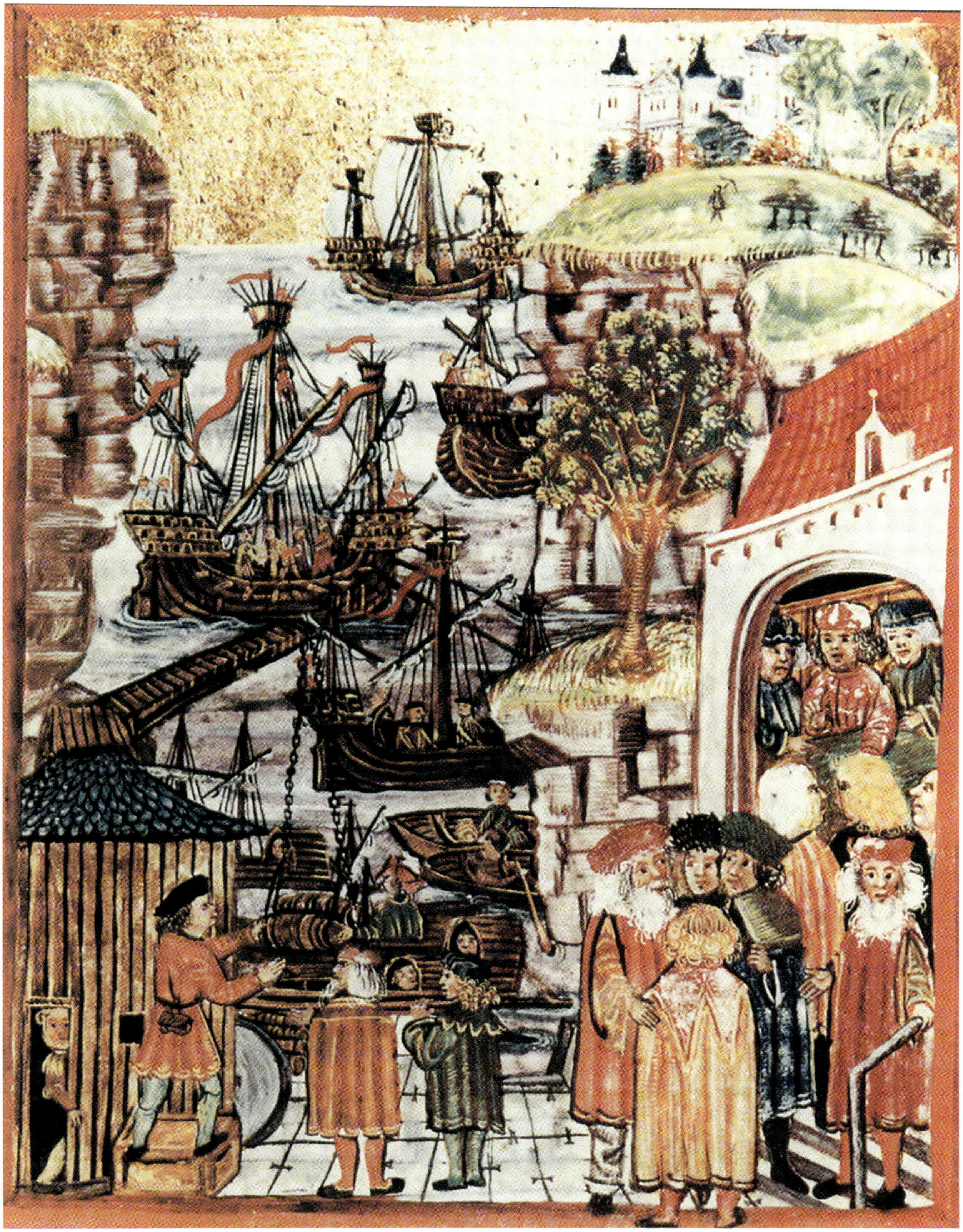

Primäre Aufgabe der Händler der Hanse war jedoch die Organisation und Zirkulation der Ware:

- aus dem Norden holten sie Butter, Fische, Fleisch, Felle, Eisen und Leder,
- aus dem Osten Pelze, Getreide, Holz, Honig, Wachs, Asche, Ambra, Leder und Teer,
- aus dem Süden Gewürze, Feigen, Mandeln, Nüsse, Öl, Trauben, Seide und Leder,
- aus dem Westen, Bier, Farbstoffe, Wein, Wolle, Salz, Silber, Zinn, Glas, Keramiken, Stoffe, Waffen und Metallwerkzeuge.

Jede Stadt dieses großen Verbandes hatte ihre Eigenheiten im Warenverkehr und führte Spezialitäten. In einem alten Hansespruch aus dem 13. Jahrhundert heißt es: „Lübeck – ein Kaufhaus, Köln – ein Weinhaus, Braunschweig – ein Zeughaus, Danzig – ein Kornhaus, Hamburg – ein Brauhaus, Magdeburg – ein Backhaus, Rostock – ein Malzhaus, Lüneburg – ein Salzhaus, Reval – ein Wachs- und Flachshaus, Krakau – ein Kupferhaus und Wisbey – ein Pech- und Teerhaus."

Im Prinzip waren die Städte relativ einheitlich angelegt. Einerseits bildete das Zentrum jeweils ein freier Raum, ein Platz der Begegnung, ein Ort für den Gedanken- und Warenaustausch. Andererseits lagen vor der Stadtmauer die Häfen, die ansonsten selten in die städtische Topographie integriert waren. Es gab kaum Kais, außer in Hamburg. Die Schiffe wurden an Pfählen festgemacht, dafür mußte der Schiffer Pfahlgeld bezahlen. Die Ankerplätze waren nach Nation, nach Schiffstypen oder nach Größe getrennt. Diese Unterteilung wurde hauptsächlich wegen der Art der transportierten Waren vorgenommen.

Wenn auch die Seehäfen in Wirklichkeit nichts anderes als Flußhäfen waren, erlangte für die Hanse der Seehandel größte Bedeutung. Die Verschiffung der Waren in dem für die Hanse bekannten Schiffstyp, der Kogge, setzte sich wegen der großen Gewinnspanne durch: Sie erlaubte große Ladungen, sowohl bei der Hin- wie bei der Rückfahrt – und das alles bei geringen energetischen Erfordernissen, da Meer und Wind als Antriebsmittel kostenlos waren.

Es war daher essentiell für den Hansekaufmann, sich um die Organisation von Häfen und die Entwicklung maritimer Techniken zu bemühen. In den Häfen überwachte er das Be- und Entladen seiner Fracht. Häfen waren ein wichtiger Bestandteil seines Berufes, sie stellten die Drehscheibe seiner Unternehmungen dar.

Die Miniatur „Der Hamburger Hafen" aus dem Buch „Livre des Droits de la Ville" (1497) illustriert die Gegebenheiten jener Zeit. Zu erkennen ist, daß die großen Schiffe nicht unmittelbar am Kai anlegen konnten; die Ware wurde auf kleinere Boote umgeladen, die auch das offensichtlich seichte Wasser befahren konnten. Der Kran im Hamburger Hafen entlädt wiederum jene kleinen Boote. Die Dockarbeiter, die die Waren ein- und ausluden, schlossen sich teilweise zu Genossenschaften zusammen, wie eine Dokumentation über Danzig bereits 1468 berichtet. In der Miniatur des Hamburger Hafens scheinen einige Kaufleute die Tätigkeiten der Dockarbeiter zu überwachen, während andere sich vor dem Büro des Hafendirektors versammeln und dort diskutieren.

Die Kaufleute der Hanse hatten sich einer strengen Disziplin und Zucht unterworfen. Sie waren gehalten, ein frommes und geregeltes Leben zu führen, sich stets das Ansehen ihres Standes angelegen sein zu lassen und dem Kaufmannsberuf Ehre zu machen. Eine weitreichende, nicht durch Satzungen bestimmte, sondern auf gegenseitiger Wertschätzung und gemeinsamer Arbeit aufgebaute Bruderschaft der deutschen Kaufleute, das war die Hanse ihrem eigentlichen Wesen nach.

Durch dieses enge Zusammenstehen war es möglich, Kriege oder auch nur den Versuch kriegerischer Auseinandersetzungen zu vermeiden oder zu entscheiden, indem man über eine Stadt oder über ein ganzes Land, wie etwa England, den Handelsbann legte, eine Art totales Embargo. So wußte die Hanse sich meist ohne Waffengewalt durchzusetzen, und sie wußte warum: Krieg bedeutet Brachliegen des Handels, Geldverluste, die durch noch so eindrucksvolle Siege und Siegesbeute nicht wettgemacht werden konnten.

Solange die Hanse unabhängig von politischen Bündnissen und den politischen Gegensätzen ihre wirtschaftlichen Ziele verfolgen, Pakte schließen und Verpflichtungen eingehen oder neutral bleiben konnte, stand ihrer weiteren Entwicklung nichts im Wege. Als aber die Idee „nationaler Rechte" überhand nahm, diese Idee zur Machtpolitik verwendet wurde, da zeichnete sich auch schon das Ende dieser einmaligen Hochblüte des Kaufmannsstandes ab.

# DIE HANSE IN LONDON

Die guten Beziehungen der Deutschen zu England gehen bis ins 10. Jahrhundert zurück. Otto I. hatte die englische Königstochter Edgitha (929 bis 946) geheiratet. König Edgar (959 bis 975) schloß einen ersten Bündnisvertrag. Seitdem hatten die „homines Imperatoris/die Leute des Kaisers" gegenüber den Handelsleuten aus Frankreich, Flandern und Brabant bevorzugte Rechte. Den Kölner Kauffahrern gestattete Heinrich II. von England sogar eine eigene Niederlassung in London, die „Gildehalle" – von der das heutige Wort Guildhall abstammt. Hier durften sie den Rheinwein zu den gleichen Preisen verkaufen, wie der französische Wein auf den englischen Markt kam. 1194 sprach Richard Löwenherz sogar von seinen „geliebten Bürgern aus Köln" und erließ ihnen etliche Abgaben. Die Kölner bauten

Bereits Tacitus pries London in seinen „Annalen" als wichtigen Handelsplatz. Die römischen Eroberer hatten den Gründungsnamen Llyn-din in das von ihnen besser auszusprechende Londinium umbenannt.

*Der Stalhof, Ausschnitt aus einer Stadtansicht von London, 1618*

*vorhergehende Seite: Lehrbrief für den Handelslehrling M. Rembler, 1690*

in dieser Zeit ihre Vorrangstellung zu einem Monopol aus. London seinerseits nutzte Köln als Stützpunkt der welfischen Machtstellung gegen Frankreich und die Staufer.

Nach dem Niedergang der welfischen Macht drängten im 13. Jahrhundert auch andere Regionen nach London. Zu ihnen gehörte Lübeck, Gotland, Bremen und Hamburg. 1257 erhielten die Lübecker einen Schutzbrief, 1266 wurde den Hamburgern zugebilligt, eine eigene Hanse zu bilden. Interessanterweise wurde der Begriff der Hanse zuerst in England für Organisationen deutscher Kaufleute verwendet. Erst 1358 wurde erstmals auf einer Versammlung in Lübeck von der „dudeschen Hense" als Bund der Hanse gesprochen.

Erhebliche Erschütterungen folgten im 15. Jahrhundert. Augenscheinlich unterlief die Hanse die Bemühungen der Londoner Kaufleute, eigenständig in Norwegen oder im Ostseeraum Fuß zu fassen. In der Zeit von 1448 bis 1463 sollen im Gegenzug 70 Lübecker Schiffe von englischen Freibeutern aufgebracht worden sein.

## Der Stalhof

Nach diversen Attacken und Gegenattacken wurde 1474 im Vertrag von Utrecht wieder voller Friede zwischen England und dem Hansebund hergestellt. Als Ersatz für die zugefügten Verluste und Leiden erhielten die deutschen Kaufleute als Eigentum den Stalhof.

Er umschloß sowohl die Gildehalle, die angrenzenden Wohnräume als auch Warenhäuser und Packstuben. Es handelte sich um eine Vielheit von Gebäuden, die vom englischen König aus kirchlichem und privatem Besitz erworben und den Hansen übereignet wurden. An der Themse erstreckte sich eine Kai- und Werftanlage; entlang der Themsestraße wurde eine Steinmauer gezogen.

Das folgende 16. Jahrhundert erwies sich jedoch als noch nicht „EU-reif". 1552 erregte der Stalhof Mißbilligung, da Danziger Stalhofkaufleute aus „Ostware" hansisches Gut gemacht hatten, um es zollfrei auf den englischen Markt zu bringen. „Corriger la fortune" bei Ursprungs-Deklarationen hielten einige geschäftstüchtige Händler für keine Untugend!

Darüber hinaus erregten sich 1579 als Höhepunkt einer merkantilistischen Eifersucht die hansischen Gemüter über die Erfolge der englischen Kaufleute in Deutschland, was Bremen dazu veranlaßte, Hamburg zu drängen, die Konzession der Niederlassung der Engländer nicht zu erneuern. Als sich diese daraufhin in Stade niederließen, wurde Stade aus der hansischen Gemeinschaft ausgeschlossen! 1597 ließ der Kaiser auf Veranlassung der Hanse einen Erlaß, der den englischen Kaufleuten den Aufenthalt in Deutschland untersagte. Am 25. Juli 1598 reagierte Königin Elizabeth I. und ließ durch den Lord Mayor und die Sheriffs von London die Deutschen aus ihren Stalhofgebäuden vertreiben.

Die abgerissenen Fäden versuchten ab 1603 die Bremer und ab 1611 die Hamburger wieder zusammenzuknüpfen, aber in die Überlegungen der Reaktivierung des Stalhofs brach am 2. September 1666 der große Londoner Brand aus. Er vernichtete die alte Londoner City ebenso wie den Stalhof, 89 Kirchen und 13.000 weitere Häuser. 200.000 Menschen wurden obdachlos.

Als Rekonstruktionsmaßnahme investierten 1670 Lübeck, Hamburg und Bremen in einen Lagerhauskomplex mit Speicher, Schuppen und Kaianlagen beiderseits der Themse. Der neue Stalhof ließ sich jedoch von seinem Charakter – und natürlich auch nicht mehr an Privilegien gekoppelt – mit dem traditionellen Stalhof nicht vergleichen. Das Interesse der drei Hansestädte an London nahm beständig ab, und Mitte des 19. Jahrhunderts verkauften sie den Stalhof an eine Eisenbahngesellschaft, die auf dem Gelände den Cannon Street Bahnhof baute.

Eine der wenigen bildlichen Dokumentationen des Stalhofs erfolgte durch Visscher. Der in Amsterdam geborene Claes Jansz Visscher, d. J. (ca. 1587 – 1652) war dort seit 1605 als Kupferstecher tätig. Zunächst fertigte er ausschließlich Stiche nach fremden Entwürfen – u. a. für die Genre- und Landschaftsmaler Jan und Esaias van de Velde – dann entwickelte er sich zu einem führenden Verleger für Landkarten, Landschafts- und Porträtstiche.

1611 beschäftigte er sich zum ersten Mal mit topographisch genauen Stadt- und Landschaftsansichten. 1616 zeichnete er vom Südufer der Themse aus eine kleine Stadtansicht von London und vervielfältigte sie als Kupferstich.

Zur Unterstützung der topographischen Genauigkeit bezeichnete Visscher die Hauptgebäude im Stich selbst mit Namen: Bow Church, St. Laurens, und im Mittelpunkt die Londoner Guildhall. Im linken Bildteil – direkt am Themse-Ufer – liegt das Haupthaus des Stalhofs mit einem großen Fenster und einer Treppe zum Wasser. Auch der Anbau auf runden Stützpfeilern ist authentisch wiedergegeben. Im Hof, der von einer niedrigen Mauer zur Themse abgegrenzt wird, ist ein hölzerner Kran zu erkennen. Im Norden schließt sich eine Reihe spitzer Giebel an, die zu langgestreckten Warenschuppen gehören. Die drei östlichen Gebäude am Fluß stellte Visscher zu schmal dar, so daß der Turm zwischen ihnen zu einer dünnen Nadel wird. Trotzdem ist diese Ansicht des Stalhofs – wie schriftliche Angaben belegen – eine der historisch verläßlichsten.

# HANDELSHERREN ZUR HANSEZEIT

Kaufleute tragen insbesondere im Außenhandel wesentlich höhere Risiken als Händler, die sich nur im einheimischen Markt bewegen. Hieraus entstand in früheren Zeiten auch das große Ansehen der Außenhandelskaufleute.

In den frühen Zeiten des Außenhandels begleitete der Kaufmann in seiner eigenen Person seine Ware. Erst im Verlauf des 13. Jahrhunderts begann er seine Geschäfte vom Büro aus zu regeln. Er wurde seßhaft; Geschriebenes wurde jetzt für ihn wichtiger; er lebte von nun an in einer Welt, die aus seinen Geschäftsbüchern, Wechseln und Handelsbriefen bestand. Damit wurde der Beruf des Kaufmanns jedoch auch abstrakter.

Seine hervorstechenden Eigenschaften waren und sind auch heute noch die Analysefähigkeit, die Entscheidungsfreude und die Delegations- und Repräsentationstechnik:
- eine Fähigkeit zum Zuhören, zur Beobachtung, zum Abschätzen; insgesamt die Kenntnis des Marktes, die man nur durch ein Optimum zwischen Empirismus und Intuition beherrschen kann;
- er mußte sich Geld beschaffen und mit dem erworbenen Geld ohne Unterbrechung investieren. Damit er seine Waren verschicken konnte, mußte er Verkehrsnetze organisieren und beherrschen;
- zur Erweiterung seines Geschäftes bedient er sich seiner Angestellten. Er vertraut seine Ware den Boten und Schiffskapitänen an. Der Kaufmann rechnet mit mehreren Märkten, verschiedenen Waren, verschiedenen Arten von Geschäften.

Das Wechseln des Kaufmanns vom physischen Handeln zur Korrespondenz mit Geschäftspartnern und Teilhabern führte dazu, daß Kaufleute und ihre Erben lesen und schreiben können mußten. Aufgrund dieser Tatsache schufen die Stadträte unter dem Einfluß der Kaufleute städtische Forderungsbücher

- 1270 das Schuldbuch in Hamburg,
- 1277 die Grundbücher in Lübeck,
- 1286 in Riga,
- 1288 in Stralsund und
- 1290 in Lüneburg

Im 14. und 15. Jahrhundert war es ein entscheidender Faktor für die Entwicklung des Kredits und des Handels, daß die Kaufleute in jenen Büchern ihre Schuldforderungen und Verträge eintragen lassen konnten.

Eine andere Form der Dokumentation der Aktivitäten der Handelsherren erfolgte durch die Malerei. Albrecht Dürer portraitierte z. B. den Danziger Kaufmann Bernhard Reesen (1521), Jean Gossaert (um 1478 – 1536) einen unbekannten Kaufmann, Hans Holbein d. J. etwa 10 Hansekaufleute, die im Stalhof lebten und Hans Memling den Kaufmann Tommaso Portinari (um 1432 – 1501).

Hans Holbein d. J. (1497 – 1543) erhielt seinen ersten Portraitauftrag aus dem Handel von Georg Gisze. Das Portrait wurde 1532 in London auf Holz gemalt.

Georg Gisze, der 12. oder 13. Vertreter einer Kaufmannsfamilie aus Köln, die nach Danzig übersiedelte, lebte von 1497 bis 1562. Die Giszes hatten einen Lagerraum und ein Zimmer im Stalhof.

Holbeins Portrait erlaubt einen authentischen Einblick in das Kontor des hanseatischen Kaufmanns Gisze. Sowohl durch die ihn umgebenden Kunstgegenstände als auch durch das Anfertigen des Portraits selbst wird Giszes intensives Interesse an den kulturellen Strömungen seiner Zeit dokumentiert. Hätte er auch sonst Hans Holbein d. J. gekannt und sich von ihm malen lassen?

Auf dem Brief, den er in der Hand hält steht: „Dem ehrsamen Georg Gisze zu London in England, meinem Bruder, zu Händen". Der Tisch ist gedeckt mit einem anatolischen Teppich mit zahlreichen Ornamenten, ein häufig bei Holbeins Bildern wiederkehrendes Element, so daß man sie manchmal „Teppiche à la Holbein" nennt.

Auf dem Tisch, auf dem eine venezianische Vase mit Nelken, Rosmarin und Basilikum steht, liegen außerdem Federn, Scheren, ein Tintenfaß, ein Siegel, ein Ring, eine Uhr und eine Dose, die Geld enthält.

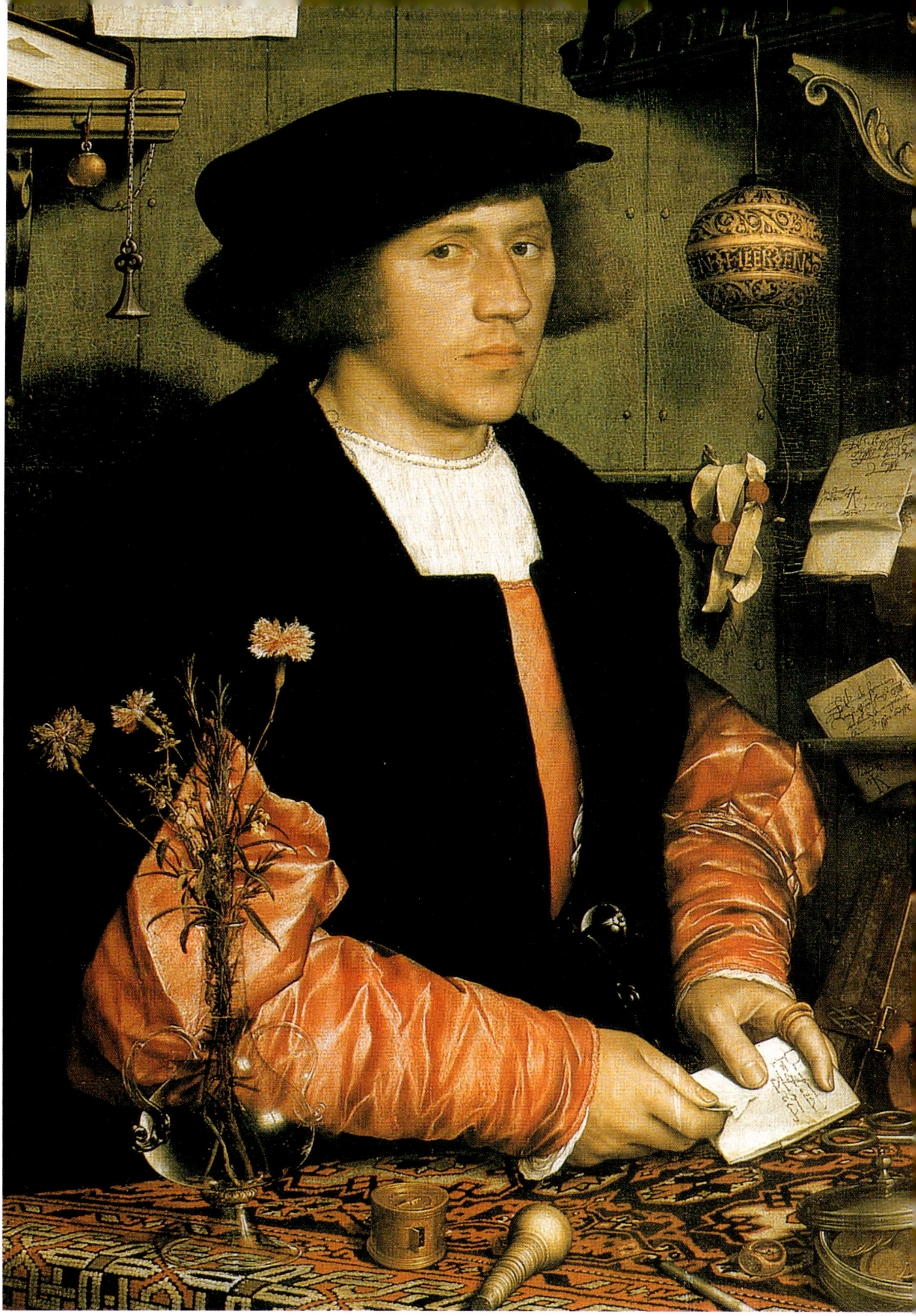

*London, Miniatur (Ausschnitt), Ende 15. Jh.*

An den Wänden sieht man neben Schlüssel, Ringen, Siegel, einer Waage und einer kostbaren getriebenen Dose auch unterschriebene Wechsel. Zu den Finanzinstrumentarien der Kaufleute jener Zeit gehörten das Geschäftsbuch, die Waage und der Stempel.

Das Hauptbuch ist ein Hinweis auf die in dieser Zeit zunehmend perfekter werdende Buchführung und das sich insbesondere durch die Handelshäuser der Medici, der Fugger und Welser weiterentwickelnde Geld- und Kreditwesen. Die Waage am oberen Bildrand dokumentiert, daß der Wert der Zahlungsmittel – in Ermangelung des Euro – hinsichtlich der Konvergenzkriterien und der Konvertierbarkeit noch durch Wiegen und Feststellung des Gold- oder Silbergehalts geprüft werden mußte.

Der jedoch vorherrschende Eindruck des Gemäldes entsteht durch den kritisch-prüfenden Blick des jungen Kaufmanns, der es gelernt hat, genau hinzusehen und abzuwägen. Die Seriosität des geachteten Kaufmanns wird durch die Haute Couture der damals in London vorherrschenden Herrenausstattung unterstrichen. Die farbenfrohe Kleidung im Geschmack der Renaissance weist zwar einen modischen Touch durch das faltenreiche Oberhemd auf, ansonsten jedoch auf die dezente englische Note hin. Auffallend und vielleicht mit Absicht steht fast ins Zentrum gerückt der strahlend weiße Hemdansatz dieses ehrenwerten Handelsherren(!).

All diese Details sind mit einem virtuosen Können gestaltet und fügen sich ohne „Verzettelung" zu einer beachtlichen Farb- und Gestaltungsharmonie zusammen. Dieses Bildnis zeigt das ganze Können und den beachtlichen Background eines bedeutenden Künstlers der Renaissance-Malerei.

Hans Holbein d. J. entstammte einer Malerfamilie aus der damaligen Handels-, Kultur- und Kunst-Metropole Augsburg. Als Achtzehnjähriger zog er nach Basel, wo er mit Erasmus von Rotterdam zusammentraf. Dieser große Gelehrte des Humanismus fühlte sich durch ein von Holbein gemaltes Portrait weitaus besser getroffen als von Dürer, der ihn 1520 in Brüssel mit Kohle gezeichnet hatte.

In Basel hat Holbein für die Drucker jener Stadt von 1516 bis 1532 über 1.200 Holzschnittvorlagen gezeichnet, bevor er die Schweiz verließ, um Hofmaler Heinrichs VIII. von England zu werden. Hier entwickelte sich Hans Holbein d. J. (1495 bis 1543) zu einem bedeutenden Menschendarsteller, der mit seinen Portraits nach Meinung vieler Experten selbst Dürer oder die Cranachs ausstach. Grundsätzlich ist er stilistisch in die nordische Renaissance einzuordnen.

Als Apercu der Kunstgeschichte sollte nicht unerwähnt bleiben, daß der in London lebende deutsche Kaufmann Gisze durch den Portraitauftrag den Maler Holbein förderte und der englische in Berlin ansässige Holzkaufmann Eduard Solly später das Gemälde für seine private Kunstsammlung erwarb.

Jene Sammlung wurde 1821 aufgrund einer Kabinettsorder des preußischen Königs Friedrich Wilhelm III. nicht zuletzt auf Betreiben Wilhelm von Humboldt's und des Historikers Barthold Niebuhr für 200.000 Taler erworben.

Durch das kulturelle Engagement jener zwei Kaufleute und den Weitblick einer preußischen Regierung kam letztendlich dieses bedeutende Zeitdokument des Handels in die Gemäldegalerie des Museums Dahlem in Berlin.

# VENEDIG – DREHSCHEIBE FÜR DEN HANDEL

Der Ursprung Venedigs geht weit in die Zeit der Völkerwanderung zurück. Einige Familien Veneziens waren in der Mitte des 5. Jahrhunderts vor dem Hunnenansturm auf die vorgelagerten Inseln geflüchtet. Die Hunnen waren ja bekannt gute Reiter, aber am Wasser waren sie nicht zu Hause, und so kümmerten sie sich nicht weiter um die Flüchtlinge draußen am Meer. Und als um die Mitte des 6. Jahrhunderts erneut ein Völkerwanderungszug durch die Gegend kam, nämlich die Langobarden, und wiederum mordend und plündernd durch die Lande zog, da packten die Familien aus Verona, Friaul und Aquileia erneut ihr Hab und Gut und suchten Schutz auf den vorgelagerten Inseln. So war Venedig zunächst nichts anderes als eine Flüchtlingssiedlung. Man machte aber schnell aus der Not eine Tugend, blieb auf dem Meere, das einem Schutz geboten hatte, und verdiente sein Brot als Frächter zwischen Byzanz, der Hauptstadt des oströmischen Reiches, und Ravenna, der nach dem Untergang Roms bedeutendsten Stadt Italiens.

Sie hatten nicht viel, diese ersten Bürger Venedigs, kein politisches Hinterland, keine Erzeugung, kein Handwerk, nur ihre Schiffe. Diese waren klein, ihre Länge betrug ungefähr 30 Meter, der Fassungsraum reichte nur für einige Tonnen. Aber einen anderen Vorteil hatten die Inselbürger: an der Bruchlinie zwischen Ost-Rom und dem unter den Franken neu entstandenen weströmischen Reich zu liegen. Zu diesem natürlichen Vorteil kam schließlich noch das große Geschick der Venezianer; man könnte es auch Schlauheit nennen. Sie waren – ganz einfach die geborenen Kaufleute. Karl der Große bestätigte dies sogar schriftlich, indem er der Stadt ein Handelsprivileg einräumte, das der griechische Kaiser in Byzanz beglaubigte.

Für die Lagunenstadt war zunächst das Salz die Basis des Handels und damit der Macht. Erst in weiterer Folge kam die Einfuhr von orientalischen Luxusgütern hinzu, wie Drogen und Spezereien, gewirkte Seidenstoffe aller Art, Juwelen und Schmuck. Der selbst in den traurigsten Zeiten kaum geminderte Schmuckbedarf der Kirchen und Kapellen, aber auch der Adelshöfe sorgte für Umsatz.

Wenn man in der damaligen Zeit als Handelsplatz Bedeutung haben wollte, mußte man ein Wallfahrtsort, ein Platz für große kirchliche Feste sein, zu denen von überall her alles kam, was Rang und Namen hatte, die Fürsten, die Adeligen und vor allem aber auch die hohe Geistlichkeit. Was taten die Venezianer? Sie fuhren nach Ägypten und erwarben dort die Reliquien des heiligen Markus, mit denen man in der islamischen Welt ohnehin nicht viel anzufangen wußte, und die – es war im Jahre 829 – preiswert zum Kauf angeboten wurden. Da aber infolge strenger Bestimmungen an eine legale Ausfuhr nicht zu denken war, mußte ein alter Schmugglertrick angewandt werden: Die Reliquien wurden in einem geschlachteten Schwein verborgen, dem ja ein Moslem bekanntlich aus dem Wege geht.

Derart versteckt, segelten die Überreste des Heiligen mit gutem Wind nach Venedig. Das Schwein verlor indessen sehr an Frische, was so manchem guten Christen an Bord nicht nur in die Nase stach, sondern ihn auch sehr bekümmerte. Doch wußten die geborenen Kaufleute selbst diese Situation umzumünzen, denn es wurde die Legende verbreitet, der Heilige habe beim Öffnen des „Schweinesarges" einen himmlischen Geruch verströmt. So hatte nun Venedig seinen wundertätigen Heiligen, der für regen Besuch und gute Geschäfte der Inselstadt bis heute sorgt.

Aber damit nicht genug. Mit großer Zielstrebigkeit betrieb man darüber hinaus noch etwas Betriebsspionage und wußte sich die Geheimnisse der Erzeugung von Glas, Seide, Öl sowie der Färberei zu beschaffen. Damit war der Grundstein für den Reichtum und die Blüte dieses Stadtstaates gelegt. Die Lagunenstadt wurde immer mächtiger und beherrschte bald das östliche Mittelmeer. Nur mit Byzanz gab es laufend Ärger, und als gar 1171 dort an die 20.000 Venezianer samt allen Waren und den vollen Geldbeuteln kurzerhand verhaftet wurden, da sann das sonst friedfertige Venedig auf Rache. Wieder einmal konnte man eine heilige Sache in bares Geld ummünzen.

Als sich nämlich die Ritter des Abendlandes zum dritten Kreuzzug in Venedig versammelten und das Geld für die Überfahrt zum eigentlichen Reiseziel, nämlich Ägypten, fehlte, da konnten sie mit Schwert und Hellebarde die Kosten abverdienen, indem sie für Venedig Konstantinopel erobern sollten. Und sie taten es mit Freude, die frommen Ritter, plünderten und brandschatzten so nebenbei diese christliche Stadt, sozusagen als kleine Übung für spätere Geplänkel mit den Moslems. Den Venezianern aber stand nun nichts mehr im Wege, den Handelseinfluß bis zum Schwarzen Meer auszudehnen. Dort, wo es Schwierigkeiten gab, vermied man tunlichst Auseinandersetzungen mit dem Schwert; schließlich standen einem nicht immer kampflüsterne Kreuzritter zur Verfügung. Dafür verstanden die Kaufleute Venedigs die Kunst, günstige Handelsverträge abzuschließen. Ja man kann sie überhaupt als die Erfinder der Handelsverträge bezeichnen: Mit Ägypten, mit dem Sultan von Aleppo, dem Sultan von Syrien, dem König von Armenien und anderen einflußreichen Potentaten wurden Bündnisse und Verträge abgeschlossen, dabei nicht selten darin ein Handelspartner gegen den anderen ausgespielt.

*Luca Carlevaris (1665-1730): Die Mole des Palazzo Ducale im Hafen Venedigs.*
*Carlevaris gilt als Begründer der venezianischen Vedutenmalerei. Zu dieser Stilrichtung kam er nach einem Aufenthalt in Rom, wo er die Werke der „Rovinisti" sowie die römischen Ansichten von Caspare Vanvitelli kennenlernte. Seine Bilder, die 1703 unter dem Titel „Fabriken und Ansichten Venedigs" publiziert wurden, sind vor allem durch perspektivische Darstellungen geprägt, die ihm die Bezeichnung „mathematicae cultor egregius" einbrachten.*

Seit dem 10. Jahrhundert hatte die Republik Venedig ihre Macht an der Ostküste der Adria ausgedehnt. Neben Genua errang sie die wirtschaftliche Vormachtstellung in der Levante und die Seeherrschaft im östlichen Mittelmeer. Durch den vierten Kreuzzug, den der Doge Enrico Dandolo gegen das Byzantinische Reich von 1202 bis 1204 führte, gewann Venedig außerdem die Herrschaft über den Peloponnes und die Insel Kreta. Seit 1389 war das nordostitalienische Festland mit den Städten Verona, Vicenza, Padua, Brescia, Bergamo, Friaul, Ravenna und Cremona Venedig unterworfen. Schließlich gewann es 1489 die Insel Zypern.

Durch die religiöse Auseinandersetzung und den Handel mit der östlichen Welt gelangte auch der Kaffee nach Venedig. Bereits im 15. Jahrhundert war der Kaffee in Ägypten bekannt. Und im 16. Jahrhundert wurde das „Schwarze Gold" in erster Linie mit dem Osmanischen Reich in Zusammenhang gebracht. So vermerkte der venezianische Senator Constantino Garzoni 1573 in bezug auf den Kaffee der Türken (der allerdings nicht pur genossen wurde):

„Um froh zu sein, pflegen viele jeden Morgen schwarzes Wasser mit Opium vorbereitet zu trinken, welches alle Gedanken zunichte macht (...); und wenn diejenigen, die gewohnt sind, es zu trinken, das auslassen würden, stürben sie, da ihre Natur es nicht mehr entbehren kann."

Mit dem Interesse für die östliche Welt begann eine vorsichtige Aufnahme türkischer Sitten in das westliche Gedanken- und Kulturgut. So entwickelte sich auch in der westlichen Welt das Kaffeetrinken zum kulinarischen Genuß. Bald wurde Kaffee nicht mehr nur in der Verborgenheit der häuslichen vier Wände verzehrt, sondern in den Lokalen. Diese Gewohnheit wurde ab Mitte bis Ende des 17. Jahrhunderts auch in zentralen europäischen Städten wie London, Marseille, Wien und Leipzig populär.

Der wirtschaftliche Aufstieg der Stadt Venedig ging im 15. und 16. Jahrhundert mit einer intellektuellen und kulturellen Blütezeit einher. Hierfür stehen die Humanisten Manutious, Aretino und Bembo oder Namen aus der venezianischen Malerschule: Bellini, Giorgione, Tizian und Tintoretto.

Der Handel mit Kaffee hatte im Laufe des 16. Jahrhunderts bereits einen solchen Umfang erreicht, daß die Obrigkeit von Venedig beschloß, ihn zu kontrollieren, um ihre Steuereinnahmen erhöhen zu können. Somit wurde der Kaffee dem freien Handel entzogen und unterlag von diesem Zeitpunkt an dem Steuermonopol. Durch öffentliche Ausschreibung vergaben die Regierenden alle drei Jahre eine Exklusivlizenz für den Handel mit Kaffee. Dabei berücksichtigten sie nicht nur die Höhe des Angebots, sondern auch bestimmte Garantien wie die Fähigkeit der Händler, die Versorgung mit dem Produkt durch eine effektive Logistik der Lagerung und der Distribution zu sichern – sozusagen ein flächendeckendes Pilotprojekt für Efficient Consumer Response (ECR). Zur optimalen Partnerschaft suchte man eine finanzkräftige Organisation, die zugleich auch eine hochkonzentrierte Auftragsbündelung garantieren konnte. Die Entscheidung fiel zugunsten der Zunft der „Acquaviteri", also der Schnapshändler, die somit schon Ende des 16. Jahrhunderts Kontrolle über den Kaffeehandel gewinnen konnten. Sie erhielten die Lizenz erstmals in der Zeit von 1684 bis 1690 und dann nach einem Zwischenspiel, in dem der Staat feststellte, daß die Lizenzvergaben an einzelne Händler weitaus schwieriger als die Konzentration auf einen Partner war, endgültig ab 1696 bis zum Ende der Republik. Während dieser Zeit stand alleine dieser Zunft der „Acquaviteri" die Distribution und der Verkauf des Kaffees zu.

Aber auch diese sicherlich effiziente mikro-ökonomische Lösung konnte sich nicht gegen makro-ökonomische Entwicklungen behaupten. Innerhalb des Welthandels mit Kaffee verlor Venedig seine Position durch folgende Fakten:
- Die Türken konnten durch Rückeroberung von Zypern und Kreta und Ausdehnung in der Levante Venedig erneut in die Defensive drängen.
- Die Bedeutung des Handels im Mittelmeerraum sank analog der Entwicklung der Hanse im Ostseeraum durch die Entdeckung Amerikas und den nunmehr einsetzenden Handel über den Atlantischen Ozean.
- Das Produktionsmonopol für Kaffee wurde durch die neuen Anbaugebiete in Indonesien und Amerika aufgebrochen, wodurch sich die Handelswege änderten und andere Seeflotten an Einfluß gewannen.

Von bleibendem Wert blieben jedoch die Gebäude, die ihren Ursprung in der händlerischen Bedeutung Venedigs haben. Venedigs Architektur ist heute Anziehungspunkt für Touristen. Nur wenige wissen jedoch, daß die „Fondaco dei Tedeschi", heutige Hauptpost Venedigs, vom 13. bis zum 15. Jahrhundert die Niederlassung deutscher Kaufleute war.

## War Marco Polo wirklich in China ?

Sehr umstritten sind die Reiseberichte des wohl bekanntesten venezianischen Kaufmannes: Marco Polo. Laut seinen Angaben war er von 1278 bis 1295 zusammen mit seinem Vater und Onkel unterwegs bis Peking und im riesigen Mongolenreich. Als er schließlich, es war im Jahre 1295, zurückkehrte, klangen schon für die damalige Welt seine Berichte einfach unglaubwürdig und wurden für Erfindungen, Übertreibungen, Phantastereien gehalten. Schließlich hatte man noch nie etwas von einer größeren Insel im Fernen Osten – dem heutigen Japan – gehört oder gar von einer ganzen Reihe von Inseln in einem riesigen Stillen Ozean. Vielleicht wollte man auch einfach nicht jenen Erzählungen glauben, die von einem China berichteten, das vielfach weiter entwickelt war als das stolze Venedig. Es durfte einfach nicht wahr sein, daß es dort bereits die verschiedensten Formen des Spezialhandels geben sollte, eigene Märkte für Reis, Zucker, Seide, Perlen usw., daß man mit Papiergeldscheinen, die auf bestimmte Mengen von Tee, Salz, Metall oder Rohseide lauteten – Waren einkaufen und bezahlen konnte, daß es Dinge wie Erdöl und Steinkohle oder eine Buchdruckerkunst mit beweglichen Lettern geben sollte. Marco Polo wurde verlacht, und seine Berichte wurden für erfundene Geschichten gehalten.

In China trifft man heute häufig noch auf angebliche Aufenthaltsorte und Aktivitäten von Marco Polo. Dennoch gibt es sehr ernstzunehmende Forscher, die immer noch Zweifel darüber haben, ob Marco Polo wirklich bis nach China gelangt sei. So stellt die Leiterin der China-Abteilung des British Museum, Dr. Francis Wood in einer 1995 herausgegebenen Arbeit die Frage, wie Polo kreuz und quer durch China gereist sein will und am Hof des Khublai Khan freundliche Aufnahme gefunden haben will, ohne daß er die damals schon stehende Chinesische Mauer bemerkt hat. Polo erwähnt des weiteren weder den Tee noch das Porzellan, aus dem in China getrunken wurde. Auch daß bei Frauen die Füße durch Einbinden verkrüppelt waren, schien er nicht bemerkt zu haben. Last but not least gibt es trotz zweijähriger Forschungsarbeiten von Dr. Wood in China keine schriftlichen Zeugnisse dafür, die überhaupt die Präsenz eines Italieners in China aus jener Zeit belegen.

Dr. Wood will daher nur den Prolog der Reisebeschreibung gelten lassen – bis zur Ankunft Marco Polos in Konstantinopel. Ihrer Ansicht nach ist der

Rest eine Mischung aus Hörensagen, fremden Berichten und viel Phantasie. Sie argumentiert, daß Marco Polo vermutlich deswegen das Teetrinken nicht erwähnte, weil er seine Informationen über China nur aus persischen und arabischen Berichten schöpfte, deren Verfasser das Teetrinken nicht für erwähnenswert hielten, weil sie selber große Teetrinker waren.

Man weiß, daß Marco Polo seinen Reisebericht dem Romanzendichter Rusticello aus Pisa diktierte, mit dem er in Genua für 10 Monate eine Gefängniszelle teilte. Möglicherweise dichteten die beiden Zellengenossen teilweise drauflos, um sich die Zeit zu vertreiben. Dr. Wood unterstellt auch den Verlegern, daß sie in gleiche Richtung arbeiteten. Sie erklärte: „Je später die Ausgaben, umso interessanter und detaillierter ihr Inhalt". Es gibt keine Originalhandschrift von Rusticello; der Bericht wurde erst 1558, also 234 Jahre nach Marco Polos Tod, mit dem Druck des Italiners Ramusio ein Bestseller.

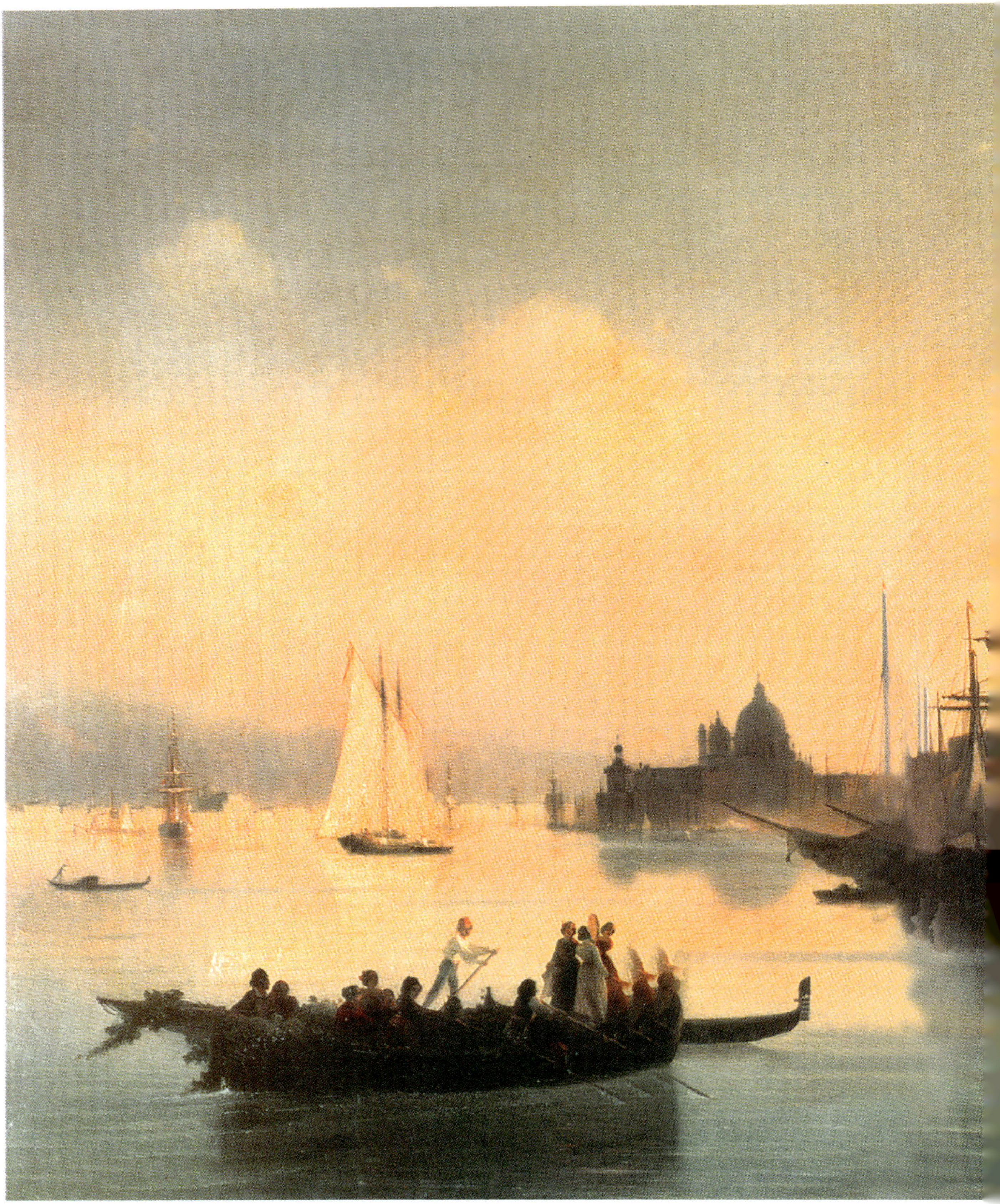

*Venedig, Gemälde von Iwan Aiwasowski, 1842*

# DER PORTUGIESISCHE PFEFFER-IMPERIALISMUS

Portugal hat sich aufgrund seiner Lage am Rande Westeuropas schon Anfang des 15. Jahrhunderts auf die Ausbreitung seiner Einflußsphäre über das Meer konzentriert. Prinz Heinrich der Seefahrer leitete 1415 bis zu seinem Tode 1460 alle maritimen Unternehmungen Portugals. Er gründete Werften und rief eine Marineakademie sowie ein kartographisches Institut ins Leben.

Innerhalb von 100 Jahren entwickelte Portugal ein gewaltiges Handelsimperium:
- 1415 Eroberung von Ceuta an der Nordspitze Marokkos
- 1432 Inbesitznahme der Azoren
- 1444 erste Kontakte an der Küste Westafrikas
- 1470 Erschließung der Goldküste, der Sklavenküste, der Pfefferküste, der Elfenbeinküste
- 1479 Absicherung des Schiffahrts- und Handelsmonopols von und nach der Guinea-Küste gegenüber Spanien
- 1487 Umsegelung des Kap der Guten Hoffnung
- 1497 Vasco da Gama erreicht den Indischen Ozean
- 1498 Vasco da Gama in Mombasa und „Kalikut"
- 1502 Vasco da Gama gewinnt gegenüber den Arabern die portugiesische Oberhoheit über die wichtigsten Handelsstädte am Indischen Ozean.
- 1505 Errichtung von Niederlassungen entlang der Küste Ostafrikas
- 1507 Besitzergreifung der indischen Festung Diu
- 1510 Aufbau von Goa zur Hauptstadt von Portugiesisch-Indien
- 1511 Eroberung von Malaga
- 1543 Landung in Japan

Schon durch das Handelsmonopol an der Guinea-Küste machten die portugiesischen Kaufleute glänzende Geschäfte mit ihrem Pfeffer. Aber der indische Pfeffer war qualitativ noch erheblich besser und versprach noch höhere Gewinne. Als Beispiel des Return on Investment mag der Hinweis dienen, daß die Erlöse aus

*„Marco Polo bei der Ernte des Schwarzen Pfeffers", französische Buchmalerei zum „Livre des merveilles", der Reisebeschreibung Marco Polos, 1373*

dem Gewürzhandel der vom 8. Juli 1497 bis 10. Juli 1499 dauernden Expeditionsfahrt von Vasco da Gama trotz des Verlustes der zwei von vier ausgesandten Schiffe die Kosten für das ganze Unternehmen um das 60fache überstieg!

Durch die Eroberung von Malaga 1511 beherrschten die Portugiesen den Zugang zum wichtigsten Gebiet des Gewürzanbaus. Der direkte Handel der Portugiesen mit den Gewürzproduzenten ruinierte den arabischen Zwischenhandel zwischen dem Indischen Ozean und dem Mittelmeer auf der Route über das Rote Meer. 1513 verlassen die venezianische Kaufleute das ägyptische Alexandria, bis data Umschlagplatz für indische Gewürze nach Europa, weil aufgrund der Portugiesen nunmehr die Gewürzspeicher in Alexandria leerstanden.

Nach der Entdeckung der Neuen Welt durch Kolumbus schlossen 1493 Portugal und Spanien gemäß einer von Papst Alexander VI. festgesetzten Demarkationslinie den Vertrag von Tordesillas über die Teilung Amerikas. Ergänzt wurde dieser Vertrag 1529 im Vertrag von Saragossa, der ebenfalls eine Demarkationslinie im Stillen Ozean festlegte. Portugal beherrschte hiermit „mit päpstlichem Segen" den ganzen Handel im Bereich des Indischen Ozeans, besonders den außerordentlich gewinnreichen Gewürzhandel. Es gründete sogar in Macao die erste europäische Niederlassung in China. Portugal entwickelte sich im 16. Jahrhundert zur führenden See- und Kolonialmacht Westeuropas, Lissabon wurde die Handelsstadt Europas.

Mit der Festsetzung an der afrikanischen Küste verband sich seit 1490 ein schwunghafter Negersklavenhandel, der bis ins 17. Jahrhundert vorwiegend in den Händen der Portugiesen blieb. In seiner kommerziellen Bedeutung stand er dem Pfefferimperialismus nicht nach!

*„Portugiesische Handelsschiffe vor der indischen Küste", indische Buchmalerei, spätes 16. Jh. (Auschnitt)*

Die starke Handelsposition Portugals wurde erstmals Anfang des 17. Jahrhundert durch die Holländer und Engländer nach der Niederlage der Spanischen Amada angegriffen. Tiefgreifende, existentielle Änderungen gab es für Portugal darüber hinaus in der Zeit zwischen 1810 und 1825, in der unter dem Eindruck der Unabhängigkeit der Vereinigten Staaten die meisten spanischen und portugiesischen Kolonien in Südamerika von ihren Mutterland abfielen. Hierdurch bauten sich auch die monopolistischen Handelsschranken und damit die übergroßen Gewinne ab. Des weiteren entfielen mit der Aufhebung der Versklavung die Geschäftsgrundlagen für den Sklavenhandel. Letztendlich führte dies in seinen ökonomischen Auswirkungen zur Revolution 1910, in der das Königreich Portugal zur Republik umgestaltet wurde.

*Seekarte des Portugiesen Domingos Teixeia, 1573*

# LAND DER AUFGEHENDEN SONNE

Bereits im Jahre 1543 kamen die ersten Europäer nach Japan; Japaner reisten erstmals 1582 nach Europa. In den folgenden Jahrhunderten wirkten zahlreiche Einflüsse in beide Richtungen; dennoch ist ihr Umgang heute miteinander stark von gleichzeitiger Nähe und Ferne geprägt – kulturell, gesellschaftlich und politisch.

## Portugiesen etablierten die Handelsroute zwischen China und Japan

1543 strandeten drei portugiesische Kaufleute in chinesischen Dschunken auf der Insel Tanegashima an der äußersten Südspitze der japanischen Inselkette.

1549 folgten Francisco de Xavier und andere Jesuitenmissionare. Sie segelten zusammen mit Kaufleuten von Macao jedes Jahr einmal mit günstigen Monsunwinden nach Japan, um zu missionieren beziehungsweise Handel zu betreiben. Sie verließen Macao zwischen Mai und August. Die Reise dauerte etwa zwei Wochen. In Japan verbrachten sie bis zu einem halben Jahr, bevor sie sich wieder auf den Rückweg machten.

Der Gouverneur von Macao war gleichzeitig der sogenannte Kapitänsmajor des Japanschiffes. Im allgemeinen fuhren über 200 Kaufleute auf einem Schiff mit. Ihre Fracht bestand größtenteils aus Seide und Baumwolle, aber auch aus Gold, chinesischem Porzellan sowie indischem und südostasiatischem Moschus.

In Japan wurden diese Waren gegen Rohstoffe wie Silber, Kupfer, Schwefel und gegen Produkte des Kunsthandwerks wie Lackarbeiten und Fächer eingetauscht. Das japanische Silber war billig und konnte in China teuer verkauft werden, so daß die Portugiesen einen hohen Gewinn einstrichen. Japan bestritt damals mit seinem Silber ein Drittel des Weltmarktes. Etwa ab 1570 wurde das Dorf Nagasaki mit seinem guten Naturhafen zum Stapelplatz des portugiesischen Handels.

## Kommunikation und Lebensstil

Da die Reise von Europa nach Japan insgesamt etwa zwei Jahre dauerte und überaus gefährlich und unbequem war, kehrten nur wenige Missionare aus Japan nach Europa zurück; stattdessen betrieben sie eine rege Korrespondenz. Unter allen asiatischen Ländern, in denen Jesuitenmissionare tätig waren, galten Japan wahrscheinlich die meisten Briefe und Berichte. Der westliche Chronist Japans par excellence war der portugiesische Missionar Louis Frois

*Nanban-Schirm: Landung einer portugiesischen Handelsdelegation in Japan*

(1532 bis 1597), der über 30 Jahre in Japan lebte. Frois war nachweislich häufig stundenlanger Gesprächspartner von Oda Nobunaga (1534 bis 1582), dem militärischen und faktisch auch politischen Herrscher Japans als auch Nobunagas Nachfolger Toyotumi Hideyoshi (1537 bis 1598), dem Shogun, der Japan erstmals vereinigte.

Hideyoshi schickte 1582 eine Delegation junger japanischer Edelleute, die erste japanische Delegation überhaupt, nach Europa. Nach Besuchen in Lissabon und Rom traf sie 1590 wieder in Japan ein. 1591 machte eine lange prächtige Parade zur Audienz in Hideyoshis Schloß Jura-Kudai die japanische Bevölkerung auf die Europäer (in der japanischen Sprache: Nanban-jin) und ihre Importgüter aufmerksam. Ihre majestätischen Araberrosse und ihre Geschenke wurden zum Stadtgespräch der damaligen Kaiserstadt Kyoto. Für das 1594 veranstaltete Kirschblütenfest in Yoshino südlich von Nara mußten sich auf Hideyoshis Befehl alle Teilnehmer mit Nanban-Kostümen verkleiden – eine landesweite Promotion für Nanban-Mode!

Der japanische Arzt Moki Genshu (1600 bis 1677) schreibt in seinen Erinnerungen folgendes nieder: „...einigen Leuten gab man sogar europäische Namen, und mit der Zeit ergriff der Nanban-Einfluß die verschiedensten Lebensbereiche: Feste, Heirats- und Begräbniszeremonien, den Umgang mit Freunden und Gästen, Eßgewohnheiten und Mode, selbst moralische Prinzipien, politische Ethik, Sitte und Recht. Das galt sogar für die Bauern."

*Hiroshige: Died Cloth Hanging To Dry, aus: One Hundred Famous Views in Edo, um 1858*
*Utagawa Hiroshige (1797 – 1858) ist einer der bekanntesten Meister der Holzschnitzarbeiten.*
*Zusammen mit Katsushika Hokusai gilt er als großer Holzschnitz-Darsteller der japanischen Landschaft*
*Heute noch sieht man in Japan bei Geschäftseröffnungen und Jubläen den beeindruckenden*
*Fahnenschmuck, wie ihn schon Hiroshige malte.*

*Hiroshige: Travellers in the Moonlight aus der Serie: The sixty-nine stations of the Kisokaido Road, um 1838*
*Innerhalb Japans gab es zwei aus dem üblichen Rahmen fallende Handelsrouten:*
*den Tokaido und den Kisokaido. In der Literatur, aber auch in der Malerei/Holzschnitte*
*wurden die Stationen jener Handelswege ausführlich dokumentiert.*

Bestätigt wird dieser Eindruck von dem Missionar Francisco Pasio (1551 bis 1612), der in einem Brief vom September 1594 schreibt: „Hideyoshi hat solchen Gefallen an portugiesischer Kleidung und Kostümen gefunden, daß nicht nur er und seine Gefolgsleute sich darin kleiden, sondern auch alle anderen Feudalherren in Japan. Über allen Gewändern tragen sie auf der Brust Rosenkränze aus Treibholz, ein Kruzifix hängt ihnen an der Hüfte. Einige von ihnen sind so eifrig, daß sie das Paternoster und Ave-Maria auswendig lernen und auf offener Straße beten. Das tun sie nicht, um Christen zu verspotten oder zu reizen, sondern aus Galanterie oder weil sie meinen, daß es ihnen Glück und weltlichen Reichtum bringt. Sie investieren große Summen, um Medaillons mit Bildnissen Unseres Herrn und Unserer Lieben Frau zu erwerben."

Dieses erste Jahrhundert der Begegnung zwischen Japan und Europa fand einen reichen Niederschlag in der japanischen Kunst und Wissenschaft. Europäische Kunst und künstlerische Techniken wurden in Japan rezipiert und weiterentwickelt. Europäische Künstler lehrten in Japan. Japanische Künstler arbeiteten „europäisch". Weltkarten wurden nach europäischen Vorbildern von japanischen Künstlern auf Stellschirme gemalt und gaben somit die Kunde einer realen Welt außerhalb Japans weiter. Ausgelöst wurde hierdurch 1606 in Kyoto die Diskussion zwischen Fucan Fabian und Hayashi Razan, ob die Erde rund sei. Mehrheitlich herrschte jedoch bei den japanischen Gelehrten bis zum Ende der Tokugawa-Herrschaft (1868) die Auffassung, die Erde sei nicht rund.

Das neue Gedankengut schien dem japanischen Shogun Iemitsu so gefährlich, daß er ab 1624 den Spaniern und ab 1638 den Portugiesen das Betreten seines Landes verbot. Nach 1639 war es nur noch den Holländern (und Chinesen) erlaubt, Handel mit Japan zu treiben; seit 1641 von der kleinen, künstlich aufgeschütteten Insel Dejima aus, im Hafen von Nagasaki gelegen. Gleichzeitig wurde allen Japanern ab 1638 untersagt, das Land zu verlassen, ein Verbot, das erst 1866 wieder aufgehoben wurde.

### Nanban-Wandschirme

In der Zeit zwischen 1543 und 1638 entstand damals auf künstlerischem Gebiet trotz eines traditionellen japanischen Fundaments die vom Abendland stark geprägte „Nanban-Kunst". Der Handel spielte innerhalb

der dargestellten Szenen eine bedeutende Rolle. Generell unterscheidet man drei Typen von Nanban-Schirmen:
- Typ Nr. 1 zeigt auf dem linken Stellschirm die Landung eines Nanban-Schiffes, während auf dem rechten Stellschirm die Besatzung vom Hafen aus von links nach rechts durch eine Ladenstraße in die Siedlung schreitet, neugierig beobachtet von der aus Türen und Fenstern hervorspähenden Bevölkerung.
- Beim zweiten Kompositionstyp sind die Motive des ersten Typs auf dem rechten Stellschirm zusammengefaßt, während stattdessen auf dem linken Schirm eine ausländische Hafenszene abgebildet ist.
- Der 3. Typ unterscheidet sich dadurch, daß auf dem rechten Schirm keine Ladenstraße am Hafen zu sehen ist, sondern beispielsweise nun stattdessen im Vordergrund des Schirms gerade eine Besatzung aus einem kleinen Beiboot an Land geht.

Kunsthistoriker haben bisher fast 70 Nanban-Schirme ausfindig gemacht. Sie alle sind letztendlich Zeugnis dafür, wie sich das bis dahin shintoistische und buddhistisch geprägte Weltbild der Japaner änderte. Man spürt bei der Betrachtung der Nanban-Schirme, wie sich Kulturen begegnen, ein Kultur- und Wirtschaftsaustausch anbahnt und somit ein Markt bildet.

Die Faltteile des obigen Stellschirmes erzählen von der Ankunft der Kaufleute mit ihren Waren. In einem prozessionsartigen Zug bewegen sich bunt gekleidete Figuren durch einen japanischen Ort. Sie tragen Kisten, Krüge und Ballen mit sich. Der Schiffskapitän – durchaus auch „Wirtschaftskapitän" – unterstreicht seine Bedeutung, indem er unter einem Sonnenschirm schreitet. Wenn auch von Lock-(Discount-) Preisen aus der damaligen Zeit nichts bekannt ist, so sind doch „Lockangebote"

*Nanban-Schirm: Ankunft einer portugiesischen Handelsdelegation in Japan*

Auslandsreisen gab es in jener Zeit nur für eine begrenzte Personenzahl. Man sah Ausländer häufig zum ersten Mal und alles – die Kleidung, die Hautfarbe, die Physiognomie, die Sprache usw. waren fremd und völlig unbekannt. Der Durchschnittsbürger begegnete ihnen häufig mit einiger Distanz, mit Skepsis, aber auch mit Neugier. Es oblag den reisenden Kaufleuten, neben dem Austausch der Ware auch das Kulturverständnis zu fördern.

Heute verfügen wir nicht nur über die detaillierten Berichte der Außenhandelskaufleute, sondern auch über umfassende Kommunikationstechniken und müssen deshalb mit weniger Überraschungsmomenten bei der Ankunft von Reisenden aus dem Ausland oder bei eigenen Exkursionen rechnen.

Damals war der Landung der Portugiesen vorerst keine lange Dauer und glückliche Zukunft beschieden. Isolationspolitik, Christenverfolgung, Embargo-Maßnahmen und die Abschottung über 200 Jahre machten jenem ersten beginnenden Kulturaustausch vorerst ein Ende.

wie Pfauen, zwei stolze Araberpferde und eine für Japan sehr exotische Ziege zu erkennen.

Die Einheimischen öffnen die Türen und Fenster ihrer Häuser und bringen ebenfalls Waren, von denen sie annehmen, daß diese Angebote für einen Warentausch attraktiv sein könnten.

Interessant ist ein weiteres Detail: Jener abgebildete buddhistische Tempel war vermutlich von christlichen Missionaren übernommen worden, wie das Kreuz auf dem Tempel zeigt. Hieraus kann abgeleitet werden, daß man auch damals als Händler zuerst Orte aufsuchte, in denen Landsleute – in unserer Szene wohl Jesuiten – bereits tätig waren und als Anlaufstelle dienten, so wie die heutigen internationalen Wirtschaftsberatungsunternehmen, Handelsinstitute und andere als Katalysatoren beim Start von Auslandsdependancen behilflich sind.

Erst 1854 erreichte der Amerikaner Matthew Galbraith Perry im Vertrag von Kanagawa zusammen mit weitsichtigen japanischen Partnern die Öffnung zweier Häfen. Die Handelsabkommen Japans mit den USA (1858) sowie mit Preußen (1861) waren dann erneute zukunftsweisende Signale, die mit und von einem modernen, weltoffenen Japan gesetzt wurden.

Die Nanban-Schirme lehren also, daß Globalisierung durchaus auch Risiken in sich birgt. Aber dennoch galt und gilt, daß durch die Technik, aber vor allem auch durch Einsicht, Klugheit und Wagemut von Kaufleuten die Handelsplätze auf allen Teilen unseres Globus zusammenwachsen. Globalisierung ist die Chance für eine wirtschaftlich erfolgreiche Zukunft und deshalb ein „Muß" für den dynamischen Handel.

# KOLUMBUS – ENTDECKER NEUER HANDELSWEGE

Am Beginn der Neuzeit hatte der Handel seine liebe Not beim Geschäft mit dem fernen Indien. Die damals bekannten See- und Landwege waren fest in Händen der Araber. Trotz aller Feindseligkeiten zwischen Moslems und den europäischen Christen konnte man in den arabischen Hafenstädten die begehrten orientalischen Waren, wie Seide oder Gewürze einhandeln, doch die Preise waren gesalzen. Die italienischen Handelsstädte hatten inzwischen die meisten ihrer Kontore im Nahen Osten verloren. Selbst an der Einfahrt zur Adria saßen die Türken und ließen die Waren nur gegen hohe Einfuhrzölle passieren. So wurden die Gewürze wie Zimt, Pfeffer, Muskatnüsse, Nelken selbst für die reichen Feinschmecker beinahe unerschwinglich.

Aber Not macht erfinderisch. Und wieder einmal war es ein Kaufmann, der eine Idee hatte, wie man einem solchen Übelstand abhelfen konnte. Der Vorschlag war allerdings mehr als abenteuerlich: nämlich einfach Richtung Westen zu fahren, um in den Orient, den Osten zu gelangen. Der Kaufmann mit der „verrückten" Idee war niemand anders als Christoph Kolumbus. Eigentlich war er so etwas wie ein Handelsvertreter, denn er vertrat ein genuesisches Handelshaus in Madeira. Voller Leidenschaft, ja mit Besessenheit, machte er der Königin Isabella von Kastilien diesen abenteuerlichen Vorschlag.

Nach sechs Jahren des Beharrens und der Überredungskunst hatte er die Finanzierung geschafft: 1492 segelten drei kleine Karavellen gen Westen. 70 Tage benötigte Kolumbus für die Strecke, die heute in ein paar Flugstunden überwunden werden kann. Doch er landete nicht in dem von ihm gesuchten schätzereichen Indien, sondern auf einem neuen Kontinent.

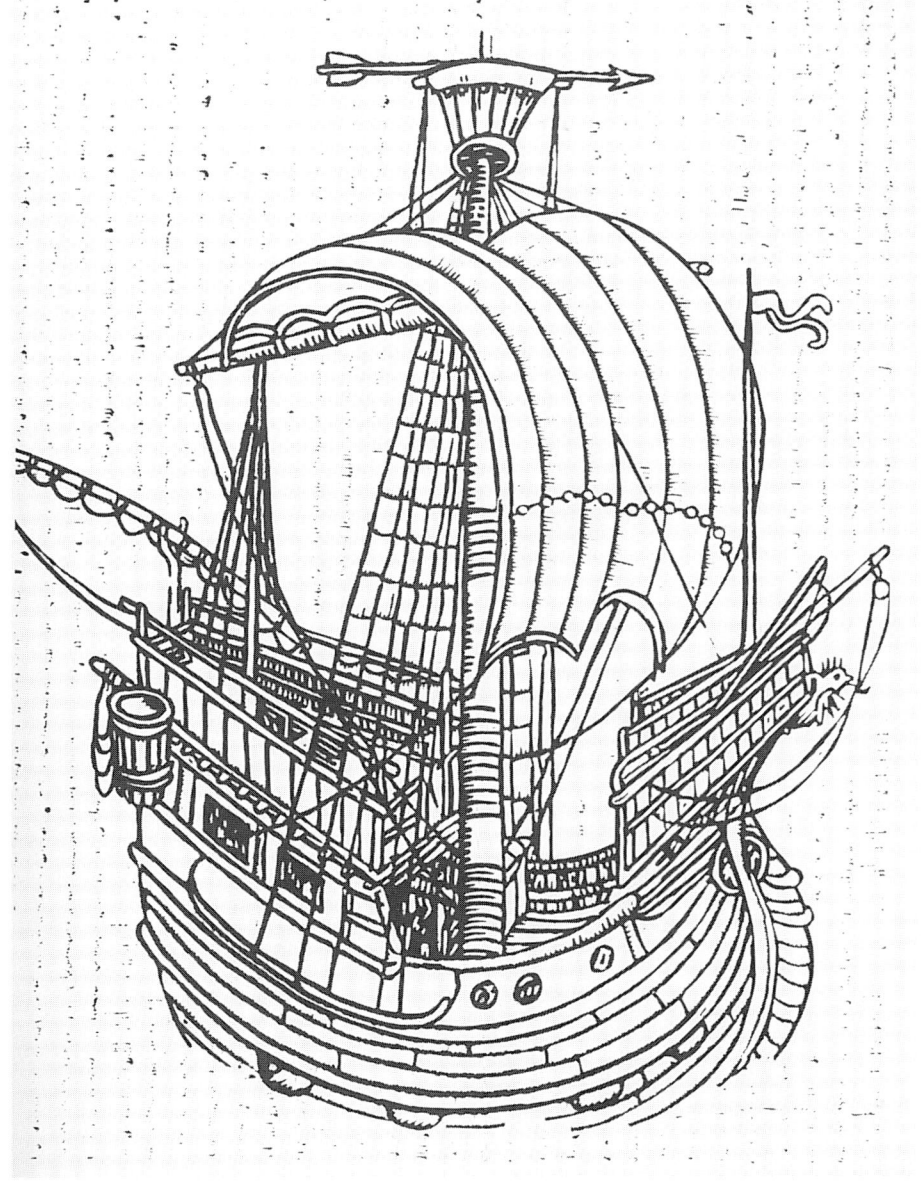

*Die Santa Maria 1492*
*Holzschnitt von Albrecht Thomas*

*Die erste Landung des Kolumbus Kupferstich von Theodore de Bry, 1596*

*unten: Genua um 1480, Gemälde von Cristoforo Grassi*

# DIE FUGGER – ERSTER MULTINATIONALER KONZERN

Der erste multinationale Konzern Europas war das Handelsimperium der Fugger. Kaum je zuvor bestimmte die Wirtschaft so deutlich die Politik Europas wie zur Blütezeit der Fugger.

Die Wurzeln der Augsburger Weberfamilie Fugger liegen im Handel mit Leinen und Barchent, einem Gemisch aus Flachs und Baumwolle. Als Jakob Fugger d. A. (1408 bis 1469) die Geschäfte seines Vaters übernahm, war die Familie bereits zu einigem Wohlstand gelangt. Jakob d. A. dehnte das Geschäft auf Gewänder, Seide, Wolle und Gewürze aus. Seine Söhne – vor allem Jakob II. der Reiche (1459 bis 1525) – betrieben als Textiliten bereits 3.500 Webstühle und handelten mit Stoffen aus aller Welt.

In Venedig lernte der junge Jakob den Reiz und die Gefahren des Welthandels in Zusammenhang von Politik und Wirtschaft kennen. Wichtigster Impuls auf dem Weg zu Europas stärkster Handelsdynastie war aber das Betreiben von Silbergruben. 1494 gründeten die Fugger-Brüder eine offene Handelsgesellschaft – wohl die erste ihrer Art – und dehnten die Bergbauaktivitäten auf die Förderung von Kupfer in Ungarn aus, welches vor allem nach Indien und in den Orient verkauft wurde.

Der Aufstieg und Fall der Fugger stehen in engem Zusammenhang mit dem Herrscherhaus der Habsburger. Mit ihrer Hilfe gelang es Ihnen, die belastenden Donauzölle zu umgehen und ihre Kupferfracht ungehindert aus Ungarn über Wien nach Regensburg und von dort weiter nach Venedig zu verschiffen. Auch die konkurrierenden Bergwerke in Tirol wurden den Fuggern 1496 von Kaiser Maximilian übereignet, da diese dem Kaiser große Summen geliehen hatten, die er aber nicht zurückzahlen konnte.

Durch den Kupfergroßhandel übten die Fugger ebenfalls einen erheblichen Einfluß auf den zentralen Handelsbereich der Hanse aus. So beherrschten sie um 1500 den gesamten Kupferhandel in Nordeuropa. Es ist nicht übertrieben zu behaupten, daß das Zeitalter der Hanse durch das Zeitalter der Fugger abgelöst wurde.

Die politische Macht der Fugger verdeutlicht sich 1519 in der Finanzierung der Wahl des spanischen Königs Karl I. zum Kaiser des Römischen Reiches: Karl V. Das Geld der Fugger ermöglichte seinen Sieg und besiegelte die Niederlage seines Konkurrenten Franz I. von Frankreich.

Als Karl V. nach der Wahl die Rückzahlung seiner Schulden weiterhin säumig blieb, ließ sich Jakob Fugger von ihm die Einnahmen der geistlichen Ritterorden in Spanien mit ihrem gewaltigen Grundbesitz überschreiben. Für die Gewinne aus den dort erzeugten landwirtschaftlichen Produkten kaufte er Gewürze in Lissabon und verkaufte sie in Antwerpen. Hinzu kam die Ausbeutung des spanischen Quecksilbers, welches überwiegend nach Amerika zur Silbergewinnung verkauft wurde.

Ihren europäischen Einfluß sicherten sich die Fugger durch Dependancen ab. Sie machten ab 1494 Antwerpen zu einem ihrer wichtigsten Handelszentren und erhielten dadurch Zugang in die sich entwickelnden Niederlande. Um einen direkten Einfluß auf die Ostindien-Geschäfte – einem Monopol der Portugiesen – zu bekommen, gründeten sie eine Niederlassung in Lissabon, die vor allem den Pfefferhandel mit Antwerpen regelte. Dieser Handel mit orientalischen, asiatischen und allgemeinen exotischen Waren warf größere Gewinne ab als die Vermarktung einheimischer Erzeugnisse, da diese von den Zunftmeistern in den Stadträten jeder Stadt stark protegiert und jeder fremde Handelseinfluß aus der Stadt ferngehalten wurde. An weiteren verschiedenen zentralen Orten Europas richteten die Fugger sogenannte Faktoreien ein, die ihre Interessen vor Ort vertraten, so u.a. in Köln, Danzig, Breslau, Krakau, Innsbruck, Mailand, Venedig, Madrid, Rom und Sevilla. 1520 umspannte das Handelsnetz der Fugger ganz Europa.

Unter Jakob II. erfolgte
- zum einen eine Handelsdiversifikation ausgehend von heimischen Textilien hin zu exotischen Waren wie Samt, Seide, Weihrauch, Gewürze, Wachs, Honig und Safran unter Nutzung der Chancen eines sich globalisierenden Weltmarktes

- zum zweiten ein Engagement im Silber- und Kupferbergbau im Sinne einer Monopolisierung dieser Rohstoffe

- auch der Aufbau eines weit verzweigten Handelsnetzes im Sinne eines frühen und beachtlichen Beispiels für eine weitsichtige, aber auch mutige Handelspolitik

Schließlich wurden die Fugger unter Jakob II. auch zum bedeutenden Finanzdienstleister: Sie führten die Finanzgeschäfte für den Kaiser, den Papst sowie nordische, polnische und ungarische Geistliche. Zugleich regelten sie den Ablaß-Handel, bei dem sich die Gläubigen von der Kirche einen Freispruch von ihren Sünden erkauften. Die Fugger bildeten mit diesem Geschäftszweig allerdings dann auch einen

*Jacob Fugger in seinem Kontor, Zeichnung aus „Schwarz'sches Trachtenbuch" um 1520*

*vorhergehende Seite: Jakob Fugger, Gemälde von Albrecht Dürer*

Hauptangriffspunkt für den Reformator Martin Luther. Gewinne bei diesen Finanzgeschäften erzielten die Fugger u. a. mit der Arbitrage, das heißt durch die Erhebung einer Überweisungsgebühr.

Ihre ungebremste Politik einer konsequenten Monopolisierung aller Handelsbereiche, in denen sie tätig waren, sicherte ihnen eine ungeheure Machtfülle. Zwischen 1511 und 1527 konnte in ihrem Unternehmensverbund ein durchschnittlicher Jahresgeschäftsgewinn von 54,5 Prozent verzeichnet werden. Unberücksichtigt hierbei bleibt das Privatvermögen. Das Geschäftsvolumen der Fugger betrug etwa fünfmal soviel wie das der Florentiner Familie Medici in deren besten Zeiten.

Unterschiedlich bewertet werden kann die Einrichtung der sogenannten Fuggerei, einer ersten großen Sozial-Siedlung durch Jakob Fugger 1516 in Augsburg. Es darf nicht übersehen werden, daß die Monopolstellung der Fugger zur Armut der Augsburger Weber beitrug und die Einrichtung der Fuggerei außerhalb Augsburg für erheblichen „Image-Gewinn" des Fugger-Imperiums sorgte. Andererseits kann sie selbstverständlich auch als Ansatz einer katholischen Soziallehre interpretiert werden.

Der stetige Abstieg des Fugger-Imperiums begann intern nach den Tod von Anton Fugger (1493 bis 1560), dem ein fähiger Nachfolger aus der Familie fehlte und extern durch die ununterbrochenen Kriege, die Kaiser Philipp II., der Nachfolger Karl V., gegen die Türken, Protestanten und Engländer führte. Sie bewirkten 1575 den Staatsbankrott Spaniens und die Vernichtung der spanischen Armada 1588 durch die Engländer. Die uneinbringbaren Forderungen der Fugger an das Herrscherhaus der Habsburger betrugen zirka 8 Millionen Goldgulden und zusammen mit weiteren eigenen Verschuldungen führte dies zur Übernahme vieler Besitztümer der Fugger durch Banken aus Genua.

Dürer positioniert Jakob II. nach Art eines Herrscher-Portraits dominierend in der Bildmitte. Dabei legt er besonderen Wert auf den klaren in die Ferne gerichteten Blick eines Mannes, der keine Zweifel und Ängste kennt und auch nicht duldet. In unvergleichlicher Manier verleiht der Maler seinem Gesichtsausdruck unbändige Willenskraft. Mit dem einfarbig blauen, zweidimensionalen Hintergrund verzichtet Dürer auf die in dieser Zeit üblichen Landschaftshintergründe oder Interieurs mit liebevoll angeordneten Details aus dem Leben des Dargestellten. Um so prägnanter hebt sich dadurch die beherrschende Gestalt Fuggers vor der unbegrenzten blauen Weite – klarem Himmel oder offenem Meer – ab.

Einen besonders interessanten Einblick in die Arbeit im Augsburger Kontor bietet eine Miniatur aus dem Trachtenbuch des Hauptbuchhalters der Fugger Matthäus Schwarz. Zu erkennen sind Jakob Fugger und Schwarz am Stehpult, Aktenfächer mit Namen der Faktoreien und ein aufgeschlagenes Bilanzbuch, in dem links „uns soll" und rechts „wir sollen" zu lesen ist. Hiermit dokumentiert Schwarz 1519 neben der Globalisierung des Imperiums der Fugger auch die Anwendung der damals neu entwickelten doppelten Buchführung, die Schwarz 1514 in Venedig erlernt hatte.

# „VEREENIGDE OOST-INDISCHE COMPAGNIE" (VOC)

Die Amsterdamer Lagerhäuser waren im 16. Jahrhundert für viele Jahrzehnte die Schleuse, durch die jedes Pfefferkorn und jede Muskatnuß für die Tafeln ganz Europas wanderten. Hier wurden die Schiffsladungen aus Japan, Indien und den Gewürzinseln der Molukken gebündelt und nach Portugal, Spanien, Frankreich oder Deutschland verteilt. Im späten 16. Jahrhundert wurden an keinem anderen Ort der Welt mehr Segelschiffe gebaut als hier, und die Stadt erblühte in großem Reichtum. Drei Viertel aller Schiffe, die um das 17. Jahrhundert die hohe See befuhren, führten die niederländische Flagge. Jährlich liefen an die 70 Schiffe aus holländischen Häfen nach Asien, Afrika und Amerika aus. So gründeten die Niederländer 1614 am Hudson Neu Amsterdam, das 1664 englisch und von seinem Eroberer York in New York umbenannt wurde.

Obwohl Amsterdam sich im Kampf gegen das Wasser immer wieder behaupten mußte, hat es seiner günstigen geographischen Lage an der Nordsee doch die Voraussetzungen für seinen wirtschaftlichen Erfolg zu verdanken. Traditionell lebte die Stadt von der Landwirtschaft und dem Fischfang, welcher größtenteils exportiert wurde, sowie dem Handel mit den Ostseeländern. Die entscheidende Initiative zur wirtschaftlichen Entwicklung aber war der Seehandel mit Ostindien.

Die erste Expedition nach Asien verließ Amsterdam 1595 mit 249 Seeleuten und kehrte erst vier Jahre später mit nur 89 Überlebenden zurück. Schockiert, aber nicht entmutigt, wurde sofort eine zweite Expedition mit acht Schiffen entsandt, von denen vier innerhalb eines Jahres mit reicher Fracht zurückkehrten. Dieses historische Ereignis hatte nicht nur merkantile Bedeutung, sondern war auch ein Triumph der Technik und setzte zudem deutliche politische Zeichen.

Die Rückkehr der zweiten Ostindien Expedition 1599 wurde eindrucksvoll vom Marinemaler Hendrick Cornelisz Vroom (1566 – 1640) festgehalten und mit zusätzlichen Texten auf dem Rahmen dokumentiert. Zur Begrüßung werden die großen Schiffe von vielen Booten umgeben, Salutschüsse werden abgefeuert und die niederländischen Fahnen ragen stolz in den Himmel. Rechts im Hintergrund signalisiert der Turm der Oude Kerk (alten Kirche) den Heimathafen. Obwohl die Schiffe im Vordergrund das Bild bestimmen, legte Vroom doch besonderen Wert auf die enge Verbindung von Stadtsilhouette und Schiffen, um auf die Investitionsbereitschaft der Amsterdamer, die die Flotte erst ermöglicht hatten, zu verweisen. In der Blütezeit der niederländischen Malerei gelingt es Vroom, das pulsierende Handels- und Hafenleben dem Betrachter eindrucksvoll nahe zu bringen. Die Dynamik, die in dem Treiben vor den Toren der Stadt zum Ausdruck kommt, war der Schlüssel für den Er-

*„De Heren XVII" – Komitee aus 17 Vertretern aller Kammern*

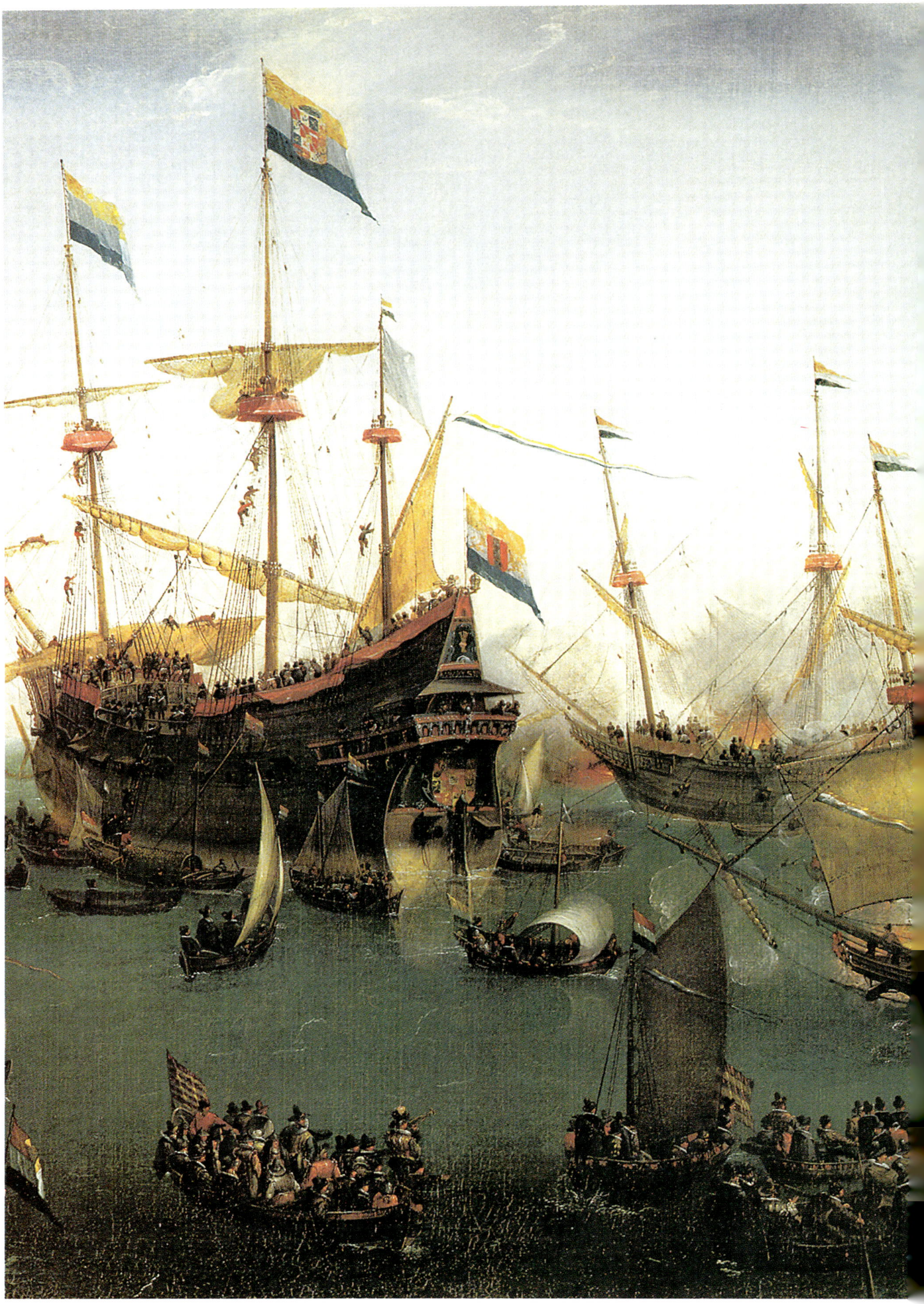

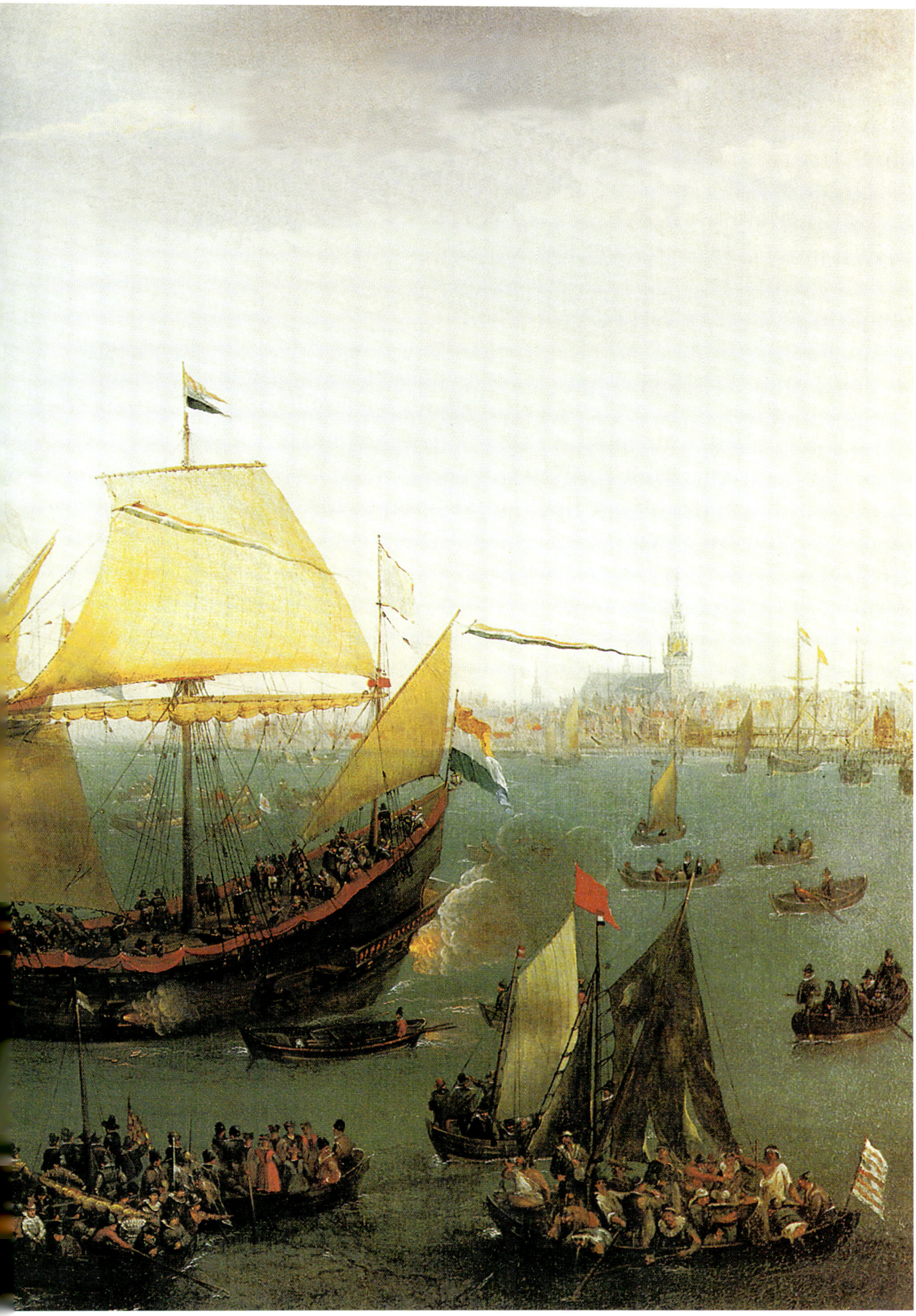

folg zum prosperierenden internationalen Handel. Als sichtbares Zeichen dieses Erfolges unterstreichen die stattlichen hochseetüchtigen Dreimaster den Herrschaftsanspruch der Niederländer auf den Weltmeeren. Die durch gedämpfte Farbgebung erreichte Stimmung läßt aber auch das bürgerliche Harmonie-Streben dieser Zeit erkennen, wie es typisch ist für die holländische Landschaftsmalerei des 17. Jahrhunderts. Das gleiche Bemühen um harmonische Stimmung findet man auch in den Stilleben, in denen unterschiedlichste Waren genüßlich ausgebreitet sind, und in den Interieurs, in denen man sich nach langen Reisen ins Private zurückzieht, oder in den Stadtansichten, in denen sich das bürgerliche Leben abspielt. Vroom setzte mit diesem Werk einen neuen Standard für das Genre der niederländischen Seemalerei.

**Handel, Politik und Kultur**

Die Gewinne der beteiligten Kaufleute aus der Expedition waren gewaltig und regten die Gründung vieler konkurrierender Handelskompanien an. Um den blutigen Kämpfen der sechs Gesellschaften von Amsterdam, Delft, Enkhuizen, Hoorn, Middleburg, Rotterdam und Zeeland ein Ende zu setzen, ordnete das niederländische Parlament 1602 ihren Zusammenschluß als „Vereenigde Oost-Indische Compagnie (VOC)" an.

Die VOC übernahm auch politische Aufgaben. Sie verfügte über eine Reihe von angestammten Hoheitsrechten, von denen das wichtigste war, im Namen der Generalstaaten, der regierenden Körperschaft der damaligen sieben vereinigten Provinzen der Niederlande Verträge mit fremden Mächten abzuschließen.

Dieser Gründungsakt schuf die für viele Jahrzehnte größte Handels- und Wirtschaftsorganisation der Welt – mit zeitweise 25.000 Angestellten – und somit den Grundstein für den Wohlstand der ganzen Stadt und Region. Die einzelnen Städte waren in ihr mit einer eigenen Kammer vertreten und steuerten jeweils einen Anteil am Gesamtkapital bei, wobei sich Amsterdam mit 50 Prozent der Einlagen die Führungsrolle sicherte. Geleitet wurde die Gesellschaft von einem 17köpfigen Komitee (De Heren XVII) aus Vertretern aller Kammern entsprechend der jeweiligen Anteile.

Alle Branchen, die mit dem Betrieb des Hafens und des Warenumschlags direkt oder indirekt in Verbindung standen (z. B. Werften, Gaststätten, Vergnügungsviertel) profitierten enorm. Die Buchverlage beispielsweise waren emsig bemüht, Berichte über exotische Länder und Menschen in phantastisch ausgeschmückten und hinzugedichteten Abenteuerromanen und Sachbüchern publik zu machen. Die reich verzierten See- und Landkarten sowie bedeutende Atlanten (der erste Atlas entstand 1585), die damals streng gehütete und lebensnotwendige Schätze waren, sind noch heute begehrte, bibliophile Sammlerobjekte. Die Verlage lieferten ihrerseits aber auch einen eigenständigen kulturellen Beitrag zu den Kolonialisierungsbestrebungen der Holländer, etwa durch Bibelübersetzungen ins Malayische oder singalesische Grammatiken. Derartige kulturelle Ambitionen wurden von wohlhabenden Kaufleuten gesponsert, wodurch sie indirekt wieder die Wirtschaftsaktivitäten förderten und zur Imagebildung der niederländischen Handels- und Kulturnation beitrugen.

Der rege Handel war zwangsläufig mit größeren Finanzgeschäften verbunden, so daß Amsterdam auch zu einem wichtigen Bankenplatz wurde und 1609 die erste öffentliche Bank sowie drei Jahre später die Amsterdamer Börse gegründet wurden. Die Beteiligung der Amsterdamer Bürger an den Gewinnen war aber nicht nur durch das Aufblühen vieler zugehöriger Gewerbe in der Stadt gegeben, sondern auch durch die direkte Spekulation mit Aktien dieser frühen Kapitalgesellschaft, die auf dem freien Markt verkauft wurden.

Der Fall von Antwerpen 1585 und der damit verbundene Niedergang der dort stark vertretenen Handelsdynastie der Fugger, sowie die schwindende Macht der Hanse, unterstützten die Bedeutung Amsterdams als Tor nach Europa. Zusätzlich begünstigten die Anerkennung der Vereinigten Provinzen durch die Spanier und der Frieden mit Spanien von 1609 den ungestörten Handel. Sehr bald gelang es der Kompanie, in den wichtigsten Arbeiten unabhängig von Zulieferern zu werden. Dazu gehörte der komplette Bau und die Ausstattung von Schiffen (Segeltuch, Tauwerk, Waffen) und die lebensnotwendigen Seekarten und Pläne, die wie ein Staatsgeheimnis gehütet wurden. Sie unterhielt einen Wohnkomplex für ihre Arbeiter, gewaltige Speicher und eine eigene Werft. Ab 1664 bestimmte das neue Haupt-

*Niederlassung der Holländer in Deshima, Japan*

*vorhergehende Doppelseite: Rückkehr der zweiten Ostindien Expedition, Gemälde von Hendrick Cornelisz Vroom, 1599*

lagerhaus mit 180 Meter Länge, 20 Meter Breite und vier Stockwerken die Hafenansicht Amsterdams.

Die termingerechte Weiterverteilung von Waren – neben Gewürzen auch Porzellan, Seide, Gold und Silber – und der Personenverkehr ins Hinterland und benachbarte Ausland wurde bereits mit regelmäßigem Schiffsverkehr nach festem Fahrplan geregelt. Erfolgreicher Handel und seine Zukunftssicherung erforderten eine durchdachte Organisationsstruktur und eine ausgeklügelte Logistik. Beides hat die VOC klar erkannt und ebenso konsequent praktiziert.

Die Gründung der VOC war auch ein ordnungspolitisches Signal. Gleichzeitig standen sich zwei völlig verschiedene Wirtschaftssysteme gegenüber. Das portugiesische, das auf Beamte und Monopole aufgebaut war und das holländische, basierend auf dem freien Kaufmann, der voll Unternehmergeist war.

Die holländische Vorgehensweise in Übersee war sehr pragmatisch; missionarischer Eifer wurde für gute Handelsbeziehungen als abträglich angesehen. Ihr im Krieg gegen die spanischen, römisch-katholischen Besatzer ihres Landes gewonnenes Selbstbewußsein und der Wille zu wirtschaftlicher Unabhängigkeit stimulierten die Suche nach neuen Märkten und nach Edelmetallen, Gewürzen und Handwerksprodukten wie z. B. Textilien.

Auch wenn die VOC 1798 aufgelöst wurde, hat sie nicht nur 200 Jahre lang ein bedeutendes Kapitel europäischer Handelsgeschichte geschrieben, sondern auch den Grundstein für die Stellung Amsterdams im Wirtschaftsleben gelegt, indem heute der zweitgrößte Frachtflughafen Europas einen Teil des traditionellen Hafenbetriebs des 16. Jahrhunderts abgelöst hat.

# TEEHANDEL: EAST INDIA COMPANY

Das Ursprungsland des Tees ist China, wo er in Legenden des dritten Jahrtausends v. Chr. zum ersten Mal erwähnt wird. Zunächst als Genuß- und Arzneimittel wurde er zur T'ang Zeit (618-907) unter staatliches Monopol gestellt und mit einer Steuer belegt. Ab 1191 ist er in Japan bezeugt und genießt dort bis heute eine fast religiöse Verehrung. Sowohl die streng reglementierten Teezeremonien, welche von Teemeistern in speziellen Schulen gelehrt werden, als auch die tägliche Tasse Tee, sind wichtige Bestandteile der japanischen Kultur. Viele Jahrhunderte lang handelte China den Tee im Tauschgeschäft lediglich mit Japan und Tibet. Im Westen wird er zum ersten Mal 851 von einem arabischen Händler erwähnt, blieb aber bis zu Beginn des 17. Jahrhunderts bei uns weitestgehend unbekannt.

Obwohl der erste nachweisbare Teetransport nach Europa im Jahr 1606 auf die niederländische Vereinigte Ostindische Company zurückgeht, erlangte der Tee seine weltweite Verbreitung erst durch die Handelstätigkeit der Engländer. Die Geschichte der Teeverbreitung ist im wesentlichen die Geschichte englischer Händler, die die Pflanzen im 17. Jahrhunderts zur wichtigen Handelsware machten. England hatte sich 1588 durch den Sieg über die spanische Armada den Zugang zu den Weltmeeren erobert. 1599 wurde die British East India Company gegründet und erhielt 1600 von Königin Elizabeth I. das Privileg auf das Monopol im Ostindienhandel. Dieses

*Die „Boston Tea Party" am 16. Dezember 1773*
*Lithographie, 1846*

Monopol bildet den Grundstock für den intensiven Asien-Handel und die Liebe der Engländer zum Tee.

Dabei entwickelte die East India Companie recht rabiate Handelspraktiken. Um die starke Konkurrenz der Holländer zu brechen, wurde der Tee um 1660 mit Einfuhrzöllen und einer Konsumsteuer belegt (bis 1964) und kurz darauf Teeimporte aus Holland gänzlich verboten.

In China wurden im frühen 19. Jahrhundert die Teeimporte durch illegale Opiumexporte finanziert, die 1839 – 1842 zum ersten Opiumkrieg und 1856 – 1860 zum „Arrow"-Krieg führten.

## Bostoner Tea-Party

Das englische Monopol des Teehandels war so bedeutsam, daß manche Historiker die Gründung der Vereinigten Staaten von Amerika einer verfehlten Besteuerung des Tees zurechnen. Die Londoner East India Company hatte so hohe Sonderabgaben erhoben, daß der hohe Teepreis zur Auflehnung gegen die britische Bevormundung führte. 1773 warf auf Beschluß einer Bürgerversammlung eine aufgebrachte Schar von Siedlern – als Indianer verkleidet – im Hafen von Boston drei Ladungen Tee von Bord der englischen Teeklipper aus Protest ins Meer. Diese Aktion ist unter dem Namen Bostoner Tea Party bekannt und zugleich der Beginn des amerikanischen Unabhängigkeitskrieges.

In seiner „Geschichte der Vereinigten Staaten" notiert der Historiker Bancroft: „Binnen drei Stunden wurden 342 Kisten Tee ohne die mindeste Beschädigung anderen Eigentums in das Wasser geworfen. Alles dies geschah mit der größten Ordnung und vollkommenen Unterwürfigkeit gegen die Regierung. Die ringsum versammelte Menge war, während sie zusah, so still, daß das Geräusch beim Aufbrechen der Teekisten deutlich gehört wurde... Nachdem das Werk verrichtet war, wurde die Stadt so still und ruhig, als ob Feiertag wäre..."

*Ein britischer Zollbeamter ist geteert und gefedert worden, Ausschnitt aus einem Stich zur „Bostoner Tea Party"*

Infolge dieses Ereignisses verhängten die Engländer eine Handelssperre über den Hafen Boston. In darauffolgenden drei Jahren gab es beständig Scharmützel zwischen der englischen Besatzungsmacht und den Bürgern der amerikanischen Kolonie. Sie führten zur Unabhängigkeitserklärung in 1776 und zu einem regelrechten Krieg zwischen der britischen Krone und Amerika. Ab 1778 unterstützten Frankreich und Spanien die USA. Erst 1783 wurde im Versailler Frieden Amerikas Unabhängigkeit bestätigt und anschließend George Washington zum Präsidenten gewählt.

Nachdem die USA ihre Unabhängigkeit errungen hatten, wurden eigene internationale Handelsbeziehungen aufgenommen und von den amerikanischen Kaufleuten das Segelschiff „Empress of China" auf große Fahrt geschickt. Dieser 360 Tonner ging am 22. Februar 1784 mit 46 Mann Besatzung und einer Ladung Waren und Hartgeld im Werte von 120.000 $ von New York unter Segel. Sie erreichte Kanton am 25. August, überquerte auf ihrer Heimreise den südlichen Atlantik, segelte an den Küsten beider Amerika hinauf und erreichte New York am 11. Mai 1785 mit einer Fracht, „die beweist, daß Amerika es nicht nötig hat, fernerhin Steuern für Tee oder Seide an Niederländer oder Briten zu zahlen".

## Segmentierung und Markentee

Die große Epoche des Teehandels war das 19. Jahrhundert. Nachdem die Engländer 1831 das Teehandels-Monopol der East India Company aufgelöst hatten, begann sich eine starke Konkurrenz im gewinnträchtigen Geschäft mit dem neuen Volksgetränk zu entwickeln. Der Wettbewerb wirkte sich vor allem im Transportwesen mit der Entwicklung bedeutend schnellerer Klipper aus, die die Strecke von den chinesischen Häfen bis London in 95 Tagen zurücklegen konnten. Um mit der neuen Ernte als erster auf dem Markt zu sein und die besten Preise erzielen zu können, kam es zu regelrechten Teerennen. Berühmt wurde das Rennen von 1866, bei dem im chinesischen Hafen Fu-tscheu gleichzeitig elf Klipper ablegten und drei von ihnen zugleich den Londoner Hafen erreichten. Heute benötigt ein Containerschiff von Sri Lanka nach Rotterdam 18 Tage, einige hochwertige Spitzensorten werden per Luftfracht transportiert.

Neben dem Transport per Schiff gab es noch einen zweiten wichtigen Handelsweg für Tee: auf Rücken von Kamelen quer durch Rußland. Dieser sogenannte Karawanentee war von besonderer Qualität, da er nicht monatelang der Feuchtigkeit im Bauch eines Schiffes ausgesetzt war. Mit der Fertigstellung des Suezkanals 1869 und der Entwicklung der Dampfschiffe wurden die Karawanen unrentabel. Noch heute erinnert jedoch die Teemischung China Caravan an die alten Handelskarawanen, die den Tee aus China durch die Wüste Gobi, den Baikalsee über Tobolsk zum Hauptumschlagplatz ins russische Nischni-Nowgorod brachten.

Aber nicht nur die Handelstätigkeit mit China weitete sich im 19. Jahrhundert stark aus, sondern der Geschäftseifer der Briten führte auch zum Anbau neuer Teesorten in den britischen Kolonien. Der erste von britischen Handelsgesellschaften produzierte Tee aus dem indischen Assam wurde bereits 1838 in London versteigert. Auch der Versuch, 1856 die Teepflanze in dem kleinen indischen Erholungsort für britische Kolonialbeamte Darjeeling anzubauen, brachte eine einzigartige Qualität hervor, die bis heute berühmt ist. Die klimatischen Bedingungen für erfolgreichen Anbau (konstante Wärme und Feuchtigkeit) sind hier am Südhang des Himalaya in über 2000 m Höhe ideal. Die Engländer erlernten von den Chinesen die notwendigen Schritte zum erfolgreichen Anbau wie das Pflücken, Welken, Rollen, Aussieben, Fermentieren und Trocknen. Durch die Entwicklung moderner Technologien wurde bald eine höhere Produktion und Effektivität der Plantagen und somit eine Senkung des Verkaufspreises möglich. Da die Briten fast ausschließlich schwarzen Tee produzierten, der in Europa beliebter war als grüner Tee, verdrängte Tee aus ihren Kolonien Assam und Südindien auf dem europäischen Markt schnell den chinesischen grünen Tee. Damit war die Unabhängigkeit Englands vom chinesischen Teeanbau erreicht. Schnell entwickelten sich große Handelsdynastien, die noch heute durch Namen wie Lipton oder Twining präsent sind. Tommy Lipton (1850 bis 1931) zum Beispiel begann 1890 auf der britischen Kolonie-Insel Ceylon Plantagen anzulegen und wurde durch den Teeanbau und Handel so berühmt und vermögend, daß man ihn 1902 in den Adelsstand erhob. Lipton entwickelte eine spezielle Mischung, versah sie mit seinem Namen und verkaufte so einen „Markenartikel" von gleichbleibender Qualität. Um die Vormachtstellung im internationalen Handel halten zu können, startete die englische Regierung in den 20er Jahren eine Kampagne, in der sie die Bevölkerung aufrief, verstärkt Produkte des Empire zu kaufen. Eine jener Promotions erfolgte über ein Plakat, welches das Verladen von Teekisten in einem indischen Hafen zeigt. Deutlich ist die Aufschrift London und die Abkürzung EMB (Empire Marketing Board) zu erkennen.

## Die Londoner Tee-Auktion

Eine Institution der East India Company bestand noch bis 1998. 1679 wurde von der East India Company der Londoner Teemarkt gegründet. Anfangs fand der Markt noch formlos im Hafen am Ufer der Themse statt. Es folgten ab 1706 Auktionen, die allein dem Tee gewidmet waren und sich in vierteljährlichen Abständen etablierten. Von 1834 an wurden sie wöchentlich abgehalten; sie waren nicht mehr vom Einlaufen der großen Handelsschiffe abhängig.

Zu Beginn des 18. Jahrhunderts wurde der Tee „per Kerze" auf den Auktionen verkauft. Bevor die Ladung versteigert wurde, zündete der Auktionator eine Kerze

*Plakatpromotion des EMB (Empire Marketing Board) für Tee aus den indischen Kolonien*

an, die in Inch-Abständen markiert war. Sobald ein Inch (Zentimeter) abgebrannt war, fiel der Auktionshammer.

Der spezifisch hohe Teekonsum in Großbritannien geht auf die Frau Charles II., Königin Catherin, zurück, die Teetrinken 1660 am Hofe einführte. Das damals exklusive und teuere Getränk wurde in Adelskreisen so beliebt, daß es in kurzer Zeit Ale als „Ladys Drink" ablöste. Als Erfinderin des Afternoon-Teas gilt um 1800 die 7. Gräfin von Bedford, Anna. Diese Dame entwickelte schon vor dem Abendbrot einen so großen Appetit, daß sie zwischen 4:00 und 5:00 Uhr Tee und leichte Snacks servierte.

Durch die Demokratisierung des Konsums folgten Teegärten und Teeläden für die breitere Bevölkerungsschicht. Tee bleibt auch heute in England noch das am meisten konsumierte Getränk. Drei Viertel der Engländer trinken täglich durchschnittlich drei bis vier Tassen Tee.

Geändert hat sich jedoch das Tee-Business. In den letzten 16 Jahren war das Umschlagvolumen der Londoner Teeauktion auf ein Viertel abgesunken. Im April 1997 entschied sich dann die kenianische Behörde für Teevermarktung, sich aus London zurückzuziehen. Kenia ist der bedeutendste Teeproduzent Afrikas und Hauptlieferant für Tee nach Großbritannien.

Diese Entscheidung beruht auf der wachsenden Bedeutung der lokalen Teemärkte in Mombasa und dem indischen Kalkutta, aber auch auf der zunehmenden Bedeutung des elektronischen Handelsverkehrs. So wird heute Englands Tee größtenteils per E-mail und übers Internet verkauft, lange bevor er britischen Boden erreicht. Als Konsequenz hieraus wurde Ende Juni 1998 die traditionelle Londoner Tee-Auktion für immer geschlossen. Das Computer-Zeitalter war angebrochen.

# DER BOSPORUS UND DAS OSMANISCHE REICH

Konstantinopel war im 17. Jahrhundert die Hauptstadt der gesamten moslemischen Welt und Sitz der Verwaltung, des Handels und der Kultur. Mit etwa 700.000 Einwohnern verschiedener Rassen und Religionen übertraf sie alle anderen Städte Europas. Konstantinopel hatte zahlreiche Moscheen, Schulen, Bibliotheken, Krankenhäuser und öffentliche Bäder. In den Basaren und auf den Kais im Hafen stapelten sich Waren aus allen Erdteilen; die Parkanlagen und Gärten waren voller Blumen und Obstbäumen. Näherte man sich Konstantinopel vom Meer her, so erschien die Stadt wie ein riesiger blühender Lustgarten. Aus den blauen Gewässern des Bosporus und des Marmarameeres aufsteigend, war sie mit ihren Kuppeln und Minaretten zwischen dunkelgrünen Zypressen und blühenden Obstbäumen eine der schönsten Städte der Welt.

Auf der Anhöhe zwischen Goldenem Horn, Bosporus und Marmarameer steht noch heute das Topkapi-Serail, der ehemalige Sultanspalast. Hinter hohen Mauern lagen hier der Palast, Kasernen und Moscheen sowie Gärten mit sprudelnden Fontänen und langen Alleen, gesäumt von Zypressenbäumen, Rosen und Tulpenbeeten. Als eigenständige Stadt innerhalb Konstantinopels benötigte das Serail fortlaufend Zulieferungen von außen. Jahr für Jahr kamen hier aus allen Provinzen des Osmanischen Reiches zahllose Schiffe und Wagen an, beladen mit Reis, Zucker, Erbsen, Linsen, Pfeffer, Kaffee, Makronen, Datteln, Safran, Honig, Salz, Pflaumen, Essig und Wassermelonen. Fünftausend

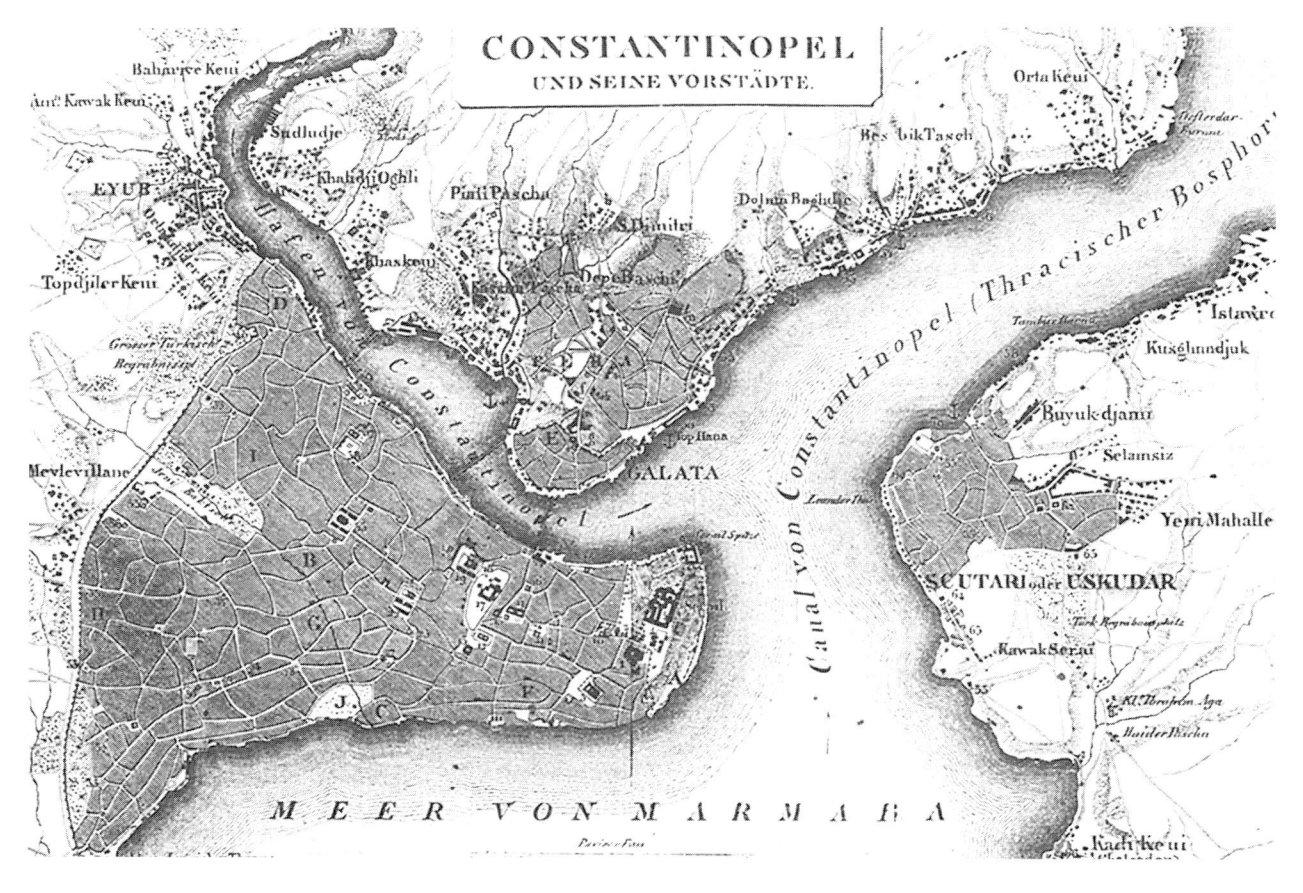

Bedienstete standen dem Sultan zur Verfügung. Verantwortlich für das Auftragen der Speisen war der Oberaufseher des Mundtuchs, dem der Oberste Tablettträger, der Fruchtservierer, der Servierer von saurem Gemüse, der Eismacher, der Oberste Kaffeekoch und der Wasserservierer beistanden. Außerdem gab es den Oberturbanfalter und seine Assistenten, den Kleidungsaufseher des Sultans, die Wäscherei- und Bäderaufseher. Maniküren, die dem Obersten Barbier unterstanden, mußten jeden Donnerstag die Fuß- und Fingernägel des Sultans beschneiden. Schließlich gab es noch Pfeifenanzünder, Türöffner, Musiker, Gärtner, Stallknechte und eine Gruppe von Zwergen und Stummen, die der Sultan als Boten einsetzte.

Das Serail war der äußere Rahmen einer noch strenger bewachten privaten Welt, der des Harems. Das arabische Wort „Harem" bedeutet „verboten", und so war der Zutritt zum Harem für alle mit Ausnahme des Sultans, seiner Gäste und der Eunuchen, die dort die eingeschlossenen Frauen bewachten, verboten.

Den Höhepunkt seiner Machtentfaltung erreichte das Osmanische Reich im 16. Jahrhundert unter Sultan Sulaiman dem Prächtigen (1520 – 1566). In Konstantinopel wurden prächtige Moscheen errichtet und am Bosporus und Marmarameer entstanden luxuriöse Paläste. Sulaiman war ein Mäzen der Künste und der Wissenschaften; er liebte die Musik, die Poesie und Philosophie.

Das Osmanische Reich reichte über drei Kontinente: Es umfaßte ganz Südosteuropa; erstreckte sich im Westen an der afrikanischen Küste entlang bis zur marokkanischen Grenze; es reichte bis zur Küste des Kaspischen Meeres, des Roten Meeres und des Persischen Golfes; das Schwarze Meer war damals ausschließlich osmanisch, so weit auseinanderliegende Städte wie Algier, Kairo, Bagdad, Jerusalem,

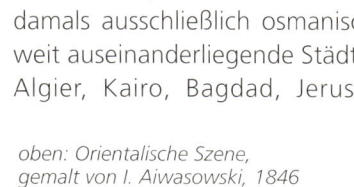

*oben: Orientalische Szene, gemalt von I. Aiwasowski, 1846*

*Straßenszene in Istanbul, 1854*

*Heute ist der Bazar in Istanbul eine der Hauptattraktionen für Touristen*

Athen und Belgrad wurden von Konstantinopel aus regiert. Sulaiman ließ seine Osmanischen Armeen über Griechenland bis Belgrad, Buda und Wien marschieren. Später sollten 23 moderne Nationen auf dem Gebiet des Osmanischen Weltreiches entstehen – ein mögliches weiteres Auseinanderbrechen von Jugoslawien in einzelne Staaten nicht mit eingerechnet.

## Der Gedeckte Bazar

Höhepunkt der Osmanischen Handelsarchitektur ist der Gedeckte Bazar (Kapali Carsi). Der gewaltige Komplex dehnt sich über eine Fläche von 30,7 Hektar und umfaßt zwei Tuchhallen (Bedestanen) und über 3.000 Läden und Lagerhallen. Seit über 500 Jahren wird der Bazar trotz zeitweiliger Zerstörung durch Brandkatastrophen kontinuierlich genutzt. Der Kernbau der alten Tuchhalle wurde bereits 1455 durch Mehmet II. gebaut. Während früher der Bedestan in erster Linie Aufbewahrungsort von Geldern und Geldgegenständen war, ist er heute den Antiquitätenhändlern vorbehalten und bekannt als „alter Bazar". Umrahmt wird der Bedestan von breiten, überwölbten Kaufstraßen, die auf ein immenses Warenaufkommen hinweisen. Ursprünglich waren jedem Handwerk und Gewerbe bestimmte Straßenzüge zugewiesen. In das Bazarviertel eingebunden sind auch kleine und große Gewerbehöfe. Bestehend aus einem offenen Innenhof, der von überdachten Gängen mit anschliessenden Kammern in ein, zwei oder drei Geschosse eingefaßt ist, variiert dieser Bautypus allein in seiner Größenordnung.

Mit dem Aussterben von traditionellen Berufen hat sich allerdings in den letzten Jahrzehnten die ursprüngliche „Mieterstruktur" gewandelt. Die von Touristen am häufigsten besuchten Gewerbe und Verkaufsstätten wurden neu gestaltet. Trotzdem hat sich dieses mächtige Umschlagszentrum seinen Grundcharakter bis heute bewahrt. Mit Eintritt in die gewölbten Hallen gelangt der Besucher in eine Zauberwelt des Handels, die bis heute ihren eigenen Gesetzen gehorcht.

rechts: Konstantin-Säule, Stich aus dem 19. Jahrhundert

Als gelungene Beispiele für City-Marketing können Ansichten Istanbuls gelten, die Iwan Aiwasowski malte. 1817 in der alten Krimstadt Feodossija geboren, ist Aiwasowski einer der größten russischen Marinemaler. Er war Mitglied der Kunstakademie von St. Petersburg, Amsterdam, Florenz, Rom und Stuttgart. Gemeinsam mit Repin schuf er 1887 ein Puschkin-Gemälde. Bis zu seinem Tod 1900 umfaßte sein Oeuvre etwa 6000 Arbeiten. In die St. Petersburger Kunstakademie wurde Aiwasowski 1833 aufgenommem; ab 1840 erfolgten zahlreiche Studienreisen ins Ausland, so nach Ägypten, England, Frankreich, Griechenland, Italien, Niederlande, Portugal, Spanien und die Türkei. Insbesondere die Reisen gen Süden prägten Aiwasowski. Ein romantischer Grundton südlichen Zaubers ist bei vielen seiner Werke spürbar, so auch bei seiner „Ansicht von Ansicht von Konstantinopel bei Mondenschein", 1846.

# ST. PETERSBURG – TOR ZUM WESTEN

Zu einer wesentlichen geopolitischen Verschiebung, bei der insbesondere auch der Handel im Ostseeraum betroffen wurde, kam es durch die Auseinandersetzungen zwischen Peter dem Großen und Karl XII. von Schweden.

Während der politischen Wirren nach dem Tod von Iwan dem Schrecklichen hatte Schweden einen breiten Streifen russischen Territoriums – bis 1616 sogar inklusive Nowgorods – besetzt. Schweden beherrschte Anfang des 18. Jahrhunderts den gesamten Küstenstreifen der Ostsee im Nordosten angefangen von Finnland über das russische Gebiet am Ladogasee bis nach Riga, Schwedisch-Pommern, Stettin, Stralsund, Wismar und sogar Bremen und Verden an der Aller.

Der Reichtum Schwedens begründete sich auf politischer Macht und auf seinen Eisen- und Kupferressourcen. Das 18. Jahrhundert war die Epoche, in der Schweden zur Großmacht wurde.

Mindestens genauso wichtig wie der Territorialbesitz war für Schweden in jener Zeit der Handel. Im 17. und 18. Jahrhundert war Stockholm ein bedeutender Handelshafen, der von holländischen und englischen Schiffen wimmelte, die Eisen und Kupfer luden. Nachdem die Docks und Werften, die Marktplätze und Banken, immer zahlreicher geworden waren, hatte sich die ursprüngliche Stadt auf die umliegenden Inseln ausgedehnt. Mit zunehmendem Reichtum hatte man begonnen, die Kirchtürme und die Dächer öffentlicher Gebäude mit Kupfer zu decken, und wenn die Strahlen der untergehenden Sonne auf diese Dächer fielen, erglühten sie in hellem Orange. Schiffe, die ihre Ladung aus Schweden nach Westeuropa gebracht hatten, kehrten

*Peter der Große beschäftigte sich sein Leben lang mit Schiffbau. Er ließ sich sogar in Holland auf der VOC-Werft zum Schiffszimmermann ausbilden. Albert Lortzing setzte 1737 diese Episode als Oper „Zar und Zimmermann" um und erzielte damit seinen künstlerischen Durchbruch.*

von Amsterdam und London zurück und brachten englische Möbel aus Nußbaum, vergoldete französische Stühle, Delfter Porzellan, italienisches und deutsches Glas, goldene Tapeten, Teppiche, Leinen und verziertes Tafelsilber mit.

Rußland wurde am Anfang der Regierungszeit Peter des Großen also der Zugang im Ostseeraum durch die Groß- und Handelsmacht Schweden und zum Schwarzen Meer im Süden vom Osmanischen Reich versperrt. Der Seehandel lief zwangsläufig einzig über Archangelsk – solange der Hafen eisfrei war!

Um Unabhängigkeit im Fernhandel zu erreichen, richtete sich der erste Vorstoß von Peter dem Großen auf das Schwarze Meer und den Bosporus. Nachdem er 1699 jedoch mit den Türken einen Waffenstillstand schließen mußte, griff er die schwedischen Besitzungen in Riga an und löste damit den Großen Nordischen Krieg (1700 - 1721) aus.

Neben der militärisch entscheidenden Schlacht von Poltawa 1709, bei der Peter der Große den Vormarsch der Truppen Karls XII. stoppte und hierdurch den Aufstieg Rußlands zur Großmacht einleitete, ist die Gründung von St. Petersburg 1703 insbesondere auch unter dem Aspekt der Entwicklung einer eigenen Handelsflotte von größter Bedeutung.

Von Anfang an hatte Peter den Wunsch gehabt, seinen Stützpunkt zu einem Handelshafen auszubauen. Im November 1703 traf das erste Schiff aus dem Westen, ein holländisches Kaufmannsschiff, vor der Newamündung ein. Peter, dem man die Ankunft des Schiffes gemeldet hatte, segelte ihm selbst entgegen und lotste es flußaufwärts. Der Kapitän war höchst überrascht als er erfuhr, wer sein Lotse war. Der Zar freute sich seinerseits, daß die Schiffsladung, Wein und Salz, seinem alten Freund Cornelius Calf aus Zaandam gehörte.

Zum Andenken an diesen Besuch in Peters Hafen wurde das holländische Schiff in St. Petersburg umbenannt, es erhielt 500 Dukaten und das Privileg zugesprochen, zukünftig alle Warenladungen ohne Zoll und sonstige Abgaben nach Rußland einführen zu dürfen. Ähnliche Vergünstigungen wurden auch den beiden Schiffen in Aussicht gestellt, die als nächste in den neuen Hafen einlaufen würden. Es dauerte deshalb nicht lange, bis ein weiterer Holländer und danach ein Engländer in St. Petersburg vor Anker gingen und ihre Belohnungen entgegennahmen. Peter bemühte

*David. von Krafft: Karl XII. von Schweden, Peters Widersacher*

*Nach dem Tod von Karl XII. ging die Dominanz Schwedens im Ostseeraum zurück. Dennoch gab es weiterhin eine erfolgreiche schwedische Handelsflotte, wie z. B. die von Niclas Sahlgren in Göteborg gegründete Ostindiska Kompaniet.*

*Stadtgründung, Gemälde von Valentin Alexandrowitsch Serow, 1907*

sich sehr, seinen neuen Hafen für ausländische Kaufmannsschiffe interessant zu machen. Er reduzierte die Zollgebühren auf weniger als die Hälfte dessen, was Schweden in ihren Ostseehäfen forderten und versprach, russische Produkte zu äußerst niedrigen Preisen nach England zu liefern, vorausgesetzt, daß die Engländer sie in St. Petersburg statt in Archangelsk luden. 1724 wurden schon 240 westliche Kaufmannsschiffe gezählt – St. Petersburg hatte sich damit zu einem wichtigen Hafen entwickelt. Da anfangs nur wenige Menschen freiwillig in St. Petersburg leben wollten, mußte Peter mit Gewalt die Stadt bevölkern. Vielen kostete die Übersiedlung nach St. Petersburg zwei Drittel ihres Vermögens. Sie mußten mit hohen Kosten in jenem fernen Sumpfgebiet an der Ostsee neue Häuser bauen und Unsummen für Lebensmittel ausgeben, die über hunderte von Kilometern herantransportiert werden mußten. Doch neben den „geladenen" adligen und hohen Beamten kamen auch Kaufleute und Händler, die sich mit dem Gedanken trösteten, daß sie für ihre Waren zuerst einmal unverschämte Preise fordern konnten!

Der Bau der Stadt wurde zu Peters Leidenschaft. Kein Hindernis war so groß, daß es ihn davon abhielt, seine Pläne fortzuführen. Für St. Petersburg verschwendete er seine Energie, Millionen Rubel und Tausende von Menschenleben.

Zur Stadtgründung von St. Petersburg malte Valentin Alexandrowitsch Serow im Auftrag des Verlegers I. N. Knebel 1907 ein Werk, das mit 50 anderen Bildern bekannter Maler wie A. Benois, B. Kustodijew, J. Lanceray und S. Iwanow als Lehrmaterial unter dem Titel „Bilder russischer Geschichte" für den Geschichtsunterricht diente.

V. A. Serow wurde 1865 in St. Petersburg geboren, war Schüler Köppings, Repins und Tschistjakows. Er unternahm viele Reisen durch Rußland und Westeuropa. 1897 bis 1904 unterrichtete er in Moskau an der Kunstschule, wo er 1911 auch starb.

Die Stadtgründung Peters wurde von späteren russischen Herrschern weiter ausgebaut. Die Architektur wurde teilweise mehr europäisch als russisch; in ihrem Geist und in ihrer Kultur bietet sie auch heute noch eine Mischung aus russischen und westlichen Elementen. Mit ihren zahlreichen Brücken zwischen den 19 Inseln, mit ihren vergoldeten Kirchturmspitzen und Kuppeln, mit ihren granitenen Säulen und Marmorobelisken wird sie vielfach das „Venedig des Nordens" genannt.

St. Petersburg entwickelte sich zu einem Zentrum der russischen Literatur, Musik und Kunst. Die Stadt wurde zur Heimat Borodins, Diaghilews, Dostojewskis, Gogols, Mussorgskis, Nijinskis, Pawlowas, Petipas, Puschkins, Repins und Rimsky-Korsakows, der mit seiner zweiten Oper dem Nowgoroder Kaufmann Sadko ein musikalisches Denkmal setzte.

Und so schwärmte auch Voltaire (1694-1778) in seinem kultur-historischen „Versuch über die Sitten" staunend von der Vision Peters des Großen und deren Umsetzung sowie dem hohen Stand der Kunst, der Literatur und Wissenschaft in St. Petersburg. Fortgesetzt wurde die Kulturförderung insbesondere durch Katharina II., in deren Regierungszeit die Erwerbungen für die Kunstsammlungen der Ermitage höher waren als die des Louvre über mehrere Jahrhunderte.

# HANDELSALLEGORIEN

Es ist durchaus möglich, die Zeitspanne zwischen dem frühen Mittelalter und dem Anfang des 19. Jahrhunderts aus Sicht des Handels als eine geschlossene Geschichtsepoche zu definieren, in der die Tätigkeiten des Handels im öffentlichen Leben eine besondere Rolle spielte. Das Rollenverständnis jener Zeit wird teilweise in Handelsallegorien dokumentiert.

Sprachlich stammt der Begriff vom griechischen "allegorein" und bedeutet: "anders sagen". Allegorien finden sich sowohl bei bildlichen als auch poetischen Darstellungen. Zielsetzung ist es, beispielsweise nicht nur einen Gegenstand bildlich darzustellen, sondern über das Gezeigte Assoziationen zu wecken und dahinterliegende Bedeutungen zu übermitteln. Im Unterschied zum sich alternativ anbietenden Symbol enthält die Allegorie eine künstliche Beziehung zwischen dem tatsächlich Gesagten und Gezeigten und dem damit Gemeinten; so ist z. B. die Personifikation der Verleumdung durch Apelles ein Bild, dessen Sinn erst langsam und mit bewußtem Nachdenken ergriffen werden kann. Kurzgefaßt sind

- allegorische Dichtungsart die in lehrhafter Absicht gegebene Charakterisierung eines (nicht ausdrücklich genannten) abstrakten Begriffs durch das verbal behandelte Bild einer Person oder Sache

- und allegorische Deutung jede Betrachtung, die das Gegebene nicht als solches, sondern als Verhüllung eines abstrakten Sinns auffaßt.

Bekannte Beispiele sind der Kupferstich der Melancholie von Albrecht Dürer oder zahllose Darstellungen der Gerechtigkeit als einer Frau mit einer Waage in der Hand. Dabei wird der darzustellende Begriff personifiziert und mit Attributen oder Symbolen ausgestattet.

1759 erhielt Stefano Torelli (1712 - 1784) vom Rat der Freien und Hansestadt Lübeck den Auftrag zur Neugestaltung des Audienzsaals im Lübecker Rathaus. Torelli ersetzte die Rennaisance-Ausmalung des Saales durch einen Zyklus von 10 Tugend-Allegorien. Die großen Wandbilder repräsentieren unter anderem die Kardinaltugenden Gerechtigkeit, Barmherzigkeit, Klugheit und Mäßigung. Es tauchen aber auch Staatstugenden auf wie Freiheit, Pflege der Künste und Handel. Es ist bezeichnend für den Stadtrat der Hansestadt Lübeck, neben den anderen Tugenden für das Wohlergehen und die Fortentwicklung der gesamten Stadt auch den Handel in diesen Zyklus miteinzubinden.

Eingefaßt von einem verhältnismäßig schlichten Rokoko-Rahmen entfaltet sich eine Hafenszene mit fünf Figuren. Im Vordergrund bewegen drei Arbeiter ein zusammengeschnürtes Paket. Links daneben scheinen zwei orientalisch gekleideten Kaufleute Anweisungen zu geben und die Arbeiten zu überwachen. Im Hintergrund am Bildrand erhebt sich eine Stadtmauer mit Wachturm und im Zentrum des Bildes gleitet das Auge des Betrachters an zwei Schiffen vorbei weit auf das Meer hinaus. Die wenigen Fragmente von Architektur und Landschaft, die zu erkennen sind, setzt Torelli jedoch nur als dekorative Kulisse ein. Es geht ihm also nicht um die Darstellung eines bestimmten Ortes oder einer speziellen Begebenheit.

Die Darstellung beinhaltet also weit mehr als das Umladen von Waren in einem Hafen. Sie ist ein allgemeines Sinnbild des Handels. Auf diese Funktion verweisen drei Gegenstände am vorderen Bildrand, die symbolisch zu deuten sind. Auf einer geflochtenen Kiste liegt der Flügelstab des Merkur. Merkur oder griechisch "Hermes" war nicht nur der Bote der Götter, sondern wurde auch als Schutzgott der Reisenden und Kaufleute verehrt. Es wird also der Wunsch nach sicherem Gelingen der Handelsunternehmungen und vor allem der gefährlichen Seefahrt ausgedrückt. Den gleichen Wunsch nach sicherer Überfahrt und Rückkehr in den Heimathafen symbolisiert auch der Anker. Die symbolische Deutung der zwei Schleifsteine, die an der Kiste lehnen, ist heute sehr schwierig. Gele-

*Stefano Torelli, Rathaus Lübeck*

sowie die Darstellung von Wetterphänomenen durch Wolken und Wind.

Mit diesem Auftrag an Torelli reiht sich der Lübecker Rat in die lange Tradition vergleichbarer Rathausprogramme ein, die das "gute Regiment" zum Inhalt haben. Der Zyklus sollte das Vertrauen in den Rat stärken und seine gerechten Absichten demonstrieren. Ein herausragendes Vorbild stellen z. B. die Deckenbilder von Veronese im Dogenpalast in Venedig dar. Auch in stilistischer Hinsicht zeigt sich der Einfluß der venezianischen Malerei wie etwa von Giovanni Batista Tiepolo, der kurz zuvor 1750 in ähnlicher Formsprache das berühmte Deckenfresko in der Würzburger Residenz gemalt hatte.

Auch wenn heute Stefano Torelli nahezu unbekannt ist, wird bei der Betrachtung der wenigen geografischen Angaben deutlich, daß er zu Lebzeiten größtes Ansehen in Deutschland genoß. Er war von Bologna, wo er 1712 geboren wurde, zur Ausbildung nach Neapel und Rom gegangen. Bereits 1740 machte ihn August der Starke zum Hofmaler am Dresdner Hof in Sachsen. Mit seinen Altarbildern und Bildnissen von Mitgliedern der Dresdner Hofgesellschaft wurde er

gentlich wurden sie als Symbol für Wissensdurst verwendet. So wie der Stein das Messer schärft, soll auch der Geist geschärft werden. Während den Betrachtern des 18. Jahrhunderts diese Sinnbilder sehr vertraut waren und sie ihre Bedeutungen leicht entschlüsseln konnten, ist dieses Wissen leider heute in großen Teilen verlorengegangen und es fällt oft sehr schwer, den Sinn solcher Szenen vollständig zu erfassen.

Torellis Bild ist auch ein Beispiel der Sinnlichkeit des Rokoko. Es ist gekennzeichnet durch theatralische Gesten, verschlungene Stoffe, die Abstufung des Bildraumes durch den Wechsel von Hell- und Dunkelzonen

schnell berühmt, so daß er auch für andere sächsische Schlösser Wand- und Deckenbilder ausführen konnte. Die Arbeit im Lübecker Rathaus beschäftigte ihn von Mai 1759 bis September 1761, bevor er ein Jahr später nach St. Petersburg ging, um dort als Professor an der Kunstakademie zu arbeiten. Bis zu seinem Tod 1784 konnte er dort 22 Jahre lang u. a. als bevorzugter Bildnismaler von Katharina II. an einem der glanzvollsten Höfe seiner Zeit leben und arbeiten.

Eine weitere sehr umfassende Allegorie des Handels stammt von dem in Zürich geborenen Jost

Amann (1539 bis 1591), der 1560 nach Nürnberg kam, wo er 1577 die Bürgerrechte erhielt.

Der große Holzschnitt "Allegorie des Handels" auf 6 Holztafeln wurde 1585 von Amann geschnitzt; heute hängt er im Cabinet des Estampes der Bibliothéque Royale in Brüssel. Es ist eine Gemeinschaftsarbeit von Amann und den Nürnbergern

- Johann Neudörfer d. Ä., unter anderem auch Autor zahlreicher Werke über Buchhaltung und Künstlerbiograph seiner Geburtsstadt, von ihm stammen der Entwurf und ein Teil der Texte

- und Caspar Brinner (oder Brunner), einem Rechenlehrer aus Nürnberg, der ebenfalls Verse über Buchhaltung und das Rechnungswesen beisteuerte

Die technische Umsetzung erfolgte dann durch Amann, der Maler, Glasbläser und Graveur auf Kupfer und Holz war.

Über dem Werk steht ein fünfzeiliger Titel. Eingerahmt von den Wappen der Handelsstätte Europas und von Journalseiten hält Merkur das Hauptmesser der Waage, auf deren Schalen Debitoren- und Kreditorenkonto im Gleichgewicht ruhen. Unter der Waage befindet sich ein Springbrunnen, dessen Schale mit Rechnungsüberschriften des großen Buches geschmückt ist. Über dem Springbrunnen Fortuna mit zwei Flügeln und einer Schildkröte als Sinnbild des Reichtums, der dem Gemäßigten zuteil wird.

*Die Allegorie des Handels, Holzschnitt von Jost Amman, 1585*

Um den Brunnen herum spielt sich das pittoreske Panorama der Antwerpener Reede ab, von der Vlaams Hoofte aus gesehen. Der untere Teil stellt umrahmt von Allegorien Pflicht und Freiheit, die Tätigkeiten und Unternehmungen der Kaufleute dar. Man sieht Buchhalter, Kassierer und Angestellte, die die Waren vor dem Versand verpacken, wiegen und deklarieren.

Dieser Holzschnitt verdeutlicht, welche Wertschätzung und welches Ansehen der Handelsstand schon zu Beginn der Neuzeit hatte.

# KAUFLEUTE ODER ABENTEURER ?

Der Kaufmannsberuf hatte eigentlich zu jeder Zeit etwas von einem Abenteuer an sich, das Zeitalter der Entdeckungen aber war für die Abenteurernaturen unter den Kaufleuten eine besonders ideale Zeit. Sicher waren nicht alle Entdecker Kaufleute, das hieße, sich mit fremden Federn schmücken, ebensowenig wie alle Kaufleute Entdecker oder Abenteurer waren.
Hernán Cortés, den Eroberer von Mexiko, wird man kaum als Kaufmann bezeichnen können, ebensowenig wie etwa den Gouverneur von Panama, Pedraria Davila. Nikolaus Federmann hingegen, der das heutige Venezuela erforschte, war ein Kaufmannssohn aus Ulm und war im Auftrag der Welser tätig. Als guter Kämpfer und ebenso guter Kaufmann hatte er noch musische Begabungen und schrieb in allen Details seine Erlebnisse beim Erforschen des weiten Landes von Venezuela nieder. Man könnte Abenteuerromane mit dem füllen, was Federmann und andere deutsche Konquistadoren wie etwa Hohermuth, Ehinger und von Hutten durchmachten, nur um zu den Goldschätzen und zu den anderen Reichtümern der Indios zu gelangen. Doch die Unternehmungen der Welser, der Fugger und anderer Geldgeber im heutigen Südamerika waren letztlich nicht erfolgreich. Da genügte eben nicht eine geschickte Buchführung und die Gabe, zu wissen, wo und wie sich Geld und Besitztum vermehren lassen.
Der Norden des amerikanischen Kontinents beschäftigte zunächst die Engländer. Es ging nicht so sehr um das unbekannte Land, als um die Frage, ob

*Montezuma empfängt Cortez*
*Anonyme spanische Malerei, 16. Jh.*

es nicht doch eine Nord-West-Passage zum Pazifik und weiter nach China geben könnte. Kaufleute rüsteten Expeditionen aus, hielten sich selbst aber vielfach von diesen doch sehr risikoreichen Abenteuerfahrten fern. Diese Vorsicht war nicht ohne Grund und wurde durch den tragischen Tod Sir Henry Hudsons bestätigt. Spitzbergen, die nach ihm später so benannte Hudson-Straße und die große Hudson-Bucht hatte er entdeckt. Sein Name ging in die Atlanten der Welt ein. Er selbst wurde zusammen mit einigen wenigen seiner Getreuen von meuternden Matrosen in der nordischen Eiswüste ausgesetzt und fand so einen tragischen Tod.

Der ertragreiche Pelzhandel im Norden des amerikanischen Kontinents führte schließlich geradezu zu einem Wettstreit zwischen Franzosen, Engländern und Holländern und zu einer Serie von Erkundungsfahrten. Alle diese Menschen, und viele unter ihnen waren wieder Kaufleute, nahmen große Gefahren, Opfer und Entbehrungen auf sich. Die Briten hatten es zunächst gar nicht leicht, den unternehmungslustigen und entdeckungsfreudigen Franzosen, die schon viel früher im Lande waren und große Teile des zentralen Nordamerika in Besitz genommen hatten, entsprechend entgegenzutreten. Viele französische Entdecker, Offiziere, Seeleute, Soldaten, Missionare und Kaufleute ließen ihr Leben zur Entdeckung der großen Weiten des amerikanischen und vor allem des nordamerikanischen Kontinents; im Jahre 1763 aber gingen all diese Länder in den britischen Besitz über.

Die englischen Kaufleute gründeten auch die Moskowitische Handelsgesellschaft, die bis ins 18. Jahrhundert in Osteuropa eine bedeutende Rolle spielte. Die Nordroute wurde von ihr über das Weiße Meer nach Moskau, dann weiter über die Wolga hinunter zur Kaspischen See und weiter zur alten Seidenstraße wiederentdeckt. Die Engländer lieferten Wollstoffe, Kaninchenfelle, Zinn, Quecksilber und Bernstein, um mit den erzielten Preisen Gewürze, Indigo, Seide, Baumwolle und Leinen in Asien einzukaufen.

*Peruanisches Tongefäß in Form eines Kriegers ca. 1. Jh. v. Chr. bis 6. Jh. n. Chr.*

Aber auch in den großen Weiten Rußlands traten Kaufleute als Entdecker und Pioniere auf: am bekanntesten sind die Stroganows. Ihre Ahnen reichen zurück ins 15. Jahrhundert. Im 16. Jahrhundert ließen sich die russischen Fürsten ebenso von den Kaufleuten über das Aussehen der Welt belehren, wie das im Westen zur selben Zeit geschah. Iwan der Schreckliche hatte ähnlich wie Karl V. einen großen Freund und Berater aus dem Kaufmannsstand, nämlich Anika Stroganow. Die Stroganows waren die Entdecker und Wegbereiter für die Öffnung zu den sibirischen Weiten. Das von ihnen geschaffene Kolonialreich war voll von Schätzen, wie etwa Eisen, Schwefel, Zinn, Blei und vor allem dem für die Erzeugung von Schießpulver so notwendigen Salpeter.

*Präkolumbianischer Schmuckanhänger aus Gold*

## Azteken – hohe Kultur

Hernán Cortés, geboren 1485 in Medellin unternahm von Cuba aus seinen Eroberungszug gegen Mexiko. Er war kein Kaufmann mit Handelsabsichten, sondern ausbeutender Eroberer. Von 1519-21 zerstörte er innerhalb von drei Jahren das Aztekenreich mit der Hauptstadt Tenochtitlan, der heutigen Mexiko-Stadt.

Rivera war stolz darauf, durch die indianische Abstammung der Großmutter als echter Mestize zu gelten und durch den Großvater, der an der Seite des mexikanischen Präsidenten Benito Juárez gegen die imperialistische Intervention Frankreichs gekämpft hatte, ein revolutionäres Erbe zu haben.

1910 erlebt Rivera bei seiner Rückkehr in Mexiko den Ausbruch der Revolution gegen den Diktator Diáz. Die

*Die Ankunft von Cortés mit seinem Gefolge. In der Nähe der Hauptstadt Tenochtitlán wird er von Montezuma II. empfangen. Darstellung einer mexikanischen Handschrift*

rechts: *Die indianischen Ureinwohner liefern den Spaniern ihre Waren aus (Bau des Cortés-Palastes)*

Keiner ist in der künstlerischen Darstellung dieser Schandtaten prädestinierter als der mexikanische Künstler Diego Rivera. Geboren 1886 in Guanajuato zieht seine Familie 1892 nach Mexiko-Stadt. Mit 12 Jahren schreibt er sich offiziell in der Academia de San Carlos ein, mit 20 zeigt er erstmals 26 Arbeiten auf der Jahresausstellung der Akademie. 1907 ermöglicht ihm ein Stipendium die Reise nach Spanien, Frankreich, Belgien und England.

später in einigen Biographien zu lesende Geschichte, daß er während seines Aufenthaltes in Mexiko zu Beginn der Revolution an der Seite der Bauern-Guerillo von Emiliano Zapata gekämpft habe, ist nach dem heutigen Stand der Forschung nicht belegbar. Vielmehr hat er den Erlös aus seinen 1911 verkauften Werken dazu benutzt, zehn weitere Jahre in Europa zu verbringen.

Nach seiner erneuten Rückkehr nach Mexiko wird er 1922 Mitbegründer der Gewerkschaft der revolu-

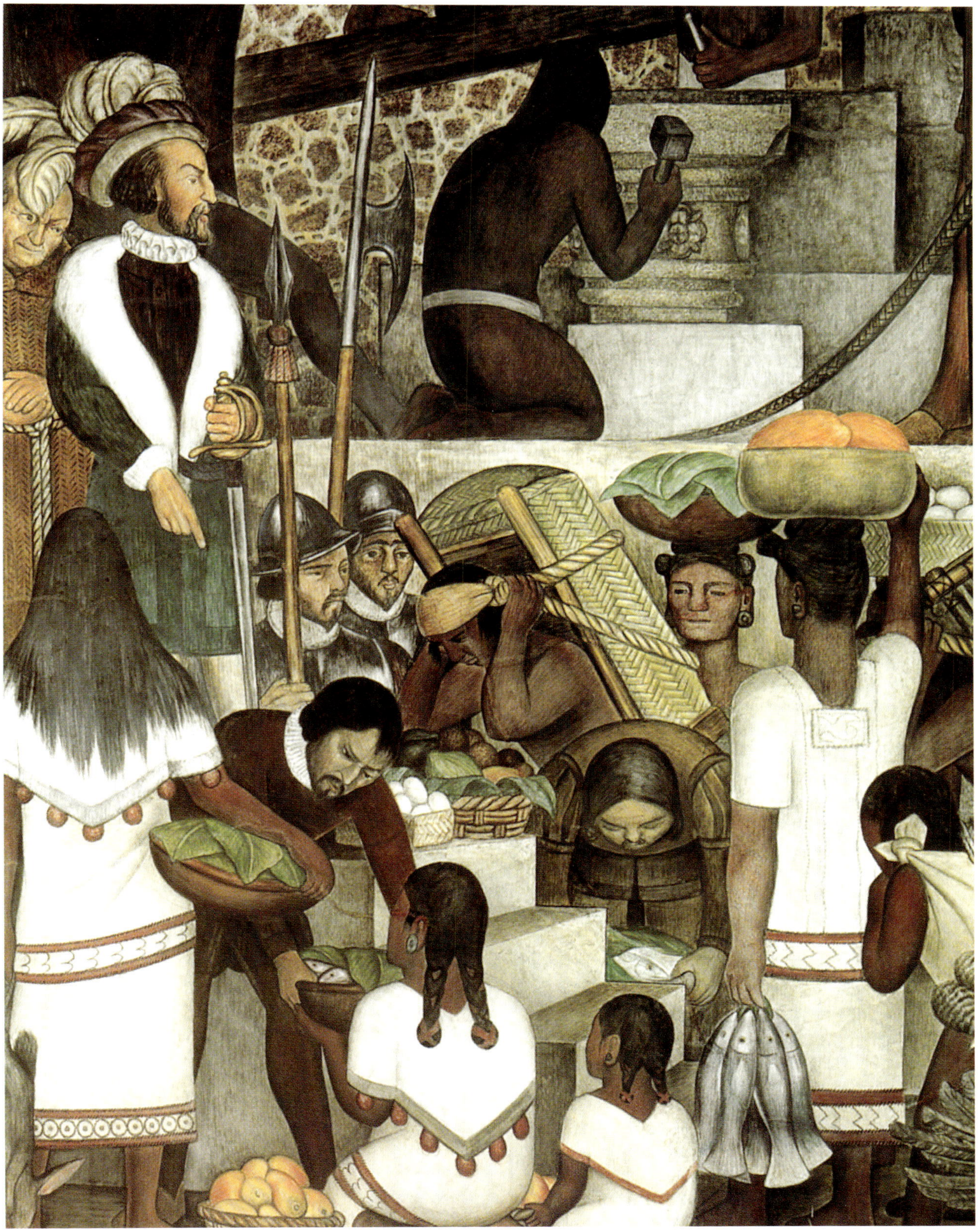

*Das Fresko „Die große Stadt Tenochtitlán" zeigt einen Markt, auf dem Waren aus den entlegensten Orten des aztekischen Imperiums feilgeboten werden. Hier illustrierte Rivera das außerordentliche Handelstalent der Azteken.*

123

tionären Maler und tritt der Kommunistischen Partei Mexikos bei und wird Mitglied des Exekutivkomitees. Rivera wird zur 10-Jahresfeier der Oktoberrevolution in die Sowjetunion eingeladen. 1929 heiratet er in zweiter Ehe die Künstlerin Frida Kahlo. Er hatte sie 1928 über den Kreis um den kubanischen Kommunisten Julio Antonio Mella kennengelernt. Rivera stellt sich später im Zyklus „Proletarische Revolution" in dem Wandbild „Das Waffenarsenal" als zentrale Figur im roten Hemd mit Kommunistenstern dar, Gewehre und Bajonette an die zum Kampf entschlossenen Arbeiter verteilend.

Auf Intervention Riveras erhält Leo Trotzki Asyl in Mexiko. Trotzki wohnt mit seiner Frau bei Rivera und Frida Kahlo. Rivera wird 1936 Mitglied der Internationalen Trotzkistisch-Kommunistischen Liga. Als es 1939 zu einer Auseinandersetzung mit Trotzki

*Das Wandbild „Die Kultur der Totonaken" zeigt den Handel zwischen totonakischen Edelleuten und aztekischen Kaufleuten vor dem großartigen Panorama der totonakischen Stadt „El Tajin" im heutigen Staat Veracruz.*

kommt, läßt sich Frida Kahlo scheiden – allerdings wird 1940 die Ehe zum zweiten Mal geschlossen.

Seine kommunistische Einstellung bringt Rivera teilweise künstlerische Probleme. 1933 führt ein in das Fresko integriertes Bildnis W. I. Lenins in ein Wandbild im Rockefeller Center in New York zur Unterbrechung der Arbeiten und später zur völligen Zerstörung des unvollendeten Werkes. 1936 malt er im Hotel Reforma vier Fresko-Wandtafeln, in denen er politische Persönlichkeiten von Mexiko angreift. Die Fresken werden daraufhin aus dem Lokal entfernt. 1952 malt er für die Ausstellung „Zwanzig Jahrhunderte mexikanische Kunst" eine transportable Wandtafel, die mit der Ausstellung nach Europa reisen soll. Die Darstellung von Josef Stalin und Mao-Tse-tung verursacht den Ausschluß der Arbeit von der Veranstaltung. Das Werk wird von Rivera daraufhin der Volksrepublik China gestiftet.

Rivera war eine Zielscheibe für Liebe und Haß, Bewunderung und Ablehnung. Der Maler, Zeichner, Grafiker, Bildhauer, Buchillustrator, Architekt, Kostüm- und Bühnenbildner Diego Rivera stand aber auch in Verbindung zu Ford und Rockefeller, zu Pablo Picasso, André Breton, Edward Weston und Tina Modotti.

Seine künstlerische Einmaligkeit entsteht durch seine Wandmalereien. Bei einem Italienaufenthalt 1920 entdeckt Rivera über die Wandgemälde der italienischen Maler des Trecento und des Quattrocento die Möglichkeiten einer monumentalen Malerei, die ihm später als Anregung für eine neue, revolutionäre Kunst dient.

Wandmalerei als Darstellungsform eines postrevolutionären Ideals ist auch Programm des ab 1921 amtierenden mexikanischen Bildungsministers. Er will die soziale und rassische Gleichstellung der indianischen Bevölkerung unterstützen und die Wiedergewinnung einer eigenständigen mexikanischen Nationalkultur durchsetzen. Basis ist die Ablehnung der kolonialen Epoche und der europäischen Kultur des 19. Jahrhunderts.

Eine ausgesuchte Künstlergruppe unternimmt 1921 eine Studienreise nach Yucatán, um dort die archäologischen Stätten Chichén Itzú und Uxmal zu besuchen, um sich mit den Kunstschätzen Mexikos und dem nationalen Erbe vertraut zu machen.

Im März 1922 erhält Rivera den Auftrag, die Innenhöfe des Bildungsministeriums mit Wandgemälden auszuschmücken. Bis 1928 entstehen 117 Wandfelder mit einer Gesamtfläche von beinahe 1.600 qm in den Arkadengängen. Über die Wandmalerei wird künstlerisch innovativ in Mexiko auch ein zumeist analphabetisches Publikum angesprochen, das daran gewöhnt ist, Nachrichten durch Verse und Lieder mitgeteilt zu bekommen.

1929 wird ihm ein weiteres umfangreiches Projekt im Nationalpalast angetragen, bei dem er über mehrere Jahre seine großangelegte Geschichte der mexikanischen Nation erarbeitet. Er zeigt in seinem Werk „das Epos des mexikanischen Volkes", ein allegorisches Bild der mexikanischen Geschichte, die Grausamkeit der spanischen Eroberung und Christianisierung, die Diktatur der einheimischen Oligarchie und die emphatische Revolution.

Zwischen 1942 und 1951 fügt Rivera im Obergeschoß des Gebäudes eine weitere Freskenreihe mit dem Titel „Präkoloniales und koloniales Mexiko" hinzu. Auch der Standort dieses monumentalen Werkes hat einen historischen Bezug. Es ist der Sitz der vollziehenden Gewalt des mexikanischen Staates und liegt am Hauptplatz von Mexiko-Stadt, dem Zócalo. Hier hatte der Palast des letzten Aztekenherrschers Montezuma gestanden; die heutige Kathedrale an der Nordseite wurde auf den Grundmauern des Haupttempels der Azteken erbaut. Der Palast wurde von Cortés als Hauptquartier genutzt, war später Residenz der spanischen Vizekönige und anschließend Regierungssitz sämtlicher Staatsoberhäupter Mexikos.

Letztendlich schaffte es Rivera mit diesem Werk als Kontrapunkt zur Zerstörung Cortés die mexikanische Geschichte zu einem der großen Mythen des 20. Jahrhunderts werden zu lassen. Er setzte jedoch nicht nur mit seinem eigenen künstlerischen Werk einen Maßstab, sondern auch als Kunstsammler. Er war einer der ersten privaten Sammler von präkolonialer mexikanischer Kunst. Ab 1942 intensiviert er seine Leidenschaft, für die er einen großen Teil seiner Einnahmen ausgibt. Seine Sammlung wächst auf 60.000 Ausstellungsstücke an. In Anlehnung an die aztekischen Pyramiden Tenochtitlans baut er ein monumentales Gebäude „Anahuacalli", das seine Sammlung aufnimmt und das er 1955 dem mexikanischen Volk vermacht. 1957 stirbt Rivera an den Folgen eines Krebsleidens.

# SKLAVEN UND RESSOURCEN

Sklaven gab es, soweit unsere Geschichtskenntnisse reichen, schon im alten Babylonien, in Ägypten, bei den Griechen und Römern und zur Zeit der islamischen Herrschaft über den Mittelmeerraum. Meist stammten die Sklaven aus Beutezügen oder waren Kriegsgefangene.

Mit der Sklaverei passierten die eigenartigsten Dinge. So konnte es vorkommen, daß ein griechischer Kaufmann bei der Verfolgung entlaufener Sklaven selbst von Feinden gefangengenommen und seinerseits wiederum als Sklave verkauft wurde. Wenn man in einer solchen Situation keinen reichen Onkel oder Bruder hatte, der einen wieder loskaufen konnte, gab es kein Entrinnen mehr. Der griechische Geschichtsschreiber und Geograph Strabo berichtet, daß auf Delos, dieser heiligen und von den Göttern beschützten Insel, täglich 10.000 Sklaven verkauft wurden.

Eine eigene Geschichte müßte man über die Sklaven des römischen Reiches schreiben. Ganze Völker schleppten die römischen Kriegsheere mit, in der Absicht die „Ware" schnell umzusetzen. Ein Sklave durchschnittlicher Qualität mußte ungefähr den Gegenwert eines Schafes bringen. Für Sklaven mit besonderen Qualitäten, wie tüchtige Kaufleute oder schöne Frauen, konnte man schon den Gegenwert von fünf Schafen erzielen.

Der Sklavenhandel war eine eigene Politik. Im Jahre 209 v. Chr. wurde die gesamte Bevölkerung der griechischen Handelsstadt Sorrent, ungefähr 30.000 Menschen, auf dem Sklavenmarkt verschachert. Als die berühmten Handelsstädte Korinth und Karthago von den Römern erobert und unterworfen wurden, wanderten alle, die das Massaker überlebten, in die Sklaverei. Doch das Sklavendasein

*Mittelalterlicher Sklavenmarkt in Sebiel im Jemen, aus einer arabischen Handschrift des 13. Jh.*

mußte nicht immer ein trauriges Schicksal sein. So unglaublich es klingt, der Reichtum Roms wurde von Sklaven geschaffen.

Im 1. Jahrhundert, nach dem Amtsantritt des Augustus, wurde Rom praktisch von Sklaven regiert. Das Gesetz verbot den Senatoren jede kaufmännische Betätigung. So wurden der hereinströmende Reichtum und die Landgüter von Sklaven verwaltet, ebenso wie an den Schlüsselstellen in den Schreibstuben Sklaven ihre Fäden zogen und der Handel fest in ihren Händen war. Nachdem so über 200 Jahre die großen Herren Roms ihre Angelegenheiten von Sklaven und Freigelassenen erledigen ließen und der Beamtenapparat sich ausschließlich aus Freigelassenen zusammensetzte, bestätigte Kaiser Hadrian die inzwischen eingetretenen Reformen auch offiziell, und das bedeutete letztlich den Sieg der Händler über die Soldaten und Grundbesitzer. Am Ende gehörte es gar zum guten Ton, einen Sklaven zu seinen Vorfahren zählen zu können.

Doch damit ist die Geschichte des Sklavenhandels keineswegs zu Ende. Bei den arabischen Kaufleuten fand sie ihre Fortsetzung. Die hübschen blonden Mädchen, welche die russischen Kaufleute auf dem Markt von Itul an der Wolgamündung anboten, gingen reißend weg und verschwanden in den Harems von Bagdad bis hin zum islamischen Spanien.

Ausgerechnet zur Zeit der Renaissance, des Humanismus, jener Zeit, in der die Menschheit in ihrer

*Versteigerung von Sklaven in den USA*
*Holzschnitt, Anfang des 19. Jh.*

Entwicklung einen riesigen Sprung vorwärts machte, blühte der schmutzige Handelszweig, der Handel mit Menschen, der Sklavenhandel, erneut auf. Aber ganz so einfach war dieses Geschäft auch wieder nicht. Im Gegenteil, es wurde zum klassischen Dreiecksgeschäft. Mit Ramschware, wie Glasperlen, Schnaps und bedruckten, wertlosen Geweben, wurde zunächst das schwarze „Menschenmaterial" bei den Negerfürsten in Afrika eingekauft. Die Stammeshäuptlinge selbst scheuten nicht davor zurück, ihre eigenen Leute unter falschen Versprechungen auf diese Wese an den Mann zu bringen.

In eigenen Sklavenschiffen, auf denen unter Verdeck jeder Zentimeter für menschliche Ware ausgenutzt wurde, gelangte die Fracht nach wochen-, ja oft monatelanger Fahrt nach Südamerika. Dort brauchte man für die Kolonisation Menschenmaterial und nochmals Menschenmaterial. Die Sklaven wurden hier gegen Zucker, Kaffee, Tabak, Baumwolle usw. eingetauscht. 4000 Kilogramm Zucker soll der mittlere Kurs für eine schwarze Arbeitskraft aus Afrika gewesen sein! Kein Wunder, daß so mancher Händler nach guter Rückkehr in den Heimathafen und nach Verkauf der Ware mit großem Gewinn das „Te Deum" anstimmte. Schließlich war ja mit dem Sklavenhandel ein hochlöbliches christliches Werk verbunden, indem diese Heiden nebenbei auch noch zum Christentum bekehrt wurden oder werden sollten.

Um die Vorherrschaft beim Sklavenhandel wurden in der Folge zwischen Portugiesen, Engländern und Holländern die heftigsten Kriege geführt. Zunächst machten die Portugiesen das Geschäft, dann, im 17. Jahrhundert, lag der Sklavenhandel fest in den Händen der Holländer, und schließlich konnten die Engländer den etwas zweifelhaften Ruhm für sich in Anspruch nehmen, Sklavenhändler Nummer eins zu sein. 1765 brachten 86 englische Schiffe aus Liverpool 24.200 Neger nach Südamerika. 1807 waren es bereits 185 Schiffe mit 50.000 Schwarzen, die den Weg von Afrika in die „westindischen" Pflanzungen nahmen. Es entstand ein regelrechter Wettbewerb zwischen den Handelsnationen, wer die „Ware", das heißt die Negersklaven, anbieten konnte.

Anfangs war ja noch genügend „Ware" da, dann aber mußten im Inneren Afrikas regelrechte Menschenjagden veranstaltet werden. Im 16. Jahrhundert sind insgesamt etwa 900.000 Menschen von Afrika nach Amerika gebracht worden, im 17. Jahrhundert waren es ungefähr 2,7 Millionen und im 18. Jahrhundert gar die runde Summe von 7 Millionen Menschen.

Am Beginn des 19. Jahrhunderts wurden schließlich die ersten Gesetze gegen den Menschenhandel erlassen: 1820 in den USA, 1836 in Portugal, 1850 im Kaiserreich Brasilien. Doch das Geschäft blühte im Dunkeln nach wie vor, teilweise sogar noch besser. Die Gesetze erreichten zunächst nur, daß die Preise stiegen. 1837 kostete ein Negersklave in den USA bereits 1300 Dollar. Alles in allem, so schätzt man, verlor Westafrika durch diesen Menschenhandel etwa zwanzig Millionen Menschen. Dies wirkte sich katastrophal auf die Wirtschaftsstruktur und das Sozialgefüge der betroffenen Völker aus.
Nicht nur die traditionellen Kolonialmächte bemächtigten sich der Menschen und Ressourcen Afrikas – das zeigt das Beispiel Belgiens.

Erst 1831 als eigenständiger Staat entstanden und 1839 von den Niederlanden anerkannt, beteiligte sich Belgien ab 1876 an der sogenannten Erschließung des Kongos. Unter Verkündigung der besten Absichten wurde die Association Internationale pour l'Éxploration et le Civilisation en Afrique ins Leben gerufen. Damals war der Kongo nur ein weißer Fleck auf der Afrika-Karte; fast nichts war im Inneren dieses Weltteils eingezeichnet: Keine Bahnlinie, keine Straße, keine Stadt.

Die Gründungsdeklaration – an der hochgestellte Persönlichkeiten aus allen Bereichen der Gesellschaft, Vertreter des Hochadels, der Kirche, der Wissenschaft und des Wirtschafts- und Finanzwesens unter Leitung König Leopolds teilnahmen – beinhaltete den Transfer des Fortschritts des Jahrhunderts nach Afrika. Bereits 1885 war König Leopold II. jedoch der alleinige, niemandem zur Rechenschaft verpflichtete Herrscher über das am zweitlängsten Fluß der Erde liegende, eine Million Quadratmeilen und somit hundertmal die Fläche des Mutterlandes umfassenden Territoriums. Es begann ein Zwangsarbeits- und Sklavensystem, bei dem zwischen 1890 und 1900 nach Schätzungen jährlich hunderttausende von Arbeitssklaven ihr Leben ließen. Im selben Zeitraum stiegen die Aktien der Companie du Chemin de Fer du Congo von 320 auf 2.850 belgische Franken.

# NEW ORLEANS UND DIE BAUMWOLLKONTORE

Verfolgt man die Geschichte der Baumwolle, so stößt man bereits um 3000 v. Chr. in Indien auf frühe Zeugnisse ihrer Verarbeitung. Auch im antiken Griechenland erfreute sich Baumwolle großer Beliebtheit. Vom 14. bis ins 17. Jahrhundert war Venedig der wichtigste Handelsplatz für Baumwolle, während Augsburg – durch die Fugger – Nordeuropa mit Baumwollstoffen versorgte. Aber erst die Erfindung der Spinnmaschine im 18. Jahrhundert macht die weißen Zellulose-Fasern zum wichtigsten Produkt der Textilindustrie.

Ein Synonym für Baumwolle waren im 19. Jahrhundert die Südstaaten von Amerika. Zentraler Umschlagsplatz im Mündungsdelta des Mississippi war New Orleans. Es wurde 1718 als Hauptstadt der französischen Kolonie Louisiana gegründet, fiel dann an die Spanier und wurde von diesen 1803 an die USA verkauft.

Parallel zur wachsenden Industrialisierung und dem Aufschwung der Textilindustrie entwickelte sich ein „Baumwollgürtel" vom Atlantik bis Texas. Die Skaverei wurde für den Betrieb der riesigen Plantagen zum wichtigen Motor. An diesem Problem und der Wirtschaftskrise von 1857 entzündete sich 1861 der Bürgerkrieg in Amerika, der 1865 mit der Kapitulation der Südstaaten endete.

Ein Zeugnis der Atmosphäre innerhalb eines Baumwollkontors knapp zehn Jahre nach dem Bürgerkrieg liefert der Pariser Impressionist Edgar Degas (1834 – 1917), der ansonsten vor allem durch seine farbenprächtigen Darstellungen von anmutigen Tänzerinnen zu Weltruhm gelangte.

Die Kontakte in die USA verdankte Degas seiner Mutter, die aus New Orleans stammte und deren Vater dort im Baumwollgeschäft großen Erfolg hatte. Nach einem Besuch seines Bruders Achille 1872 in Paris – der ebenfalls Baumwollhändler in New Orleans war – beschließt Edgar Degas, ihn auf seinem Rückweg in die USA zu begleiten. Tief beeindruckt von der Neuen Welt schreibt er im gleichen Jahr an seinen

*Schwarze Familie bei der Rückkehr von der Baumwollernte, anonymes Aquarell*

*Das Baumwollkontor, Gemälde von Edgar Degas, 1873*

engen Freund Henri Rouart in Paris: „Hier redet man über nichts anderes als Baumwolle und Wechsel ... Welches Maß an Zivilisation! Dampfer aus Europa kommen an wie Omnibusse am Bahnhof."

1873 malt Degas das „Büro der Baumwollhändler in New Orleans". Er bindet in das Bild Portraits seiner Verwandten ein. Der Vordergrund wird dominiert von seinem Onkel Michel Musson, der ein paar Fasern Baumwolle in der Hand hält und ihre Qualität kritisch prüft. Der Mann mit der Zeitung in der Mitte des Bildes ist sein Bruder René, der in New Orleans vom Weinhandel lebte. Links an der Wand lehnt Achille Degas.

Diese Genreszene eines erfolgreichen Familienunternehmens steht am Beginn der impressionistischen Malerei. Es zeigt zwar noch die verhaltenen Erdfarben und den naturalistischen Stil der Akademie-Malerei des 19. Jahrhunderts, läßt aber auch bereits Degas sichere und ausgewogene Beherrschung der Komposition, der Farben und der starken Hell-Dunkel-Kontraste erkennen.

# MERKANTILISMUS UND LIBERALISMUS

Nach dem spanischen Staatsbankrott von 1557 war das Ende für die großen berühmten Handelshäuser gekommen. Ein Bankrott folgte auf den anderen, und immer weniger Handelshäuser blieben übrig. Der Handel mit der „neuentdeckten" Welt wurde nunmehr unter strenger Staatskontrolle und im genehmigten Konvoi durchgeführt. Doch es sollte noch ärger kommen!

Um Handelsbilanzüberschüsse zu erzeugen, beschränkte der Staat die Einfuhr und förderte die Ausfuhr. Schon damals kam man auf die Idee, etwa die Getreideausfuhr zu sperren, um damit den Brotpreis niedrig zu halten und so wiederum den Löhnen zumindest von dieser Seite her keinen Anlaß zur Steigerung zu geben. In den Kolonien sicherten sich die jeweiligen Mutterländer eine Monopolstellung, Navigationsakte sorgten dafür, daß die Eigenflotte eine Vorzugsstellung genoß. Schiffe anderer Nationen, die fremde Häfen anliefen, mußten hohe Abgaben zahlen, mit denen die eigene Handelsmarine subventioniert wurde. Die eigene Industrie wurde durch Ausfuhrverbote für Rohstoffe und durch hohe Schutzzölle für die Fertigprodukte, teilweise sogar durch Einfuhrverbote protegiert. Zunächst gediehen die derart unter den Glassturz gestellten Wirtschaftszweige, ja ganze Nationen. Diese Zeit und diese Form des Wirtschaftens bekam – allerdings erst viel später – auch einen besonderen Namen: „Merkantilismus".

Um die Mitte des 18. Jahrhunderts kam es zur großen Wende. Philosophen und Denker nahmen sich des Themas an. Der Handel müsse frei sein, das wurde zur neuen These. „Ein Staat, der sicher sein will, daß sein Handel floriert, muß ihm vollkommene Freiheit lassen." „Laissez faire, laissez passer" wird zum Schlagwort. Man kannte keine Grenzen mehr für dieses freiheitliche Gedankengut. Als Devise galt: „Wo dem Handel freier Weg, bleiben Kunst und Arbeit reg." Alle Verbote müßten aufgehoben werden und jegliche Hindernisse seien aus dem Weg zu räumen. Zölle aller Art sind abzuschaffen. In einem 1773 veröffentlichten Werk, das „vorzüglich zum Vergnügen der Jugend" geschrieben wurde, heißt es: „Ein Kaufmann, welcher ein ordentliches und hauswirtliches Leben führt, ist eine der menschlichen Gesellschaft höchst nützliche Person. Mancher Kaufmann macht sich um das Publikum oft unendlich mehr verdient als hundert und tausend andere Leute, welche in ihren Gedanken oder dem bürgerlichen Range nach weit über dem Kaufmann erhaben sind. Jeder glückliche Mensch muß eingestehen, daß die Kaufmannschaft den Staat mächtig und glücklich macht, daß der Kaufmann alle Völker des Erdbodens miteinander in eine freundschaftliche Verbindung setzt; daß er die in allen Ländern zentralen Gaben der Natur gemeinnützlich macht und daß er einem jeden Menschen die Erlangung der zeitlichen Wohlfahrt sehr leicht macht. Der Kaufmann ist wie eine Wasserquelle in welcher alles zusammenfließt, aus allen Teilen der Welt, was zur Erhaltung und zum Wohlstand des menschlichen Lebens erfordert wird, und aus welcher jedermann schöpfen kann."

Auf diesem Gedankengut aufbauend, setzte der Nationalökonom Adam Smith die letzten entscheidenden Akzente des Liberalismus: „Ein Volk wird durch Freiheit reich. Alles, was den freien Markt beeinträchtigt, schadet." Und über den Außenhandel sagte er: „Alle Länder und Städte sind proportional zur Freiheit und ihrer Aufgeschlossenheit anderen Nationen gegenüber reich geworden." Das Ergebnis dieser Entfaltung übertraf alle Erwartungen. Überall, wo die Schranken für die freie Betätigung des Menschen fielen, eröffneten sich den Menschen neue Möglichkeiten, ihre Lage noch weiter zu verbessern.

In rascher Folge lösten sich nun die Systeme ab. In Frankreich brachte die Revolution zunächst Erleichterungen für den Handel. Die bestehenden Fesseln, wie Marktgebühren, Binnenzollgrenzen, Brückengelder und was sonst an Abgaben und Schikanen gab, wurden beseitigt, Maße und Gewichte vereinheitlicht. Die Kosten der Revolution aber mußten mit Papiergeld bestritten werden. Wieder einmal in der Geschichte lief die Druckerpresse heiß, doch die im Verhältnis zum Warenangebot zu große Geldmenge sorgte für neue Infla-

*Zollordnung und Reglement für das „Kauff- und Waaghaus", (Stadtzollamt) Zürich, 1725*

*rechts: Handel im Hafen, Stich von Joh. Jakob Thurneysen d. Ä. 1711*

tion. Die Folgen sind bekannt: Die Preise steigen, die Waren werden knapp, es werden Höchstpreise erlassen, Vorräte müssen gemeldet werden von Privathaushalten wie von Geschäftsleuten, Hausdurchsuchungen finden statt, Beschlagnahmungen von Waren, und allzu oft mußte mancher Kaufmann statt mit der versprochenen neuen Freiheit mit dem Galgen oder der neumodischen Guillotine Bekanntschaft machen.

Auf dem Gebiete des Außenhandels kam es zu Ausfuhrmonopolen und zu ersten Folgen der Devisenbewirtschaftung. Die katastrophalen Folgen blieben nicht aus: Die blühenden französischen Häfen verödeten, die Exportgeschäfte mußten eingestellt werden, die Kaufleute hatten viele Kunden und zu wenig Waren, wieder einmal grassierte die Seuche des Ladentodes.

Unter Napoleon I. hatte es zunächst den Anschein, als würde dem Handel wieder jene Freiheit verschafft, die er zu seiner Existenz braucht. „Eine stabile Regierung und ein blühender Handel sind meine wichtigsten Ziele", erklärte Napoleon allen Franzosen gleich zu Beginn der Machtergreifung. Doch verhalf er nur wieder dem tot geglaubten merkantilistischen Denken zu neuer Blüte. Nach außen hin wurde das Land abgesperrt. Es kam zur sogenannten Kontinentalsperre, zu Blockade und Gegenblockade, mit dem letzten Zweck, den liberalistisch denkenden Briten zu beweisen, daß ihr System, ihr Wirtschaftssystem, das schlechtere sei. Der europäische Markt sollte den englischen Industrie- und Kolonialprodukten völlig verschlossen bleiben. Die Folge war eine tiefgreifende Warenhandelskrise.

Der Ausgangspunkt der liberalen Denkweise blieb die Londoner City. Da hatten sich die großen Privatbanken angesiedelt. Hier wurden auf den Produktbörsen die Waren der ganzen Welt gehandelt. In London liefen die Fäden zusammen, die des Handels, aber auch die der Politik. Das britische Pfund wurde zur Weltwährung, man konnte sich blind

LE PARFAIT NEGOCIANT

Der vollkom̃ene Kauffmann

auf das Versprechen der Bank von England verlassen, die Pfundnote zum vollen Goldwert einzulösen. Dieser Handel mit der ganzen Welt löste Umwälzungen in allen Bereichen aus. Die Bevölkerung in Europa nahm in einem Ausmaß zu, wie wir es heute nur noch aus den Entwicklungsländern kennen. Die „Pax Britannica" war die Zeit des Kaufmannes, in der die Güter keine Grenzen kannten und nur der Preis maßgebend war.

Neue Verkehrs- und Transportmittel entstanden: von der Dampflokomotive bis zur Dampfschiffahrt, neue Produktionsmethoden, vom mechanischen Webstuhl bis zur Erntemaschine, Kohle und Stahl als neue Hauptgrundlagen der Wirtschaft, die Revolution im Fernmeldewesen, alle diese Dinge änderten die Denkweise der Menschen. Zugleich ist dies die Zeit der industriellen Revolution und damit das Zeitalter des ersten Massenkonsums. 1826 baute der Österreicher Joseph Ressl das erste von einer Propellerschraube getriebene Schiff; 1838 benötigte man mit einem Dampf-Schrauben-Segler nur mehr 15 Tage für die Überfahrt von Liverpool nach New York; am 1. Dezember 1835 fuhr die erste deutsche Eisenbahn von Nürnberg nach Fürth. Im Oktober 1877 wurde in Berlin das erste Telefongespräch auf deutschem Boden geführt, und 1884 wird als das Geburtsjahr des Autos angesehen.

*Die erste deutsche Eisenbahn fährt 1835 von Nürnberg nach Fürth*

Doch der „Boom" war zu groß geworden. 1872 kam die große Ernüchterung, der große Krach, eine Weltwirtschaftskrise. Zu stark war der Wohlstandsanstieg gewesen, zu groß die weltweite Nachfrage, zu groß die Flut der Bestellungen, und zu hoch waren die Preise hinaufgeschnellt. Die Handelswelt erlitt einen fürchterlichen Rückschlag, alt ehrwürdige und alteingesessene Häuser brachen über Nacht zusammen, die Spekulanten verschwanden von der Bildfläche und die industrielle Produktion ging rapid zurück. Natürlich war der freie Wettbewerb wieder einmal schuld an all dem. Freie Bahn daher den Protektionisten, und die Parole hieß wiederum „Schutzzölle". England und die USA versuchten zwar, den freien Welthandel hochzuhalten, doch der Weltmarkt zerfiel unerbittlich. Die Binnenmärkte kapselten sich ab, der Weg vom Hochschutzzoll zum Zeitalter des Imperialismus wurde eingeschlagen. Der Außenhandelskaufmann trat in den Schatten, der Industrielle hatte die Macht in Händen.

*1783 Erste freie Ballonfahrt bei Paris mit einem von den Gebrüdern Montgolfier entwickelten Ballon*

*unten: Eröffnung des Suezkanals 1869. Der Weg nach Osten wurde beträchtlich verkürzt und die P & O Company nahm den Platz der früheren East India Company ein.*

# WASSERSTRASSEN: TEIL DER INFRASTRUKTUR

Handel wäre ohne die physische Bewegung von Waren nicht möglich. Der Transport einzelner Warengruppen prägte Namen wie der Seidenstraße, der Salzstraße etc. Handelsaustausch führte grundsätzlich zu einer Erhöhung des Wohlstands, vielfach waren die Handelswege aber auch Ziel kriegerischer Auseindandersetzungen.

Dabei waren selbst im friedlichen Europa noch im frühen 18. Jahrhundert Menschen- und Warenlogistik auf dem Landweg mit großen Problemen behaftet. 1703 dauerte die 40 km weite Fahrt von London nach Windsor 14 Stunden; wollte jemand im Winter, um von Wien nach Venedig zu gelangen, die Alpen überqueren, mußte er einen Teil des Weges neben der Kutsche durch tiefen Schnee waten.

Aus der Zeit der Gründung von St. Petersburg (1703) ist bekannt, daß in Rußland die Straßen wenig mehr als ausgefahrene Wagenspuren über Wiesen und durch Wälder waren. Man überquerte Flüsse über halb verfallene Brücken, mit primitiven Fähren oder durch seichte Furten. Auf manchen Straßen konnte man an einem Tag höchstens acht Kilometer zurücklegen.

Eine der Alternativen für die Russen war der Transport über das Wasser. Die großen Flüsse Rußlands wurden so zu Hauptverkehrswegen für den nationalen und internationalen Handel. Schiffe und Lastkähne beförderten Getreide, Baumwolle und Flachs über die breiten Wasser der Wolga, des Dons, des Dnjepr, der Düna und, später, der Newa. Wegen des teilweise niedrigen Wasserstandes und ungünstiger Segelbedingungen wurden Schiffe vielfach getreidelt, das heißt, vom Ufer aus durch Menschen- und Tierkraft bewegt.

Die Tätigkeit des Ziehens eines Schiffes war nicht nur auf Rußland beschränkt, sondern in Europa weit verbreitet, wobei der Begriff allerdings variierte. Sprach man in den östlichen Provinzen Preußens vom Treideln, so war es im Saarland das Halage oder in Holland eine Treckschuit, also dem „Trecken" nahe. An der Elbe zogen die Bomätschen, die Helfer – so die Übersetzung des slawischen Wortes (pomoschtj = helfen), die Schiffe elbaufwärts, wenn der Wind ungünstig stand oder gar ausblieb bzw. Stromschnellen zu überwinden waren. Der Zug der Bomätschen ging auf dem Treidelpfad. Während des Ziehens wurden im Takt der Schritte Lieder gesungen. Bei starker Strömung mußte auch am anderen Ufer ein zweiter Treidlerzug vor das Schiff gelegt werden. War die Strömung zu stark und trieb das Schiff trotz aller Anstrengungen der Bomätscher zurück, dann mußten diese zusehen, möglichst schnell aus den Seilen herauszukommen, da sie sonst ins Wasser

*Die Bomätschen an der Elbe bei Meißen, Lithographie 1770*

*Das Wolgalied: Nicht nur mit seinen kräftigen, lebensbejahenden Farbtupfern, sondern auch allein schon mit seinem geradezu lyrischen Bildtitel „Das Wolgalied" setzt Wassily Kandinsky 1906 einen Kontrapunkt zur Melancholie der Wolgatreidler von I. Repin. Bezüglich der Bootsform vgl. auch Nikolai Rerich „Kaufleute von Übersee".*

gezogen wurden und dabei mitunter auch ertranken. Mit dem Aufkommen der Dampfschiffe, vor allem aber durch die Einführung der Kettenschiffahrt auf der Elbe ab 1869 wurden die Bomätschen überflüssig.

Eine linguistische Besonderheit gibt es im Sprachgebrauch der Kölner. Hier wurden die Schiffe von Pferden stromaufwärts gezogen. Um sie gegen die blendende Sonne zu schützen, trugen die Pferde Augenklappen. Während des Treidelns sahen („schielten") sie auf das gegenüberliegende Ufer (die „schäl Sick"), auch heute noch eine ortsübliche Bezeichnung für die rechte – der Stadt gegenüberliegenden – Rheinseite.

1869 sieht der angehende Maler Ilja Repin (1844 bis 1930) zum ersten Mal Treidler auf der Newa und beschließt, ein Bild zu diesem Thema zu malen. Ein Jahr später zeichnet und malt er in der Nähe von Stawropol Treidler sowie Landschaften und Ufer an der Wolga. Hierfür erhält Repin 1871 von der Gesellschaft zur Förderung der Künste den ersten Preis. Auf der Suche nach künstlerischer Vollendung setzt er jedoch die Arbeit an seinem Gemälde auch in den nächsten beiden Jahren fort.

Im melancholischen Stimmungsbild der Wolgatreidler spiegeln sich auch die grundlegenden Charakteristika der russischen Literatur wider:
- die Unterwürfigkeit, wie sie vom Berater Iwans des Schrecklichen (1530 bis 1584), dem Priester Silvester als Tugend in seiner Hauskunde (Domostroj) gefordert wird,
- die russische Seele, die von Alexander Puschkin (1799 bis 1837), von Nikolaj Gogol (1809 bis 1852) und Michail Lermontov (1814 bis 1841) so empfindsam beschrieben wurde,
- die Ausbeutung des Menschen, wie sie Iwan Turgenew (1818 bis 1883) und Alexej Tolstoi (1817 bis 1875) in ihren Romanen schildern und
- die Frage nach dem Sinn und Zweck des Lebens, die Fjodor Dostojewski (1821 bis 1881) und Lew Tolstoi (1828 bis 1910) jeder auf seine Art zu beantworten versuchte.

Hervorzuheben ist, daß Repin alle diese geistigen Strömungen bereits schon als junger Künstler in diesem ersten Gemälde nach dem Abschluß seines Studiums intuitiv erfaßte. Wie sehr auch sein weiteres künstlerisches Schaffen von der Interdependenz zur Literatur und teilweise sogar durch sein persönliches Verhältnis mit den Literaten seiner Zeit geprägt wurde, zeigen viele Beispiele seines Œuvres. Repin malte sowohl bedeutende russische Dichter wie Alexander Puschkin, Nikolaj Gogol, Iwan Turgenjew, Lermontov, Lew Tolstoi, Maxim Gorki als auch Szenen aus ihren Werken.

Ilja Repin, geboren 1844 in Tschugojew im Gouvernement Charkow, gehört zu den bedeutendsten russischen Malern. Geprägt durch den sogenannten „Aufruhr der 14" an der Akademie der Künste im Jahr seiner Ankunft in St. Petersburg (1863) erfüllte er zwar die obligatorischen akademischen Programme,

*In den sechziger und siebziger Jahren des 19. Jahrhunderts gestalteten russische Maler und Dichter immer wieder Treidler. Sie erschienen Künstlern wie I. J. Repin, A. K. Sawrassow und W. W. Werestschagin sowie Nekrassow als die Inkarnation des unterdrückten russischen Volkes. Repin geht es um die psychologisch tiefgründige Darstellung der russischen Menschen aus den untersten Schichten, den von der Gesellschaft Ausgestoßenen. Repin machte mit künstlerischen Mitteln deutlich, wie die Talente des Volkes von den herrschenden gesellschaftlichen Verhältnissen verschüttet und mißbraucht wurden, wie sich aber diese Menschen ihre eigene Würde erhalten.*

*Vier Treidler von kräftiger Statur führen den Zug an. Der linke, mit großem, bärtigen Gesicht ist der ehemalige Pope Kanin, den Repin als Schiffszieher während seiner Wolgareise kennengelernt hatte. Repin schreibt in seinen Erinnerungen: „Das ist eine ganze Geschichte, ein Roman. Aber was bedeuten alle Geschichten, alle Romane bei dieser Figur. Die Augen, diese Augen! Welch eine Tiefe im Blick. Und was für eine Stirn, eine große, kluge, intelligente Stirn. Das ist kein Einfaltspinsel!"*

*Die Flößer*, Gemälde von
Nikolai Iwanowitsch Andronow, 1960/61

verschrieb sich jedoch der wahrheitsgetreuen, russischen realistischen Malschule in der zweiten Hälfte des 19. Jahrhunderts.

Hierfür gab es zwei Gründe: Zum einen die historische Situation in Rußland und zum anderen das interdisziplinäre Interesse am Realismus, der sich beispielsweise in der Literatur in der sogenannten Naturschule niederschlug.

Neben dem Bild „Das Wolgalied" kann als weiterer Kontrapunkt zur melodramatischen Darstellung der Wolgatreidler durch Repin das Gemälde „Die Flößer" (1960/61) von Nikolai Iwanowitsch Andronow gesehen werden. Andronow, geb. 1929 in Moskau, ist ein typischer Vertreter des sozialistischen Realismus und hierfür auch als verdienter Künstler der UdSSR ausgezeichnet worden. Spezialisiert hat er sich auf Landschaften, Genreszenen und monumentale Wandbilder.

Charakteristika der Malweise des sozialistischen Realismus auf Basis der marxistisch-leninistischen Ideologie sind:
- der Hang zu einer Monumentalisierung
- die Darstellung der revolutionären proletarischen Kultur
- die Fokussierung der „sowjetischen" Menschen

Diese Elemente prägen auch „Die Flößer". Die drei männlichen und der weibliche Flößer vermitteln einen heroisch-strengen, kraftstrotzenden Eindruck. Die Haltung der Frau läßt auf ein ausgeprägtes Selbstbewußtsein (Emanzipation) schließen. Die mongolischen Gesichtszüge des einen Flößers könnten auf die geografischen Ausmaße der Sowjetunion hindeuten; der Huski ein Symbol für die „Wachsamkeit" des sozialistischen Systems gegenüber seinen „Klassenfeinden" darstellen.

Der Hintergrund des Bildes wird geprägt durch technologische Errungenschaften des Sozialismus: eine Stahlbrücke, die den Fluß überquert und einen modernen Eisenbahnzug. Interpretiert werden kann dies auch als ein diametraler (revolutionärer) Gegensatz zur Zeit, in der die Flößer „versklavt" waren: Nunmehr haben sie sich von ihren Ausbeutern befreit und nutzen als Sowjetmenschen die Technik zum weiteren Aufbau des Sozialismus. Mensch und Technik bilden im neuen System eine Einheit.

Auch die Farbgebung des Bildes entspricht dem Milieu des sozialistischen Realismus: Es herrschen (stahl-)graue Töne der (Industrie)-Welt der Arbeiter und (erd-)braune Töne der Bauern vor – den Arbeiter- und Bauernstaat symbolisierend.

# VOGELHÄNDLER UND BUCKELAPOTHEKER

Heute kennt man den Hausier-Handel fast nicht mehr. Viele seiner besonderen Formen sind ausgestorben oder verboten worden. Dabei hatten die „ambulanten" Händler eine wichtige Aufgabe zu erfüllen und erfreuten sich großer Beliebtheit. Kein Wunder, daß ihnen diese Beliebtheit auch verschiedene Namen und Berufsbezeichnungen einbrachte, wie fahrende Händler, Hausierer, Wanderhändler oder Höker. Da gab es auch in manchen Breiten die Bezeichnung Winkelkrämer oder Herumträger, Tabulettkrämer oder Kolporteure.

Besonders spezialisiert waren die Buckelapotheker, Schachtel- oder Balsamträger auf Kräuter, Salben, Essenzen und sonstige wundertätige Allheilmittel. Sie wurden als erste verboten und mußten sich etwas einfallen lassen, um den Häschern der Polizei nicht in die Hände zu fallen. Getarnt zum Beispiel als Glashändler wußten sie genau, bei wem sie das weit geschnittene Überhemd oder die allzu groß ausgefallene Joppe öffnen konnten, um darunter – an breiten Gürteln hängend – die Fläschchen, Töpfchen, Tiegel und Schächtelchen hervorzubringen.

Doch auch sonst wurde der Hausierhandel relativ früh einem strengen Reglement unterworfen: „Wir, Franz der Erste, von Gottes Gnaden Kaiser zu Österreich, König zu Ungarn und Böhmen, Erzherzog zu Österreich: Die zu vorzügliche Sorgfalt, welche Wir Oberhaupt allen Zweigen des Handels zur Beförderung des allgemeinen Besten zu widmen gewohnt sind, erheischet insbesondere die Abstellung der häufigen Mißbräuche und Unordnungen, welche sich bei dem Betriebe des Hausier-Handels eingeschlichen haben und zu diesem Ende die Festsetzung einer genauen Richtschnur ... Wir befehlen daher: daß nachfolgende Hausier-Ordnung für die sämtlichen deutsch-erbländischen Staaten vom 1. Junius dieses Jahres (es war im Jahre 1811) angefangen in Kraft und Wirkung ... gesetzt werden sollen." Und der § 7 dieser ebenso strengen wie köstlichen „Hausier-Ordnung" lautete: „Außerdem werden noch folgende

*Der Handelstand*

der Hausierhandel nur Inländern gestattet, und man mußte im Besitze eines „Hausierpasses" sein, dessen Ausstellung wiederum an eine Reihe von weiteren Voraussetzungen geknüpft war.

Unter den Fahrenden gab es aber auch schon „Fachhändler". Sie zogen mit ihren Waren, die sie bei sich trugen, durch die Straßen und machten durch einen seit Jahrhunderten feststehenden, für jede Sparte spezifischen „Ruf" auf sich aufmerksam. Da gab es den Bandlkramer und den Federnverkäufer. Essighändler mit dem Faß auf dem Rücken, Sauerkräutler und Fischhändler, Zwiebel- und Knoblauchweiber, Milliweiber, Rettichhändler und Brezenbuben sorgten für Nachschub in der Küche. Dem Vogelhändler wurde von Mozart in der „Zauberflöte" ein bleibendes Monument gesetzt, und daß Lieder unter das Volk kamen, dafür sorgte die Chansonsverkäuferin.

Die Besenhändler, Paraplui- und Parasolverkäufer gehören auch schon längst der Vergangenheit an, und wer weiß schon heute noch, daß es sich bei einem Paraplui um einen Regenschirm und bei einem Parasol um einen Sonnenschirm handelt. Am längsten hielten sich die Blumenmädchen und vor allem die Lavendelweiber. Wenn man Glück hat, kann man sie in Wien an Sommertagen heute noch antreffen, mit ihrem Gesang „an Lavendel hätt'ma do ..."

Waren, selbst wenn sie inländisch sind, namentlich von dem Hausier-Handel ausgeschloßen: Alle Material- u. Specerey-Waren, destillierte Öle, gebrannte Geister, Rosoglio, Salben, Pflaster, Gifte und überhaupt ohne Unterschied alle sowohl einfachen als zubereiteten und zusammengesetzten Arzneyen für Menschen und Tiere; ferner Quecksilber, Spießglas und alle daraus kommenden Präparate, die Mineralsäuren, nebst allen Präparaten aus Bley, dann Zucker, Zuckerwerk, Schokolade, Lebkuchen und überhaupt alle Leckerbissen; Bücher, Kalender, Lieder und Bilder; Endlich Edelsteine, Gold und Silber, es möge solches alt oder neu verarbeitet oder unverarbeitet, geprägt oder ungeprägt, geschmolzen oder ungeschmolzen sein."

Im § 6 aber war das Hausieren mit ausländischen Waren ohne Unterschied für jedermann auf das schärfste „verboten". Heute würde man das als reinsten Protektionismus bezeichnen. Darüber hinaus war

Welch eine Aufregung war das Erscheinen dieses sonderbar behängten und übervoll beladenen Mannes. Man ließ alle Arbeit stehen, um ihn zu bewundern und all das, was er aus der bunten Welt mitgebracht und anzubieten hatte.

*vorhergehende Seite: Der Handelsstand, Lithographie von Schustler, um 1840*

*oben: „Vogelkrämer", „Lorberblätterkrämer"*

*rechts: The Crockery Sellers, ein Gemälde von Francisco Goya y Lucientes, symbolisiert die soziale Spannung zwischen Oberschicht und den fahrenden Händlern, 1778*

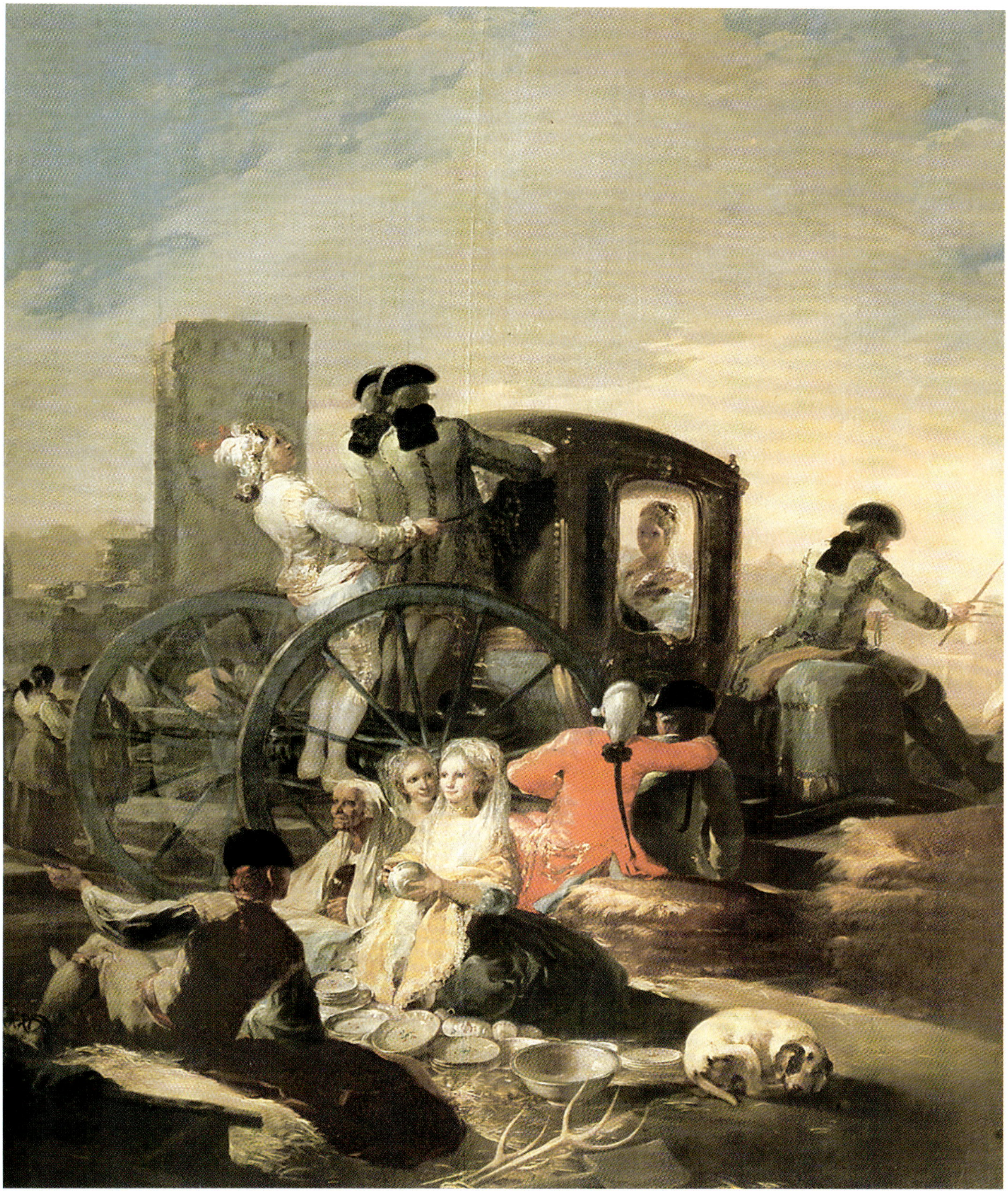

bringen. Dreißig und mehr Märkte wurden jährlich besucht. Man wußte, welche Märkte gut waren, wo man die Kolonialwaren, jene neumodischen Waren aus den Kolonien, wie Zucker, Rum oder Kaffee, loswerden konnte.

*„Strohhütkrämer",*
*„Mädchen mit Zuckerbachereyen",*
*„Mädchen mit Galanteriewaren"*

Da waren Kistchen und Kästchen, da kamen die unwahrscheinlichsten Dinge zutage, und irgend etwas wurde immer gekauft. Er kam – und das wußte er auch – nie umsonst.

Vielleicht war dieses „Mußgeschäft", vielleicht aber auch die Tatsache, daß es unter den Hausierern viele gab, die es mit der kaufmännischen Ehre nicht sehr ernst nahmen, der Grund für ein frühes Verbot des „Hausieren-Gehens". Ein findiger Zillertaler ließ sich daraufhin mit einer Sänfte von Haus zu Haus tragen und hatte die Lacher auf seiner Seite, denn er „ging" ja nicht mehr Hausieren, sondern wurde eben zum Hausieren getragen.

Geblieben ist der Marktfahrer. Er zog nicht mehr von Haus zu Haus, von Bauernhof zu Bauernhof. Er fuhr und fährt von einem große Markt zum anderen. Sicher hatten sie früher noch keinen eigenen Wagen, sondern nur ein Pferd oder einen Maulesel, aber auch darauf konnte man schon einiges unter-

# STATIONÄRER HANDEL UND GALERIEN

Waren die fahrenden Händler auf den Marktplätzen anzutreffen, so entwickelte sich das Handwerk im blühenden städtischen Wirtschaftsleben des Mittelalters zum einen zum stationären Handel und zum anderen in seiner Organisationsform hin zu den Zünften. Die Fürsten, Bischöfe oder auch die Städte erkannten den Wert der Zünfte zum Beispiel bei der steuerlichen Erfassung der beteiligten Handwerker. Ihnen wurden daher Rechte und Privilegien gewährt, aber auch Pflichten auferlegt, um sie unter Kontrolle zu halten.

Die Zünfte selbst bauten ihr Zunftwesen immer mehr aus. Von den beurkundeten Rechten der Städte lernend, bemühten sich, die Zünfte in förmlichen Urkunden, Zunftbriefen und -ordnungen ihre verbrieften Rechte und Privilegien festzuhalten. Sie stellten Satzungen auf und setzten wichtige Grundlinien, welche die eigenen Zunftmitglieder und deren Ziele betrafen:

- zur Ausübung des Handwerks war die Zulassung durch die Zunft essentiell
- die Ausbildung der Lehrlinge, Gesellen und Meister wurde reglementiert
- teilweise wurden Differenzierungen zum Beispiel der Metzger in Ochsenmetzger, Kuhmetzger, Kalbmetzger und Hammelmetzger vorgenommen
- bei den Metzgern wurden genaue Anweisungen über die Art und Weise des Schlachtvorganges und die Beschaffenheit des Fleisches erarbeitet
- in der Regel wurden auch der Verkaufsraum, die Maße, Gewichte und Waagen vorgeschrieben. Mit diesen Bestimmungen entstand der erste reglementierte stationäre Handel.

### Carracci und Snyders

Ein hervorragender Chronist dieser Benchmarks des Fachhandwerks-Handels ist Annibale Carracci, der bedeutendste der drei Carracci-Brüder, die sich den großen Meistern der Hochrenaissance verschrieben hatten. Sie gehörten der Malerschule in Bologna an, die sich dem Studien der Meister wie Raffael und Michelangelo widmeten.

*oben und rechts: Gemälde von Frans Snyders (1579-1657): „Laden mit Wildgeflügel", „Fischladen"*

*vorhergehende Seite: Ein Fleischerladen, Gemälde von Annibale Carracci, um 1580*

Annibale Carracci (1560 – 1609) war ein vitaler Praktiker; seine Bilder wirken in der harmonischen Anordnung wie die eines Hochrenaissance-Malers; seine Stimmung, die er den Bildern verleiht, ist jedoch Frühbarock. In seinem 1580 gemalten Bild „Ein Fleischerladen" wird die Präsentation der Ware durch die rechte Figur, das adäquate Werkzeug durch die linke Figur und die Sauberkeit durch die beiden weißen Schürzen der Metzger unterstrichen.

Zeitgenosse der Gebrüder Carracci war der Flame Frans Snyders (1579 – 1657). Er war ein Schüler Pieter Brueghels d. J. und Mitarbeiter von Peter Paul Rubens, der ihn in seiner Malerei entscheidend beeinflußte. Bekannt ist Snyders als Tier- und Stillebenmaler, dessen Bilder mit Darstellungen von Jagdszenen, Tieren, Küchen und Speisekammern, Schlösser und Paläste – aber auch in der Ermitage in St. Petersburg eine eigene Galerie – schmücken.

Auch seine beiden Bilder „Der Wildhändler" und „Der Fischhändler" sind von der intensiven Farbigkeit Snyders als auch durch eine dekorative Komposition aller Gegenstände charakterisiert. Die Verkaufstische sind mit üppigen Gaben der Natur reichlich gedeckt. Dramatisiert wird „Der Wildhändler" Snyders durch einen springenden Hund, einem auch in anderen seiner Bilder wiederkehrenden Stilelement.

## Watteau und van Gogh

Einer der ersten, dem EuroHandelsinstitut aus seinen Chroniken bekannten stationären Händler war der Kaufmann Gersaint. Auch er erkannte den Trend der Zeit und die Zukunft des stationären Handels und eröffnete 1718 eine Galerie in der „Fußgängerzone" der Pont Notre-Dame, einer I-A-Lage im Zentrum von Paris.

Diese Einkaufsstraße, dicht mit einer Reihe schmaler Häuser bebaut, war ebenerdig durchgehend mit breiten Arkaden versehen. Der Laden war zur Straßenseite geöffnet. Jeder konnte ohne Hemmschwelle eintreten – und das bei einem Warenangebot vermutlich hochpreisiger Bilder und Kunst. Über Schaufenster- und Passagenauslagen wurde offensichtlich erst gar nicht nachgedacht. Allerdings ist über die Inventurdifferenz des Händlers Gersaint nichts bekannt.

Seine weitere Idee war, der damals unbeachteten Werbung eine besondere Bedeutung beizumessen. Er beauftragte den mit ihm befreundeten jungen Maler Antoine Watteau (1684 – 1721), ein „Ladenbild" zu malen. Dieses zunächst als Werbebild gedachte Kunstwerk eines zeitgenössischen Künstlers hing vermutlich an der Fassade über dem Ladeneingang und wies das beträchtliche Format von 166 x 306 cm auf.

Gersaint beauftragte also einen bedeutenden Künstler, dessen Werk eine singuläre Stellung im Kunstschaffen seinere Zeit ausmachte. Dieses „Werbe-Gemälde" rief noch zu Lebzeiten Watteau's, der bereits 1721 im Alter von nur 36 Jahren starb, größte Bewunderung hervor.

Aufgrund des hohen künstlerischen Anspruchs von Maler und Auftraggeber war der Erfolg so sensationell, daß dieses Bild schon nach 14 Tagen wieder abgehängt und verkauft wurde. Bereits kurz nach 1744 gelangte es in die Sammlung Friedrich des Großen nach Preußen und ist heute im Charlottenburger Schloß in Berlin zu besichtigen.

In kürzester Zeit waren das Geschäft des Monsieur Gersaint weit über Paris bekannt, Watteau berühmt und der Werbeerfolg durchschlagend. Künstlerische Qualität in der Werbung zahlte sich also aus.

Was macht nun den besonderen Reiz dieses Bildes aus? Das über drei Meter breite Bild geht in seiner detailtreuen, ausgeklügelten Komposition und virtuosen Malweise weit über seine ursprüngliche Funktion eines Hinweis- und Werbeschildes hinaus. Der humorvolle und spielerische Umgang mit der Kunst, den Watteau hier demonstriert, wird deutlich, wenn man die Szenen genauer untersucht.

Das Gemälde weckt Kauflust. Es suggeriert, daß sich die Kunden im Laden geradezu drängeln und höchst interessiert am Warenangebot sind. Während die Dame in Schwarz wohl eher die Malqualität prüft, inspiziert ihr Begleiter deutlich die Details weiblicher Aktdarstellungen. An der Ladentheke wird offensichtlich bereits gekauft. Man könnte in den Szenenfolgen die Darstellung verschiedener Motivationsgründe zum Kauf erkennen.

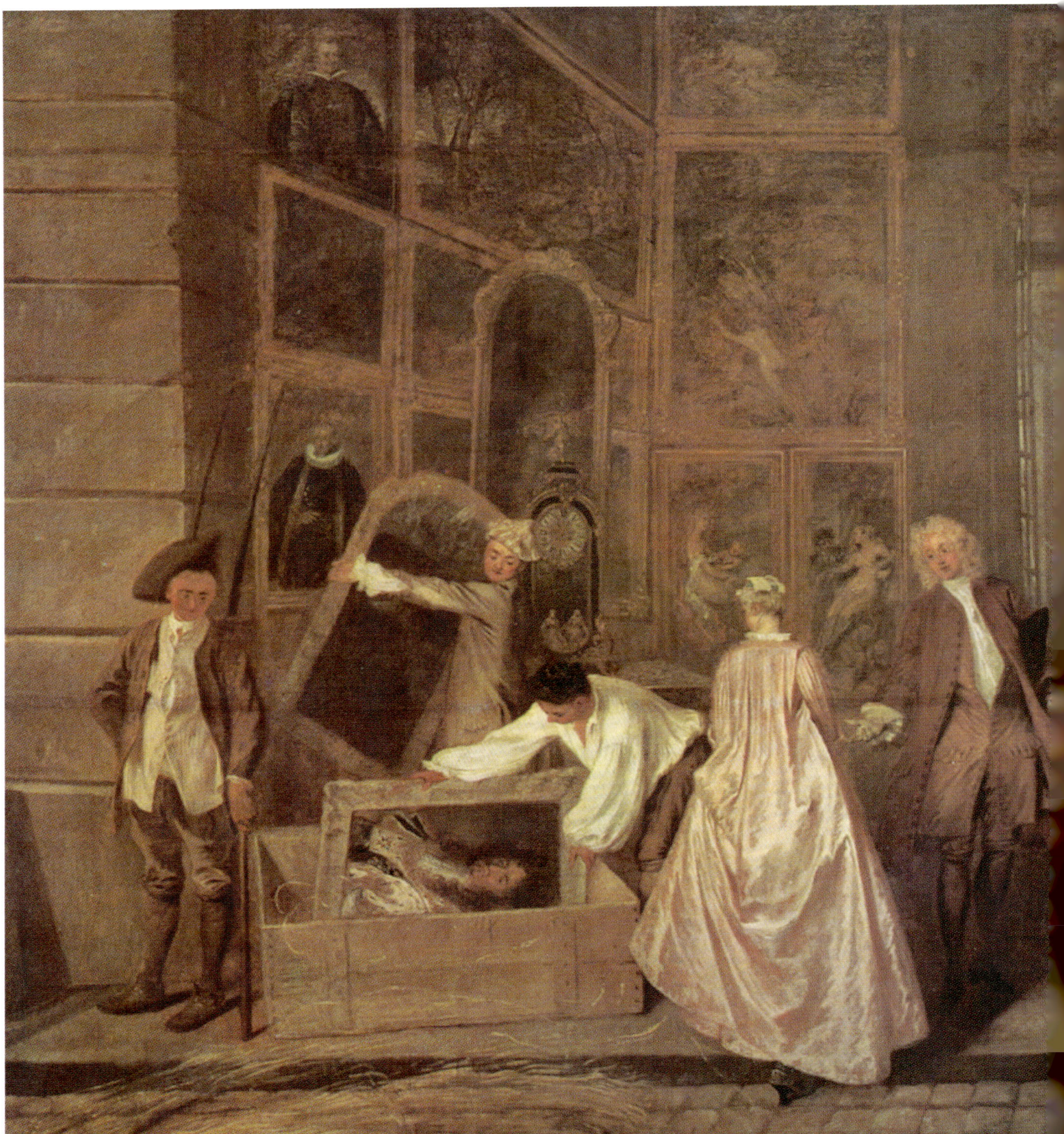

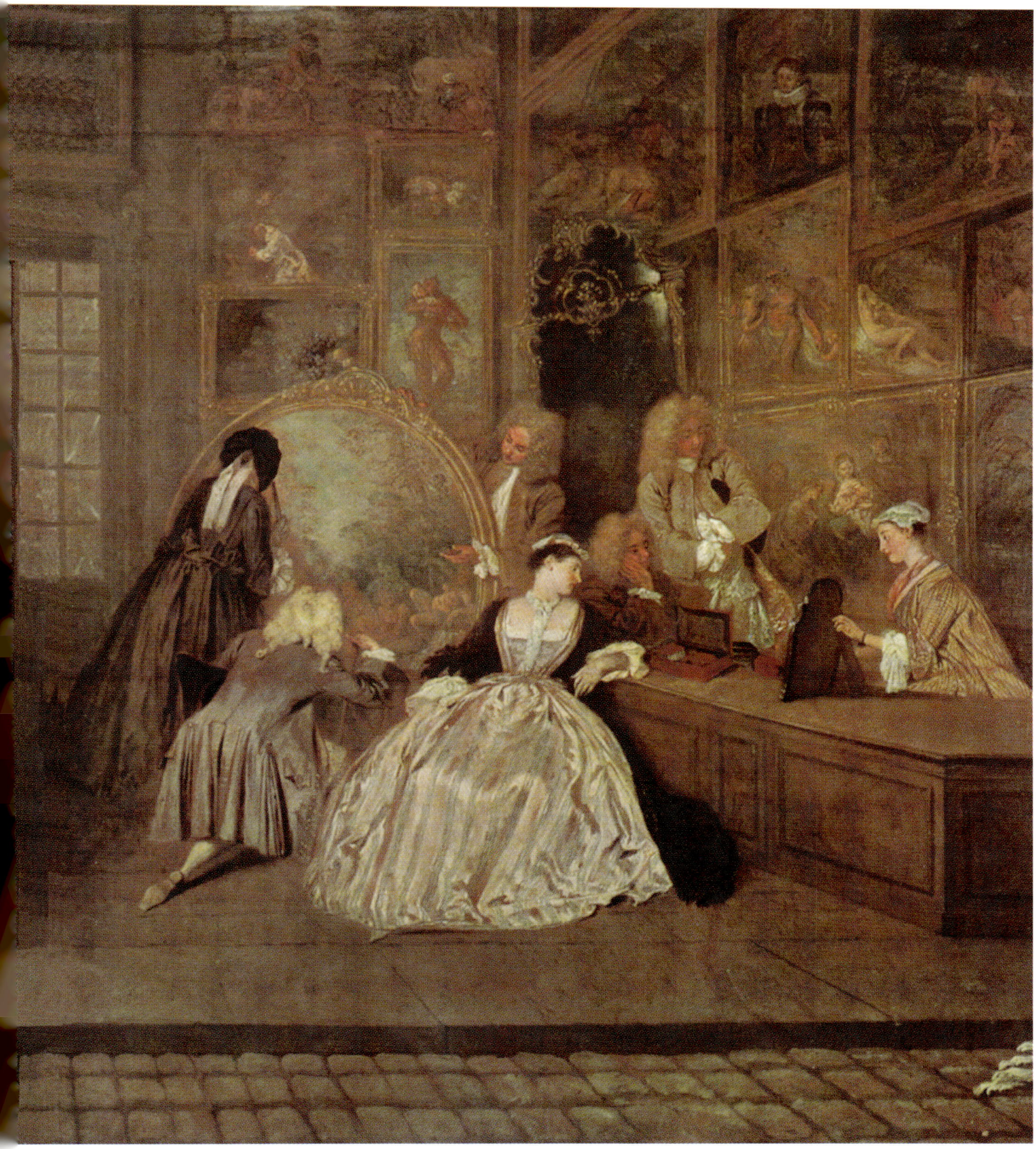

Watteaus „Ladenschild" vermittelt eine ziemlich präzise Vorstellung einer Kunsthandlung dieser Zeit. Es zeigt das Angebot von Kunst als Ware in einem stationären Laden mit „Laufkundschaft" als Käuferpotential. Das bislang vorherrschende Kunstschaffen – geprägt durch Auftragsarbeiten von Kirche, Fürstenhöfen und privilegierten Bürgern – weicht zunehmend einer Kunstproduktion für den freien Markt, auch für den gehobenen Durchschnittskonsumenten.

Der Kunsthändler Gersaint erkannte auch diesen Trend und präsentierte ein breit gefächertes Warenangebot. Ein Bild hing neben dem anderen, eine beeindruckende und bewußt zur Schau gestellte Warenfülle.

Obwohl die ausgestellten Werke an den Wänden der Galerie nur in wenigen Fällen eindeutig identifiziert werden können, lassen sich alle Hauptkategorien der Malerei (Landschaft, Akt, Genre, religiöse und mythologische Szenen, Stilleben und Portraits) ausmachen. Auch unterschiedliche Länder und Zeiten (italienische Bilder des 16. Jh. und niederländische Meister des 17. Jh.) sind auszumachen. Das „Ladenschild" stellt somit das Ideal einer Bildergalerie vor, die für jeden Geschmack etwas bietet. Trotz dieser inhaltlichen Gewichtung verfolgt Watteau primär kein intellektuelles Anliegen, sondern dieses Bild gibt eher einen suggestiven, spielerischen und humorvollen Einblick in das zeitgenössische Lebensgefühl und zielt bewußt auf die Sinne des Betrachters ab.

Interessant ist die Bemühung um ein „aktuelles Warenangebot", signalisiert durch das abgehängte Portrait Ludwig des XIV. Dieses Portrait des fünf Jahre zuvor verstorbenen und zu seiner Zeit allgegenwärtigen Sonnenkönigs, der nach vielen Jahren der Regentschaft sein Land kurz vor dem Staatsbankrott und in Kriege verwickelt, hinterließ, scheint nunmehr unverkäuflich zu sein und verschwindet in einer Holzkiste. Andere Themen sind nun stärker gefragt und der clevere Händler Gersaint reagiert flexibel auf Marktveränderung, also das geänderte Verkaufsverhalten seiner Kunden.

Man weiß, daß seine Unternehmertätigkeit nachhaltig von großem Erfolg geprägt war und er als äußerst wohlhabend galt. François Gersaint war einer der erfolgreichsten und bedeutendsten Kunsthändler und Mäzene seiner Zeit. So sollte ein Tatbestand, der nicht aus dem Bild zu ersehen ist, nicht unerwähnt bleiben. Gersaint, der Einzelhändler mit dem Gespür für das Neue und mit merkantiler Flexibilität, gab einen der ersten Verkaufskataloge heraus und zwar mit den Radierungen Rembrandts. Dieser Pioniertat folgten weitere elf bekannte, beispielhafte Auktionskataloge.

Gersaint hatte also ein ungewöhnliches Gespür für die besondere Qualität in der Kunst. Er war engagierter Kenner und Liebhaber von Kunst und Kultur, verfügte über beachtliche Innovationsfähigkeit und über sämtliche einzelhändlerische Tugenden, wie sie auch heute in hohem Maße gefordert sind.

Antoine Watteau (1684 bis 1721) wurde in der ehemaligen flämischen Grafschaft Hennegau geboren. Seine Freunde nannten den Künstler einen „peintre vlamand"; der Nachwelt wird er als französischster aller französischen Maler bekannt.

Besondere Förderung erhielt Watteau durch den Dekorationsmaler Claude Audran, der zugleich das Amt des Konservators am Palais du Luxembourg in Paris innehatte und ihm die dortige Bildersammlung öffnete. Insbesondere war er von Peter Paul Rubens beeindruckt.

Eine Fortsetzung seiner Studien konnte ihm Pierre Crozat bieten, der für die damalige Zeit eines der größten graphischen Kabinette mit Handzeichnungen von Tizian, Veronese, Correggio und van Dyck besaß.

1720 kehrte der lungenkranke Watteau von einer England-Reise nach Paris zurück und fand bei seinem Freund Gersaint herzliche Aufnahme. Zum Dank malte er das „Ladenschild". Es entstand nach nur acht Vormittagssitzungen. In den Bildern der Galerie hat der Maler seiner großen Vorgänger – Veronese, Rubens, Giorgione und Tizian – gedacht. Im Frühjahr 1721 ordnete Watteau seine Werke und bat Gersaint sie zu verkaufen. Am 18. Juli 1721 starb er in den Armen seines Freundes Gersaint.

Nicht in gleicher Ausschließlichkeit, jedoch durchaus in Parallelität zwischen stationärem Verkauf und Förderung der Kunst ist das Verhältnis zwischen Vincent van Gogh und Julien „Père" Tanguy zu sehen.

*rechts: Bildnis des Farbenhändlers „Père" Tanguy, 1887/88 Gemälde von Vincent van Gogh*

*Vorhergehende Doppelseite: Das Ladenschild des Kunsthändlers Gersaint, gemalt von Antoine Watteau*

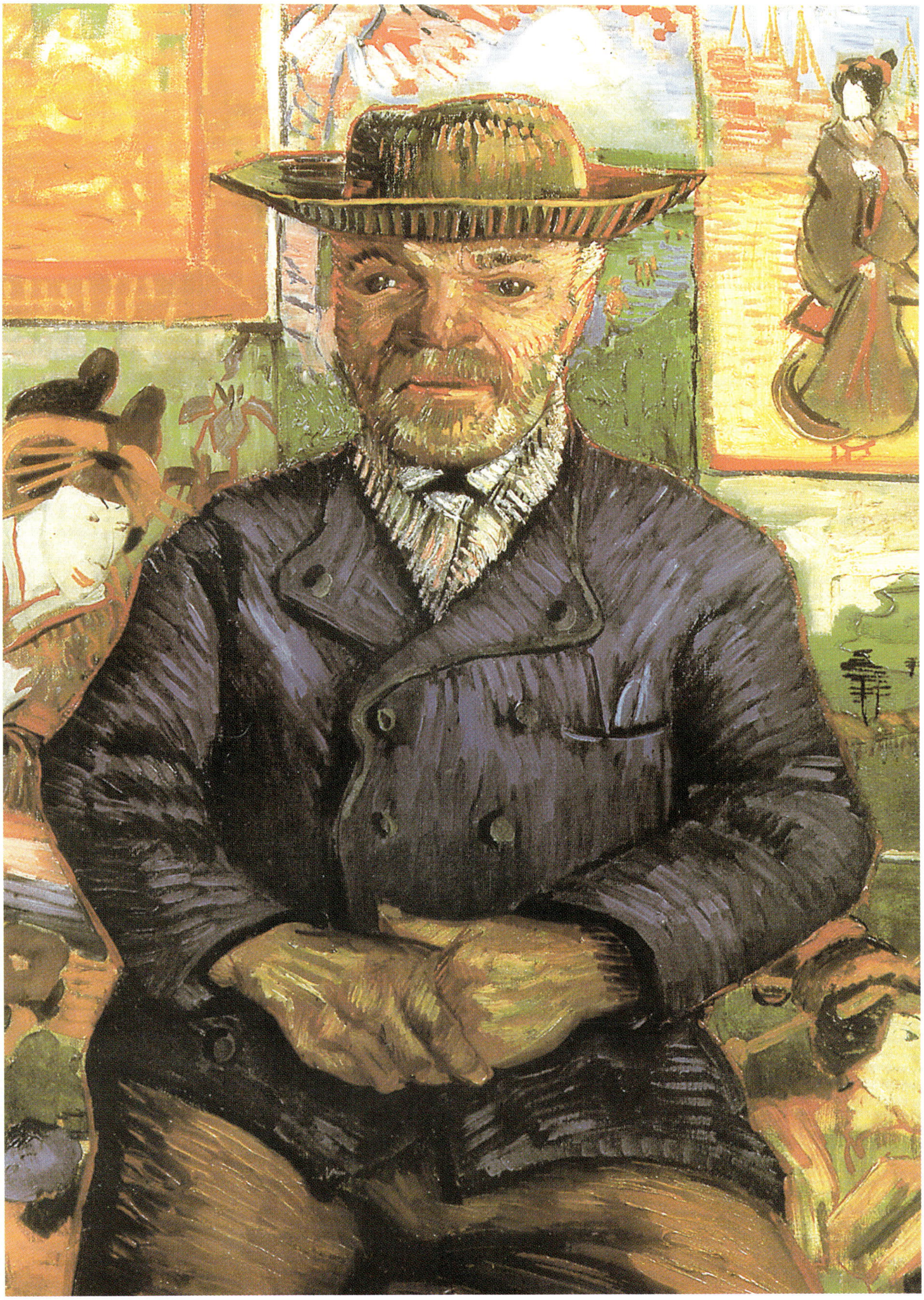

Vincent Willem van Gogh, 1853 in Nordbrabant in den Niederlanden geboren, arbeitet u. a. in den Niederlassungen Den Haag (1869), Brüssel (1873), London (1873), Paris (1874) der Kunsthandlung Goupil u. Cie., die seinem Onkel gehörte. Nach einem sehr unsteten Leben verbringt er die Jahre zwischen 1886 – 1888 erneut in Paris, wo er mehr als 200 Bilder malt. Seine Farben kauft er sich bei dem als Grandseigneur bekannten Julien Tanguy, der aus idealistischen Gründen das Malmaterial sehr billig – und oft auf Kredit – abgibt. In einem Nebenraum seines Ladengeschäfts hatte er eine kleine Galerie eingerichtet, in dem neben van Gogh auch Bilder von Paul Cézanne, Gauguin und Seurat vertreten waren. Nirgendwo anders als hier lernten sie gegenseitig ihre Arbeiten kennen. Später wird man diese vier Maler als Wegbereiter der Moderne und des 20. Jahrhunderts apostrophieren.

Gegen Ende seiner Pariser Zeit malte van Gogh drei Portraits seines Farbenhändlers. Das abgebildete Portrait gibt den alten Herrn streng frontal, fast symmetrisch wieder. Monumental sitzt er im Vordergrund des Bildes. Diese vereinfachte Darstellung steht im Kontrast zu dem komplizierten Gefüge des Hintergrundes, der tapeziert ist mit japanischen Holzschnitten. Das ganze wirkt extrem flach, die japanischen Tänzer scheinen geradewegs an die Figur vorne zu stoßen. Genau diese Nivellierung des räumlichen Zusammenhangs ist hier bemerkbar, die auf eine Illusion der konkreten Wirklichkeit verzichtet.

Die Helligkeit des Impressionismus, die Auflösung von Flächen zu grafischen Strukturen durch den Pointellismus und die dekorative Flächigkeit des Japonismus hat sich van Gogh in ständiger Auseinandersetzung mit seinen Künstlerkollegen angeeignet. Farbe und Pinselführung werden künftig seine entscheidenden Ausdrucksmittel werden.

So fühlte er sich bereit, jenen Weg zu gehen, den vor ihm vor allem schon Cézanne beschritten hatte. Er wollte in den Süden, wo die Natur – die er für seine Studien so benötigte – freundlicher, das Licht heller, die Farben intensiver sind. Vermutlich hatte ihn auch sein Freund Henri de Toulouse-Lautrec mit beeinflußt.

Van Gogh geht nach Arles, wo er vom Zusammenleben in einer Künstlergemeinschaft träumt. Hier entstehen viele Landschaftsbilder. Häufig malt er nachts im Freien, wobei er Kerzen auf seine Hutkrempe und an der Staffelei befestigt. Bei einem Besuch von Gauguin kommt es zu einer Auseinandersetzung, bei der sich van Gogh einen Teil seines linken Ohres abschneidet. Als Ursachen seines Verhaltens werden Trunksucht, Epilepsie und Schizophrenie vermutet.

1890 entstehen nochmals 80 Gemälde in Anvers. Am 27. Juli unternimmt er hier einen Selbstmordversuch, an dessen Folgen er in der Nacht vom 29. auf den 30. Juli 1890 stirbt.

# FACETTEN EINER MARKT-ATMOSPHÄRE

Marktplätze spielten bereits in Griechenland (Agora) und Rom (Forum) eine bedeutsame Rolle. Vom Mittelalter an wurden Märkte auch im übrigen Europa der Versorgungsort der städtischen Gemeinschaft. In den großen Städten gab es oft mehrere Märkte: für Tiere, Heu, Getreide, Fleisch, Holz und Kohle, Fisch, Salz, Wein... Jede Woche kamen an bestimmten Tagen Kaufleute, Handwerker und auch Bauern, um dort ihre Produkte zu verkaufen. Sie hatten ihre festen Standorte, die nach Berufsgruppen und Genossenschaften aufgeteilt waren. Der Boden, auf dem die Läden und Stände aufgebaut wurden, gehörte entweder Gründerfamilien oder der Stadt. Sie erhielten dafür (Stand-)platzgeld und hatten das Recht zum Verpachten. Gleichzeitig übte die Stadt auch zunehmend auf dem Markt die Justiz aus: Sie kontrollierte Gewichte und Maße und legte Bestimmungen für die Nahrungsmittel sowie die Strafen für das Überschreiten der Vorschriften fest.

Das Flair der Märkte hat sich bis heute erhalten. Selbst im stationären Handel lehnt sich in vielen Marketingstrategien der 90er Jahre das Ambiente der Obst- und Gemüseabteilung sowohl in den Supermärkten, SB-Warenhäusern und auch in den innerstädtischen Kauf- und Warenhäusern an den traditionellen Charakter der Bauernmärkte und ihrer Atmosphäre an.

Im folgenden sollen unterschiedliche Facetten der Marktatmosphäre an den Bildern von Bernardo Belotto, Leopold Müller, Carl Moll und Boris Kustodijew, dargestellt werden.

## Der Dresdner Neumarkt

Märkte bilden seit der Hansezeit den Mittelpunkt der Städte. Bernardo Belottos Bild „Der Dresdner Neumarkt" ist ein hervorragendes Beispiel, in dem der Markt als architektonisches Element der Stadtarchitektur interpretiert wird. Bernardo Belotto (1720 bis 1780) war der Neffe des Malers Antonio Canal (1697 bis 1768), genannt Canaletto. Canal selbst war der Sohn eines Theatermalers, und so wirkten seine Frühwerke wie Bühnenbilder. Er entwickelte dann seine malerische Reife in der Darstellung von Stadtansichten. Um wirklichkeitsgetreuer malen zu können, benutzte er sogar eine „camera obscura". Sie war eine relativ einfache Spiegelkonstruktion, die durch vielfache Brechungen des Lichts die äußere Wirklichkeit in eine Dunkelkammer projizierte. Sie ermöglichte Canaletto exakte Vorzeichnungen. Personen dienten ihm in erster Linie nur als Staffage oder als Farbtupfer.

In seiner ihm eigenen Maltechnik wird an Canaletto extrem deutlich, daß vor der Erfindung der Kamera Maler unter anderem auch die Aufgabe hatten, als Dokumentatoren zu dienen. Canalettos Werk wurde durch seinen Neffen Bernardo Belotto äußerst erfolgreich fortgesetzt. Er übernahm auch den Namen seines kinderlosen Onkels. Belotto gelangte als Hofmaler an den Fürstenhöfen Europas zu höchstem Ruhm.

1746 bis 1748 war er auch als Hofmaler in Dresden. Unter August dem Starken (1678 bis 1733) hatte sich die Hauptstadt Sachsens zu einer der schönsten Residenzen und zur „Barock- und Rokokostadt Europas schlechthin" entwickelt. August der Starke gründete 1710 die Meißener Manufaktur; in seiner Regierungszeit

*Leopold Carl Müller, Der Markt in Kairo, 1878*

*vorhergehende Seite: Canaletto (Bernardo Belotto): Ansicht des Dresdener Neumarkts im 18. Jh.*

Standardwerk systematisiert. Diese Arbeit bildete eine der Grundlagen für die Denkmalpflege, um mit der Rekonstruktion Warschaus zu beginnen.

Die Parallelität der Aktivitäten Canalettos in Dresden und Warschau ist kein Zufall, sondern beruht darauf, daß August der Starke zugleich auch zweimal – mit der Unterbrechung durch den von Schwedens Karl XII. inthronisierten polnischen Gegenkönig Stanislaus Leszcynski – polnischer König war. In seiner zweiten Amtsphase entstand in Warschau die „Sächsische Achse" mit Ehrenhof, Palast und „Sächsischem Garten". Baumeister in Warschau war wie auch in Dresden Matthäus Daniel Pöppelmann.

## Afrikanische Marktexotik

Ein immerwährendes Element als Anziehungspunkt für Besucher ist die Exotik auf ausländischen Märkten. Ob der Markt in Marrakesch in Marokko oder der Vogelmarkt in Hongkong: Der Reisende fühlt sich auf den Märkten in die Tradition jener Länder zurückversetzt.

Für die Europäer spielte die nordafrikanische Küste als Schnittstelle zur Wahrnehmung zweier unterschiedlicher Kulturen eine durchaus besondere Rolle. Dies gilt heutzutage für die Touristenströme nach Ägypten, Tunesien und Marokko; aber es galt auch für die Maler Anfang des 20. Jahrhunderts. Am bekanntesten mag wohl die legendäre Tunisreise von Paul Klee, August Macke und Louis Moilliet sein.

Hervorragend eingefangen wurde das Ambiente eines nordafrikanischen Marktes auch von Leopold Carl Müller 1878 in Kairo. Vor der Stadtmauer, die sich links von der Moschee bis rechts zum Stadttor hinzieht, spiegelt sich auf dem Wüstensand eine Marktszene wider, die – aus Sicht der Touristen leider – heute zumindestens in Kairo doch schon der Vergangenheit angehört.

In einem Brief äußert sich Müller selber wie folgt über das Bild: „Da steht vor mir mein großes begonnenes Bild. Ich möchte das Farbengaudium des Orients auf demselben nur einigermaßen treffen und zur Anschauung bringen."

entstanden der Zwinger, die Frauenkirche, die Semper-Oper. Dresden wurde zu einem Sammelbecken der neuen Kulturströmungen: Das galt für die Baukunst wie für die Musik und Literatur. Canaletto hat Dresdens Architektur jenes Jahrhunderts in einer Reihe großer Stadtansichten nahezu „photographisch" für die Nachwelt festgehalten. Insbesondere nach den Bombennächten des Zweiten Weltkriegs hat er dadurch auch mit seinen Bildern zur Vision der Rekonstruktion inspiriert.

Auch beim Wiederaufbau Warschaus spielten die Bilder Canalettos eine bedeutsame Rolle. Im Vorfeld wurde das auf der gesamten Welt verstreute Œuvre kunsthistorisch insbesondere von dem Polen Stefan Kozakiewicz und dem Italiener Rodolfo Pallucchini in einem

Die genaue Betrachtung des Werkes zeigt, daß ihm das meisterlich gelungen ist. Es entfaltet sich ein Markt-Gewimmel aus Menschen, Tieren und Waren, das zunächst völlig ungeordnet erscheint. Die Farben der Wüste, die in unzähligen Helligkeitsstufen und Farbschattierungen von hell- bis dunkelbraun variiert werden, bilden den Grundton des Bildes. Nur wenige leuchtende Farbtupfer wie die Orangen vorne links, grüne Kürbisse oder signalrote Kopfbedeckungen stechen daraus hervor. Müller hat es verstanden, die Atmosphäre dieses Marktes sehr lebendig einzufangen. Mit großer Sorgfalt gibt er in feinsten Farbnuancen die Gewandstoffe, die flirrende Luft und die unterschiedlichen Hauttöne der verschiedenen ethnischen Gruppen wider. Er beschränkt sich dabei aber nicht nur auf den Farbklang und die große Zahl an fremdartigen Gesichtern und Formen, sondern versucht auch, die Geräusche dieses Platzes hörbar zu machen. Im Vordergrund wird ein leierähnliches Instrument gespielt und im Hintergrund bläst ein Mann, der auf Schultern getragen wird, in ein Horn. Es ist nicht schwer, sich die Musik, das Stimmengewirr und die vielfältigen Gerüche vorzustellen.

*Wiener Naschmarkt, Gemälde von Carl Moll 1894*

Trotz der verwirrenden Strukturen folgt der Bildaufbau klassischen Kompositionsregeln. Der Blick des Betrachters wird durch einen Halbkreis sitzender Männer im zentralen Vordergrund in die Szene hineingeführt. Diesen Bogen umschließt eine Dreiecksform, deren Schenkel bei dem hockenden Knaben beginnt und über die Frau mit dem Schleier, dem Bärtigen mit rotem Turban bis zum Kamelreiter in der Mitte verläuft. Von dort läßt sich in gleicher Weise eine Linie über die Wasserträgerin, den blinden Bettler und den Schwarzen ziehen. Diese Pyramidenform verbindet Vorder- und Mittelgrund. Im Hintergrund lösen sich die Konturen zunehmend auf und verschwimmen im Dunst der staubigen trockenen Hitze.

Obwohl die Darstellung so präzise ausgearbeitet ist, wirkt die Szene relativ natürlich und spontan, das sicher damit zusammenhängt, daß Müller sie „nach der Natur, direkt aufs Bild gemalt (hat)", wie er in seinem Brief schreibt. Diese Arbeitsweise ist für einen Genremaler dieser Zeit recht ungewöhnlich, denn üblicherweise wurden so umfangreiche Darstellungen nach kleinen Vorskizzen erst im Atelier zusammengestellt. Lediglich die Impressionisten legten großen Wert darauf, den Eindruck in der Natur unmittelbar auf die Leinwand zu übertragen.

Leopold Carl Müller (1834 – 1892) siedelte von seiner Geburtsstadt Dresden zu Beginn seiner malerischen Tätigkeit nach Wien über, wo er als Illustrator für die Wiener Satirezeitschrift „Figaro" arbeitete. Schon auf seinen ersten Reisen nach Venedig, Ungarn, Paris, Sizilien und Istanbul faszinierte ihn vor allem das Leben des einfachen Volkes, welches er in seinen Bildern präzise wiederzugeben suchte. Den größten Einfluß auf sein Schaffen hatten aber sicherlich die vielen und langen Reisen nach Ägypten. Angezogen durch das flirrende Licht, die exotischen Farben und die ausdrucksstarken Gesichter verbrachte er von 1873 bis 1876 jeden Winter in Kairo und teilte sich dort eine Werkstatt mit seinen berühmten Kollegen Franz Lenbach und Hans Makard. Diese Liebe zu Ägypten brachte ihm den Spitznamen „der Orient-Müller" ein.

Ab 1877 startete Müller dann eine akademische Laufbahn als Professor an der „allgemeinen Malerschule der Wiener Akademie". 1878 übernahm er die Spezialabteilung Historienmalerei und leitete die Akademie für die letzten 2 Jahre seines Lebens im Amt des Direktors. Diese Erfolge und die zahlreichen Ehrungen und Preise konnten ihn aber nicht davor bewahren, als typischer Vertreter der Malerei der Gründerzeit sehr schnell in Vergessenheit zu geraten. Es mag tröstlich sein, daß auch seinem berühmten Kollegen Hans Makard, der zu Lebzeiten als das größte Malergenie Österreichs galt und dessen Atelier ein Pilgerort von Kunstinteressierten aus ganz Europa war, das gleiche Schicksal ereilte.

### Der Wiener Naschmarkt

Ein Beispiel der Benchmarks jener Marktatmosphäre war und ist auch der Wiener „Naschmarkt". Die erste Erwähnung des Marktes geht auf das Jahr 1774 zurück. Damals wurde er als Kleinmarkt überwiegend für Milch abgehalten. Hier liegt auch sein Name begründet, denn so naheliegend es für das genußsüchtige Wien scheint, „Naschmarkt" kommt nicht von „naschen", sondern leitet sich von „Aschenmarkt" ab, wobei „Asch" Milcheimer oder Kübel bedeutet. Schnell wurde das Angebot durch das Obst- und Gemüseangebot der „Sauerkräutler und Grünzeugleut", Fleisch und Fisch ergänzt und ließ ihn zum lebendigsten Markt Wiens werden.

Gegen Ende des 19. Jahrhunderts wuchs Wien wie die meisten europäischen Großstädte explosionsartig an. 1869 betrug die Einwohnerzahl 600.000, 1904 nach Eingemeindung zahlreicher Vororte bereits 1.675.000. Entsprechend stiegen der Versorgungsbedarf und die Warenvielfalt. Um 1900 umfaßte der Markt bereits ein beachtliches Angebot an einheimischem Obst und Gemüse, Fleisch, ca. 50 Arten von Süßwasserfischen dazu Seefisch, Krabben, Muscheln, Austern. Importe aus dem Süden wie Pignolien, Pistazien, Korinthen, Feigen, Ananas, Limonen, Vanilleschoten und vieles mehr. Auch Tiere, die heute eher in Zoos zu sehen sind, landeten in den Wiener Kochtöpfen: Schildkröten, Frösche, Fischreiher, Fischotter und Biber.

Obwohl die Nachteile eines offenen Marktes wie Wettereinflüsse und Straßenstaub offensichtlich sind, haben sich die Wiener stets erfolgreich gegen den Bau einer großen Markthalle am Naschmarkt gewehrt. Die geschlossene Markthalle würde den reizvollen Charakter des Lebendigen und Provisorischen zerstören, denn gerade der Verkauf an vielen kleinen Standl von einfachen offenen Tischen oder direkt aus Körben macht den besonderen Reiz aus.

Auch heute noch ist der Naschmarkt mit circa 170 festen Ständen der größte und vielfältigste Wiener Markt. Das Angebot lockt mit unzähligen Fisch, Fleisch- und Käsesorten, Backwaren, Tees, Gewürzen, Trocken- und Hülsenfrüchten, kurz: Es gibt heute kaum eine einheimische oder exotische Gaumenfreude, die auf dem Naschmarkt unbefriedigt bleibt. Es finden sich überwiegend ausländische Stände, deren exotische Waren nicht nur die Küchen bereichern, sondern auch das Auge befriedigen. Sie tragen entscheidend zum sympathischen Gewirr der Sprachen, Gerüche, Farben und Formen bei. Zwischen Kaktusfeigen und Erdbeeren findet jeder – vom ökobewußten Studenten bis zum Küchenchef eines Nobelhotels – die passenden Produkte, egal ob er sich eher für mediterrane Köstlichkeiten wie Gewürze, Kräuter, Oliven, eingelegte Tomaten und Auberginen oder für die einheimischen Produkte des Bauernmarktes mit Schinken, Würsten, Gartenblumen, Obst und Gemüse interessiert.

1894 malte der Wiener Maler Carl Moll (1861 bis 1945) den Naschmarkt. Das Bild zeigt die typischen Merkmale dieses Marktes in jener Zeit: das Gewirr der Sonnenschirme, die Fässer und Körbe auf dem Boden oder die berühmten „Obstlerinnen" oder „Fratschlerinnen" bei ihren „Standln", die sich durch ihre Kopftücher deutlich von den einkaufenden Damen mit schicken Hüten unterscheiden. Im Laufe der Zeit hat sich im harten Konkurrenzkampf um Kunden und die besten Standorte der resolute, aber tratschsüchtige und liebenswerte Typus der Wiener Marktfrau entwickelt. Die geographische Lage des Marktes verstärkt diese Konkurrenz, denn der Naschmarkt liegt zwischen „Rechter und Linker Wienzeile" und führt vom Zentrum weg. Das Preisgefälle und die unterschiedlichen Absatzchancen auf dieser kurzen Strecke vom Zentrum bis zum Ende an der Kettenbrückengasse sind enorm.

Molls Bild zeigt den alten Standort des Marktes, der näher an der barocken Karlskirche lag, die im Hintergrund zu sehen ist. Erst 1916, nachdem der Wien-Fluß überbaut worden war, wurde der Markt an seinen heutigen Standort verschoben. Über die Entstehung des Naschmarktbildes berichtet er in seiner Biographie: „...also pflanze ich mich endlich auch mit der Bildleinwand mitten am Markte auf. Leicht wird es mir nicht. Die Unruhe vor den Augen, die Neugierde im Rücken, das kostet Nerven." Trotzdem gelang es ihm, eine sehr eindrucksvolle, harmonische Impression des Marktes festzuhalten. In seiner Ansicht vom Naschmarkt schienen ihn vor allem das stark atmosphärische Licht, welches die frühen Morgenstunden anzeigt, und das alltägliche Treiben auf dem Markt interessiert zu haben.

Hier am Anfang des Marktes begegnen sich auch Markttreiben und Kunst, denn Joseph Maria Olbrich baute 1889 am Naschmarkt das beeindruckende Ausstellungshaus der „Wiener Secession", dessen vergoldete Eisenkuppel nun mit der Kuppel der Karlskirche wetteiferte und den entgegengesetzten Ausgangspunkt des Marktes bildet. Schnell kreierte der Volksmund den passenden Namen für die durchbrochene Kuppel: „Goldenes Krauthappel (Kohlkopf)". Es wurde das Zentrum der avantgardistischen Künstler und ist es bis heute geblieben.

Die Kunstentwicklung zu Beginn des Jahrhunderts wurde von Moll erheblich mit geprägt. Er war Mitherausgeber der Kunstzeitschrift „Ver sacrum" und versammelte als Mitbegründer der „Wiener Secession" 1897 und der „Wiener Werkstätte" 1903 in seinem Freundeskreis mit Gustav Mahler, Gustav Klimt, Kaloman Moser, Joseph Hoffmann, Oskar Kokoschka und vielen anderen die wichtigsten Vertreter der Malerei, Architektur und Musik in Wien. Als Organisator zahlreicher Ausstellungen zeitgenössischer Maler aus Deutschland, Österreich und der Schweiz trug er dazu bei, das Werk der französischen Impressionisten in Wien bekanntzumachen. In seinem eigenen malerischen Werk hielt er in seinen Bildern unspektakuläre Alltagsszenen fest, um sein Wahrnehmungs- und Ausdrucksvermögen zu testen. Hierbei achtete er besonders auf die Lichtverhältnisse zu verschiedenen Tages- und Jahreszeiten. Insofern steht diese Marktszene stellvertretend für seinen persönlichen Malstil.

## Märkte in Rußland

Weitere Beispiele von typischer Markt-Atmosphäre sind mehrere Bilder von Boris Kustodijew. Er setzt sich sehr intensiv mit der Interaktion zwischen Händlern und Kunden auseinander; denn der Handel braucht, dient und bedient Menschen, die für Händler ihre Kundenpotentiale sind. Der „Stand-Ort" für Märkte orientiert sich deshalb an belebten Plätzen und Straßen, auf denen das Leben pulsiert

*Boris Kustodijew: Marktszene 1908*

„... und man glaubte, man sei auf dem Moskauer Holzmarkt, wo sich täglich die geschäftigen Schwiegermütter und Basen versammeln, begleitet von ihren Köchinnen, um ihre Einkäufe zu machen, und wo uns ganze Berge von geschnitztem, gedrechseltem, geflochtenem und verzahntem Holz entgegenschimmern: Fässer, Bottiche, Teereimer, Kannen mit und ohne Maul, Wannen, Körbe, Hechelbretter, durch welche die Frauen ihren Flachs und andere Dinge ziehen, Kästchen aus dünnem, gebogenem Espenholz, Körbchen aus geflochtener Birkenrinde und noch vieles andere zum Bedarf des reichen und armen Rußlands ...".
Aus: Nikolaj Gogol, Die toten Seelen

und die eine notwendige Kundenfrequenz für erfolgreiche Geschäfte bieten. Ob an Stätten der Antike, an denen sich die „Agora" um einen Tempel entwickelte, ob die Wochenmärkte auf den Domplätzen des Mittelalters oder im „alten" und jetzt wieder im „neuen" Rußland: es entwickelten sich beliebte Marktplätze um Kirchen und Klöster. In einer besonderen Symbiose werden dabei die Bedürfnisse der Menschen nach seelischen und den unverzichtbaren leiblichen Gütern befriedigt.

Eine sicherlich typische Marktszene vor dem berühmten Dreifaltigkeitskloster bei Moskau hält der russische Künstler Boris Kustodijew auf einem 1912 gemalten Bild fest. In dichtgedrängten und ineinander verschachtelten Marktständen werden Waren des täglichen Bedarfs angeboten. Auf selbstgemalten Schildern werben Händler für ihr Warenangebot, wie Schuhe, Kleidung, Tee für den Samowar, den dazugehörigen Zucker, Haushaltsgeräte – oft aus Holz gearbeitet – bis hin zu Zahnstochern, ein in Rußland sowohl damals als auch heute viel benutzer Alltagsartikel.

Der Maler Boris Kustodijew muß dieses Kauferlebnis auf den Märkten, überragt von den Türmen der russischen Klöster und Kirchen, äußerst geschätzt haben, denn er greift diese Szenen in verschiedenen Bildvariationen zwischen 1906 und 1912 immer wieder auf – also wenige Jahre vor der Oktoberrevolution 1917, nach deren Sieg zahlreiche Kirchen und Klöster geschlossen und der freie Handel als Teil einer „Marktwirtschaft" im eigentlichen Sinne des Wortes durch eine Planversorgung abgelöst wurde.

Seine Bilder zeigen farbenfrohe Tücher und Stoffe in ihrer beim russischen Menschen so beliebten Vielfalt des Dekors. Diese malerisch verspielte Buntheit in Farben und Formen findet sich sowohl auf den bemalten Holztöpfen, dem Spielzeug, aber auch in der Kleidung der Menschen.

Die Babuschkas, das Brautpaar in seiner Tracht, die Bauern in ihren Kitteln, die bunt gekleideten Frauen und Kinder lassen ebenso wie die verspielt bemalte Architektur der Kirchtürme mit ihren Kuppeln und Kreuzen auf den Turmspitzen etwas von der oft besungenen „russischen Seele" erkennen.

Boris Kustodijew lebte von 1878 bis 1927. Er wurde in Astrachan geboren und hat bei Ilja Repin an der St. Petersburger Kunstakademie studiert. Seine Werke wurden erstmals im Jahre 1901 im Ausland, in München, gezeigt. Über seine Mitgliedschaft in der russischen Kunstvereinigung „Welt der Kunst" hat sich Kustodijew für die russische Kunst im Ausland stark engagiert. Durch diese Kontakte bekam er unter anderem von den Uffizien in Florenz 1912 den Auftrag zu einem Selbstbildnis.

Interessanterweise nahm Kustodijew für dieses Selbstbildnis das Motiv des Marktes vor dem Dreifaltigkeitskloster wieder auf. So

*Boris Kustodijew: Marktszene 1910*

stellt er sich selber als einen der Käufer auf dem Klostermarkt dar, und zwar vor einem Ladentisch mit typischem russischen Spielzeug. Man kann wohl davon ausgehen, daß auch ihn die Schließung und teilweise Zerstörung der beliebten Märkte nach der Oktoberrevolution sehr getroffen haben mag.

Kustodijew gilt sicherlich nicht als ein Avantgardist der Kunst, wenn man bedenkt, daß zum Beispiel Kasimir Sewerinowitsch Malevic bereits in jenen Jahren das auf Unverständnis stoßende „Schwarze Quadrat" schuf, das bis an die äußerste Grenze der Abstraktion vorstieß. Allerdings kann man durchaus einige seiner Werke den Ursprüngen des sozialistischen Realismus zurechnen.

Grundlegend wurzelt Boris Kustodijew, wie die meisten Maler seiner Zeit, eher tief in der Tradition naiver Volkskunst, die bevor-

*Kustodijew, Selbstporträt, 1912*

zugt Motive aus dem täglichen Leben aufgreift, statt künstlerisch zu experimentieren. Diese Verbundenheit mit der Tradition ist vergleichbar mit der über Jahrhunderte dieselben Motive wiederholenden Kunst der Ikonenmalerei, die zwar stilistische und regionale Eigenständigkeit aufweist (wie die Nowgoroder oder Moskauer Schule), aber die Kunst dem Ziel einer Verehrung und dem Ansprechen des Gefühlslebens, dem Geschichtenerzählen und einem Schwelgen in Farben unterordnet. Selbst der große Marc Chagall, der die Einflüsse moderner westlicher Stilelemente aufnahm, ist dieser typischen russischen malerischen Erzählkunst und der lebhaften Farbenfreude treu geblieben.

In dieser Vielfalt der Farben, wie sie sich in den Bildern Kustodijews manifestiert, nimmt die Farbe Rot, quasi als Signalfarbe, einen zentralen Platz ein. Der „Rote Oktober", die roten Fahnen der Revolution, aber auch rotgestrichene Kirchen bis hin zu „roten Preisschildern" für preiswerte Waren, ist ein bewußter Appell, der auf das Neue und Außergewöhnliche mit Entschlossenheit und Angebotsaggressivität aufmerksam machen will. Um dieses „Aufmerken" bemühen sich Politik, Religion und Handel gleichermaßen. Sie alle setzen insbesondere die Farbe Rot gezielt zur emotionalen Stimulanz ein.

Heute erleben wir in Rußland eine Renaissance der Klöster und Kirchen. Gleichzeitig können wir beobachten, daß auch der Handel und die Märkte neue Impulse erhalten. Wenn sich der Handel auch in der Massendistribution den modernen westlichen Vertriebsformen mit ihren Warenhäusern, wie das legendäre Kaufhaus GUM am Roten Platz, oder den neu geschaffenen Einzelhandels-Centren anpaßt, so ist doch zu beobachten, daß von Händlern aus den Dörfern auch wieder die traditionelle Volkskunst und Souvenirs für den Touristen, aber auch Bedarfsartikel für die bäuerliche Bevölkerung auf Marktplätzen vor den in leuchtenden Farben restaurierten Kirchen und Klöstern angeboten werden. Sie werden nach Jahren der Vergessenheit und des Verfalls heute erneut von vielen Menschen frequentiert, denn ein heiliger Platz sollte gemäß einem russischen Sprichwort niemals leer sein. So bilden Kultur und Handel wieder eine natürliche Einheit, und das ist gut so, für die Kultur, den Handel und vor allem auch für die Menschen.

# EIN JAHRHUNDERT DER KAUF-KATHEDRALEN

Emile Zola, der berühmte französische Schriftsteller, nannte das 1887 in Paris gebaute Warenhaus „Au Bon Marché" eine moderne Kathedrale, die für eine Gemeinde von Kunden errichtet worden sei. Kein geringerer als Gustave Eiffel, nach dem der von ihm erbaute Turm benannt wurde, war der Konstrukteur des Stahlgerüstes dieses neuen Pariser Einkaufsparadieses. Die seinerzeit unvergleichliche Verkaufsfläche betrug 25.000 qm; sie wurde von 360 Bogenlampen und 3.000 Glühlampen beleuchtet.

## Paradies der Damen

Zola (1840 bis 1902) war vom „Au Bon Marché" so fasziniert, daß er gleichsam als Gegenstück zu einem seiner weiteren Werke, dem „Bauch von Paris" – den Markthallen der Metzger und Gemüsehändler – mit seinem Kaufhausroman „Paradies der Damen" ein Bild wohlfeiler Genußerfüllung und Eitelkeiten, der Massensuggestion und der weiblichen Psyche zeichnete:

„... Plötzlich blieben die Damen starr vor Überraschung stehen. Vor ihnen breiteten sich die Ladenräume aus, die größten Ladenräume der Welt, wie die Reklame behauptete. Jetzt ging die große Mittelgalerie von einem Ende bis zum anderen, mit einem Ausgang nach der Rue du Dix-Décembre und einem nach der Rue Neuve-Saint-Augustin, während sich rechts und links, den Seitenschiffen einer Kirche gleich die schmaleren Galerien Monsigny und Michodière ebenfalls ohne eine Unterbrechung an den Straßen entlangzogen. Hier und da schufen die Hallen breite Wegkreuzungen inmitten des Metallgerippes der freitragenden Treppen und der schwebenden Brücken. Man hatte die Einteilung im Hause geändert; die alten billigen Ladenbestände waren jetzt an der Rue du Dix-Décembre untergebracht, die Seidenabteilung lag in der Mitte, die Handschuhabteilung nahm hinten die Saint-Augustin-Halle ein, und von der neuen Empfangshalle aus erblickte man, wenn man die Augen hob, noch immer die Bettenabteilung, mit der man von dem einen äußersten Ende des zweiten Stocks zum anderen umgezogen war. Die riesige Anzahl der Rayons belief sich auf fünfzig; mehrere völlig neue waren an diesem Tage eröffnet worden; andere, die zu wichtig geworden waren, hatte man einfach teilen müssen, um den Verkauf zu erleichtern. Und angesichts dieser ständigen Vergrößerung der Geschäfte war selbst das Personal für die neue Saison auf dreitausendfünfundvierzig Angestellte vermehrt worden.

Was die Damen am Weitergehen hinderte, war der wundervolle Anblick der großen Weißwarenausstellung. Zunächst umgab sie das Vestibül, eine mit einem Mosaik-

*links: Das von Boileau und Eiffel entworfene „Au Bon Marché" in Paris*

*rechte Seite: Tietz-Glaspalast in Berlin*

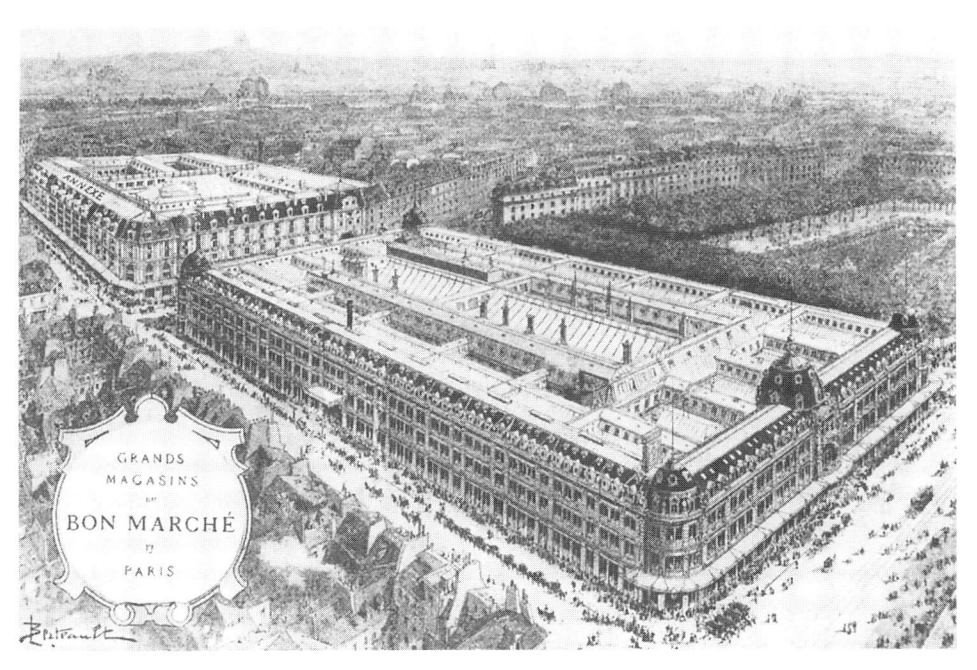

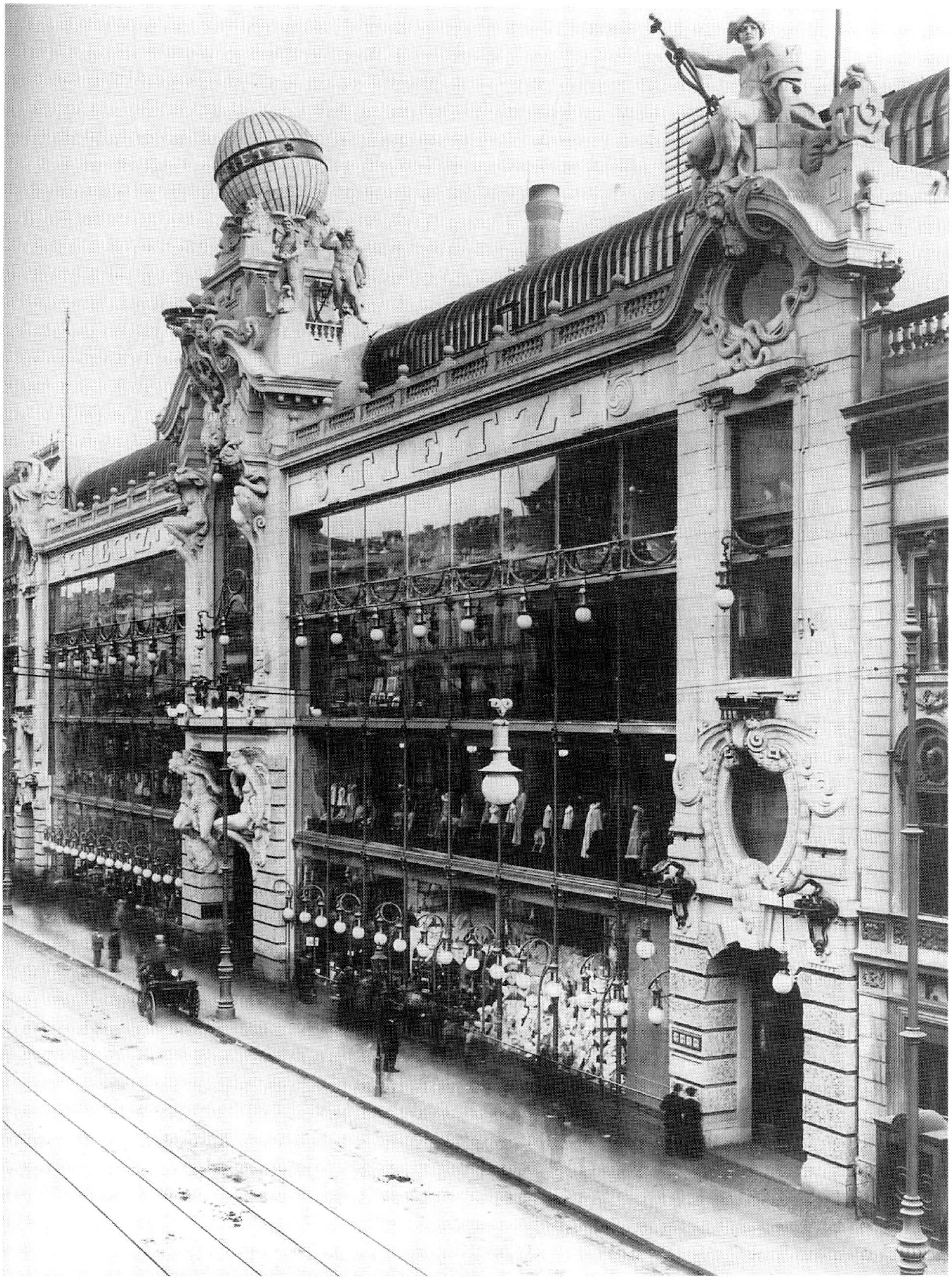
TIETZ
TIETZ
TIETZ

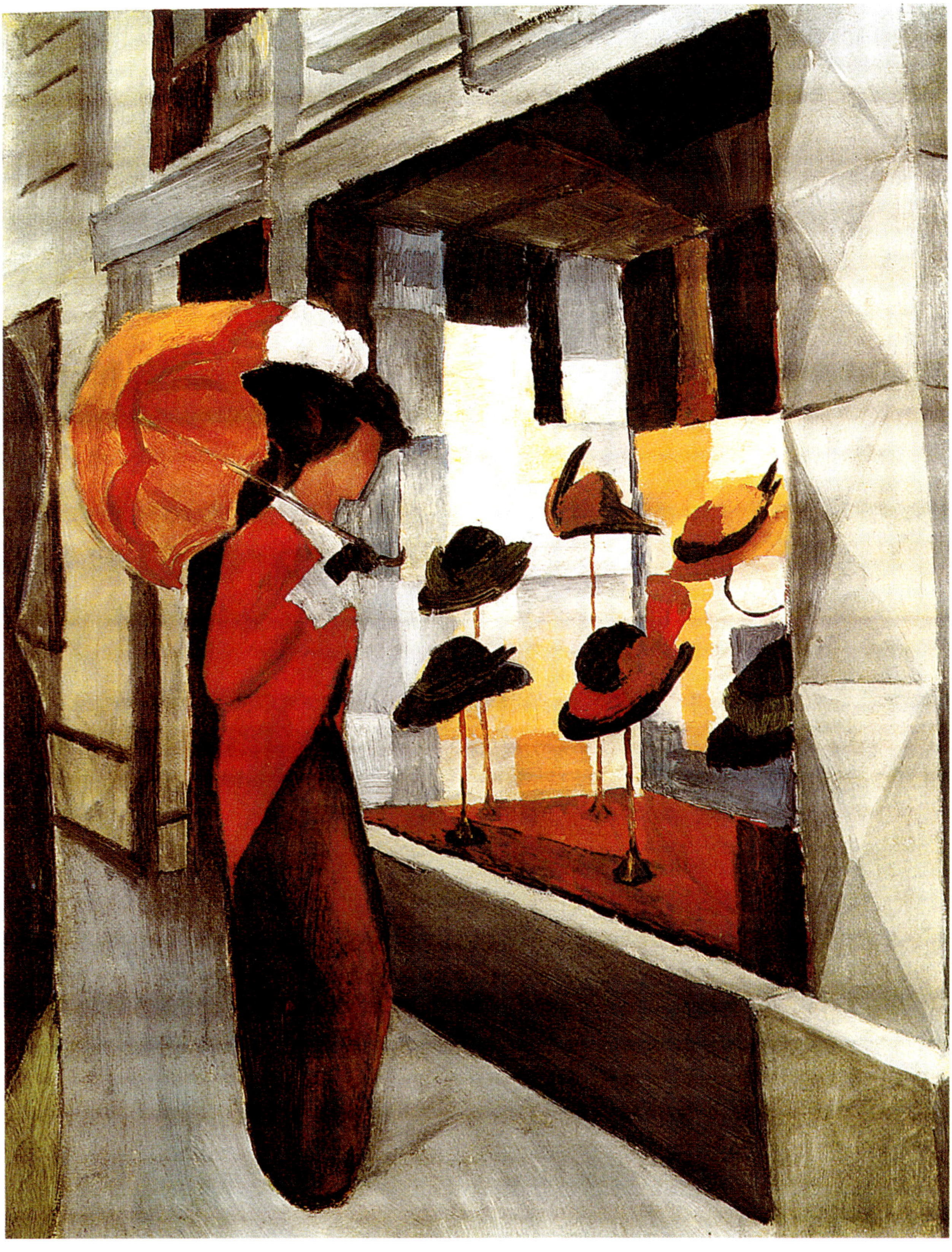

pflaster versehene Halle aus Spiegelglasscheiben, wo die ausgelegten billigen Waren die gierige Menge fesselten. Dahinter dehnten sich in strahlendem Weiß die Galerien, ein Ausblick in den hohen Norden, eine wahre Schneelandschaft, die die Unendlichkeit mit Hermelin bespannter Steppen und in der Sonne leuchtende Gletschermassen zeigte. Hier fand man das Weißzeug wieder, das man von draußen in den Schaufenstern gesehen hatte, aber zum Leben gebracht, riesenhaft, brennend von einem Ende des ungeheuer großen Raumes bis zum anderen mit dem weißen Lodern einer in vollen Flammen stehenden Feuersbrunst. Nichts als Weiß, alle weißen Artikel aus sämtlichen Rayons, eine Schwelgerei in Weiß, ein weißes Gestirn, dessen stetiges Strahlen zunächst blendete, so daß man in diesem unvergleichlichen Weiß keine Einzelheiten unterscheiden konnte. Bald gewöhnten sich die Augen daran: zur Linken zeigte die Galerie Monsigny in langer Reihe die weißen Vorgebirge der Leinen- und Kattunsorten, die weißen Felsen der Bettlaken, Servietten und Taschentücher, während zur Rechten die Galerie Michodière, die von den Kurzwaren, den Wirkwaren und den Wollsachen eingenommen wurde, weiße Bauten aus Perlmutterknöpfen, eine große, aus kurzen weißen

*linke Seite: August Macke, Hutladen, 1914*

*Durch sukzessiven Grundstückserwerb an der Hohen Straße in Köln gelang es Leonhard Tietz 1902, einen Jugendstilbau mit integrierter Passage nach Mailänder Vorbild zu eröffnen.*

*„Weiße Wochen" bei Hermann Tietz in Berlin, um 1926*

*rechts: August Macke, Modegeschäft 1913*

sich wie eine Schar ziehender Schwäne. Dann fiel das Weiß von den Wölbungen herab, Daunen ergossen sich, eine breite schneeige Bahn aus großen Flocken: weiße Bettdecken, weiße Plumeaubezüge flatterten, wie Kirchenbanner aufgehängt, in der Luft; lange Gipürestreifen waren durch den ganzen Raum gespannt, wirkten wie Schwärme weißer Schmetterlinge, die mit unbeweglichem Schwirren in der Luft hingen; überall fielen Spitzenschauer herab, schwebten dahin wie Mariengarn an einem Sommerhimmel, erfüllten die Luft mit ihrem weißen Hauch. Und das Wunderbarste, der Altar für diesen Kult des Weiß, befand sich über der Seidenabteilung in der großen Halle: ein Zelt aus weißen Vorhängen, die von dem Glasdach herniederhingen. Die Musseline, die Gazestoffe, die kunstvollen Gipüren flossen als ein leichtes Gewoge herab, während sehr reich gestickter Tüll und Stücke orientalischer, mit Silber durchwirkter Seide den Hintergrund dieser riesigen Dekoration bildeten, die etwas von einem Tabernakel und zugleich von einem Alkoven hatte. Man hätte meinen können, ein großes weißes Bett harre hier wie im Märchen in seiner jungfräulich unberührten Riesenhaftigkeit auf die weiße Prinzessin, die eines Tages allmächtig im weißen Brautschleier daherkommen sollte. ...

... Unter der Lawine all dieses Weißen, in der scheinbaren Unordnung der Gewebe, die zufällig aus den geleerten Regalen gefallen zu sein schienen, verbarg sich ein harmonischer Tonsatz, das Weiß, weiter ausgesponnen und abgewandelt in all seinen Tönen, die entstanden, wuchsen, sich entfalteten mit der komplizierten Orchestration einer meisterlichen Fuge, deren unausgesetzte Abwandlung die Seelen zu immer weiterem Fluge davonträgt. Nichts als Weiß, und niemals dasselbe Weiß, alle Tönungen von Weiß, deren jede sich von den anderen abhob, einen Gegensatz zu ihnen bildete, sie ergänzte und die alle zusammen zu einem schallenden Ausbruch von Licht gelangten. Mit dem matten Weiß von Flanell und Tuch; dann kamen in einer ansteigenden Tonskala Samt, Seide und Atlas, das nur leise schimmernde Weiß, das an den Faltenbrüchen schließlich zu kleinen Flammen wurde; und mit der Durchsichtigkeit der Vorhänge floß das Weiß gleichsam auf, wurde zu freier Helligkeit in den Musselinen, den Gipüren, den Spitzen, vor allem im Tüll, der so zart war, als sei er der höchste, verhallende Ton, während

Strümpfen zusammengesetzte Dekoration, einen ganz mit weißem Molton ausgeschlagenen, von einem fernen Lichtstrahl erhellten Saal zur Schau stellte. Aber die leuchtendste Helligkeit ging vor allem von der Mittelgalerie aus, bei den Bändern und den Halstüchern, den Handschuhen und der Seide. Die Ladentische verschwanden unter dem Weiß der Seiden und der Bänder, der Handschuhe und der Tücher. Um dünne eiserne Säulen wallte, hier und dort durch weißen Foulard gerafft, weißer Musselin, die Treppen waren mit weißen Behängen geschmückt, einander abwechselnden Draperien aus Piqué und geköpertem Barchent, die sich die Geländer entlangzogen und die Hallen bis zum zweiten Stockwerk hinauf umgaben; und dieses aufsteigende Weiß bekam Flügel, drängte sich zusammen und verlor

das Silber der orientalischen Stoffe im Hintergrund des riesigen Alkovens am lautesten sang."

Emile Zola beherrschte nicht nur die Bild-Sprache der Poesie, sondern hatte auch ein tiefes Verständnis für die Malerei. Er verlebte seine Jugend in Aix-en-Provence, wo sich eine Freundschaft mit Cézanne entwickelte. In seinen späteren Jahren förderte Zola als Kunstkritiker Manet und die Impressionisten.

## Schauwerbung und Schaufenster

Die neuen Betriebsformen Kauf- und Warenhäuser stehen in engem Zusammenhang sowohl mit der Schauwerbung als auch dem Schaufenster. Gerade die Schaufenster bieten schon von außen einen Ausschnitt aus der Welt des jeweiligen stationären Einzelhändlers und sollen somit potentielle Käufer emotionalisieren. Im optimalen Fall müssen tiefenpsychologisch das Ambiente von Laden- und Warenangebot übereinstimmen.

In der Bewertung von Ladengeschäften ist seitens der Handelsmanager häufig das fast banale Urteil „Dieser Laden stimmt" oder „Das Angebot stimmt" zu hören. Derartige Aussagen rücken linguistisch die „Stimmigkeit" an die „Kauf-Stimmung", die letztendlich durch eine optimale Kombination von Warenangebot und -darbietung ausgelöst werden soll.

Wie kaum ein anderer Künstler war der Maler August Macke von der sinnlichen Ausstrahlung farbenfroher Schaufenster und Modegeschäfte fasziniert. Die Attraktivität ansprechend-dekorierter Geschäftsauslagen zogen ihn magisch an, so daß in wenigen Jahren eine Bilderserie aus der Welt der Mode und des Einzelhandels entstand.

Mit den von ihm bevorzugten Motiven der Schaufenster- und Ladenbilder hat der jugendliche Maler einige seiner schönsten und reifsten Bilder gleichsam der Stimmung in der Einzelhandels-Szene gewidmet. Mackes Bilder zeigen elegante und modebewußte Damen im Stil der bevorstehenden „Goldenen 20er Jahre" vor den Auslagen von Hut- und Modegeschäften. Die Damen betrachten nicht nur interessiert die Auslagen, sondern spürbar ist, wie sie, ähnlich wie in der von Emile Zola im „Paradies der Damen" vorzüglich beschriebenen Art und Weise, fast magisch von der dekorierten Ware, der leuchtenden Farbigkeit, den strahlenden Lichtreflexen und den reinen Farbtönen der Schaufenster angelockt werden.

Die Sinnlichkeit der besonderen Farbgebung der Bilder des August Macke symbolisiert spontane Kauflust. Die Arrangements der von ihm dargestellten Auslagen sind stilvoll, fast wie ein „Stil-Leben" mit hohem ästhetischen Reiz gemalt. In den Bildern ist eine spürbare Spannung zwischen ruhevollem und genußreichem

*Jugenstil-Fassade des Warenhauses Tietz in Köln*

dieser Kunstrichtungen weisen durchaus Parallelitäten zu Zielsetzungen und Tugenden erfolgreicher Handelstätigkeiten auf. Ambitionen im Kulturschaffen und im Handel lassen einen Gleichklang erkennen.

Diese Einflüsse haben die Malerei von August Macke geprägt. Sie sind in seinen Bildern über den Handel aufzuspüren und zwar in einer unnachahmlichen Komplexität und Mischung, die den Rang seiner Kunst unverwechselbar zum Ausdruck bringt, weit über seine Zeit hinausführt und die Gültigkeit auch künftig rechtfertigen wird.

Betrachten einerseits und hastiger Beweglichkeit andererseits aufgebaut, so wie sie auch heute im Tagesgeschäft die Welt des Handels in den Einkaufspassagen, auf den Boulevards und in den Kauf-Centren vermittelt.

Das Licht um die raffinierte Beleuchtung bricht sich in prismatisch, flirrenden Facetten und arbeitet dennoch die Angebotsschwerpunkte in ihrer Attraktvität heraus. Die warmen und äußerst subtil abgestimmten Farben der Kleidung der betrachtenden Damen und den Hüten in der Auslage heben die Grenzen zwischen außen und innen fast auf – ein Effekt, der durch die Lichtreflexe der Formenkorrespondenz zwischen Figuren und Gebäudeteilen noch unterstrichen wird. Der Betrachter wird dadurch geradezu in das Geschäft hineingezogen. Als Gesamteindruck ist die leuchtende Farbharmonie dieser Bilder vorherrschend, die eine auffallende Freundlichkeit als Grundelement einer Service-Bereitschaft signalisiert.

Das ausgehende 19. Jahrhundert war künstlerisch vorrangig vom Impressionismus geprägt. Doch schon bald kristallisierten sich weiterführende Kunststile heraus, die sich im Schaffen des August Macke widerspiegeln und in ihrem Einfluß in den gezeigten Bildern deutlich werden. Die Programmatik und das Lebensgefühl

## Kauf- und Warenhäuser prägen die Innenstädte

Aber nicht nur die Literatur und Malerei wurden durch „Au Bon Marché" inspiriert, sondern auch der Wettbewerb. In Frankreich folgten noch im 19. Jahrhundert als weitere Benchmarks der Betriebsform Warenhaus das Grand Magasin du Louvre, Les Printemps, die Galeries Lafayettes und das Samaritaine.

Aber auch die Kaufkultur anderer internationaler Großstädte wurde durch die Kaufhausmagneten wie das Harrods oder Selfridges in London, das Jenner in Edinburgh, das KaDeWe in Berlin, Stockmann in Helsinki, Magazin du Nord in Kopenhagen, das Macy's und Bloomingdale's in New York oder Mitsukoshi in Tokio geprägt.

In Deutschland gehörten die Warenhäuser vom späten 19. und dem beginnenden 20. Jahrhundert zu den architektonischen Schwerpunkten der Städte. Dem ersten Warenhaus von Karstadt 1891 folgte Wertheim in Berlin am Leipziger Platz mit dem damals größten Warenhaus Deutschlands. In Köln erlangte die Tietz-Passage rasch Berühmtheit. Die Warenhäuser jener Zeit waren meist um zentrale, glasüberdachte Innenhöfe grup-

Auch beim Aufbau der neuen Mitte Berlins spielt Warenhausarchitktur eine besondere Rolle:

die elegante Treppenführung des Quartier 206, Friedrichstadt-Passagen (Fotos: oben und links)

trichterförmig verglaster Innenhof der Galeries Lafayette im Quartier 207, ebenfalls Friedrichstadt-Passagen, (Foto unten)

*links: Tietz im Einheitspreisgeschäft*

*unten: Epa-Einheitspreisgeschäft in Hildesheim, 1928*

piert, die mit Rolltreppen ausgestattet wurden; letztendlich eine Idee, die in den 90er Jahren dieses Jahrhunderts durch innenstädtische Shopping-Center und Galerien wieder aufgenommen wurde.

Kauf- und Warenhäuser wurden jedoch nicht nur als singuläre High-lights entwickelt, sondern auch als multiplikativer Betriebstyp. In Deutschland dominieren heute die beiden Doppelgespanne Karstadt/Hertie und Kaufhof/Horten die Warenhausszene. Allerdings zeigen sich ähnlich wie im religiösen Bereich auch bei den Besuchern der weltlichen Kathedralen des Handels Ermüdungserscheinungen. Möglicherweise hat die Multiplikation ehemaliger „Weltstadthäuser" zu einem Abnutzungsprozeß geführt, insbesondere auch dadurch, daß unter ein und demselben Label Warenhäuser von 6.000 qm und 60.000 qm gemeinsam zur Gewinnung der Gunst der Konsumenten angetreten sind.

### Klein- und Einheitspreise

Der Inhaber des Au Bon Marché – Aristide Boucicaut – verführte seine Kundschaft jedoch nicht nur durch die Emotion und Inspiration, sondern auch durch die Entdeckung des Prinzips des Massenkonsums: Hohe Umschlagsgeschwindigkeit im Verbund mit niedrigen Preisen. Kalkulierten die Pariser Einzelhändler durchschnittlich mit einem Aufpreis von 40 Prozent, so begnügte sich Boucicaut mit 20 Prozent; bei 15 Prozent Kosten verblieben ihm noch 5 Prozent vom Umsatz. Multipliziert jedoch mit der verstärkten Nachfrage (Erhöhung der Umschlagsgeschwindigkeit) lag sein absoluter Gewinn über dem seiner Konkurrenten.

Nahezu zeitgleich mit Boucicaut griff auch in den USA ein junger Kaufmann zum Mittel des Niedrigpreises: Frank Winfield Woolworth. Zuerst als Angestellter zeichnete er 1879 bis dato unverkäufliche Waren unter dem Slogan „Alle Waren auf dieser Theke für 5 Cent" aus. Innerhalb weniger Stunden waren die Ladenhüter verkauft.

Seine Chance erkennend, machte sich Woolworth zuerst in Utica, nahe der kanadischen Grenze mit einem 5-Cent-Store selbständig, ging jedoch Pleite. Bei einem zweiten Anlauf in Pennsylvania eröffnete er ein Geschäft unter seinem eigenen Namen. Aufgrund der vielen Arbeiter in der Stadt hatte er an diesem Standort einen großen Erfolg. Bereits im Jahr 1900 hatte er 59 Woolworth-Filialen in den USA. 1911 baute er aus seinem Gewinn in New York das damals höchste Gebäude der Welt, das Woolworth-Building mit Baukosten von über 13 Millionen $. Als Woolworth 1919 starb, hinterließ er ein Unternehmen, das in den USA und in Kanada 1.081 Läden betrieb.

Europa wurde von Woolworth 1909 über England erschlossen. Im United Kingdom kletterte die Zahl der Filialen bis 1939 auf 768. Die Premiere in Deutschland erfolgte 1927 in Bremen. Bis 1933 stieg die Zahl der Woolworth-Läden in Deutschland auf 81. Die größten Woolworth-Kaufhäuser führten an die 5.000 Artikel, fast ausschließlich Gebrauchsartikel, keinen Luxus. In Deutschland gab es nur die beiden Preisstufen 25 und 50 Pfennige. Aber Woolworth war nicht die einzige Kette von Einheitspreisgeschäften, die in der zweiten Hälfte der 20er Jahre in Deutschland Fuß faßte. Ihr Boom basierte letztendlich auf der sinkenden Kaufkraft als Folge der sich zuspitzenden Weltwirtschaftskrise. Sie zwang immer mehr Bürger, äußerst billig einzukaufen.

In der deutschen Übersetzung des Namens Woolworth, nämlich Wohlwert, sah eine Art Einkaufsverband kleinerer Einzelhändler unter Führung des Leipziger Warenhausunternehmens der Gebrüder Ury die Chance, sich als Wettbewerber zu profilieren. Beachtliche Filialnetze von Einheitspreisgeschäften betrieben auch die 1925 von der Leonhard Tietz AG in Köln gegründete Ehape-Einheitspreishandelsgesellschaft und die 1926 von der Rudolph Karstadt AG aufgebaute Epa-Einheitspreis AG. Sie führten etwa 3.000 Artikel des täglichen Bedarfs zu 10, 25, 30, 50 Pfennigen und einer Reichsmark.

Das bewährte Prinzip standardisierter Einheitspreise versuchten die Warenhauskonzerne auch in die traditionellen Warenhäuser zu übernehmen. Das beweisen unter anderem die „Serientage" bei Karstadt. Sie waren nicht nur Sonderveranstaltungen, die werbemäßig vorbereitet wurden, sondern stellten eine zwangsläufige Reaktion auf die in Folge der Weltwirtschaftskrise und der Inflation gesunkenen Massenkaufkraft dar. Diese Dynamik erfaßte auch die Mittelschicht, die das traditonelle Warenhaus dem Einheitspreisgeschäft vor-

*Warenhaus Mitsukoshi im bekanntesten Einkaufsviertel Tokios, der Ginza*

zogen. Die Warenhäuser mußten mit einem „Trading down" reagieren, indem sie den Anteil hochpreisiger Artikel deutlich verringerten. Die „Serientage" bei Karstadt fanden in den Monaten Juni und November statt und ergänzten die „weißen Wochen" in den Monaten Februar oder März und die „Inventurausverkäufe" im Januar und Juli. Karstadt arbeitete an den „Serientagen" mit 12 Preisstufen von 25 Pfennigen bis zu 18,50 Reichsmark. Interessanterweise hatte der Warenhauskonzern Hermann Tietz damals keine Einheitspreiskette. Er beschränkte sich auf „Einheitspreis-Tage", deren Anzahl zum Ende der 20er Jahre zunahm.

Diese in den 20er Jahren sowie in den 50er und 60er Jahren verfolgte Strategie des Billig-Angebots erwies sich jedoch bei zunehmendem Wohlstand in den 70er und 80er Jahren als äußerst problematisch. Die steigenden Einkommen führten bei den Konsumenten zum Wunsch nach Individualität und Marktsegmentierung, nicht nach billiger Massenware. Gleichzeitig gestatteten die hohen Mietkosten in den Innenstadt-Lagen nicht den Wettbewerb mit Billiganbietern auf der „grünen Wiese". Somit mußten die Kauf- und Warenhäuser sich wieder auf die Suche nach Profilierungskonzepten durch Up-trading machen.

## Neue Zielgruppen

Ein interessantes Beispiel der Innovationsbemühungen der Kauf- und Warenhäuser ist Tokio. Mit durchschnittlich knapp 18.000 qm pro Geschäft und einer Flächenproduktivität von fast 20.000 DM pro qm, gehören in Japan Warenhäuser zu den wirklich großen Verkaufsmaschinen im Lande. Dennoch muß auch hier dieser Betriebstyp aufgrund von Änderungen der soziodemographischen Daten und dem damit verbundenen anderen Kaufverhalten Neupositionierungen vornehmen.

Den wohl besten Eindruck dieser Branche erhält der Japan-Reisende im bekanntesten Einkaufsviertel Tokios, der Ginza. Hier findet der Besucher die alteingesessenen und renommierten Warenhäuser der Stadt. Dicht gedrängt nebeneinander befinden sich

ster, das auch auf große Entfernung nicht zu übersehen ist. Auf acht Etagen, vier Untergeschossen und dem Dach wird dem Besucher ein internationales Sortiment präsentiert. Qualität und Service, Prunk, Prestige und Luxus – diese Attribute hat Mitsukoshi – ebenso wie viele andere japanische Warenhausbetreiber – zur Grundlage der Positionierungsstrategie gemacht. Ausdruck findet dieser Ansatz nicht nur im ausgeprägten Fachgeschäftscharakter der vielen Marken-Shops, sondern ebenso in der gesamten Zusammenstellung des Angebots sowie in der hochwertigen Einrichtung der Geschäfte und in der ausgesprochenen Freundlichkeit des Personals.

Mitsukoshi ist ein durchaus typischer Vertreter der japanischen Warenhausszene. Hier zeigt sich, daß in dieser Branche jede zweite Mark durch das Geschäft mit Textil, Bekleidung und Accessiores erwirtschaftet wird. Auf hochwertige Marken mit Weltgeltung wird dabei besonderer Wert gelegt. Kein Designer von Rang und Namen in der Modewelt, der hier nicht mit einem eigenen Shop gewürdigt wird. Von überquellenden Angeboten zu

hier fast alle namhaften Warenhausunternehmen Japans in enger Nachbarschaft: angefangen vom Flaggschiff Mitsukoshi mit seinen direkten Nachbarn Matsuzakaya, Matsuya und Merusa bis hin zu den etwas von der Hauptstraße entfernt liegenden Niederlassungen von Hankyu, Sogo und Printemps.

Das auffälligste Geschäft auf der Chuo Dori, der Haupteinkaufsstraße der Ginza, ist Mitsukoshi, eine Niederlassung des – nach Takashimaya – zweitgrößten Warenhausbetreibers in Japan. Der Haupteingang wird überragt durch ein riesiges Großpo-

verlockenden Schleuderpreisen – wie seinerzeit Emile Zola den Charakter der ersten Warenhäuser in Frankreich beschrieb – kann in der japanischen Warenhausszene keine Rede sein. Angesprochen wird vielmehr ein zahlungskräftiges Publikum mit ausgeprägtem Markenbewußtsein.

Die jüngeren Einwohner Tokios bevorzugen Viertel wie Shinjuku oder Shibuya. Dort ist mit zahlreichen kleineren Modegeschäften das Angebot für diese Zielgruppe wesentlich größer, und die Preise liegen teilweise deutlich unter dem Niveau der Ginza-Einkaufstempel.

173

*Eingangsfassade des Hankyu Department Store Inc. Ginza in Tokio*

*unten: Peek & Cloppenburg in Berlin*

*vorhergehende Seiten: Galeries Lafayette in Berlin*

In Shibuya ist auch eins der wohl schönsten Warenhäuser in Tokio. An der Jingu Dori findet man in zwei durch verschiedene Brücken miteinander verbundenen Gebäuden eine Niederlassung von The Seibu Department Stores, dem drittgrößten Warenhausunternehmen in Japan. Auf elf Etagen findet der Besucher das „who ist who" der Modewelt. Armani, Calvin Klein, Chanel, Dior, Lacroix, DKNY, Miyake, Yamamoto & Co. – sie alle sind mit einem eigenen Shop vertreten und wetteifern um die Kaufgunst der Kunden. Im Gegensatz zu den Warenhäusern der Ginza stehen im Shibuya Seibu die jüngeren, vor allem amerikanischen Marken, wie Calvin Klein und DKNY stark im Vordergrund, und traditionellere Marken der französischen Schneiderszene sind weniger dominant.

# 1939 – 1945
# EINE ZÄSUR
# DER ZERSTÖRUNG

# LIFESTYLE
# MADE IN USA

Die Bestandsaufnahme nach dem Zweiten Weltkrieg war auch für den Handel katastrophal. Die Konsumgenossenschaften z. B. erhielten zwar ihr Vermögen zurück, die Entflechtung zog sich im Westen jedoch bis 1947 hin. Fast alle Produktionsbetriebe der deutschen Konsumgenossenschaften (GEG) waren durch Bombenangriffe und andere Kriegseinwirkungen mehr oder weniger schwer beschädigt und völlig zerstört worden. Der Schaden allein dieser Gruppe wurde auf 43 Mio. Reichsmark geschätzt. Der Edeka gingen allein in Mitteldeutschland 120 Genossenschaften verloren. Auch die Verkaufsfläche der Warenhäuser war durch den Krieg dramatisch geschrumpft. Karstadt verfügte nur noch über 13 Prozent seiner Vorkriegsverkaufsfläche, Kaufhof hatte 35 seiner 40 Warenhäuser durch Bombardierung oder durch Enteignung verloren. Mit nur einem Zehntel der Vorkriegsfläche startete das Warenhaus-Quartett Karstadt/Kaufhof/Hertie/Horten den Wiederaufbau. Andere Unternehmen verloren durch die Teilung Deutschlands eine erhebliche Anzahl von Filialen. Dennoch begann sehr schnell, zuerst noch aus den Trümmerläden heraus, die erneute Versorgung der Bevölkerung durch den Groß- und Einzelhandel.

Wie in vielen anderen Bereichen des täglichen Lebens stand auch im Handel in den Anfangsjahren der Bundesrepublik Deutschlands Amerika mit seiner Kultur, der Selbstbedienung und den Supermärkten Pate.

Begleitet wurde die Rekonstruktion und Reorganisation durch Neugründungen. Im Versandhandel startete Otto 1949, Neckermann 1950 und Schwab 1955. Die erste deutsche Freiwillige Handelskette im Lebensmittelhandel war die A & O (heute Markant), als eine der nächsten folgte die Spar (1952); im Süßwarengroßhandel entstanden mit Sügro-Interchoc (1956) und Lekkerland (1960) erste Kooperationen von Spezialgroßhändlern.

Dabei hat den Übergang des Nachkriegsdeutschlands in das Wirtschaftswunder nichts so nachhaltig geprägt wie der Start der Selbstbedienung. 1949 eröffnete als erstes Unternehmen nach dem zweiten Weltkrieg die Konsumgenossenschaft „Produktion" einen Selbstbedienungsladen in Hamburg. Nachdem der deutsche Pionier der Selbstbedienung Hermann Eklöh 1939 das erste Selbstbedienungsgeschäft Deutschlands in Osnabrück geschaffen hatte, eröffnete er 1957 in der 2.000 qm großen Rheinlandhalle in Köln die erste Supermarkt-Großfläche. 1957 wurde auch das Institut für Selbstbedienung (ISB/heute EHI) gegründet. Als Plattform für den Erfahrungsaustausch zwischen Theorie und Praxis und als Zentrum wissenschaftlicher Arbeiten hat es die Einführung der Selbstbedienung forciert.

Einher ging neben der Selbstbedienung und in erheblichem Ausmaß durch diese initiiert, die Filialisierung des Lebensmittelhandels in Deutschland. Bekannte Filialunternehmen auf lokaler und regionaler Basis waren in jener Zeit Stüssgen/Köln, Latscha/Frankfurt, Pfannkuch/Heilbronn, Kupsch/Würzburg und Hill/Düsseldorf. Ab 1956 überholte der Umsatz der Filialbetriebe den Umsatz der bis dahin führenden Konsum-Läden und weitete sich beständig weiter aus.

*Mit Normbauteilen wurde „blitzschnell" ein neuer SB-Laden aufgebaut.*

*links und vorhergehende Seite: Die 50er und 60er Jahre wurden von vielen Unternehmen, die heute nicht mehr existieren, mitgeprägt.*

Einer der Hintergründe für das rasante Wachstum des Handels war das Aufblühen der Wirtschaft nach der Währungsreform. Das deutsche Bruttosozialprodukt erhöhte sich von 1950 bis 1990 um 212 Prozent. Der Einzelhandelsumsatz entwickelte sich im gleichen Zeitraum um 172 Prozent, also einem jährlichen Zuwachs um die 20 Prozent.

Bewältigt wurde dieser Anstieg des Produktionsvolumens und der Ladenflächen durch eine Standardisierung der Ware und Läden/Filialen. Begriffe wie „Massendistribution" oder „Massenkonsum" nach amerikanischem Vorbild kennzeichnen diese Periode der Wirtschafts- und Handelsgeschichte.

Dieses Phänomen der Demokratisierung des Konsums kommentierte einst Andy Warhol (1927 bis 1987) mit den Worten: „Das Großartige an diesem Land ist, daß in Amerika die reichsten Konsumenten im wesentlichen die gleichen Dinge kaufen wie die Ärmsten. Du sitzt vor dem Fernseher und siehst Coca Cola, und du weißt, der Präsident trinkt

Coke, Liz Taylor trinkt Coke, und stell Dir vor! – auch Du kannst Coke trinken." In Parallelität zu dieser Erkenntnis entwickelte der New Yorker Künstler in seinem Atelier, das er als „factory" bezeichnete, sich ebenso zum Massenproduzenten, in seinem Fall der Kunst. Wie kaum ein zweiter hat er die Pop-Art (popular art) – die der Masse der Verbraucher Kunst zu erschwinglichen Preisen bietet – geprägt.

Warhol hatte 1949 in New York als Werbegrafiker und Modezeichner angefangen. Wie sehr seine Aktivitäten die Mode seit den 60er Jahren beeinflußt haben, zeigt eine vom Andy-Warhol-Museum in Pittsburgh zusammengestellte Ausstellung „The Warhol Look", die 1998 auch in Europa (London/Marseille) zu sehen war. Für die Ausstellung „Fashion and Fantasy" 1975 in New York zerschnitt Andy Warhol Kleiderteile verschiedener Designer, um sie miteinander vermischt wieder zusammenzunähen. Seine einmalige Fähigkeit, Themen, Stile, Gesichter und Accessoires zu kombinieren, inspirierte viele Größen wie Calvin Klein, Jean-Paul Gaultier oder John Gaillano.

Der Modeschöpfer Gianni Versace, der sich 1980 von Warhol portraitieren ließ, präsentierte 1991 ein kunterbuntes Kleid, bedruckt mit dem berühmten Marilyn-Monroe-Motiv Andy Warhols. Beide verband jedoch nicht nur ihre Geistesverwandtschaft, sondern auch das Schicksal: 1968 hatte eine Attentäterin vier Kugeln auf Warhol abgefeuert; er überlebte nur knapp. 1998 wurde Versace erschossen.

In seinen Bildern hob Warhol bestimmte Gegenstände aus dem medienüberfluteten Alltag heraus und übernahm den seriellen Charakter der dargestellten Waren in seine Bildproduktion, indem er das Motiv aneinanderreihte und durch die Technik des Siebdrucks leicht wiederholbar machte. Diese ständige Wiederholung des gleichen Motivs mit leichten Variationen thematisiert die Massenproduktion und den Massenkonsum und damit die Globalisierung der Märkte für eine Massengesellschaft. Als Betrachtungsobjekt wählte Warhol die alltäglichsten Gegenstände, denen er dann Aufmerksamkeit und Reverenz erwies.

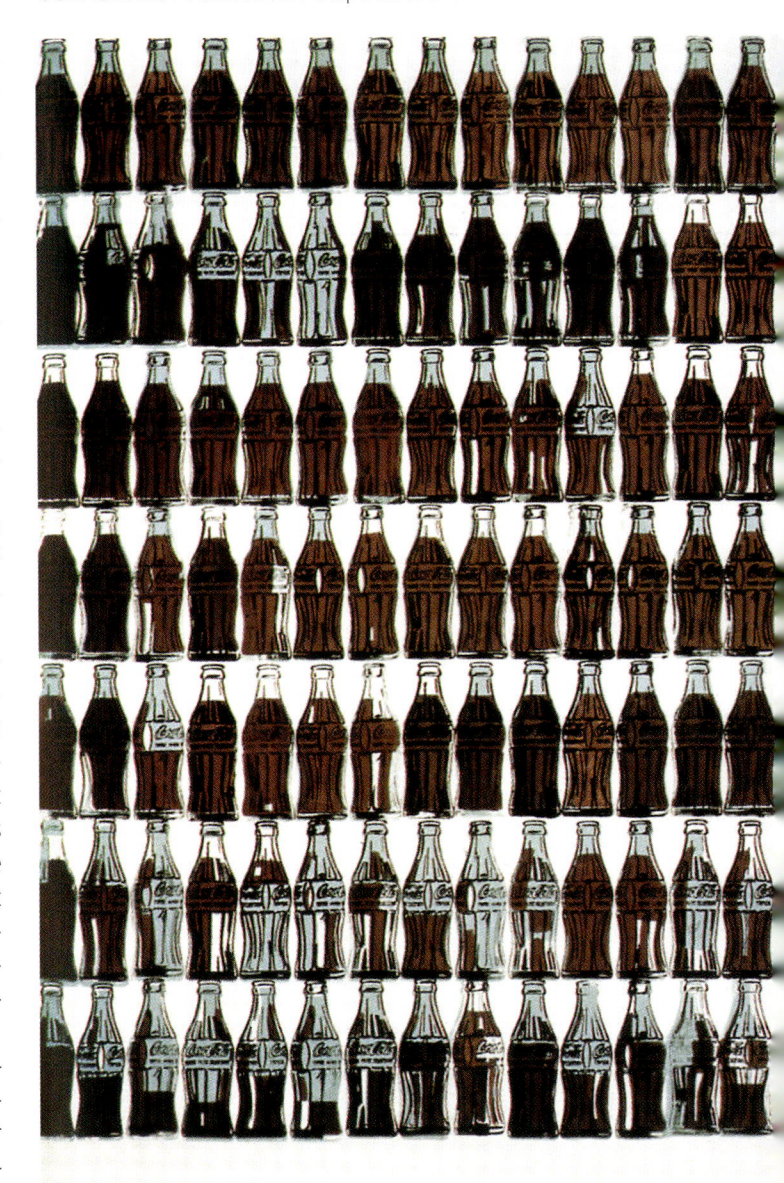

Bei einer seiner Ausstellungen 1962 in der Ferus Gallery in Los Angeles zeigte er 32 Bilder von allen 32 damals im Markt befindliche Campbell's Suppendosen. Vor einem weißen Hintergrund schweben die gleichförmigen Dosen, die sich lediglich durch die Beschriftung mit den verschiedenen Sorten unterschieden. Viele Aspekte dieser Bilder waren völlig neuartig und wirkten auf die Kunstwelt der 60er Jahre schockierend, machten Warhol aber auch weltberühmt. Die Bilder kopieren detailgetreu ein industriell gefertigtes Massenprodukt. Sie versuchen sich, durch ihre nüchterne und mechanische Malweise einem individuellen künstlerischen Stil zu verweigern. Letztendlich bestimmte sogar Campbell's Produktpalette den Umfang seiner Ausstellung. Warhol reihte die von den 32 im Markt befindlichen Produkten inspirierten 32 Bilder aneinander und präsentierte sie wie in einem Supermarktregal. Die Unterordnung der Kunst unter den Einfluß des Alltags könnte kaum größer sein.

Zur gleichen Zeit experimentierte er mit Bildern einer anderen berühmten Ikone der Warenwelt: Coca Cola-Flaschen. In einem Siebdruck von 1962 reihte er 210 Flaschen säuberlich aneinander und signalisierte dadurch ein Massenangebot – erreichbar für jeden Verbraucher. Auch sie variieren nur leicht durch zufällige Farbverschiebungen im Siebdruck.

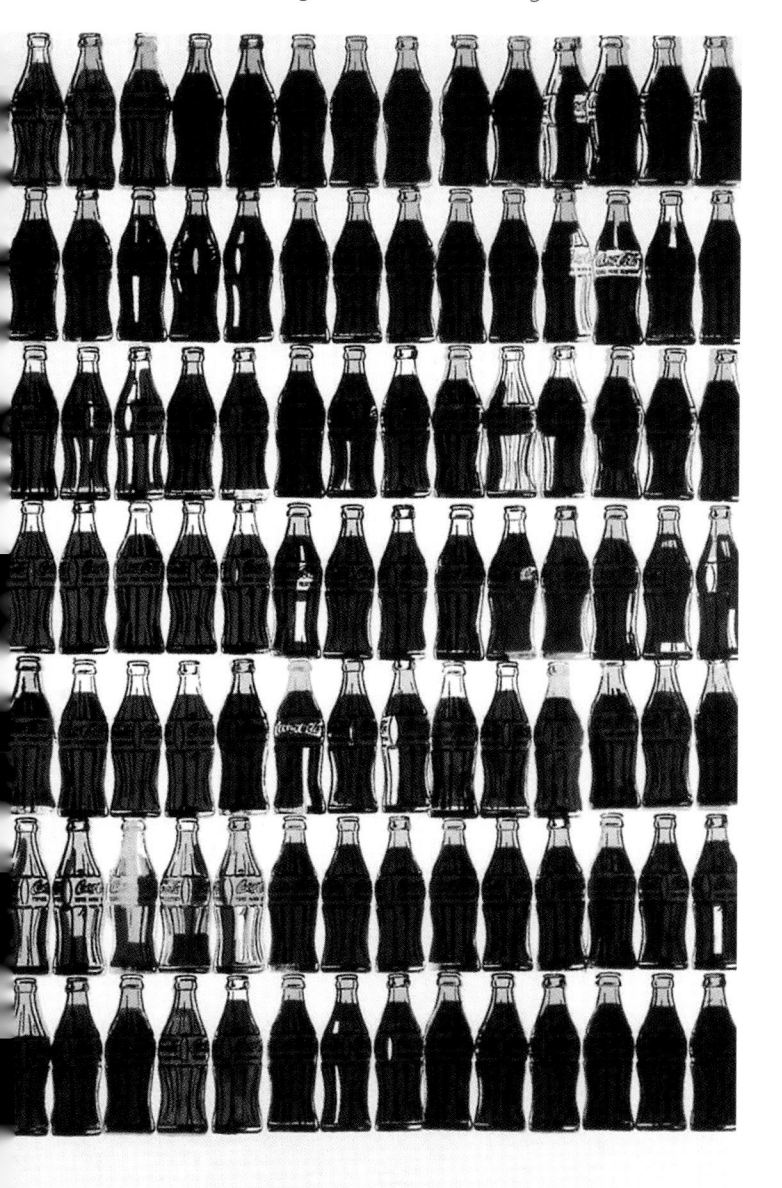

1964 wählte er im Supermarkt zum Beispiel Verpackungen von Heinz Tomato Ketchup, Kellogg's Corn Flakes oder Brillo Seifenschachteln aus, ließ Sperrholzkisten bauen und bedruckte diese mit den reproduzierten Originalkartongestaltungen. Wie bei den Dosen scheint ihn auch an den Kartons neben dem bekannten Inhalt vor allem das äußere Erscheinungsbild – die Verpackung – zu interessieren.

Nicht mehr die gekonnte Malweise, schöne oder erbauliche Motive oder der künstlerische Ausdruck bestimmter Gefühle des Künstlers wie zum Beispiel im abstrakten Expressionismus, der in den 60er Jahren sehr populär war, prägten seine Themenwahl, sondern die allgemein bekannten Dinge des Alltags wie berühmte Personen (Liz Taylor, Marilyn Monroe, Elvis, Mao) oder populäre Produkte (Coca Cola, Campbell's), Kunstwerke wie die Mona Lisa von Leonardo da Vinci, die Freiheitsstatue oder Schlagzeilen aus Zeitungen. Er stellte sie einfach und direkt dar, so wie es auch in der Bildsprache der Werbung üblich ist.

Seine lebenslange Orientierung an diesen Gesetzmäßigkeiten verdeutlichen zwei weitere Beispiele:

- 1985 bis 1986 griff er das Motiv der Campbell's Suppendosen erneut auf und aktualisierte es mit neuen Produkten (Schachteln mit Suppenaufgußbeuteln und neuen Geschmacksrichtungen). Er folgte damit der Marktentwicklung dieses Produkts und reflektierte diese Erkenntnis auch bis hin zur Änderung seines eigenen Malstils, was man im Vergleich der Serien von 1962 und 1985/86 sehr schnell erkennt.

- 1986 entwickelte er im Auftrag von Daimler Benz eine Bildgeschichte des Versuchsfahrzeugs Mercedes-Benz Modell C111 von 1970.

Insbesondere bei dem letzten Werk kann kaum noch zwischen Kunst und gelungener Werbegrafik unterschieden werden. Damit unterstrich Warhol die Gleichstellung von „hoher" Kunst und Gebrauchs-Design und entdeckte die Ästhetik des Seriellen und der Alltagsgegenstände als Ware des täglichen Gebrauchs und Verbrauchs. Für Warhol schloß sich mit diesem Werk auch sein Lebenskreis, denn letztendlich hatte er ja als Werbegrafiker unter anderem für Vogue, The New Yorker und Harper's Bazaar angefangen und Annoncen, Schaufensterauslagen, Buchumschläge und vieles mehr gestaltet. Die enge Verbindung seiner Kunst zur Warenwelt dokumentierte auch sein Ausspruch: „Ein Kaufhaus ist eine Art Museum". In visionärer Klarheit sah er, daß die Kunst auch Ware ist und die Ware auch Kunst sein kann.

*Andy Warhol:*

*Zusammengesetzte Kleider...*

*unten: Campbell's Suppendosen, Acryl auf Leinwand*

*vorhergehende Seiten:
210 Coca Cola Bottles,
Siebdruck auf Acryl auf Leinwand*

# EXPANSION IM WESTEN

Noch zu Beginn des 19. Jahrhunderts trennten im Deutschen Bund Zollgrenzen die souveränen Einzelstaaten und die vier Freien Städte – Frankfurt/Main, Bremen, Hamburg und Lübeck.

Der Professor und Abgeordnete Friedrich List aus Schwaben schilderte den negativen handelspolitischen Zustand wie folgt: „38 Zoll- und Mautlinien in Deutschland lähmen den Verkehr im Inneren und bringen ungefähr dieselbe Wirkung hervor, wie wenn jedes Glied des menschlichen Körpers unterbunden wird, damit das Blut ja nicht in ein anderes überfließe. Um von Hamburg nach Österreich, von Berlin in die Schweiz zu handeln, hat man zehn Staaten zu durchschneiden, zehn Zoll- und Mautordnungen zu studieren, zehnmal Durchgangszoll zu bezahlen ... Mit neidischen Blicken sehen sie hinüber über den Rhein, wo ein großes Volk vom Kanal bis an das Mittelländische Meer, vom Rhein bis an die Pyrenäen, von der Grenze Hollands bis Italien auf freien Flüssen und offenen Landstraßen Handel treibt, ohne einem Mautner zu begegnen."

1818 begann Preußen im ersten Schritt mit einer sein eigenes zersplittertes Gebiet einigenden Zollgesetzgebung, um einen aufnahmefähigen Markt zu schaffen. 1834 schlossen sich 18 weitere Bundesstaaten dem preußischen Zollsystem gegen den Widerstand des Großteils der süd- und mitteldeutschen Regierungen und insbesondere Österreichs an. Mit diesem Deutschen Zollverein entstand ein zusammenhängender Wirtschaftsraum, in dem über 23 Millionen Menschen lebten. Er faßte die meisten deutschen Staaten zu einem einheitlichen Absatzgebiet zusammen und ermunterte die Unternehmen zu Investitionen. Fast alle eingeführten Waren wurden von Steuern befreit, was enorme Vorteile für die beginnende Industrialisierung brachte. Die politischen Folgen beschrieb Preußens Finanzminister, der einen wesentlichen Anteil am Zustandekommen des deutschen Zollvereins hatte: „... wenn es staatswissenschaftliche Wahrheit ist, daß Ein-, Aus- und Durchgangszölle nur die Folge politischer Trennung verschiedener Staaten sind, so muß es umgewandt auch Wahrheit sein, daß Einigung zu einem Zoll- und Handelsverbande zugleich Einigung zu einem und demselben politischen System mit sich führt."

Diese zolltechnische Vereinigung der kleinen Königreiche, Fürstentümer und Freien Städte in Deutschland noch zur Mitte des vorigen Jahrhunderts wird auch wunderbar von Thomas Mann in den Buddenbrooks beschrieben: „Was hat zum Beispiel nach 48 und zu Anfang dieses Jahrzehnts mein Vater nicht alles für die Reformation unseres Postwesens getan! Denken Sie mal, wie er in der Bürgerschaft gemahnt hat, die Hamburger Diligencen mit der Post zu vereinigen, und wie er anno 50 beim Senate, der damals ganz unverantwortlich langsam war, mit immer neuen Anträgen zum Anschluß an den deutschen-österreichischen Postverein getrieben hat! Wenn wir jetzt einen niedrigen Portosatz für Briefe haben und die Kreuzbandsendungen und die Freimarken und Briefkästen und die telegraphischen Verbindungen mit Berlin und Travemünde, er ist nicht der Letzte, dem wir dafür zu danken haben... Der Zollverein, Wenzel, wir müssen in den Zollverein, das sollte gar keine Frage mehr sein, und Sie müssen mir alle helfen, wenn ich dafür kämpfe! Als Kaufmann glauben Sie mir, weiß ich da besser Bescheid als unsere Diplomaten, und die Angst an Selbständigkeit und Freiheit einzubüßen, ist lächerlich in diesem Falle. Das Inland, die Mecklenburg und Schleswig-Holstein, würde sich uns erschließen, und das ist umso wünschenswerter, als wir den Verkehr mit dem Norden nicht mehr so vollständig beherrschen wie früher..."

Letztendlich sind die EWG/EG und die EU nur eine konsequente Fortführung der Grundideen des Zollvereins. Gestartet wurde diese europäische Initiative durch den Vertrag über die Gründung der europäischen Gemeinschaft für Kohle und Stahl (EGKS) 1951; der Gründung der EWG durch Belgien, Deutschland, Frankreich, Italien, Luxemburg und die Niederlande 1958; der Zollunion innerhalb der

*Mit über 17.000 Filialen ist 7-eleven weltweit als Filialist führend vor Benetton (8.200) und Schlecker (7.500).*
*In Bezug auf den Internationalisierungsgrad führt Ikea (91 Prozent Auslandsanteil / 27 Märkte) vor Body Shop (82 Prozent / 45 Länder) und Benetton sowie Hennes-Mauritz (beide 76 Prozent / 120 respektive 10 Länder)*

EWG 1968 und fortgeführt über die erste Erweiterung der EWG um Dänemark, Großbritannien und Irland 1973; der Aufnahme Griechenlands 1981; der dritten Erweiterung der EWG um Portugal und Spanien 1986; dem freien Waren-Dienstleistungs- und Kapitalverkehr in der gesamten EU ab 1993 und durch die weitere Aufnahme von Finnland, Österreich und Schweden 1995. Aber vor dem Hintergrund der Geschichte sollte es dennoch nicht als selbstverständlich angesehen werden, daß 1999 von den 15 EU-Staaten 11 sogar ein gemeinsames Euro-Land schufen: Belgien, Deutschland, Finnland, Frankreich, Irland, Italien, Luxemburg, Niederlande, Österreich, Portugal und Spanien. Euro-Land erstreckt sich über 2,3 Millionen qkm. Gemessen an der Wirtschaftskraft ist es neben den USA und vor Japan der größte Währungsraum der Welt.

Der Anteil der europäischen Währungsunion am weltweiten Bruttosozialprodukt betrug 1997 zirka 19,4 Prozent. Dies liegt knapp unter den USA mit 19,6 Prozent, aber doch wesentlich über Japan mit 7,7 Prozent. Mit einem Außenhandelsvolumen von 1.300 Milliarden DM entfallen 18,6 Prozent des Welthandels auf Euro-Land; 16,6 auf die USA und 8,2 Prozent auf Japan.

Die Veränderungen der makroökonomischen Parameter in Europa wurden auf der Mikroebene vom Handel sehr schnell aufgegriffen. Beispielsweise erfolgten schon 1959 die Expansion der Quelle nach Österreich und die Gründung der Internationalen Spar Centrale. Ihr folgte 1961 die A & O International/heute Markant in Basel; Ikea eröffnete 1963 seine erste Auslandsfiliale. 1965 beteiligte sich Docks de France in Spanien an den Supermarcados Aragoneses; Quelle expandierte nach Frankreich. Letztendlich erwarb Docks de France 1966 das spanische Supermarktunternehmen Sabeco und 1967 Aldi Süd in Österreich das Filialunternehmen Hofer.

Die Expansion im Westen beschränkte sich nicht nur auf Europa, sondern erkannte als Zielmarkt auch die USA. 1974 erwarb Delhaize Lyon die Food Town Stores. Von der schmalen Basis dieser ersten Akquisition entwickelte sich Delhaize z. Zt. zur neuntgrößten Supermarktkette der USA. Für kein anderes europäisches Handelsunternehmen hat der nordamerikanische Markt eine so große Bedeutung wie für das belgische Unternehmen, zu dessen Umsatz die USA 68% beisteuern. 1977 erwarb Ahold/Albert Heijn die Bi-lo-Supermärkte, vier Jahre später die Gigant Food Stores. Heute ist Ahold das sechstgrößte Supermarktunternehmen der USA, das im Osten des Landes die Marktführerschaft inne hat. 1979 beteiligte sich Tengelmann zunächst mit einer Minderheit, später mit einer Mehrheit an der ältesten Filialkette Great Atlantic and Pazific Tea Company (A & P), die seinerzeit als drittgrößte Lebensmittelfilialkette in wirtschaftliche Schwierigkeiten geraten war. Heute ist sie die achtgrößte Supermarktkette in den Vereinigten Staaten, auf die 39% des Weltumsatzes von Tengelmann entfallen. Durch diese Engagements in den USA demonstriert der europäische Handel, daß er nicht nur in Europa Ländergrenzen überschreiten kann, sondern daß er auch erfolgreich auf zwei oder mehr Kontinenten wirtschaftet.

### Die europäischen Lebensmittelhandelsunternehmen in den USA 1997

| Unternehmen/ Gruppe | Amerikanisches Unternehmen/ Vertriebslinie | Beteiligung % | Betriebsform | Umsatz Mrd. US Dollar |
|---|---|---|---|---|
| Ahold (NL) | Bi-Lo, Tops, Finast, Giant Food Stores, Food, Stop & Shop | 100 | Supermärkte | 14,3 |
| Tengelmann (D) | A & P | 54 | Supermärkte | 10,3 |
| Delhaize- „Le Lion" (B) | Food Lion | 46 [1] | Supermärkte | 10,2 |
| | Cub Foods | 60 | Super-Discountmärkte | 0,3 |
| Sainsbury (GB) | Shaw's | 100 | Supermärkte | 2,4 |
| | Giant Food | 20 [2] | Supermärkte | 3,9 |
| Aldi Süd (D) | Aldi | 100 | Discountmärkte | 1,8 |
| Aldi Nord (D) | Albertson's | 12 | Supermärkte | 13,8 |
| Casino (F) | Smart & Final | 55,5 | Warehouse Convenience-Märkte | 1,5 |
| Marks&Spencer (GB) | Kings Super Markets | 100 | Supermärkte | 0,4 |
| Metro (D) | Jetro | – | Cash & Carry-Märkte | n.v. |
| Auchan (F) | Auchan | 100 | Hypermarkt | n.v. |

1) 52 % der Stimmrechte;
2) 50 % der Stimmrechte
n.v.: nicht vorhanden
Quelle: Online-Geschäftsberichte

### Old Custom House Quai

Die frühere Bedeutung der Zollhäuser schlägt sich auch in dem Bildtitel „Old Custom House Quai" von Samuel Scott (1702 bis 1772) nieder. Obwohl der 1764 dargestellte Ort nicht eindeutig zu bestimmen ist, kann aus den einzelnen Architekturelementen geschlossen werden, daß es sich um Ansichten von Lagerhäusern der East India Company im Londoner Hafen handelt, für die Scott 1732 sechs Ansichten angefertigt hatte.

Auf einem Hafenkai breiten sich Fässer, Krüge, Holzkisten und unterschiedliche Pakete aus; ein Pferdekarren bringt weitere Waren heran. Arbeiter laden die Ware ab oder öffnen mit Hammer und Meißel einige Fässer. Am Lagerhaus sind ein Flaschenzug und das große Rad eines Tretmühl-Krans zu erkennen, mit denen die schweren Fässer und Kisten verladen werden können.

Die zentrale Szene zeigt drei Männer. Der vordere, der seine Ware deklariert, mag der Schiffskapitän sein; der pfeiferauchende Herr vielleicht der Zollbeamte, der den Ladevorgang begutachtet.

Scott versteht es, die verschiedenen Arbeitsgänge in einem Hafen harmonisch in einer ausgewogenen Komposition zusammenzufassen und den Raum zugleich in ein atmosphärisches Licht zu tauchen. Durch die kraftvollen Hell-Dunkel-Kontraste erzielt Scott eine räumliche Tiefe; bei der dramatischen Wolkenformation mag er sich von seinem Vorbild Van de Velde inspiriert haben lassen. Der helle Hintergrund wird von Hochsee-Schiffen dominiert, auf denen das Einholen der Segel zu beobachten ist. Der dunkle Pferdekarren im Mittelgrund hebt sich wie ein Schattenriß gegen Himmel und Wasser ab.

*Samuel Scott: Old Custom House Quai*

Scott hatte zwei große Vorbilder:

- den niederländischen Marinemaler Van de Velde, der 1674 zum Hofmaler Karls II. am englischen Hof ernannt wurde – Scott besaß selbst vier Bilder des Niederländers.
- den berühmten Venezianer Bernardo Belotto genannt Canaletto (d. J.), der 1746 nach London kam. Auch von ihm besaß Scott einige Bilder.

Im Gegensatz zu Belotto war Scott bemüht, für seine Stadtansichten Personen nicht nur als Staffage einzusetzen, sondern ihnen eine erzählende Funktion zu geben. Insofern geht er unter diesem Aspekt weit über sein Vorbild Belotto hinaus. Obwohl Scott 1765 zum Mitglied der „Society of Artists of Great Britain" ernannt wurde, verblaßte jedoch nach seinem Tod 1772 sein Name im Gegensatz zu seinen Vorbildern. Mit seinem Bild „Old Custom House Quai", das sich heute im Victoria and Albert-Museum in London befindet, hat sich Scott – neben seinen sonstigen künstlerischen Anstößen – jedoch langfristig um die Dokumentation eines Stücks der Handelsgeschichte verdient gemacht.

# ÖFFNUNG IM OSTEN

*Der Versandhandel in der DDR begann 1956 mit dem „Versandhaus Leipzig", später „centrum".*
*Die Konsumgenossenschaften richteten 1961 ihren Versandhandel mit mit dem „konsument-Versandhaus" ein. 1976 mußten beide Versandhäuser ihre Tätigkeit einstellen.*

Politisch kam die Öffnung im Osten vollkommen überraschend. Der Beweis für diese These ist die Nicht-Existenz politischer Konzepte in Europa für dieses Ereignis im Jahre 1989. Auch die Stimmenanteile der „Altparteien", sowohl in den fünf neuen Bundesländern, aber auch in Mittel- und Osteuropa deuten nicht darauf hin, daß die Politik der ausschlaggebende Faktor der Wiedervereinigung Europas war.

Vielmehr kann unterstellt werden, daß die Menschen im „Osten" den Wunsch hatten, genauso in Wohlstand zu leben wie die Menschen im Westen. Verständlich war dies insbesondere den Zeitzeugen des Handels, die in der Periode vom November 1989

185

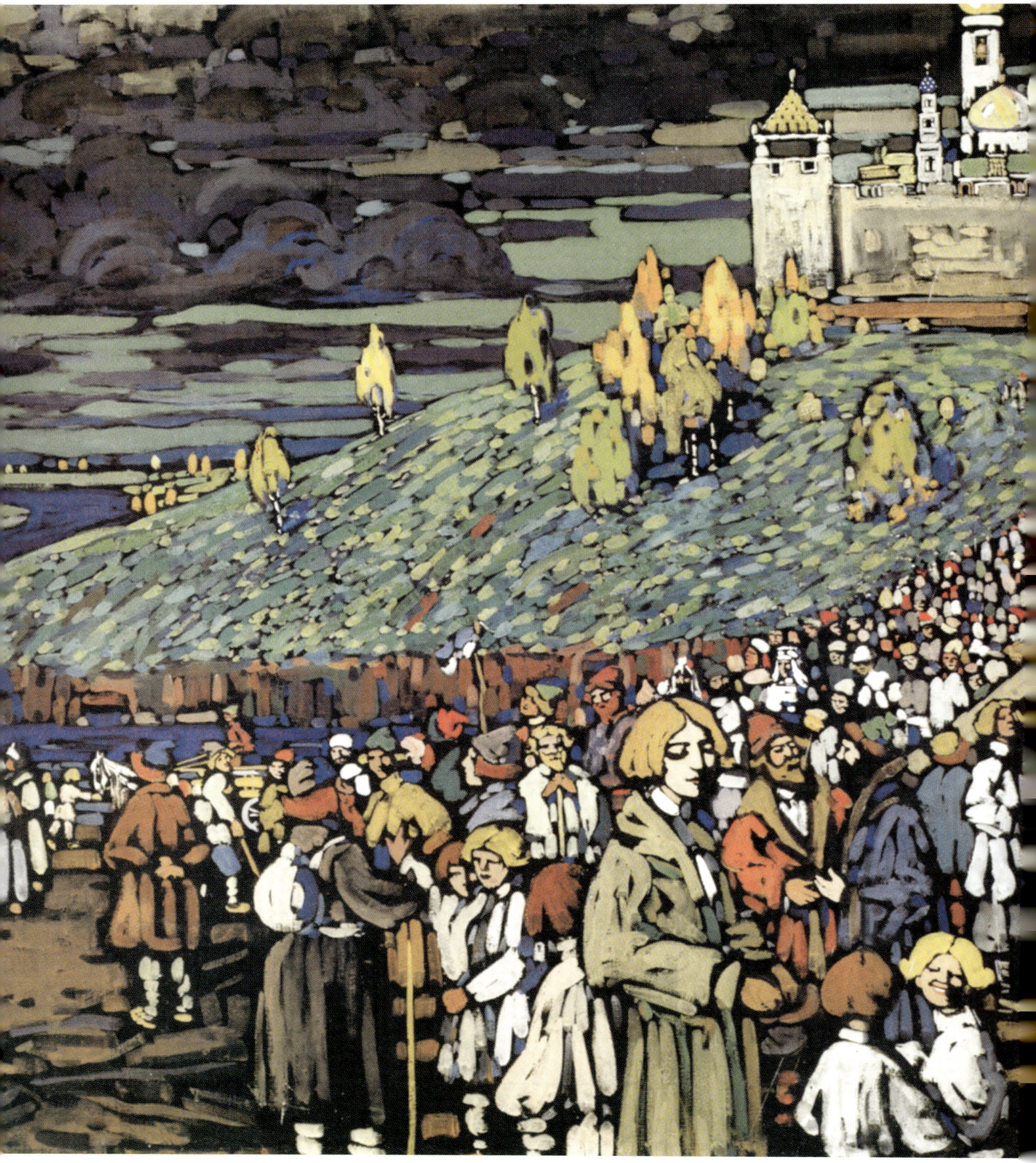

bis Mitte 1990 z. B. in der DDR als Gesprächspartner der Handelsorganisationen tätig waren. Im Gegensatz zur Durchschnittsfläche im Westen von 400 qm pro Laden gab es im Osten Deutschlands nur 36 qm Durchschnittsfläche im Lebensmittelhandel. Es existierte nahezu keine Sortimentsbreite und -tiefe im Warenangebot. Bis auf 8% Spezialhandel teilten sich die staatlichen Handelsorganisation (HO) mit 56% und die Konsumgenossenschaften mit 36% den Markt.

Der sozialistische „Handel" war in Wirklichkeit jedoch nur ein Verteilungsapparat, der die in den monopolistischen staatlichen Poduktionsbetrieben hergestellte Ware zu staatlich fixierten Preisen über die jeweiligen Bezirke distribuierte. Hierbei standen die vorhandenen Produktionskapazitäten und die Versorgung der Bezirke im Vordergrund und nicht Wettbewerb oder eine Gewinn-Kalkulation. Die vom EHI 1990 besuchten Läger in der DDR entsprachen dem technischen Stand von 1950 in der BRD.

Nach Auflösung der HO und dem Markteintritt der westlichen Firmen verloren die Konsumgenossenschaften ihre Kunden und liegen 1999 bei einem Marktanteil von unter 1%! Bis auf wenige Ausnahmen sind im Lebensmittelhandel nur noch Unternehmen aus dem Westen präsent. Durch die enormen Anstrengungen des Handels ist eine Umkehrung des Versorgungsgrades in West und Ost festzustellen: nunmehr führt der Osten in der Ausstattung der Ladenfläche pro 1.000 Einwohner! Dieser in den neuen Bundesländern festgestellte Trend ist auch – mit einem time-lag – in den mitteleuropäischen Staaten Polen, Tschechische Republik und Ungarn zu beobachten.

*Wassily Kandinsky, Ankunft der Kaufleute*

Statt Unterversorgung heißt das neue Problem „Überangebot an Fläche und Ware".

Im Gegensatz zu den Jahrhunderten zuvor, in denen die Beherrschung der Transportwege und Häfen im Vordergrund stand, geht es ab 1990 in Mittel- und Osteuropa darum, im stationären Handel Standorte für Ladennetze zu sichern und zu optimieren. Allerdings kann dies auch zu einer Enttäuschung der Erwartungen führen: Während in der sozialistischen Phase allein eine national ausgerichtete Handelspolitik mit Vollbeschäftigung denkbar war, basiert das globale Handelsnetz auf individuellen (und egoistischen) mikroökonomischen Entscheidungen, die erst ex post makroökonomischen Charakter erhalten. Dort, wo der ordnungspolitische Rahmen nicht vorhanden ist, muß dieses westliche System versagen. Desweiteren führt der Wettbewerb der erfahrenen, finanzstarken westlichen Firmen mit den ehemals an der Planwirtschaft orientierten Unternehmen unweigerlich zum Verlust eines autarken Marktes in Mittel- und Osteuropa.

### Ankunft der Kaufleute

Die Ankunft der Kaufleute in Rußland war dem Modernisierer Zar Peter dem Großen genauso wichtig wie auch nach der Öffnung des Eisernen Vorhangs Gorbatschow und Jelzin. Insofern erhält der Titel eines 1905 von Kandinsky gemalten Bildes für die derzeitige Situation von Wirtschaft und Handel in Rußland geradezu programmatische Qualität.

Basierend auf einer Bildidee, die er bereits 1903 in einem kleinen Holzschnitt festhielt, zeigt das Bild, welches Kandinsky zwei Jahre später in Tempera-Technik auf Leinwand malte, eine romantische, märchenhafte Szene, die viel Spielraum für Phantasie und Interpretation läßt.

Ort und Zeit der Handlung bleiben unbestimmt. Sowohl die prächtigen Türme und Kuppeln als auch die mächtige Stadtmauer bilden das Ideal einer blühenden russischen Stadt. Möglicherweise wurde Kandinsky teilweise durch den Kreml in seiner Heimatstadt Moskau inspiriert. Die Segelschiffe und die Kleidung der Menschen zeigen jedoch, daß es sich weder um eine zeitgenössische Szene um 1905 noch um eine historische Rekonstruktion, sondern allein um eine phantasievolle Darstellung handelt,

die Elemente der russischen Geschichte und Märchenwelt harmonisch verbindet. Themen dieser Art tauchen bei Kandinsky zwischen 1901 und 1906 häufig auf und bezeugen, daß er trotz seines Interesses an der damals aktuellen westlichen Kunst auch stark in der Tradition russischer Kultur verwurzelt war.

Obwohl die dargestellte Szene erfunden ist, dokumentiert sie doch wesentliche Elemente der damaligen Zeit:

- Die Segelschiffe unterstreichen die große Bedeutung der Schiffahrtswege in Rußland für den nationalen und internationalen Handel. Sie waren vor dem Ausbau befestigter Straßen und der Errichtung von Eisenbahnstrecken der wichtigste Transportweg für Mensch und Waren.
- Die Stadt steht einerseits als befestigte Anlage zum Schutz, andererseits aber auch als Hort kultureller Einrichtungen, wie die Vielzahl der Türme hinter den Stadtmauern anklingen läßt.
- Die Bedeutung der Ankunft der Kaufleute, die einem dichten, bunten Strom von Menschen durch das geöffnete Stadttor den Berg hinunter zum Hafen zieht.
- Emotional wird durch die lebendigen Farbtupfer ein progressiver Optimismus signalisiert, der sowohl für Händler als auch Kunden eine unverzichtbare Voraussetzung ist, erfolgreich Handel zu betreiben.

### Wassily Kandinsky (1866 bis 1944)

Wassily Kandinsky wurde 1866 in Moskau geboren. Er begann schon früh, sich für die Kunstentwicklung in Westeuropa zu interessieren und bereiste Italien, Frankreich, Holland und Deutschland. Um 1900, als München zum Zentrum des deutschen Jugendstils wurde, studierte er an der dortigen Akademie der Bildenden Künste. Er beteiligte sich maßgeblich an der Gründung einiger wichtiger Künstlergruppen. Zusammen mit Franz Marc gründete er 1909 die „Neue Künstlervereinigung München" und 1912 den „Blauen Reiter". 1914 kehrte er nach Rußland zurück und erhielt 1920 eine Professur an der Moskauer Universität. Parallel hierzu übernahm er eine Lehrtätigkeit am Weimarer Bauhaus. Kunsttheoretisch zählt seine Schrift „Über das Geistige in der Kunst" zu den Werken von größerer Bedeutung für die abstrakte Kunst, deren Protagonist er war.

# GROSSFLÄCHEN UND NEUE MEDIEN

Die letzten 35 Jahre dieses Jahrhunderts wurden durch Großflächen des Handels geprägt. Dies waren insbesondere die SB-Center/SB-Warenhäuser, die Shopping- und Fachmarkt-Center und neuerdings die Bahnhofs-Center. In den USA und England kommen des Weiteren die Factory Outlet-Center hinzu.

Die Entwicklung der SB-Center und SB-Warenhäuser startete 1958 mit dem Wertkauf-Verbrauchermarkt der Unternehmensgruppe Mann in Karlsruhe und dem Ratio-Markt (1963) von Terfloth & Snoek.

1990 hatte jedes dritte SB-Warenhaus in Deutschland eine Verkaufsfläche von 10.000 und mehr qm. Die größten SB-Warenhäuser waren 1977 der in Neuss mit 36.000 qm eröffnete Huma-Markt, Huma in St. Augustin (1977) und Wertkauf in Oststeinbek (1976) mit je 25.000 qm und Suma in München (1970) mit 24.000 qm. Die Größenexplosion der Großflächen reflektierte letztendlich natürlich das Wachstum der Anzahl neuer Artikel. Die Sortimentsbreite und -tiefe galten ebenso wie der Größenwahn der Verkaufsfläche als Statussymbole. Die Anzahl der SB-Warenhäuser erhöhte sich von 54 im Jahr 1965 auf 2097 im Jahr 1995, 2000 werden 2330 SB- Warenhäuser geschätzt. Damit verbunden vergrößerte sich die Verkaufsfläche von 0,24 auf 8,92 Mio qm 1995.

Eine weitere Betriebsform der Großfläche sind die Shopping-Center. Auch hier registrierte das Euro-Handelsinstitut eine rasante Entwicklung. Als erstes Shopping-Center in Deutschland wurde 1964 das Main-Taunus-Einkaufszentrum eingerichtet. Waren es 1965 nur drei Shopping-Center, so erhöhte sich ihre Zahl im Jahre 1995 auf 205. Wahrscheinlich werden es im Jahr 2000 ca. 310 sein.

Die West-Edmonton-Mall in Edmonton/Kanada fungierte als erstes spektakuläres, multi-funktionales

*Gerade die Übernahmen von Wertkauf und Interspar durch WalMart sowie allkauf und Kriegbaum durch Metro zeigen, wie interessant die Großflächen für die weltweiten Markführer im Lebensmittelhandel sind.*

Einkaufszentrum, in dem nicht nur Handelsbetriebe, sondern auch Freizeiteinrichtungen und Hotels untergebracht sind. Auf einer Fläche von über 400.000 qm entstanden mehr als 828 Einzelhandelsbetriebe und u. a. ein Vergnügungszentrum mit Wasserpark und einer sogenannten Seewelt, in der man mit kleinen U-Booten eine künstliche Wasserwelt besichtigen kann.

Eine Revitalisierung und Umprofilierung bestehender Strukturen sind die Umwandlung von Bahnhöfen zu Shopping-Centern. Zur Zeit gibt es auf den Bahnhöfen 860.000 qm Handelsfläche, auf denen jährlich 3 Mrd. DM Umsatz gemacht werden. Für 1999/2000 sollen von der deutschen Bahn AG weitere 44 Bahnhöfe mit zusätzlichen Handelsflächen ausgerüstet werden. Benchmark ist der Leipziger Hauptbahnhof.

Rund 400 Mio DM investierten der Immobilienfonds der Deutschen Bank und die Hamburger ECE-Gruppe in das neue Revitalisierungskonzept. Mit 133 Mietern aus dem Einzelhandel, der Gastronomie und der Dienstleistung auf den drei Etagen des 270 m langen Querbahnsteigs erhielt hierdurch die sächsische Messestadt einen neuen Einkaufsmagneten mit rund 22.000 qm Verkaufsfläche. Großmieter sind Saturn, ein Rewe-Supermarkt und Aldi. Mit rund 20% sind Textilien im Branchenmix stark vertreten, darunter Eddie Bauer, Orsay, New Yorker, Bonita, Fashion Point, Zannier-Kindermoden, Sport Rossow und der Berliner Sports Wear Filialist

## Beispiele deutscher Shopping-Center

| Gesamtfläche (qm) | Saale-Park 125.000 | CentrO Oberhausen 90.000 | Rhein-Main-Center 31.500 |
|---|---|---|---|
| Mieter | | | |
| - Einzelhandel | 43 | 168 | 16 |
| - Gastronomie | 3 | 16* | 2 |
| - Dienstleistung | 4 | 8 | 7 |
| **Gesamt** | **50** | **192** | **25** |
| Mietflächen | | | |
| - Einzelhandel | 81.221 | 64.460 | 26.370 |
| - Gastronomie | 1.170 | 1.555* | 1.300 |
| - Dienstleistung | 980 | 485 | 430 |

* = Weitere 22 Betriebe belegen im Coca-Cola-Center 1.230 qm

*Leipziger Hauptbahnhof*

East and West. Dazu kommen Schuhfilialisten wie Deichmann, Görtz und Leiser. Täglich benutzen rund 75.000 Menschen den deutschen Verkehrsknotenpunkt, im und am Bahnhof stehen 1.300 Parkplätze zur Verfügung.

Ein aktueller Innovationsschub für den gesamten Einzelhandel kommt nunmehr durch das Internet/e-Commerce. Im weltweiten Datenmeer soll sich nach Experten-Schätzungen die Zahl der Surfer im Jahr 2000 bei 184 Mio. bewegen. Es ist abzusehen, daß zumindestens in einigen Branchen das stationäre Ladengeschäft hierdurch erheblich tangiert wird.

Der neue technologische Quantensprung des Einsatzes des Internets und des e-Commerce führte 1997 in einer EHI-Arbeitsgruppe zu einer Einschätzung des Einsatzes des potentiellen Online-Shopping für ausgewählte Warengruppen. An den ersten drei Positionen standen Computer-Software, Bücher/Bild- und Tonträger sowie Computer-Hardware. Die Erfolge von Amazon.com, Barnesandnoble.com, MusicBoulevard und CDNow bestätigen diese Einschätzung. Amazon.com. wurde erst 1994 gegründet, setzte jedoch im vierten Quartal 1996 schon 8,4 Millionen US$ um. 1998 hat Amazon.com 500 Millionen $ Umsatz gemacht und war damit drittgrößter Buchhändler der USA Amazon.com konnte 1998 schon auf einen Kundenstamm von 4,5 Millionen Kunden aus 160 Ländern verweisen.

Einen ganz neuen Ansatz, Musik direkt über das Internet zu vertreiben, annonciert gerade Frankreichs

**Amazon: Bezos schreibt Handelsgeschichte**
**- Quartalsumsätze in US $ -**

116.000.000
87.400.000
66.000.000
38.000.000
27.900.000
16.000.000
8.400.000

IV/96 | I/97 | II/97 | III/97 | IV/97 | I/98 | II/98

*Quelle: Unternehmensangaben*

größte Musik- und Buchhandelskette Fnac. Die gewünschten Titel sollen vom Internet heruntergeladen und über einen Personalcomputer gehört und anschließend auf eine leere CD überspielt werden können. Damit wird der Umweg über Tonträger wie die Compactdisc oder Magnetbänder überflüssig. Nach 29 Mio. Dollar 1997 gehen Experten für den weltweiten Internetumsatz mit Musik von einem Wachstum bis zum Jahr 2005 auf 3,9 Mrd. Dollar aus. Möglicherweise werden rd. 15% hiervon aus dem digitalen Vertrieb kommen, wenn diese Vertriebsform die Unterstützung der größten Unternehmen der Musikbranche erhält.

Zugegeben werden muß, daß – soweit bekannt – die gegenwärtig im Fokus stehenden Internet-Unternehmen noch keine Profite ausweisen. Andererseits ist allerdings auch der zur Zeit sehr hohe Marketingaufwand zu berücksichtigen.

Kurzfristige kaufmännische Erfolgsrechnungen müssen jedoch nicht mit mittel- bis langfristig zu aktivierenden Marktanteilspotentialen korrespondieren! Hierbei gilt es aber durchaus zu unterscheiden, daß der Einschnitt in bestimmten Segmenten des Einzelhandels wesentlich stärker sein wird, als in anderen Segmenten. In der soziodemographischen Schichtung der Bevölkerung ist das Internet-Shopping zumindest in der ersten Stufe den jüngeren Jahrgängen eher zuzuordnen als den älteren. Zu berücksichtigen ist allerdings, daß in 25 Jahren die heute 25jährigen auch zu den 50jährigen zählen! Bezogen auf einen 25-Jahres-Zeitraum kann für das Internet-Shopping also durchaus ein gravierender Einfluß auf den stationären Handel prognostiziert werden. ■

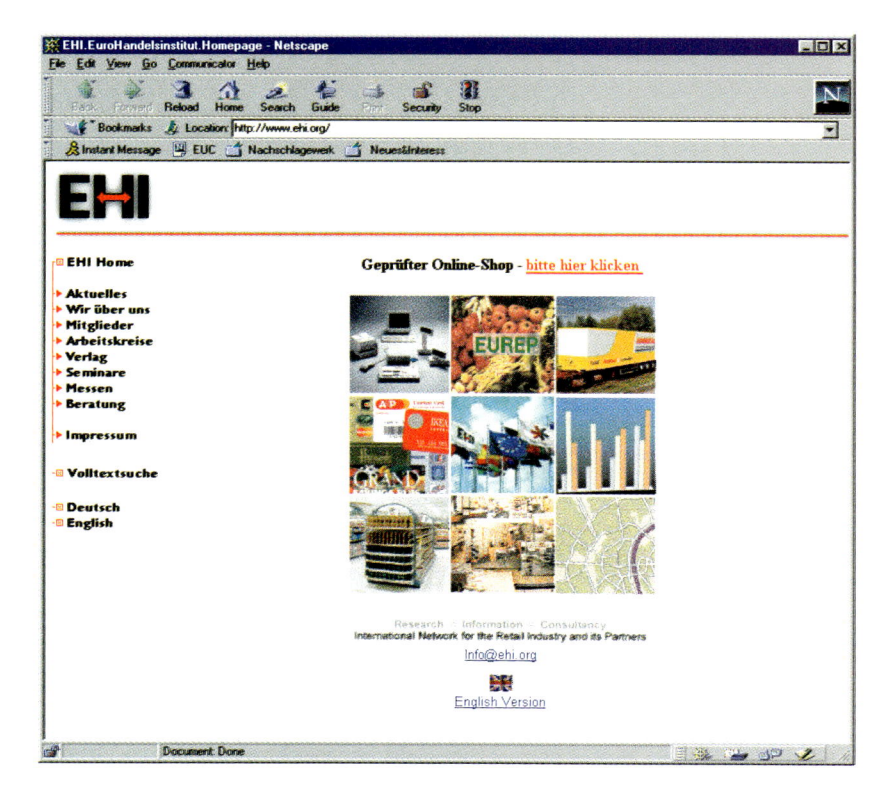

# EMOTIONALE NISCHEN

Die Dynamik der Handelsentwicklung mit den Betriebsformen der Großflächen als auch den Neuen Medien weckt zugleich – sozusagen als Gegenpol oder „Wheel of Retailing" – eine Renaissance traditionellen Kaufverhaltens unter dem Motto „die gute alte Zeit". Der „hybride Konsument" wird abwechselnd sowohl von seiner Ratio als auch der Emotio geführt: Heute Versorgungskauf beim Massenkonsum, morgen Erlebniskauf mit immer stärker werdender Individualisierung beziehungsweise „Cocooning" im eigenen Heim oder in der Tradition.

## Der Metzgerladen

Nichts hat in den letzten Jahrzehnten der breiten Öffentlichkeit stärker die Gefahren von Massenproduktion/-konsum vor Augen geführt wie der BSE-Skandal im Rindfleischhandel. Der „Frequenzbringer" Fleisch für die Großvertriebsformen wurde 1994/95 erdrutschartig und in den folgenden Jahren nachhaltig tangiert. Im Gegensatz zu den Großflächen wurde zumindest in der Anfangsphase interessanterweise das Vertrauen der Verbraucher – also die Emotio – wesentlich günstiger durch das Fleischerhandwerk gebunden.

Ein großes Beispiel der gekonnten Übermittlung von Aufrichtigkeit und Gefühlstiefe in der künstlerischen Darstellung des Fleischerei-Handwerks liefert der Bilderzyklus
- der Stier (1973)
- Appenzeller Fleischhacker (1972)
- Metzgerei (1983)

des 1913 in Bremen geborenen Malers Jan Balet. Zugleich steht der Bilderzyklus auch stellvertretend für die vom EuroHandelsinstitut definierte Verantwortungskette von der Landwirtschaft über die Schlachtung/Zerlegung bis hin zur Fleischtheke.

Durch seine detail-verliebte Darstellung bringt Balet dem Betrachter seines Bildes „Metzgerei" in besonders liebenswerter Weise das Fleischer-Handwerk nahe. Der Fleischer-Meister Hermann Fritsche präsentiert sich, gleichsam stellvertretend für seinen Berufsstand und seine ganze Branche, zusammen mit seiner Familie und Mitarbeitern in blütenweißen Schürzen und signalisiert damit sehr deutlich, wie wichtig ihm

*Jan Balet*
*Appenzeller Fleischhacker (1972)*

*vorhergehende Seite: Metzgerei*

Sauberkeit, Gesundheit und Appetitlichkeit sind. Die weißen Schürzen werden fast wie ein Marken- und Gütezeichen hervorgehoben. Diese Appetitlichkeit überträgt sich auf das schmackhafte Wurst- und Fleisch-Angebot, das als genüßliche Warenpräsentation im Schaufenster und in der Auslage gezeigt wird. Diese Seriosität und strahlende Sauberkeit wecken geradezu den Wunsch, in diesem gepflegten Laden Fleisch und Wurst zu kaufen und bedenkenlos zu genießen.

Balets Bilder lassen eine gekonnte Symbiose eines ausgewogenen Form- und Farbgefühls erkennen. Wie für die Malerei der „Naiven Kunst" charakteristisch, reduziert er trotz aller Originalfülle und -genauigkeit die Realität auf das Wesentliche, jedoch in völlig anderer Weise, wie die sogenannte moderne Malerei reduziert und abstrahiert. Da Jan Balet wie viele „Naive" Maler sich gern auf die Vergangenheit, das heißt auf die sogenannte gute alte Zeit besinnt und sich deshalb auch entsprechender Szenen und Einzelbezüge bedient, verschärft er diesen Kontrast in seiner Aussage und Kunstauffassung.

So weist die Metzgerei Fritsche auf ihrem Firmenschild als Gründungsdatum das Jahr 1890 aus, das in Zusammenhang gebracht mit dem Datum der Entstehung des Bildes von 1983 eine langanhaltende – beinahe hundertjährige – Tradition dokumentiert. Hierdurch wird dem Bildbetrachter Solidität und Vertrauen vermittelt, was noch durch die abgebildete Amtsperson in Form des Briefträgers unterstrichen wird. Last but not least bürgt augenscheinlich die gesamte Familie – inklusive des äußerst disziplinierten Hundes – für die Qualität der sich in der Auslage des Geschäftes befindlichen Ware.

Tiefenpsychologisch positiv wirkt auch die Lokalisierung des 1972 abgebildeten Teams der Gebrüder Schmid: Appenzell/Schweiz! Hier erfolgt ein Image-Transfer aus der als konservativ/solide geltenden Schweiz auf die dargestellten Personen und damit auf das dahinterstehende Gewerbe. Eine weitere historische Äußerlichkeit ist der in der Schweiz und Österreich anzutreffende Begriff „Fleischhacker", der bis in die Zeit um 1300 zurückgeht und aus der damaligen

Epoche zuerst in der Umgebung von Wien nachgewiesen wurde. Auch dieser im Süden mehr in der Vergangenheit genutzte Begriff induziert bei Betrachtern des weiteren deutschsprachigen Raumes ein Schmunzeln und damit eine positive Reaktion.

Daß einer der „Fleischhacker-Brüder Schmid" einen Bierkrug in der Hand hält, spielt wohl darauf an, daß zu einem kräftigen Mahl mit Schweinshachse, Würsten und Braten auch ein zünftiger Schluck aus dem Krug gehört – denn Gaumenfreuden werden durch die Optimierung von Essen und Trinken erzielt.

Balet wanderte 1938 in die Vereinigten Staaten aus, kehrte 1965 nach Deutschland zurück und lebt heute – nach einem mehrjährigen Aufenthalt in Frankreich – nunmehr in der Schweiz. Er hat an den Kunstakademien in Berlin und München studiert und ein malerisches Können erworben, das in seinen Bildern erkennbar wird. So gehören seine Werke zu den beachteten Leistungen der „Naiven Malerei", die auf eine gute Tradition bis zu den Anfängen des Kunstschaffens zurückgeführt werden kann, wenn man sich an die Kunst afrikanischer und ozeanischer Länder oder an die russische Volkskunst ebenso wie an die Andachtsbilder der Alpen-Länder erinnert.

Als 1928 Wilhelm Uhde am Beginn der „Moderne" und der Blüte der „akademischen" Malerei in den Salons in Paris parallel zur Avantgarde eine vielbeachtete Ausstellung mit „Naiven Malern" zeigte, wählte er das Motto „Maler der heiligen Herzen".

Viele sogenannte „Naive Maler" haben Weltgeltung erlangt wie Ivan Generalic (geb. 1914) und sein Sohn Josip (geb. 1936) aus Hlebinc in Kroatien oder Anna Mary Robertson Moses (1860 bis 1961), die als Grandma Moses weit über die USA bekannt geworden ist und noch als fast Hundertjährige ihre unnachahmlichen naiven Bilder gemalt hat. Der unangefochtene Meister dieser Stilrichtung Henri Rousseau (1844 bis 1910) ist mit seinen eindringlichen Bildern neben van Gogh, Gauguin, Picasso usw. in den bedeutendsten Museen der Welt vertreten.

### Der Zeitungsverkäufer

Ein weiteres Beispiel der Übermittlung von Gefühlstiefe bei der Darstellung eines Berufsstandes ist Chagall mit seinem Werk „Der Zeitungsverkäufer" gelungen. Obwohl es sich bei der Zeitung um ein Massenprodukt par excellence handelt, erfolgt bei diesem Bild eine so starke emotionale Bindung zur Person des Zeitungsverkäufers, daß der Betrachter innerlich sofort bereit ist, seinen potentiellen Zeitungskauf auf diesen Verkäufer zu konzentrieren.

Angefangen hatte der Zeitungshandel als Straßenverkauf fliegender Händler, teilweise in Deutschland bis in die 60er Jahre hinein, teilweise im starken Maß noch üblich z. B. an Straßenkreuzungen der Großstädte in Südamerika. Trotz der starken Expansion der elektronischen Medien am Ende des zweiten Millenniums hat auch heute noch die gedruckte Wort-, Magazin- oder Zeitungsform eine immense Bedeutung. Verkaufsstellen des Buch- und Zeitungshandels finden sich an Straßenkreuzungen, Bahnhöfen und Flughäfen. Das Zeitungssortiment eines guten Bahnhofsbuchhändlers umfaßt im Durchschnitt 1000 Titel.

Pressevielfalt ist ein Indikator für das Demokratieverständnis einer Gesellschaft. Die zur Zeit in Deutschland diskutierte Buchpreisbindung zeugt für den Stellenwert der Bücher und Zeitungen als Kulturgut. In Berlins erster Blütezeit gab es 1914 allein in der deutschen Hauptstadt täglich 30 Morgen- und 10 Abendzeitungen, ergänzt durch 50 Vorortblätter. Vor der Diktatur und dem 2. Weltkrieg besaß Berlin die weltweit größte Pressedichte. In ganz Deutschland konnte man unter 5000 Titeln auswählen.

Auch in Rußland trug in den 10er und 20er Jahren des zu Ende gehenden Jahrhunderts der schnelle und mobile Direktabsatz der Zeitungen im Straßenverkauf zu einer Blüte bei. Nie zuvor oder danach wurde wohl in Rußland eine solche Pressevielfalt erreicht wie in jenen Jahren.

Der traditionellen Distribution über die fliegenden Händler inhärent war allerdings auch der diametrale gesellschaftliche/finanzielle Gegensatz zwischen „Pressezar" und dem eher ärmlichen Einkommen der Zeitungsverkäufer. Marc Chagalls Bild „Der Zeitungshändler" aus dem Jahr 1914 beschreibt diese Lebensverhältnisse exemplarisch. Der alte Mann, der seine Zeitungen in einer Umhängetasche präsentiert, ist gekennzeichnet durch seinen schwermütigen Blick, der leeren Straße, der schwarz und bedrohlich auftragenden Kathedrale von Witebsk und dem blutroten Himmel, sicher einem Hinweis auf den kurz zuvor ausgebrochenen Ersten Weltkrieg.

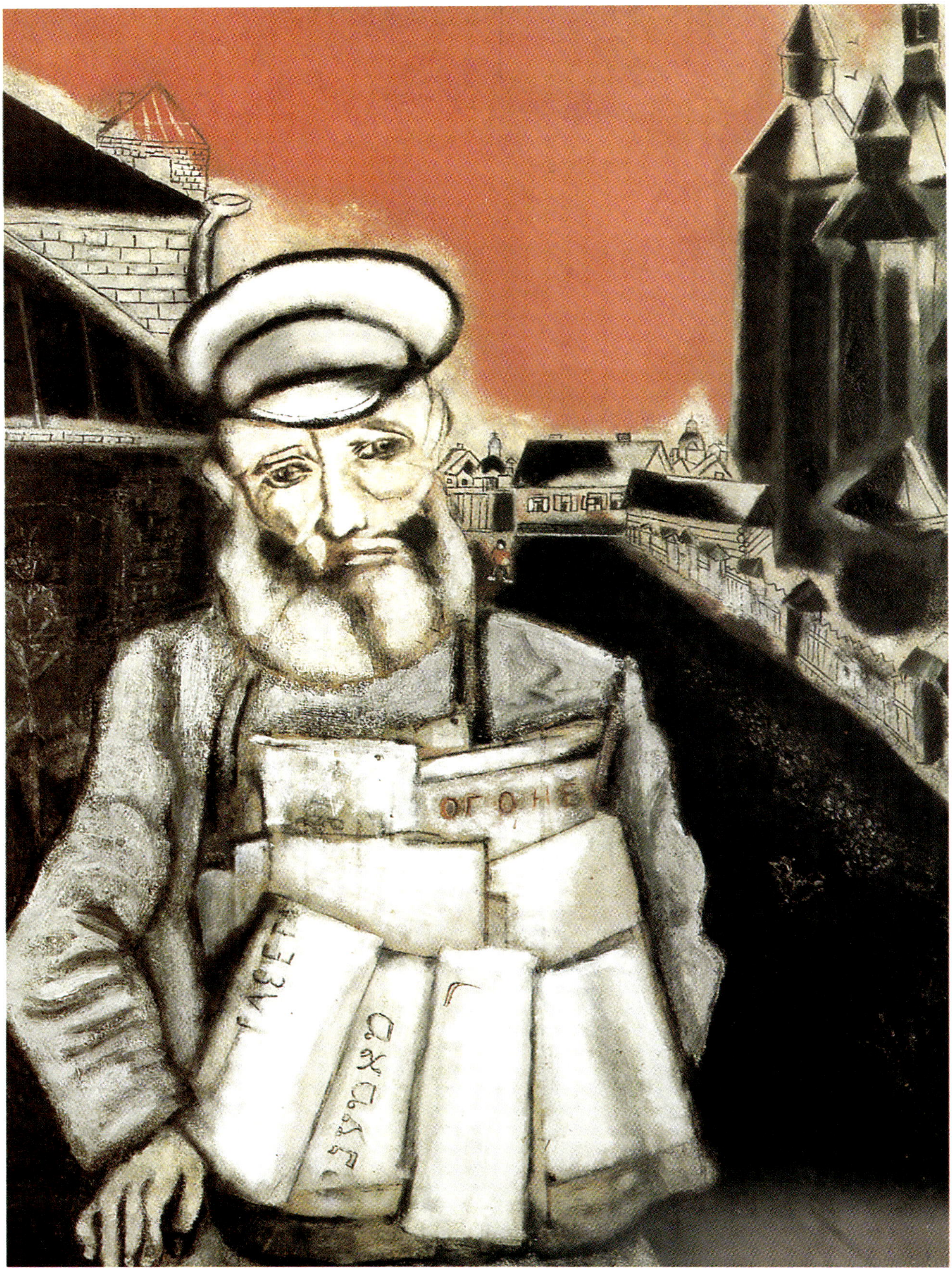

*Teehandlung Johann Schönbichler, Wien*

*links: „Le Marchand de Journaux" (Der Zeitungshändler), Gemälde von Marc Chagall, 1914*

Chagall wurde 1887 als Sohn einer jüdischen Familie in Witebsk/Weißrußland geboren. An der Kunstakademie in St. Petersburg begeisterte er sich vor allem an der französischen Malerei von Gauguin, van Gogh und Cézanne. Durch ein Stipendium übersiedelte er 1910 nach Paris, wo er u. a. die avantgardistischen Maler Delaunay und Modigliani persönlich kennenlernte. 1914 kehrte er nach Witebsk zurück, wo er zum Kommissar der Bildenden Künste ernannt wurde und 1919 eine Kunstakademie gründete, an die er mit Malewitsch und Lissitzky zwei der wichtigsten Erneuerer der russischen Kunst berief. Als Chagall 1922 nach Paris zurückkehrte, nahm er das Bild das Zeitungshändlers mit sich. Es befindet sich dort noch heute im Besitz seiner Tochter Ida. Von 1941 bis Ende des 2. Weltkriegs lebte Chagall in den USA. Nach Einzelausstellungen in New York, Paris, Amsterdam und London erhielt er 1948 den ersten Preis der Biennale von Venedig. Ein Jahr später ließ er sich endgültig im südfranzösischen Vence nieder.

In den 50er und 60er Jahren gelang es ihm, die Leuchtkraft seiner Farben und die freie Gestaltung der Bildräume eindrucksvoll auch in große Glasfenster umzusetzen (u. a. für die Kathedrale in Metz). Sein Werk ergänzte er durch umfangreiche Illustrationszyklen, von denen vor allem die Radierungen zur Bibel berühmt wurden. Es entstanden aber auch Theater- und Ballettdekorationen oder Kostüme für Stücke von Tschaikowsky und Strawinsky.

Chagall wird oft als Maler-Poet bezeichnet, weil er in seinen Bildern die sichtbare Welt, Emotionen und Phantasien harmonisch verband. Sein Werk eignet sich daher hervorragend für diejenigen Konsumentensegmente, die heute durch „cocooning", das Reflektieren und Meditieren – im Gegensatz zum Massenkonsum – wiederentdecken.

## „Tante Emma" und „Onkel Mehmet"

Eigentlich ist er der älteste seines Standes und doch der ewig junge, er hatte und hat unzählige Namen und Spezialformen. In Österreich wird er Kramer und in Wien Greissler genannt. In Deutschland hieß er einmal Heringsbändiger, und heute ist er noch der Tante Emma Laden. Die Zahl der kleinen Einzelhändler nimmt ständig ab. Trotzdem besitzen viele von ihnen eine große Ausstrahlung. Entwickelte sich in den letzten 25 Jahren der deutsche Lebensmittel-Einzelhandel in erster Linie über die Verkaufsfläche und verzeichnete im Bereich der „Tante Emma-Läden" ein Ladensterben der Kleinflächen, so haben sich teilweise zwischenzeitlich türkische Läden einen festen Platz im deutschen Einzelhandel erobert.

Dienten sie in der Anfangsphase in erster Linie den türkischen Gastarbeitern, so hat sich ihre Klientel inzwischen auch auf den deutschen Konsumenten ausgeweitet. Allein im Lebensmittelbereich erwirtschaften türkische Händler gegenwärtig einen Jahresumsatz von rund. 7,5 Mrd. DM, das entspricht einem Marktanteil von rd. 3% am gesamten Lebensmittelumsatz. Insgesamt arbeiten in türkischen Einzelhandelsunternehmen in der Bundesrepublik Deutschland rd. 250.000 Menschen – Familienmitglieder und Teilzeitkräfte mit eingerechnet. Geht man von 50.000 türkischen Händlern aus, so sind dies 5 Menschen pro Betrieb, also typische Kleinbetriebe. Onkel Mehmet substituiert damit als Nischenanbieter Tante Emma.

Wo ehedem eingelegte Gurken und Graubrot verkauft wurden, gehen nun im Rahmen von „ethnic food" Oliven und türkisches Fladenbrot über die Theke.

# DER HANDEL UND DAS GELD

Die Einführung des Euro beschäftigt die Medien und erhitzt die Gemüter. Hoffnungen und Ängste werden geäußert, euphorische Erwartungen geweckt und auch Horrorszenarien entworfen. Dies ist nur allzu verständlich, denn die Änderung einer Währung bedeutet auch einen Eingriff in die kulturelle Identität und das Vertrauen der Menschen in die Stabilität ihres Vermögens. Das harte politische Ringen um die Position und die Person des 1998 ernannten ersten Präsidenten der Europäischen Zentralbank spiegelt auf internationaler Ebene die Bedeutung dieses Vorgangs wieder. Vor diesem Hintergrund bietet auch ein Blick in die Geschichte des Geld- und Bankwesens interessante Aspekte.

Nachdem archaische Tauschmittel wie Muscheln, Federn, Pelze, bestimmte Nahrungsmittel oder Metallbarren (Kupfer, Silber, Gold) als Wertmaßstäbe ausgedient hatten, führte die verstärkte Handelstätigkeit parallel in Griechenland und Kleinasien im 7. Jh. v. Chr. zum Beginn des Geldwesens in Form der ersten Münzen. Sie bestanden zunächst aus einer Silber/Gold Legierung und trugen noch keine Prägungen. Diese Erfindung begünstigte den regionalen und vor allem den überregionalen Handelsverkehr enorm. Unter Julius Cäsar entwickelte sich im römischen Reich des ersten vorchristlichen Jahrhunderts dann ein umfangreiches Münzwesen, welches alle auch heute üblichen Merkmale zeigt. Ein bestimmter Goldgehalt war festgelegt, die Münzen waren mit dem Porträt des Herrschers geprägt, und der Berufsstand des Bankiers (argentarius od. mensarius) regelte die Geldge-

*Ein Ablaßkrämer, Holzschnitt, 16. Jh.*

linke Seite: *Der betrügerische Kaufmann, 1535*

schäfte. Allmählich konnten auch die Wertschwankungen zwischen Silber und Gold stabilisiert werden, so daß die Voraussetzungen zum Aufbau des weltweiten Handelsnetzes der Römer gegeben waren.

Das abendländische Bankwesen bestand zunächst vorrangig im Münzwechselgeschäft. Die bedeutenden Handelszentren wurden auch zu den wichtigsten Bankplätzen. Vor allem in Oberitalien – der Lombardei mit ihrer Hauptstand Mailand – entwickelte sich ein reges Bankwesen. Hier entstand der Beruf des Geldwechslers, welcher in der Regel auch die Münzprüfung und den Handel mit Edelmetallen übernahm. Unter Umgehung des kirchlichen Zinsverbots tätigten die Lombarden Geld- und Pfandleihgeschäfte und schufen die Grundlage des modernen europäischen Bankwesens. Entsprechend ihrer Herkunft nannte man zunächst nur die Geldwechsler „Lombarden", später wurde der Begriff allgemein für italienische Händler verwendet. Noch heute erinnert der Lombardsatz an diesen Ursprung. Seit jener gewaltigen Stellung im früheren Mittelalter ist die Lombardei auch heute noch immer eine der wirtschaftlich stärksten Regionen Italiens.

Auch der Begriff der Bank läßt sich aus den Anfängen des Geldwesens in der Lombardei erklären, denn ursprünglich wurden die verschiedenen Münzsorten auf einem Tisch (ital. „banca") ausgebreitet und gewechselt. Im 14. und 15. Jh. kamen das Depositen- und Wechselgeschäft und der Giroverkehr hinzu. Diese Weiterentwicklungen stehen in engem Zusammenhang mit der Einführung der doppelten

Buchführung, des Wechsels und der Banknoten. Sie werden außerdem begünstigt durch die aufblühende Städtekultur des Mittelalters.

Große Handelsstädte in Europa (Amsterdam, Venedig, London...), im Orient und in Ost-Asien entwickelten sich gleichzeitig zu zentralen Bank- und Handelsplätzen. Handel und Bankwesen bildeten gleichsam ein Synonym. Öffentliche Banken waren weitgehend unbekannt. Obwohl schon 1401 die erste öffentliche Wechsel-, Depositen- und Girobank in Barcelona entstanden war, öffnete in den Niederlanden erst 1609 eine öffentliche Bank in Amsterdam. Daher war dieses die große Zeit der privaten Bankiers und Finanziers.

Die Medici in Florenz sowie die Fugger und Welser in Augsburg sind Beispiele dafür, wie bedeutende Persönlichkeiten und Familien sich gleichermaßen als Handels- und Bankherren betätigten. So war zum Beispiel das umfangreiche Kreditwesen des Hauses Fugger eine ihrer Haupteinnahmequellen und gleichzeitig wichtiges politisches und merkantiles Machtinstrument. So hatte ihr Handelsimperium zur Zeit der Eröffnung der ersten öffentlichen Bank in den Niederlanden bereits europaweite Bedeutung erlangt, und Antwerpen war ihr niederländisches Zentrum.

**Der heilige Eligius**

Der Maler Petrus Christus wurde um 1415 in Baerle geboren und arbeitete vermutlich als Geselle in der Werkstatt Jan van Eycks, um dann später seine eigene Werkstatt zu gründen. 1444 erwarb er die Bürgerrechte in Brügge, trat dort 1462 einer Bruderschaft bei und wird von dieser 1473 als gestorben registriert.

1449, im Entstehungsjahr des Bildes wurde in Brügge die Kapelle der Schmiede neu eingeweiht. Der heilige Eligius ist der Schutzpatron aller Goldschmiede. Es war sicherlich kein Zufall, daß der Heilige nicht bei irgendeiner Handarbeit dargestellt wurde, sondern beim Wiegen, bei dem Vertrauen eine so große Rolle spielt.

Die Gewichte der Handwaage ließen sich – wie man sieht – ineinander stapeln. Aufbewahrt wurden sie in dem runden Gefäß mit offenem Deckel. Die Goldmünzen daneben könnten eine Anspielung auf die Tätigkeit königlicher Münzmeister und Wechsler sein, die als Zunft eine Unterabteilung der Goldschmiede bildete.

Auf dem Tresen lassen sich Mainzer Gulden, englische „Angels" und die schweren „Reiter" des Herzogs Philipp des Guten von Burgund ausmachen, der in Brügge Regent zur Zeit von Petrus Christus war.

Weiter liegt auf dem Tresen ein traditioneller Hochzeitsgürtel. In der Waage befindet sich ein Ehering. Das Kundenpaar trägt kostbare, modische Kleidung, wie sie zu jener Zeit nur am Hofe des Burgunder-Herzogs getragen wurde. Der Goldbrokat der Frau mit dem exotischen Granatapfelmuster dürfte aus Italien stammen, ihre goldene Haube ist mit Perlen bestückt. Der Bräutigam trägt nicht nur eine schwere Goldkette, sondern auch eine Brosche an der kunstvoll geschlungenen Kopfbedeckung.

Kostbare Objekte befinden sich auch an der Wand der Ladenwerkstatt:

- fossile Haifischzähne, die als „Probiersteine" vor Gift warnen sollten
- ein Kokosnußpokal
- ein Korallengeäst, das vor Blutsturz schützen sollte
- ein Rubin, der vor Fäulnis bewahren und ein Saphir, der Geschwüre heilen sollte
- Broschen, ein Rosenkranz aus Korallen und Bernstein sowie eine goldene Gürtelschnalle
- diverse Perlen, Ringe und Silberkannen

Symbolisches Denken, Magie und Religion haben der Goldschmiedekunst einen besonderen Nimbus verliehen. Goldschmiede arbeiteten vor allem für die Kirche und Herrscher, die als von Gott eingesetzt galten. Dieser emotionale Kontext wird auch daran deutlich, daß 1960 das Schauspiel „Der Laden des Goldschmieds", dessen Autor Kardinal Karel Wojtila (Papst Joh. Paul II.) ist, veröffentlicht (und später verfilmt) wurde.

Ein weiteres interessantes Detail ist der Konvexspiegel, der später auch bei Metsys in seinem Gemälde auftaucht. Der Mann mit dem Falken ist im übrigen Petrus Christus. Mit Hilfe des Spiegeltricks zeigt der Maler gleichzeitig eine Innen- und Außenansicht. Die beiden Männer stehen vor dem offenen Laden etwa dort, wo man sich den Betrachter des Gemäldes vorstellen muß. Die Goldschmiede mußte auf Zunftanordnung hin am offenen Fenster arbeiten, um die Transparenz ihres Gewerbes zu gewährleisten. Fertigung und Verkauf hatten an einem Ort zu erfolgen, um vor Betrug zu beschützen.

*Petrus Christus, Der heilige Eligius, 1449*

## Der Wechsler und seine Frau

Die Faszination des Geldwechselns haben auch weitere Maler des 15./16. Jahrhunderts gespürt und dokumentiert. Geradezu verblüffend ähnlich sind sich die Gemälde „Der Wechsler und seine Frau" von Quentin Metsys und von Marinus Roymerswalde (1497 bis 1567).

Das berühmte Bild des niederländischen Malers Quentin Metsys im Pariser Louvre öffnet ein Fenster in diese Zeit und führt uns an den im Zeitablauf nach Brügge wohl wichtigsten Handelsplatz dieser Jahre in Nordeuropa: Antwerpen. Metsys wurde 1465/66 in Löwen geboren und lebte spätestens ab 1491 bis zum seinem Tod 1530 in Antwerpen. Während seine frühen Werke noch in der Spätgotik verwurzelt sind, läßt er in seinem Spätwerk mit psychologisch durchdrungenen Darstellungen der menschlichen Beziehungen und Gefühle die Gotik deutlich hinter sich und der Einfluß der Renaissance macht sich bemerkbar. So auch in diesem Doppelporträt.

Es zeigt links einen Bankier, welcher verschiedene Münzen auswiegt und offenbar zählt. Als Maß dient ihm eine kleine Waage, deren Gegengewicht ein Goldstück bildet. Seine vornehm gekleidete Frau sitzt neben ihm. Die Deutungen ihres Gesichtsausdrucks sind vielschichtig und führen zu unterschiedlichen Lesarten des Bildes. Nach einer Deutung blättert sie das Gebetbuch beiläufig durch, während sie sich vielmehr für das Geld interessiert. Man könnte ihren Ausdruck aber auch als besorgt interpretieren. Sie wäre dann die moralische Instanz, die am Gebetbuch festhält. Auf jeden Fall ist die Darstellung mehr als ein Eheporträt, wie es damals ausgeführt wurde. Möglicherweise ist es eine Warnung vor Geldgier und Geiz und der gleichzeitigen Abwendung von moralisch/christlichen Werten. Das Geschäft des Geldverleihens gegen Zinsen wurde nämlich von der Kirche als sündhaft abgelehnt und zeitweise verboten. Hier liegt der Grund für den starken Einfluß der Juden im Bankwesen, da sie von diesem Verbot nicht betroffen waren. Da aber zu allen Zeiten der römische Satz: „Pecunia non olet" (Geld stinkt nicht) galt, überwiegt auch bei diesem Paar der Reiz des Geldes vor ethischen Skrupeln.

Zudem bietet das Bild einen interessanten Einblick in die Tätigkeit eines Geldwechslers. Neben den Münzen befinden sich auf dem Tisch auch ein Deckelpokal aus Glas, ein schwarzes Säckchen mit Perlen und vier Ringe. Auf dem Regal im Hintergrund erkennt man unter anderem Bücher, Papiere und ein kleines schwarzes Etui für Siegellack. Noch ein weiteres Detail macht dieses Bild außergewöhnlich. In der Mitte des Tisches steht wie bei Petrus Christus ein kleiner Rundspiegel, in dem sich ein Fenster des Zimmers und ein Blick nach draußen spiegeln. Vor dem Fenster im Innern des Raumes erkennt man einen Mann mit roter Mütze. Er wird oft als Dieb interpretiert, der nur darauf wartet, den angehäuften Reichtum entwenden zu können. Bei dieser Interpretation wäre das Bild auch eine Vanitas-Darstellung – eine Warnung vor der Vergänglichkeit alles Irdischen.

## Veränderung der Paritäten durch Globalisierung

Die Entdeckung der Welt, der Weg zur Globalisierung und die damit verbundene Expansion des Handels sowie das Angleichen der Paritäten durch einen internationalen Warenaustausch änderten das abendländische Lebensbild und den gesamten Lebensstil. Betroffen waren nicht nur eine privilegierte Klasse, sondern ebenso die Massen. Die Parallelen zur heutigen Zeit sind auffallend.

Noch etwas uns sehr Vertrautes geschah nach den Dokumentationen von Christus, Metsys und Roymerswalde: Durch den Zustrom der Edelmetalle Gold und Silber aus Amerika in einem bisher unvorstellbaren Ausmaß entstand eine regelrechte Gold- und Silberschwemme. Die Münzprägeanstalten kamen nach. Das Warenangebot aber blieb weit hinter der zirkulierenden Geldmenge und der Nachfrage zurück. Resultat: Inflation!

In Spanien, Frankreich und der Schweiz verdreifachten sich die Preise. Das führte zu Gewinnen bei den einen, zu steigender Unzufriedenheit bei den anderen. Die Regierungen selbst, ständig in Geldnöten, unterlagen der Versuchung: Sie reduzierten das Gewicht der Münzen oder gaben ihnen einen höheren Kurswert. Nicht genug damit, wiederholte sich dasselbe wie auch schon beim Untergang des Römischen Reiches: Man steigerte laufend die Abgaben, führte ständig neue Aus- und Einfuhrzölle ein und gab die Schuld an der Teuerung den Kaufleuten. Höchstpreise wurden eingeführt, der Staat glaubte, selbst die Handelsfunktionen übernehmen zu müssen, anstelle der Privatbanken sollte eine Staatsbank errichtet werden, die Bürokratie gewann wieder einmal Oberhand. Erfolg: Der Verteilerapparat in Europa wurde dadurch nur noch teurer.

Die eigentliche Ursache für die Teuerung wollte man damals wie heute nicht sehen, nämlich die tiefgreifende Änderung der Austauschverhältnisse. Das Überangebot von Silber, die dadurch entstehende Verdünnung des Geldwertes, verbunden mit einer steigenden Nachfrage nach Gewürzen und anderen Konsumgütern trieb ständig die Preise der knapper werdenden Ware in die Höhe.

Den dritten und größten Staatsbankrott im Jahre 1576 überlebten selbst die beiden großen Banken von Sevilla, die der Espinosa und der Morgas, nicht, und halb

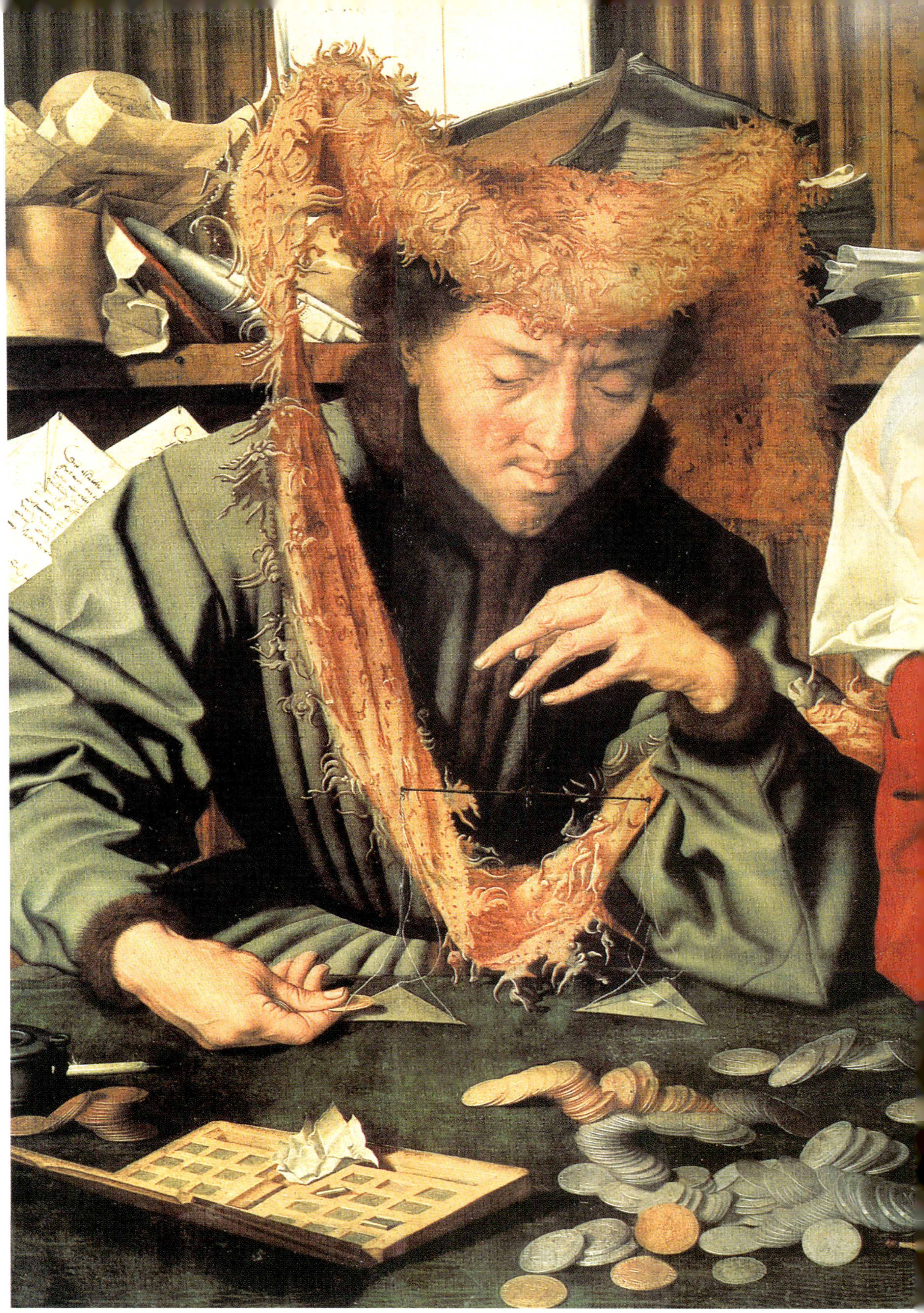

Genua ging gleich Hand in Hand damit bankrott. Die Schuldsummen des Staates, der Städte und Fürsten stiegen ins Phantastische. Die Erinnerung an die Weltwirtschaftskrisen am Ende des 19. Jahrhunderts, die Inflationszeit und die Banken-Crashs am sogenannten „Schwarzen Freitag" zu Beginn des 20. Jahrhunderts ist noch nicht verblaßt. Wie allzu vertraut das alles für uns klingt und wie wenig wir doch aus der Geschichte gelernt haben.

*Der Wechsler und seine Frau,
Gemälde von Marinus Roymerswalde*

*vorhergehende Seite: Der Wechsler und seine Frau,
Gemälde von Quentin Metsys*

# CHRONOLOGIE DER HANDELS-GESCHICHTE

*Im folgenden Kapitel sind über 1.000 handelsrelevante Einzeldaten erfaßt. Ergänzt wird diese Handelshistorie durch allgemeine politische Parameter und durch Hinweise auf Künstler, die im Rahmen des EHI-Reports erwähnt werden.*

Während das Kapitel 1 die Geschichte des Handels in kasuistisch, deskriptiver Weise darstellt – und hierbei insbesondere durch die Bebilderung der Texte Interdependenzen zur Kunst fokussiert – wird im Kapitel 2 in einer chronologischen Datensammlung der Zusammenhang zwischen „allgemeiner Geschichte" und der „Geschichte der Handelsentwicklung" deutlich.

Unterschieden werden

- allgemeine historische Daten, die als Parameter für die Handelsentwicklung zu sehen sind
- spezifische Handelsdaten
- allgemeinere Handelsdaten wie die Gründung der EU oder die Erweiterungsphasen
- unternehmensbezogene Daten wie die Gründung der Firma Douglas oder der Markteintritt jenes Unternehmens im Ausland
- selektive Daten der Kunstszene, sofern jene in diesem Report im ersten Kapitel erwähnt wurden.

Für alle drei Bereiche – insbesondere die Firmenchronik – gilt, daß kein Anspruch auf Vollständigkeit erhoben wird. Gerade im Hinblick auf die Handelsfirmen kann es nur Ziel dieser Chronik sein, zeitliche Parallelitäten anhand einiger Beispiele darzustellen, um hierdurch einen „Zeitgeist" zu dokumentieren.

### Legende

▬ allgemeine historische Ereignisse

▬ künstlerische Daten

▬ Handelsdaten

| | |
|---|---|
| 3200-3000 v. Chr. | In Mesopotamien enstand die vermutlich erste Schrift der Menschheit und in Ägypten die Bilderschrift. |
| 2500 v. Chr. | Belege für Schrifttafeln (Keramik-Siegel) im Indus-Tal |
| ca. 2300 v. Chr. | Hieroglyphen des ägyptischen Kaufmanns Unah |
| ca. 1728 v. Chr. | Hammurabi, König von Babylonien, gest. 1686 v. Chr., schafft die älteste Gesetzsammlung der Welt, eingemeißelt auf einem Dioritblock. |
| 1500-1200 v. Chr. | Während der Shang-Dynastie begannen die Chinesen, Schriftzeichen auf verschiedenen Materialien zu ritzen. |
| ca. 1100 v. Chr. | Gründung von Tyrus, der später mächtigsten Handelsstadt der Phönizier |
| 815 v. Chr. | Die Phönizier gründen Karthago. |
| 7. Jh. v. Chr. | Beginn des Geldwesens in Griechenland und Kleinasien |
| 640 v. Chr. | Solon, griechischer Kaufmann und Gesetzgeber, gest. 561 v. Chr. |
| 605 v. Chr. | Nebukadnezar II., König von Babylon, gest. 592 v. Chr. |
| 427 v. Chr. | Plato(n), griechischer Philosoph, gest. 347 v. Chr. |
| 387 v. Chr. | Akademie- Gründung in Athen durch Plato |
| 356 v. Chr. | Alexander der Große, persischer König, gest. 323 v. Chr. |
| 332 v. Chr. | Alexandria wird im ägyptischen Nildelta von Alexander dem Großen gegründet. |
| 300-250 v. Chr. | Die ersten Kulturvölker im amerikanischen Raum entwickelten Schriften. |
| 264 v. Chr. | Beginn des 1. Punischen Krieges |
| 234 v. Chr. | M. P. Cato der Ältere, römischer Staatsmann, gest. 149 v. Chr. |
| 209 v Chr. | Nach der Eroberung der griechischen Handelsstadt Sorrent werden 30.000 Menschen auf dem Sklavenmarkt verschachert. |
| 203 v. Chr. | Hannibal überquert die Alpen und bedroht Rom. |
| 146 v. Chr. | Karthago wird von den Römern im 3. Punischen Krieg total zerstört. |
| 106 v. Chr. | M. T. Cicero, römischer Staatsmann; gest. 43 v. Chr. |
| 100 v. Chr. | G. J. Cäsar, gest. 44 v. Chr.; er führte den Julianischen Kalender ein und entwickelte ein umfangreiches Münzwesen. |
| 30 v. Chr. | Alexandrien fällt an die Römer. |
| um 105 | In China wird das Papier erfunden. |
| 330 | Kaiser Konstantin erhebt den Ort Byzantium am Bosporus zur Hauptstadt des römischen Reiches und nennt ihn Konstantinopel. |

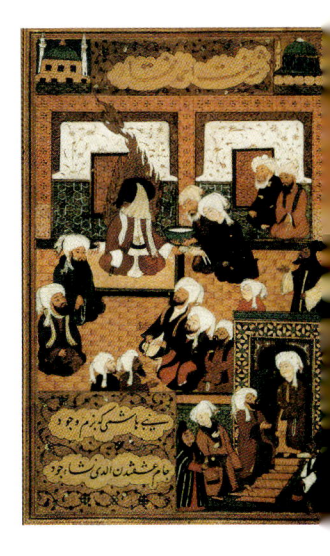

| | |
|---|---|
| | Die weströmischen Kaiser verlegen ihren Sitz nach Mailand bzw. Ravenna. |
| 410 | Plünderung Roms durch die Westgoten. |
| 569 | Mohammed, Prophet, Spross einer Kaufmannsfamilie aus Mekka und selbst Kaufmann, gest. 632 |
| 588 | Eligius (auch Eloi genannt) wird in Limoges geboren, absolviert später eine Goldschmiedelehre, wird später Bischof der Diözese Noyon/Brügge und last but not least Schutzpatron der Goldschmiede. |
| 642 | Alexandrien fällt an die Araber. |
| 711 | Die Mauren entdecken das Reich der Westgoten in Spanien. |
| 742 | Karl der Große, gest. 814 |
| um 787 | Ein arabisches Schiff läuft erstmals einen chinesischen Hafen an. |
| 793 | Die Wikinger beginnen in ihrer dritten Entwicklungsphase diverse Beutezüge, die bis 845 andauern. |
| 808 | Die Wikinger entdecken bei Haithabu die Möglichkeit, ihre Boote von der Ost- in die Nordsee zu transportieren. |
| 951 | Die Lombardei mit der Stadt Pavia als Wirtschafts- und Kulturzentrum wird unter Otto I. Reichslehen. |
| 973 | Gründung des Bistums Prag |
| 11. Jh. | Der Ostseehandel wird vorwiegend von den Gotländern beherrscht. |
| 1054 | Trennung der römischen (= katholischen) von der byzanthinischen (= griechisch-orthodoxen) Kirche |
| nach 1066 | Schleswig wird zum Umschlagplatz des West-Ost-Seehandels |
| 1095 | Erster Kreuzzug – er dauerte bis 1144; 1099 Jerusalem wird erobert. |
| um 1100 | Gilde friesischer Kaufleute in Sigtuna am Mälarsee |
| erste Hälfte des 12. Jh. | Russische Kaufleute betreiben Ostseehandel (Gotland, Stettin, Dänemark) |
| 12. Jh. | Das Reichslehen Lombardei schließt sich unter Hoheit der Hohenstaufer mit dem Städten Cremona und Mailand zum Lombardischen Bund zusammen. Durch die Einrichtung von Leihhäusern und Wechselstuben entstehen die „Lombard-Banken". |
| 1133 | Heinrich II. König von England, gest. 1189 |
| 1143/59 | Gründung Lübecks |
| 1147 | Zweiter Kreuzzug bis 1149 |

| | |
|---|---|
| 1150 | Der Rabbiner Eliezer ben Nathan erwähnt erstmals die Frankfurter Messe. |
| 1157 | Heinrich II. gewährt den Kölner Kaufleuten Privilegien in London. |
| um 1160 | Bildung der Genossenschaft deutscher Kaufleute, die Gotland besuchen |
| 1165 | Der Markgraf Otto der Reiche verleiht Leipzig das Marktrecht. |
| 1175 | Die Kölner Kaufleute erhalten Handelsfreiheit im ganzen englischen Königreich. |
| um 1180 | Erstmalige Erwähnung einer Niederlassung der Gotländer in Novgorod – Gotenhof |
| 1189 | Fürst Jaroslav schließt mit Gotländern und Deutschen in Novgorod einen Handelsvertrag. Entstehung der deutschen Kaufmannssiedlung in Novgorod |
| | Dritter Kreuzzug bis 1192 |
| 1194 | Friedrich II., Kaiser Barbarossa, gest. 1250 |
| 1195 | Mohammed Abu Alahmar, Planer und Erbauer der Alhambra, gest. 1274 |
| 1201 | Gründung von Riga |
| 1202 | Vierter Kreuzzug (des Dogen Enrico Dandolo) bis 1204 |
| 1225 | Thomas von Aquin, Dominikaner/Philosoph, gest. 1274 |
| 1226 | Lübeck wird Freie Reichsstadt |
| um 1230 | Erster Vertrag zwischen Lübeck und Hamburg |
| 1240 | Kaiser Friedrich II. stellt den Frankfurter Messebesuchern einen Schutzbrief aus. |
| 1252 | Flandrische Privilegien für die deutschen Kaufleute |
| 1254 | Marco Polo, venezianischer Kaufmannssohn, gest. 1324 |
| 1259 | Der Erzbischof verleiht Köln das Stapelrecht. |
| 1270 | Schuldbuch in Hamburg |
| 1277 | Grundbuch in Lübeck |
| 1281 | Organisation der hansischen Niederlassung in London |
| 1282 | In Brügge wird auf Betreiben der Hanse eine Waage aus Lübeck aufgestellt |
| 1286 | Grundbuch in Riga |
| 1288 | Grundbuch in Stralsund |
| 1290 | Grundbuch in Lüneburg |

| | |
|---|---|
| 1303 | Eduard I. von England erläßt eine carta mercatoria, die ausländischen Kaufleuten große Freiheiten und Rechtssicherheit gewährte. |
| 1310 | Dietmar von Aist, Ritter, gest. 1340, siehe auch Darstellung in der Heidelberger Liederhandschrift |
| 1316 | Wenzel von Böhmen – gest. 1378 – wird als Karl IV. deutscher Kaiser. |
| 1334 | Die carta mercatoria wird unter Edward III. zu einem deutschen Sonderprivileg. |
| 1347 | Statuten des Brügger Kontors |
| 1348 | Karl IV. gründet in Prag die erste Universität im damaligen Deutschen Reich. |
| 1356 | Erster allgemeiner Hansetag – Die Städtehanse beginnt zu entstehen. |
| | „Goldene Bulle" Kaiser Karls IV. |
| 1358 | Handelssperre gegen Flandern (bis 1360) |
| 1370 | Frieden von Stralsund – Deutsche Kaufleute erhalten die Handelsfreiheit in Dänemark zurück. |
| 1388 | Gründung des Bruderhauses in Nürnberg durch den Kaufmann Konrad Mendel |
| 1389 | Dominanz Venedigs auf dem nordostitalienischen Festland |
| 1391 | Die „Merchant Adventurers" – ein genossenschaftlicher Zusammenschluß englischer Kaufleute – erhalten königliche Bestätigung. |
| 1399 | Johannes Gutenberg, Erfinder der Buchdruckkunst, gest. 1468 |
| Ende des 14. Jh. | Hausbuch der Cerruti |
| 1401 | Erste öffentliche Wechsel-, Depositen- und Girobank in Barcelona |
| 1402 | Eröffnung einer Bank in Frankfurt am Main |
| 1408 | Jacob Fugger d. Ä., Kaufmann, gest. 1469 |
| um 1415 | Petrus Christus, Maler, gest. 1473 |
| 1418 | Hansische Statuten – Sicherung der städtischen Verfassungen, Regelung der Handels- und Bündnisverhältnisse |
| 1443 | Christoph Kolumbus, Handelsreisender und Entdecker aus Genua, gest. 1506 |
| 1445 | Gutenberg erfindet den Buchdruck mit beweglichen Lettern. |
| 1449 | Petrus Christus malt „Der heilige Eligius in seiner Werkstatt" |

| | |
|---|---|
| 1459 | Maximilian, deutscher Kaiser, gest. 1519 |
| 1459 | Jakob Fugger II., Kaufmann, gest. 1525 |
| 1465/66 | Erasmus von Rotterdam, Gelehrter/Humanist, gest. 1536 |
| 1465/66 | Quentin Metsys, Maler, gest. 1530 |
| 1471 | Köln wird aus der Hanse ausgeschlossen. |
| | Albrecht Dürer, Maler, gest. 1528 |
| 1474 | Im Frieden von Utrecht bestätigt England der Hanse alle Privilegien. Köln wird isoliert. |
| 1478 | Francisco Pizarro, Eroberer des Inka-Reiches, gest. 1541 |
| um 1480 | Fernao de Magellan, Erster Weltumsegler, gest. 1521 |
| 1483 | Martin Luther, Reformator, gest. 1546 |
| 1485 | Hernán Cortés, Eroberer Mexikos, gest. 1547 |
| 1492 | Entdeckung Amerikas durch Kolumbus |
| | Granada, das letzte arabische Emirat auf spanischen Boden ergibt sich den christlichen Belagerern. |
| 1493 | Aufteilung der Neuen Welt durch Spanien und Portugal |
| | Anton Fugger, Kaufmann, gest. 1560 |
| 1494 | Antwerpen wird Fugger-Dependance. |
| | Martin Behaim fertigt in Nürnberg den ersten Globus. |
| 1496 | Kaiser Maximilian übereignet den Fuggern die Bergwerke in Tirol. |
| | Der russische Zar läßt alle Hansen gefangensetzen und den Peterhof in Nowgorod schließen. |
| | Der Genuese John Cabot eröffnet den Weg zu den großartigsten Fischgründen (Dorsch) der Erde an der Nordostküste Amerikas (Neufundlandbank). |
| 1497 | Kaiser Maximilian verleiht Leipzig das Reichsmesseprivileg. |
| | Hans Holbein d. J., Maler, gest. 1543 |
| | Marinus Roymerswalde, Maler, gest. 1567 |
| | Georg Gisze, Kölner Kaufmann, – gest. 1562 – lebt im Stalhof in London. |
| 1498 | Vasco da Gama findet den Seeweg nach Indien. |
| 1500 | Karl V., spanischer König und später römischer deutscher Kaiser, gest. 1558 |

| | |
|---|---|
| 1501 | Das alte Gewandhaus in Leipzig wird als Angebotszentrum für die Tuchhändler errichtet. |
| 1516 | In Augsburg entsteht die Fuggerei. |
| 1517 | Mit dem Thesenanschlag an der Schloßkirche zu Wittenberg prangert Martin Luther insbesondere den Ablaßhandel an – Beginn der Reformation. |
| | Bischof Las Casas schlägt Karl V. die Einfuhr von Negern in Amerika vor. Der „Assiento-Handel" – das Privileg des Sklavenhandels – ensteht. |
| 1519 | Karl V. wird durch die Fugger römischer Kaiser. |
| | Erste Weltumseglung von Magellan (bis 1522) |
| | Cortés erobert bis 1521 das Atzteken-Reich |
| 1520 | Sulaiman der Prächtige, Sultan von Konstantinopel, gest. 1566 |
| | Porträt des Jacob Fugger, gemalt von Albrecht Dürer |
| 1521 | Nach der Eroberung wird Mexiko spanische Kolonie. |
| 1524 | Erste Reichsmünzordnung: Die Kölner Mark wird zur Grundlage des gesamten deutschen Münz- und Gewichtswesens. |
| 1527 | Philipp II., König von Spanien, gest. 1598 |
| 1529 | Aufteilung des Stillen Ozeans durch Spanien und Portugal |
| 1532 | Im Namen Spaniens erobert Pizarro das Inkareich Peru. |
| | Porträt des Georg Gisze, gemalt v. H. Holbein d. J. |
| 1533 | Elizabeth I., Königin von England, gest. 1603 |
| 1537 | Shogun Toyotumi Hideyoshi, gest. 1598 |
| 1543 | Portugiesische Kaufleute landen auf Tanegashima/Japan. |

| | |
|---|---|
| 1551 | Shogun Iemitsu, gest. 1612 |
| 1555 | Englische Kaufleute gründen die „Moskowitische Handelsgesellschaft" – die erste große Handelsgesellschaft auf Aktien – und erhalten ein königliches Patent. |
| 1557 | Die Portugiesen erhalten den Handelsstützpunkt Macao in China. |
| 1560 | A. Carracci, Meister der Bologna-Schule, gest. 1609 |
| 1566 | Hendrick Cornelisz Vroom, Maler, gest. 1640 |
| 1567 | Privilegierung der englischen Kaufleute in Hamburg |
| 1568 | Jan Brueghel d. Ältere, Maler, gest. 1625 |
| 1579 | Frans Snyders, Maler, gest. 1657 |
| 1572 | Bartholomäusnacht; über 22.000 Hugenotten werden in Frankreich ermordet. |
| 1575 | Staatsbankrott in Spanien |
| 1579 | Frans Snyders, Flämischer Maler, gest. 1657 |
| 1580 | A. Carracci malt „Ein Fleischerladen" |
| 1581 | Unabhängigkeitserklärung der Vereinigten Niederlande |
| 1582 | Japaner reisen erstmals nach Europa. |
| | Papst Gregor führt den Gregorianischen Kalender ein. Einschub eines Schalttages aller vier Jahre |
| 1585 | Antwerpen fällt an die Spanier. |
| | Erster Atlas |
| 1588 | Spanische Armada wird durch England besiegt. |
| 1594 | „Europäische Exportpromotion" beim Kirschblütenfest in Yoshino/Japan |
| | Gustav Adolf II., König von Schweden, gest. 1623 |
| 1595 | Erste holländische Expedition nach Asien |
| | Erster Buchhändler-Katalog in Leipzig |
| 1597 | Der Kaiser erläßt in Deutschland Aufenthaltsverbot für englische Kaufleute. |
| 1598 | Schließung des Stalhofs in London durch Königin Elisabeth sowie Ausweisung der deutschen Kaufleute |
| 1599 | Gründung der British East India Company |
| | Hendrick Cornelisz Vroom malt „Rückkehr der zweiten Ostindien Expedition" |

| | |
|---|---|
| 1600 | Königin Elizabeth I. vergibt an die British East India Company das Monopol im Ostindienhandel. |
| 1602 | Gründung der holländischen Vereinigten Ostindischen Company (VOC) |
| 1606 | Rembrandt van Reijn, Maler, gest. 1660 |
| 1609 | Gründung einer öffentlichen Bank in Amsterdam |
| | Anerkennung der Vereinigten Provinzen der Niederlande durch die Spanier |
| 1612 | Gründung der Amsterdamer Börse |
| 1614 | Ausweisung der Europäer und Christen aus Japan |
| | Die Niederländer gründen Neu-Amsterdam, das 1664 englisch und in New York umbenannt wird. |
| 1616 | Claes Jansz Visscher, d. J.: Der Stalhof in London |
| 1618 | Der (zweite) Fenstersturz in Prag löst den Dreißigjährigen Krieg aus, in den fast alle europäischen Staaten verwickelt wurden. |
| 1619 | Jean Baptiste Colbert, französischer Finanzminister, gest. 1683 |
| 1620 | Die ersten Puritaner landen in Nordamerika und beginnen englische Kolonien zu gründen. |
| 1628 | Geschäftsleute und Grundbesitzer gründen in London eine Gesellschaft für Handel und Ansiedlung in Amerika. |
| 1638 | Ludwig XIV., der „Sonnenkönig" von Frankreich, gest. 1715 |
| 1639 | Japan schließt seine Häfen. Nur die Holländer dürfen einen Stützpunkt (Deijima) behalten. |
| 1648 | Westfälischer Friede (Osnabrück/Münster) |
| Zweite Hälfte 17. Jh. | Jean Baptiste Colbert fördert als Vertreter des Merkantilismus in Frankreich Handel, Gewerbe, Manufakturbetriebe, Verkehr und Kolonialerwerb. |
| 1660 | Tee löst in England Ale als Lady's Drink ab. |
| 1665 | Gründung der Hamburger Commerz-Deputation, die 1867 in Handelskammer umbenannt wird |
| | Luca Calevaris, Maler, gest. 1730 |

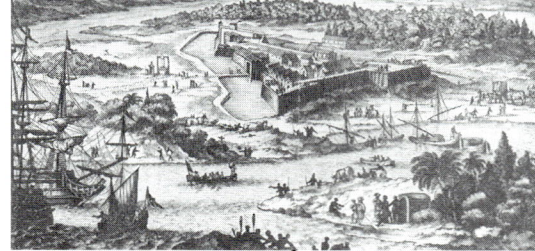

| | |
|---|---|
| 1666 | Großer Londoner Brand, u.a. Vernichtung des Stalhofes |
| 1669 | Letzter Hansetag |
| 1670 | Lübeck, Hamburg und Bremen investieren in einen Lagerhauskomplex an der Themse. |
| 1672 | Peter der Große, Russischer Zar, gest. 1725 |
| 1678 | August der Starke, König von Sachsen und Polen, gest. 1733 |
| 1679 | Gründung des Londoner Teemarktes durch die englische East India Company |
| 1682 | Karl XII., König von Schweden, gest. 1718 |
| | Frankreich gründet die Kolonie Louisiana am Mississippi. |
| 1683 | Wien wird von der türkischen Armee umschlossen. |
| 1684 | Antoine Watteau, Maler, gest. 1721 |
| 1694 | Gründung der „Bank von England" |
| 1697 | Antonio Canal, genannt Canaletto (d. Ä.) gest. 1768 |
| 1697/1698 | Durch einen Studienaufenthalt im Westen sorgt die „Große Gesandtschaft" aus Rußland für einen Technologietransfer. |
| 1698 | Peter der Große räumt England für den Tabak aus den amerikanischen Kolonien Maryland, Virginia und North Carolina ein Tabakmonopol ein. |
| 1700 | Beginn des Großen Nordischen Krieges (bis 1721) |
| 1702 | Samuel Scott, Maler, gest. 1772 |
| 1703 | Gründung von St. Petersburg |
| 1709 | In der Schlacht von Poltawa stoppt Peter der Große den Schwedenkönig Karl XII.; Rußland entwickelt sich zur Großmacht. |
| 1712 | Friedrich der Große, König von Preußen, gest. 1786 |
| | Stefano Torelli, Maler, gest. 1784 |
| 1713 | Friedensvertrag von Utrecht beendet den großen spanischen Erbfolgekrieg, in den alle Länder und Reiche Westeuropas verstrickt waren. |
| | Peter der Große erhält den großen Globus von Gotland. |
| 1716 | In Paris wird die „Allgemeine Bank Law&Cie." gegründet. (John Law) |
| 1718 | Gründung von New Orleans im Mündungsdelta des Mississippi |
| | Eröffnung der Galerie von Gersaint in Paris |

| | |
|---|---|
| 1720 | Konkurs der „Südsee-Gesellschaft" in England |
| | Bernardo Belotto, „Canaletto (d. J.)", Maler, gest. 1780 |
| | Gemälde von Antoine Watteau: Das Ladenschild |
| 1724 | St. Petersburg wird zum führenden Hafen Rußlands – 240 westliche Kaufmannsschiffe treffen in St. Petersburg ein. |
| 1726 | Firmengründung Lisseborn, heute Spar |
| 1728 | James Cook, Seefahrer und Entdecker, gest. 1779 |
| 1736 | James Watt, Erfinder der Glühbirne, gest. 1819 |
| 1746 | Francesco José Goya, Maler, gest. 1828 |
| 1749 | Johann Wolfgang von Goethe, Dichter/Denker/Staatsmann, gest. 1832 |
| 1756 | Beginn der Handelsaktivitäten der Familie Deerberg/Lübbecke, später Kaufring |
| 1759 | Friedrich von Schiller, Dichter, gest. 1805 |
| 1760 | Gründung eines Handwerks- und Handelsbetriebes durch Joh in Gelnhausen/Hessen, später Kaufring |
| 1764 | Old Custom House Quai, gemalt von Samuel Scott |
| 1769 | James Watt erhält das Patent auf die Dampfmaschine |
| | Napoleon, Französischer Kaiser, gest. 1821 |
| 1773 | Bostoner Tea-Party; erster Schritt zur Unabhängigkeit der USA |
|  | Fürst von Metternich, österr. Staatsmann, gest. 1859 |
| 1774 | Erstmalige Erwähnung des Wiener Naschmarktes |
| 1776 | Unabhängigkeitserklärung der Vereinigten Staaten von Amerika |

| | |
|---|---|
| 1780 | Die erste Spätlese wird im Schloß Johannisberg im Rheingau gekeltert. |
| 1781 | George Stephenson, Erfinder der Dampflokomotive, gest. 1848 |
| 1782 | Firmengründung Sabbadini, heute Spar |
| 1783 | Anerkennung der Unabhängigkeit der USA und Wahl George Washingtons zum ersten Präsidenten |
| 1784 | Demonstration der amerikanischen Handelsfreiheit durch den Segeltörn der „Empress of China" |
| 1786 | Firmengründung J. I. Probst, heute Spar |
| | W. A. Mozart setzt mit der „Zauberflöte" dem Vogelhändler ein musikalisches Denkmal. |
| 1789 | Französische Revolution (bis 1794) |
| 1790 | Die französische Regierung beginnt mit der Ausgabe von Papiergeld. |
| 1791 | Firmengründung Holtmann/Stroetmann, heute Spar |
| 1795 | Friedrich Wilhelm III., König von Preußen, gest. 1865 |
| 1797 | William Pitt führt in England die Einkommenssteuer ein. |
| 1798 | Auflösung der VOC |
| Ende des 18.Jh. | Hamburg wird nach London und Amsterdam die dritte bedeutende Handelsstadt Europas. |
| 1806 | Napoleon verhängt die Kontinentalsperre – jeglicher Handel mit England ist verboten. |
| 1807 | Quäker erreichen ein Gesetz gegen den Sklavenhandel der Briten – die „Abolition Act" und damit den Importstop von Sklaven. |
| 1810 | Unter dem Eindruck der Unabhängigkeit der Vereinigten Staaten fallen bis 1825 die meisten spanischen und portugiesischen Kolonien in Südamerika von ihrem Mutterland ab – hierdurch bauen sich monopolistische Handelsschranken ab. |
| 1813 | Völkerschlacht bei Leipzig |
| 1814 | George Stephenson baut die erste Lokomotive. |
| 1814/1815 | Wiener Kongreß |
| 1815 | Fürst Otto von Bismarck, deutscher Staatsmann, gest. 1898 |
| | Bau der Barlington Arcade (nahe des Picadilly Circus) in London |
| 1821 | Errichtung der Seifen- und Parfümeriefabrik J. S. Douglas in Hamburg – eine der Keimzellen der heutigen Douglas-Handelskette |
| 1825 | Erste öffentliche Dampfeisenbahnstrecke zwischen Stockton und Darlington wird in Betrieb genommen |

| | |
|---|---|
| 1826 | Das erste von einer Propellerschraube getriebene Schiff wird gebaut. |
| 1829 | Franz Kathreiner gründet in Poing bei München ein Handelsunternehmen |
| 1830 | Belgien trennt sich von den Vereinigten Niederlanden und wird ein selbständiger Staat. |
| 1831 | Unabhängigkeitserklärung Belgiens |
| | Das Teehandelsmonopol der East India Company wird aufgelöst. |
| 1832 | Firmengründung Schimmelpfeng, heute Spar |
| | Pawel Michailowitsch Tretjakow, Kaufmann und Kunstsammler, Begründer der Tretjakow-Galerie in Moskau, gest. 1898 |
| 1833 | Erfindung des elektromagnetischen Telegraphen durch Carl Friedrich Gauß u. Wilhelm Eduard Weber |
| 1834 | Gründung des Deutschen Zollvereins |
| | Endgültiges Verbot von Sklaverei und Sklavenhandel im britischen Weltreich |
| | Edgar Degas, Maler, gest. 1917 |
| | Leopold Carl Müller, Maler, gest. 1892 |
| 1835 | Erste deutsche Eisenbahn zwischen Nürnberg und Fürth |
| | Gründung der Fruchtgroßhandlung Lütten/Hamburg, später Fruchtring |
| 1837 | A. Lortzing erzielt mit der Oper „Zar und Zimmermann" seinen künstlerischen Durchbruch. |
| 1839 | Beginn des ersten Opiumkrieges in China |
| 1840 | Beginn eines Tuchhandels durch Rid/Weilheim, später Kaufring |
| | Emile Zola, Schriftsteller und Kunstförderer, gest. 1902 |
| 1842 | China verliert den Opium-Krieg gegen England, muß seine Häfen öffnen und den britischen Opiumhandel dulden. Honkong kommt zu England. |
| | Aufnahme des Dampfschiffverkehrs Bremen – New York |
| | N. Gogol schreibt seinen Roman „Die Toten Seelen". |
| 1843 | Firmengründung Hammerschlag, heute Spar |
| 1844 | Englische Weber schließen sich in der „Rochdaler Gesellschaft der redlichen Pioniere" als Selbsthilfeorganisation zusammen. |

Ilja Repin, Maler, gest. 1930

Nikolai Rimsky-Korsakow, russischer Komponist, gest. 1908

| | |
|---|---|
| 1845 | Gründung einer Tabakwarenabfüllung und -handlung durch Fritz Tenberg in Borken (heute tobaccoland) |
| | Gründung des Spar- und Konsumvereins in Chemnitz |
| 1846 | Englische Getreidezölle werden aufgehoben. |
| | Gründung des Fruchthandelsunternehmens Rosenbaum/Köln, später COBANA |
| 1847 | Gründung einer Färberei durch Crone in Scheeßel, später Kaufring |
| 1848 | Jahr der Revolution; Rücktritt Metternichs als österreichischer Kanzler |
| | Die Deutsche Nationalversammlung nimmt in Frankfurt a. M. ihre Arbeit auf. |
| | Verbot des Sklavenhandels für die Franzosen |
| | Gründung einer Obst-, Südfrucht- und Backobst-Handlung Köpke/Berlin, später COBANA/Fruchtring |
| | Firmengründung Georgii, heute Spar |
| | Louis C. Tiffany, Künstler, gest. 1933 |
| 1849 | Auf Initiative von Richard Cobden, Handelskammerpräsident von Manchester, Abschluß des englisch-franz. Handelsvertrages, der für weitere freihändlerische Handelsverträge in Europa Vorbild wurde. |
| | Reuter eröffnet in London sein großes Nachrichtenbüro. |
| | C. H. Harrod eröffnet in London seinen ersten Lebensmittelladen. |
| 1850 | Gründung des Tabakwaren-Filialbetriebes J. Neumann; 1910 besaß er 170 Filialen. |
| 1851 | Firmengründung Schaal-Kurtz, heute Spar |
| | Gründung des Konsumvereins Zürich, ab 1991 Teil der Schweizer Coop-Gruppe |
| 1852 | Hermann Schulze (-Delitzsch) führt in Delitzsch für die Handwerkergenossenschaft das Rückvergütungssystem ein. Zugleich gründet er die „Assoziation zur Anschaffung nötiger Lebensbedürfnisse". |
| | Gründung der Hamburger Gesellschaft zur Verteilung von Lebensbedürfnissen von 1852 |
| 1853 | In New York wird der erste funktionierende Personenaufzug vorgestellt. |
| | Firmengründung C. L. Rosa, heute Spar |
| | Vincent van Gogh, niederländischer Maler, gest. 1890 |
| 1854 | Öffnung zweier japanischer Häfen für amerikanische Schiffe |

|  |  |
|---|---|
|  | Friedrich Wilhelm Raiffeisen gründet die erste Spar- und Darlehenskasse für Bauern. |
| 1855 | Eröffnung des Pariser Kaufhauses „Magasins du Louvre" |
| 1856 | In Hamburg entsteht ein zweiter Konsumverein, die „Neue Gesellschaft zur Verteilung von Lebensbedürfnissen von 1856". |
|  | P. M. Tretjakow errichtet in Moskau das erste nationale Museum für russische Kunst. |
| 1857 | Ein plötzlicher Fall des Getreidepreises in Amerika löst eine erste Weltwirtschaftskrise aus. |
| 1858 | Gründung der Konsum-Anstalten bei Krupp |
|  | Handelsabkommen Japan/USA |
|  | Macy gründet sein erste Warenhaus in New York. |
| um 1858 | U. Hiroshige: Dyed Cloth Hanging To Dry |
| 1859 | Gründung des ältesten Lebensmittel-Filialunternehmens der Welt: „A&P" (THE GREAT ATLANTIC & PACIFIC TEA COMPANY) in den USA, heute im Besitz von Tengelmann. |
| 1860 | Schulze-Delitzsch erwähnt in seinem Jahresbericht zum ersten Mal die Konsumvereine. |
|  | Zuckerwarenfabrikation durch Stang/Würzburg, später Sügro, dann Lekkerland |
| 1861 | Handelsabkommen Japan/Preußen |
|  | Beginn des Seperationskrieges in den USA, der 1865 mit der Kapitulation der Südstaaten endet. |
|  | Erster (überregionaler) Deutscher Handelstag in Heidelberg |
|  | Die Brüder Clemens und August Brenninkmeyer eröffnen im holländischen Sneek das erste C&A Geschäft. |
|  | Carl Moll, Maler, gest. 1945 |
| 1862 | Julius Meinl eröffnet sein erstes Kaffeegeschäft in Wien. Wie kein zweites Handelsunternehmen verbindet die Julius Meinl AG bis zum Wechsel des Millenniums in Österreich Tradition und Fortschritt. |
| 1863 | Eröffnung des Londoner Kaufhauses „Whiteley" |
|  | Eduard Pfeiffers Buch „Über das Genossenschaftswesen" erscheint |
| 1864 | Umbenennung des 1859 von Schulze-Delitzsch gegründeten Zentralkorrespondenzbüros in „Allgemeiner Verband der auf Selbsthilfe beruhenden deutschen Erwerbs- und Wirtschaftsgenossenschaften" |
| 1865 | Schulze-Delitzsch schätzt die Zahl der Konsumvereine auf 200. |

| | |
|---|---|
| | E. Pfeiffers Buch „Die Consumvereine, ihr Wesen und Wirken. Nebst einer practischen Anleitung, zu deren Gründung und Einrichtung" erscheint. |
| | Eröffnung des Pariser Kaufhauses „Samaritaine" |
| 1866 | Gründung der Fruchtgroßhandlung, Brunthaler/München, später COBANA |
| | Firmengründung Scharpe, heute Spar |
| | Berühmtes Tee-Klipper-Rennen von Fu-tschen nach London |
| | Wassily Kandinsky, Maler, gest. 1944 |
| 1867 | August Bebel wird auf dem Vereinstag der deutschen Arbeitervereine zum Vorsitzenden des Verbandes gewählt. |
| | Am Niederrhein und Westfalen kommt es „unter Beirat" von Schulze-Delitzsch zur Bildung eines konsumgenossenschaftlichen Verbandes, der 1871 der Delitzsch-Organisation beitritt. |
| | E. Pfeiffer versucht einen Verbund deutscher Consumvereine zu gründen. |
| | Gründung der Firma Wilhelm Schmitz-Scholl OHG – heute Tengelmann-Gruppe – in Mülheim an der Ruhr |
| | Eröffnung der Galleria Vittorio Emanuele in Mailand |
| 1869 | Einführung der Gewerbefreiheit in Deutschland |
| | Fertigstellung des Suez-Kanals |
| | Eröffnung der Pariser Kaufhäuser „Printemps" und „Galeries Lafayette" |
| | Sainsbury's startet in Großbritannien. |
| 1870 | Gemälde von Ilja Repin: Die Wolgatreidler |
| 1871 | Proklamation des Deutschen Kaiserreiches |
| | Abschaffung der alten Feudalordnung in Japan; europäische Berater werden ins Land geholt. |
| 1872 | Eröffnung eines Geschäfts durch Pecht in Bad Neustadt, später Kaufring |
| | Gemälde von Louis C. Tiffany: On the Way between Old and New Cairo |
| 1873 | Gemälde von Edgar Degas: Das Baumwollkontor |
| 1874 | Zola veröffentlicht seinen Roman „Der Bauch von Paris". |
| 1875 | Thomas Mann, Schriftsteller, gest. 1955 |
| 1876 | Gründung der belgischen Association Internationale pour l'Exploration et la Civilisation en Afrique |

| | |
|---|---|
| 1877 | Erstes Telefongespräch in Deutschland |
| | Eröffnung eines Ladengeschäfts durch Benzing in Neuses, später Kaufring |
| | Boots eröffnet seinen ersten Markt in Großbritannien. |
| 1878 | Boris Kustodijew, Maler, gest. 1927 |
| | Leopold Carl Müller: Markt in Cairo |
| 1879 | Die erste elektrische Eisenbahn wird von Werner Siemens auf der Gewerbeausstellung in Berlin vorgestellt. |
| | Leonhard Tietz eröffnet in Stralsund ein Textilgeschäft, das zum Ausgangspunkt für die Kaufhof AG (zunächst Leonhard-Tietz AG) wird. |
| | Frank Winfield Woolworth eröffnet einen „5-Cent-Store" in Utica/USA – Geburtsstunde des Woolworth-Imperium. |
| 1880 | Gründung von Kaiser's Kaffee-Geschäften in Viersen |
| 1881 | Rudolf Karstadt eröffnet in Wismar ein Tuch- und Konfektionsgeschäft – die Keimzelle des Karstadt-Konzerns. |
| | H. Pabst gründet in Hamburg die Firma Hugo Pabst & Co. als Einkaufsagentur für die Konsumvereine. |
| | Gründung des Frankfurter Unternehmens Jakob Latscha |
| 1882 | Gründung der Leipziger Einkaufskommission |
| | Oskar Tietz eröffnet in Gera und Stralsund Einzelhandelsgeschäfte, die Grundstein des späteren Hertie-Konzerns werden. |
| | Inbetriebnahme der Kaffee-Groß-Rösterei durch Schmitz-Scholl |
| | Eröffnung eines Ladens durch Sundheimer in München, später Kaufring |
| 1883 | Die Lebensmittelgroßhandlung Koch & Mann/Wuppertal-Elberfeld wird gegründet. |
| | Gründung der Tabak- und Zigarren-Fabrik Witte u. Geck/Dortmund (heute DTV-Gruppe) |
| | Beginn der Handelsaktivitäten von Schnatenberg in Hilden, später Kaufring |
| | Zola veröffentlicht seinen Roman „Paradies der Damen". |
| 1884 | Geburtsjahr des Autos |
| | Marks & Spencer starten in Großbritannien |

| | |
|---|---|
| 1885 | Süßwarenproduktion und -handel durch Buss u. Wankmüller/Frankenthal, später Lekkerland |
| 1886 | Diego Rivera, mexikanischer Künstler, gest. 1957 |
| | Van Gogh malt „Père" Tanguy |
| 1887 | Eröffnung eines Ladens durch Stürke in Beverstedt, später Kaufring |
| | Großbritannien führt ein, daß auf Waren das Herkunftsland verzeichnet sein muß. Im Zuge dieser Verfügung entsteht das Label „Made in Germany", das sich später zu einem Markenzeichen für die deutsche Wirtschaft entwickelte. |
| | Eröffnung des Warenhauses „Au Bon Marché" in Paris |
| | A. Heijn eröffnet ein Lebensmittelgeschäft in Ostzaan bei Amsterdam. |
| | Marc Chagall, Maler, gest. 1985 |
| | August Macke, Maler, gest. 1914 |
| 1888 | Das neue Genossenschaftsgesetz führt zum Durchbruch des Genossenschaftswesens. |
| | Gründung des Gubener Handelsvereins (ältestes Edeka Gründungsmitglied) |
| | Gründung von Frucht Hartmann/Fulda, später Fruchtring |
| | Firmengründung Jürgensen, heute Spar |
| 1889 | Das neue deutsche Genossenschaftsgesetz verbietet den Konsumvereinen Verkäufe an Nichtmitglieder. Des weiteren erfolgt die Einführung der Pflichtprüfung und damit verbunden die Anerkennung der Prüfungsverbände durch das Gesetz. |
| 1890 | Firmengründung Schmidt, heute Spar |
| | Gründung der Verbandes Schweizer Konsumvereine (VSK), dem bis zum Jahresende 43 Konsumvereine beitreten |
| 1891 | Eröffnung des ersten deutschen Warenhauses „Karstadt" |

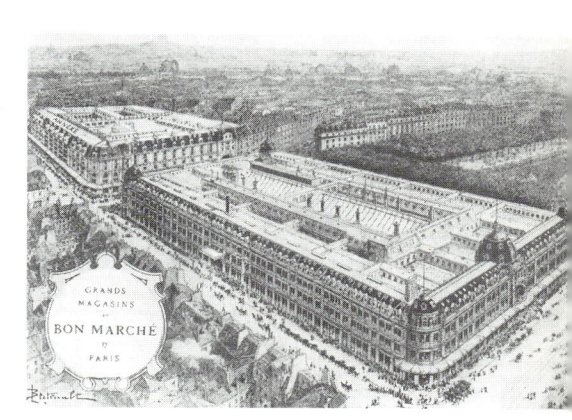

Die ersten Fuhrwerke.

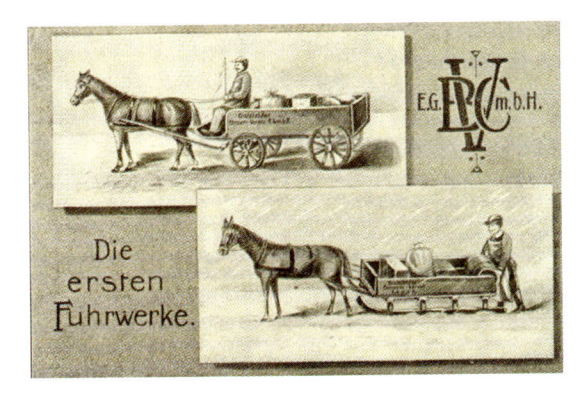

|  | Gründung der Firma Stenzel/Lindenberg, später Sügro, dann Lekkerland |
|---|---|
|  | Gründungsversammlung des „Bielefelder Konsum Vereins", später AVA |
|  | Baubeginn der Transsibirischen Eisenbahn |
|  | Nach Rückkehr von einer einjährigen Weltreise gründet Eduard Hallier in Hamburg die Volksbibliothek, heute Öffentliche Bücherhalle. |
| 1892 | Firmengründung Koch, heute Spar |
|  | Firmengründung Röger, heute Spar |
|  | In Bremen gründet Ludolph Parisius eine genossenschaftliche Großhandlung in der Rechtsform einer GmbH. |
| 1893 | Gründung des Filialunternehmens „Hamburger Kaffee-Import-Geschäft Emil Tengelmann" sowie Gründung der ersten TENGELMANN-Filiale in Düsseldorf |
|  | Gründung Pott/Köln, später Fruchtring |
| 1894 | Gründung der Großeinkaufsgesellschaft deutscher Konsumgenossenschaften (GEG) in Hamburg; Die GEG ist seit der Gründung des Verbandes Deutscher Consumvereine und seiner Einkaufsgenossenschaft der erste ernste Versuch, die regionalen Grenzen der Zusammenarbeit zwischen den Konsumvereinen zu überschreiten. |
|  | Gründung eines Milchgroßhandels mit angeschlossener Käserei in Gelsenkirchen durch Kruhöfer, später FZ Borgmann |
|  | Gemälde von Carl Moll: Wiener Naschmarkt |
| 1895 | Gründung der Firma Pfannkuch: Herr Pfannkuch wird Komplementär – Geldgeber und Kommanditist ist die Firma Latscha; erste Ladeneröffnung 1896 |
|  | Erste Mustermesse in Leipzig. |
|  | Gründung des internationalen Genossenschaftsbundes (I.G.B.) in London |
| 1896 | Gründung der Coop Dänemark, heute FDB |
| 1897 | Adolf Himmelreich gründet in Köln ein Lebensmittelhandelsunternehmen, das 1910 bereits 10 Lebensmittelgeschäfte betreibt. |
|  | Gründung eines Geschäfts durch Burgholz in Dülmen, später Kaufring |
|  | Gründung der Süßwarengroßhandlung Textor/Paderborn, später Sügro, dann Lekkerland |
|  | In Köln wird die „Kölner Konsumanstalt" eröffnet, deren Leitung die Mutter von Cornelius Stüssgen übernimmt. Anfang des 1. Weltkriegs werden 108 Filialen beliefert. |

|      | Beitritt des Schweizer VSK zum IGB |
|------|---|
| 1897 | Gründung der „Wiener Secession" |
| 1898 | Eröffnung eines Geschäfts von Schwarz in Nagold, später Kaufring |
|      | Gründung Hille/Lübbbecke, später COBANA/Fruchtring |
| 1899 | 541 Biergroßhändler gründen in Köln den „Allgemeinen Verband Deutscher Bierhändler". |
|      | Die GEG organisiert eine erste Studienreise zur englischen Co-Operative Wholesale Society (C.W.S.). |
| 1900 | Gründung der Süßwarengroßhandlung Bayer/Darmstadt, später SÜGRO |
| 1901 | Die Gebrüder Schocken gründen die Firma Merkur (ab 1953 Horten). |
|      | Thomas Mann schreibt den Roman „Die Buddenbrooks". |
| 1902 | Gründung der Theodor Nanz GmbH in Stuttgart. Erwerb eines Lebensmittelgeschäfts in Esslingen. |
|      | Gründung der Fruchthandel Gesellschaft mbH in Bremen/heute Atlanta |
|      | Gründung der Süßwarengroßhandlung Henrich/Dillenburg, später SÜGRO |
|      | J. C. Penney Co. Inc. wird in Wyoming/USA gegründet |
| 1903 | Gründung des Zentralverbandes der Genossenschaften. Noch im selben Jahr schließen sich 666 Konsumvereine an den Zentralverband der Genossenschaften in Deutschland an. |
|      | Eröffnung der ersten Bäckerei des Konsum-Vereins Bielefeld |
|      | Gründung der „Wiener Werkstätte" |
| 1904 | Gustav Lichdi eröffnet ein kleines Einzelhandelsgeschäft, das „Colonialwaren-, Delikatessen- und Landesprodukten-Geschäft" |
|      | Gründung des Konsum-Vereins Herford und Umgebung |
|      | Die finnische Konsumbewegung gründet die Suomen Osonskauppo-jen Keskuskunta (SOK). |
| 1907 | In Deutschland gibt es ca. 200 Einkaufsvereinigungen von Kolonialwarenkleinhändlern. |
|      | Gründung des „Verbandes deutscher kaufmännischer Genossenschaften", heute: Edeka |
|      | Bau eines eigenen Fruchthofs durch die Fruchthandel GmbH in Bremen |
| 1908 | Eröffnung eines Milchgeschäfts in Hannover durch Ahlbrand, später FZ alli |
|      | Gemälde von Boris Kustodijew: Marktszene |

| 1909 | Gründung einer Käserei durch Stegmann/Memmingen, später FZ Bayern |
|---|---|
| 1910 | Paul Duvier gründet in Bremerhaven ein Filialunternehmen (später Thams und Garfs), das 1932 über 103 Niederlassungen verfügt. |
| | Die erste Parfümerie unter dem Namen „Douglas" wird am Hamburger Jungfernstieg eröffnet. |
| | Gründung der Firma Spinner (später A. & O.) |
| | Gemälde von Boris Kustodijew: Marktszene |
| 1911 | Gründung der Großeinkaufs-Zentrale deutscher Konsumvereine (GEZ/später Gepag) in Köln |
| | Die ersten C&A Firmen werden in Deutschland gegründet. |
| | Eröffnung des 1. Wiener Warenmuster-Kollektiv-Kaufhauses, ab 1922 Stafa (Staatsangestelltenfürsorgeanstalt) |
| | Frank Winfield Woolworth läßt in New York das höchste Gebäude, das Woolworth-Building, bauen. |
| 1912 | Otto Reichelt/Düsseldorf eröffnet ein Ladengeschäft mit Kaffee-Rösterei. |
| | Latscha hat sich mit knapp 80 Läden zu einem Filialunternehmen entwickelt |
| | In den USA entstehen die ersten Selbstbedienungsläden: Ocean Park, Humphty-Dumphty Stores, Alpha Beta Inc. |
| 1913 | Gründung der GEDELFI (Großeinkauf deutscher Lebensmittelfilialbetriebe GmbH) durch 15 Filialbetriebe |
| | 44 Fachhändler gründen die Tabakwaren-Großeinkauf Hannover e. G. |
| | Gründung der Süßwarengroßhandlung Löffler/Würzburg, später SÜGRO |
| | Gemälde von August Macke: Modegeschäft |
| 1914 | Erster Weltkrieg (bis 1918) |
| | Eröffnung des Panama-Kanals |
| | Beginn täglicher Obst- und Gemüse-Auktionen in Bremen |
| | Eintragung der Marke „Coop" ins schweizerische Handelsregister durch die Coop Schweiz |
| | Gemälde von Marc Chagall: Der Zeitungsverkäufer |
| | Gemälde von August Macke: Hutladen |
| 1916 | Clarence Saunders startet seinen ersten Pickly Wickly Store in Memphis/Tennessee und entwickelt hieraus eine erfolgreiche SB-Filialkette. |

| | |
|---|---|
| 1917 | Oktoberrevolution in Rußland |
| | In Schweden wird die Einkaufsvereinigung ICA gegründet. |
| | La Rinascente eröffnet sein erstes Warenhaus in Mailand. |
| 1919 | Gründung der UdSSR |
| | Die 57 im Rheinland verbliebenen Filialen der Kölner Konsumanstalt firmieren unter „Rheinisches Kaufhaus". |
| 1921 | Zum 25jährigen Jubiläum der Firma Pfannkuch scheidet Latscha als Kommanditist aus. |
| | Gründung der „ERWEGE Großeinkaufsgenossenschaft e.G. mbH", später Kaufring |
| 1922 | Georg Schätzlein gründet in Mülheim/Ruhr ein Handelsunternehmen für Seifen, Öle, Fette, Bürstenwaren. |
| | Rivera malt bis 1928 einen Zyklus von 117 Wandbildern |
| 1923 | Himmelreich konzentriert sich auf die Großhandelsfunktion und beliefert gegen Kriegsbeginn 1.600 Einzelhändler im Großraum Köln. |
| | In Österreich startet die Schömer-Gruppe ihre ersten händlerischen Aktivitäten. |
| 1924 | Aufhebung des Importverbots für Bananen in Deutschland |
| | Kaffeeversand durch Eduscho/Bremen |
| | Fusion des Konsum-Vereins „Bünde und Umgebung" mit dem „Konsum-Verein Lübbecke" |
| | Tesco eröffnet seinen ersten Laden in Großbritannien. |
| 1925 | Die Leonhard Tietz AG gründet in Köln die Ehape-Einheitspreishandelsgesellschaft, die spätere Kaufhalle AG, heute Kaufhof. |
| | In Leipzig schließen sich mittelständische Einzelhandelskaufleute zur Wohlwert Handelsgesellschaft mbH zusammen. |
| | Start des Versandhauses Klingel |
| | Start des Versandhauses Baur |
| | G. Duttweiler startet mit fünf mobilen Verkaufsstellen in der Schweiz seine Handelstätigkeit. |
| | In Belgien eröffnet F. Colruyt eine Lebensmittel-Großhandlung. |
| 1926 | Otto Reichelt filialisiert auch außerhalb Düsseldorfs |
| | 17 Einkaufsgenossenschaften in Düsseldorf beschließen die Gründung der REWE-Zentrale (Revisionsverband der Westkauf-Genossenschaften). |

| | |
|---|---|
| | Die Edeka führt eine erste Reihe von Eigenmarken erfolgreich ein. |
| | Gründung der F.W. Woolworth Co. GmbH, Berlin |
| | Start des Versandhauses Wenz |
| 1927 | Gründung der EKAGE Einkaufsgesellschaft Rheinisch-Westfälischer Süßwarengroßhändler, später SÜGRO |
| | Die GEG übernimmt Deutschlands größte Fleischwarenfabrik in Oldenburg. |
| | Gründung der Gustav Schickedanz KG – Großversandhaus Quelle in Fürth/Bayern |
| | Karstadt beginnt mit seinen Epa-Einheitspreisgeschäften. |
| | Eröffnung des ersten MIGROS-Ladens in Zürich |
| | Andy Warhol, Künstler, gest. 1987 |
| 1928 | Latscha übernimmt in Wiesbaden die Firma Adolf Harth |
| | Gründung des Einkaufskontors „Kolonialwaren Großhandels GmbH", heute Markant |
| | Die OHG der Rheinischen Kaufhäuser wird in die Cornelius Stüssgen AG umgewandelt. |
| | Die Migros startet mit der Übernahme einer Süßmostfabrik ihre Eigenproduktion. |
| | In Frankreich startet das Einheitspreisgeschäft Uniprix, heute Galeries Lafayette. |
| | Marks & Spencer lassen ihre Handelsmarke St. Michael registrieren. |
| 1929 | Schätzlein verkauft seine 51 Fachgeschäfte an die Firma Wilhelm Werhahn/Neuss. |
| | Zusammenbruch der Börse in New York, offener Ausbruch der Weltwirtschaftskrise |
| | Start des Versandhauses Bader |
| | Start des Versandhauses Schöpflin |
| | Nikolai Iwanowitsch Andronow |
| | Rivera arbeitet mehrere Jahre an dem „Epos des mexikanischen Volkes" |
| 1930 | Gründung der GEGRO, heute Markant |
| 1931 | Gründung eines „Einheitspreisgeschäftes" durch Honer in Bamberg, später Kaufring |
| | Marks & Spencer eröffnet die erste Lebensmittelabteilung. |
| | Durch Fusion zweier Unternehmen entsteht in Frankreich Docks de France. |
| 1932 | „Einheitspreisgeschäft" durch Kerber in Fulda, später Kaufring |
| | In Deutschland staatlicher Expansionsstopp für Einheitspreisgeschäfte |

In den Niederlanden gründet A. J. M. van Well die erste Freiwillige Handelskette Europas – DESPAR, später SPAR.

In Frankreich startet das Einheitspreisgeschäft Monoprix, heute Galeries Lafayette.

In dem von Nationalsozialisten regierten Dessau wird das Bauhaus geschlossen.

1933    Hitler wird Reichskanzler in Deutschland – Beginn der Nazi-Diktatur.

Wegen diverser Geschäftsprobleme muß Pfannkuch (155 Filialen) an Latscha verkauft werden. Der neue Geschäftsführer Gerhard Lehmann übernimmt sukzessive die Mehrheit von Pfannkuch.

Gesetz zum Schutz des deutschen Einzelhandels.

Zwangsvereinigung der Hamburger und Kölner Konsumgenossenschafts-Verbände

Aufruf zum Boykott ausländischer Früchte und Verbot des Verkaufs von Auslandsobst als „undeutsch"

Namensänderung von Ehape in Kaufhalle und Epa in Kepa

Nach der Machtübernahme durch die NSDAP werden unerwünschte Künstler aus den Akademien und Künstlerverbänden ausgeschlossen. Künstler wie Jan Balet, Max Beckmann, Max Ernst, Lyonel Feininger, Walter Gropius, Georg Grosz, Raoul Hausmann, Jean Heartfield, Wassily Kandinsky, Paul Klee, Oskar Kokoschka, Ludwig Meidner, Lazlo Moholy-Nagy und Kurt Schwitters verlassen Deutschland.

In der Schweiz Erlaß einer „Notverordnung zur Verhinderung neuer Einheitspreisgeschäfte"

1934    Gesetzliche Beschränkungen für Textilversender

1935    Verbot von Neugründungen von Konsumgenossenschaften

1936    H. Horten steigt durch Übernahme des Duisburger Textilkaufhauses Gebr. Alsberg in den Kauf- und Warenhaussektor ein.

1937    In München „Schandausstellung der entarteten Kunst" durch die Nationalsozialisten. Hierfür werden von einer eingesetzten Kommission aus über 40 deutschen Museen mehr als 16.000 Gemälde, Skulpturen und graphische Arbeiten beschlagnahmt.

|  | Sylvan N. Goldmann produziert die ersten fahrbaren Einkaufskörbe in Oklahoma. |
|---|---|
| 1938 | In der sogenannten Reichskristallnacht kommt es zu besonders schweren Übergriffen auf Kauf- und Warenhäuser mit jüdischem Kapital. |
|  | Reichsverordnung „zur Ausschaltung der Juden aus dem deutschen Wirtschaftsleben" |
| 1939 | Zweiter Weltkrieg (bis 1945) |
|  | H. Eklöh richtet in Osnabrück das erste SB-Geschäft Deutschlands ein. |
|  | Gründungs- und Expansionsverbot für Versender |
|  | Anordung der Nationalsozialisten zur Verbrennung von über 1.000 Gemälden und 3.825 Aquarellen, Zeichnungen und Graphiken im Hof der Berliner Hauptfeuerwache. |
| 1941 | Auflösung der Konsumgenossenschaften und Übertragung des Vermögens auf die deutsche Arbeitsfront (DAF) |
| 1944 | In Bretton Woods/USA einigen sich 44 Länder über die Errichtung des Weltwährungsfonds (IMF) und der Weltbank. |
| 1945 | Kapitulation Deutschlands, Italiens und Japans |
|  | Die Konsumgenossenschaften erhalten ihr Vermögen zurück. Die Entflechtung zieht sich im Westen jedoch bis 1947 hin; in der DDR entwickeln sie sich zu einer der beiden großen Einzelhandels-Verteilerorganisationen. |
| 1946 | Neuaufbau der Konsumgenossenschaft Bielefeld |
|  | Beginn des Wiederaufbaues der Edeka-Organisation, der allein in Mitteldeutschland 120 Genossenschaften verlorengingen |
| 1947 | Beginn der amerikanischen Finanzhilfen zum Wiederaufbau Europas (ohne die Staaten Osteuropas) – Marshall-Plan |
|  | Aufbau einer Spar in Belgien/Luxemburg |
| 1948 | Berliner Blockade (bis 1949) |
|  | In den westlichen Besatzungszonen wird die Zwangswirtschaft durch den damaligen Direktor der Verwaltung im vereinigten Wirtschaftsgebiet, Prof. Dr. Ludwig Erhard, aufgehoben |
|  | Gründung der Westa als Einkaufsverbund von 10 bedeutenden Großhändlern Nordrhein-Westfalens. |

In nur 100 Tagen Bauzeit entsteht in Duisburg durch Horten der erste große Warenhausbau Westdeutschlands.

Zulassung erster Bananen- und Südfruchtimporte nach dem Zweiten Weltkrieg

Gründung des Zentralverbandes deutscher Konsumgenossenschaften in Hamburg

Änderung des Namens der ERWEGE Genossenschaft in „Kaufring Gemeinschaftskauf GmbH"

Gründung der Staatlichen Handelsorganisation (HO) in der späteren DDR

Gründung der OEEC, ab 1961 OECD als Organisation für wirtschaftliche Zusammenarbeit

General Agreement on Tariffs and Trade (Gatt)

A. Heijn wird in eine Aktiengesellschaft umgewandelt.

1949  Gründung der Bundesrepublik Deutschland

Gründung der Deutschen Demokratischen Republik

Gründung des „Rates für Gegenseitige Wirtschaftshilfe" (COMECON)

Gründung des Europarats

Karl und Theo Albrecht starten ihr Unternehmen mit zwei Geschäften.

Gustav Lichdi eröffnet seine erste Filiale in Heilbronn

Gründung der OTTO Versand GmbH & Co. in Hamburg

Die Konsumgenossenschaft „Produktion" eröffnet als erstes Unternehmen nach dem Zweiten Weltkrieg einen Selbstbedienungsladen in der Bundesrepublik Deutschland.

Gründung der Hussel GmbH/Hagen

1950  Lichdi eröffnet einen der ersten Selbstbedienungsläden in der Heilbronner Luisenstraße

Start des Versandhauses Neckermann

Der Bertelsmann Lesering startet als Buchclub mit 62 Titeln und einem Vierteljahresbeitrag von DM 9,60.

Gründung der A. u. O als erster deutscher Freiwilliger Handelskette, heute Markant

Die Edeka verzeichnet in der Bundesrepublik Deutschland 228 und die Rewe 82 Genossenschaften.

1951  Vertrag über die Gründung der Europäischen Gemeinschaft für Kohle und Stahl (EGKS)

Gründung der RGH Rationalisierungs-Gemeinschaft des Handels (später EHI) im Rationalisierungskuratorium der Wirtschaft (RKW)

Die Hauptgemeinschaft des Einzelhandels fordert einen „Expansionsstopp" der Großbetriebe, der anschließend mit den Warenhäusern und Filialbetrieben auf zwei Jahre befristet vereinbart wird.

Die Konsumgenossenschaften der Bundesrepublik Deutschland bekennen sich zu einer „aktiven Preispolitik" und geben ihr Priorität gegenüber der Rückvergütungspolitik.

Erstes Hussel-Süßwarengeschäft

1952    Pfannkuch eröffnet seinen ersten Selbstbedienungsladen

Gründung der SPAR in Deutschland

Kaiser's eröffnet sein erstes SB-Geschäft in Duisburg.

Eintragung des Warenzeichens „1 X 1" in das Warenzeichenregister durch das Deutsche Patentamt – beantragt durch die Atlanta/Scipio-Gruppe

Als Zwischenform von Bedienungs- und Selbstbedienungsladen führen die Konsumgenossenschaften den „Tempoladen" ein.

A. Heijn eröffnet sein erstes SB-Geschäft.

1953    Schätzlein eröffnet seinen ersten 240 qm großen Selbstbedienungsladen in Wuppertal-Elberfeld.

Horten erwirbt die Firma Schocken (Merkur) mit 11 Niederlassungen (ca. 300 Mio. DM Umsatz).

Tengelmann eröffnet sein erstes SB-Geschäft in München.

Der „Konsum" steigt ins Versandgeschäft ein.

1954    Horten erwirbt die Emil Köster AG mit 19 Defaka-Niederlassungen (mit einem Umsatz von ca. 300 Mio. DM).

Endgültige Aufhebung des allerdings schon ab 1947 außer Kraft gesetzten Verbotes des Verkaufs der Konsumgenossenschaften an Nichtmitglieder

Aufbau einer Spar in Dänemark

Aufbau einer Spar in Österreich

1955    Start des Versandhauses Schwab

Aufbau einer Spar in Frankreich

| | |
|---|---|
| 1956 | Gründung der ersten Lekkerland-Organisation in den Niederlanden |
| | A. Heijn eröffnet seinen ersten Supermarkt. |
| | Die ersten Schätzlein-Supermärkte entstehen mit Flächen von 400 bis 525 qm. |
| | Die Filialbetriebe überrunden die Konsumgenossenschaften. Von dieser Zeit an wird der Abstand zwischen Konsumgenossenschaften und Filialgeschäften von Jahr zu Jahr größer. |
| | Gründung der SÜGRO-Interchoc |
| | Gründung eines Volkseigenen Versandhauses in der DDR in Leipzig (centrum) |
| | Aufbau einer Spar in Großbritannien |
| | Fnac startet in Frankreich. |
| 1957 | Wiederangliederung des Saarlandes an die Bundesrepublik Deutschland |
| | Gründung der Europäischen Wirtschaftsgemeinschaft (EWG) |
| | Koch & Mann bilden mit angeschlossenen Einzelhändlern die Koma-Gruppe. |
| | Koch & Mann meldet die Modernisierung von 177 Koma-Läden, für die 1 Mio. DM Finanzierungshilfe gestellt werden. |
| | Erster SB-Laden der Firma Latscha in Wiesbaden |
| | Gründung des ISB Institut für Selbstbedienung (später EHI) |
| | H. Eklöh eröffnet in der 2000 qm großen Rheinlandhalle in Köln eine Supermarkt-Großfläche. |
| | Terfloth u. Snoek eröffnen in Bochum mit dem Ratio-Großmarkt für Lebensmittel den ersten Cash & Carry-Großhandelsmarkt der Bundesrepublik Deutschland. |
| | Toys R US eröffnet seinen ersten Spielwaren-Fachmarkt in den USA. |
| 1958 | Gründung der EWG durch Belgien, Deutschland, Frankreich, Luxemburg, Niederlande und Italien |
| | Die Konsum-Anstalten bei Krupp eröffnen den größten Supermarkt Essen mit über 1.000 qm Verkaufsfläche |
| | Lichdi eröffnet einen eigenen modernen Fleischverarbeitungsbetrieb |
| | Aufhebung der Zulassungsbeschränkung für Apotheken |
| | Eröffnung eines Wertkauf-Non Food-Verbrauchermarktes in Karlsruhe |
| | Ikea startet in Schweden. |

| | |
|---|---|
| | In der Schweiz Errichtung von 12 Regional-Genossenschaften, um die Konzentration zu erleichtern |
| 1959 | Himmelreich ist Mitbegründer der Handelshof-Kette. |
| | Lichdi baut ein modernes Zentrallager. Große Sorge bereitet das sich immer noch ausdehnende Sortiment: Es umfaßt 1.100 Artikel, nachdem es 1956 erst 885 Artikel waren. Die stetige Steigerung in den letzten Jahren ist auf die größeren Ansprüche der Kundschaft zurückzuführen. Nicht-Lebensmittel sind im Sortiment von Lichdi noch wenig vertreten. |
| | Der britisch-kanadische Weston-Konzern gründet die Deutsche Supermarkt GmbH. Ihr erster Supermarkt wird in München eröffnet. |
| | Die vier Warenhauskonzerne Karstadt, Kaufhof, Hertie und Horten übernehmen gemeinsam die Eklöh GmbH. Sie wollen hierdurch gemeinsam die Expansion ausländischer Supermarktunternehmen in der Bundesrepublik Deutschland verhindern. |
| | Expansion von Quelle nach Österreich |
| | Gründung der Internationalen Spar Centrale B.V. |
| | Docks de France eröffnet einen 850 qm großen Supermarkt und gehört damit zu den Pionierunternehmen der Supermarktentwicklung in Frankreich. |
| 1960 | Gründung der deutschen Lekkerland |
| | 121 der Konsumgenossenschaften betreiben insgesamt 220 eigene Herstellerbetriebe. Das Schwergewicht liegt bei Bäckereien und Konditoreien, es folgen Kaffeeröstereien, Weinkellereien und Fleischereien. |
| | Gründung der EFTA durch Dänemark, Großbritannien, Norwegen, Österreich, Portugal, Schweden und die Schweiz |
| 1961 | Bau der Berliner Mauer |
| | In Westberlin befindet sich das Lebensfilialunternehmen Otto Reichelt (130 Verkaufsstellen) im Besitz des niederländischen Unternehmens P. de Gruyters u. Zoon. |
| | Willi Leibbrand eröffnet seinen ersten Lebensmittel-Discounter. |
| | Gründung des zweiten Versandhauses der DDR unter dem Namen konsument, den Genossenschaften gehörend |
| | Gründung der A. u. O.-International in Basel, heute Markant |
| 1961/1962 | N. I. Andronow malt „Die Flößer" |
| 1962 | Die vier großen Warenhauskonzerne erklären, daß sie sich nicht an außerstädtischen Shopping-Centern beteiligen werden. |

Am 8. Juni 1962 wird ein (befristetes) Gesetz zur Einschränkung der Bautätigkeit erlassen.

Eröffnung des ersten Aldi-Ladens nach strengem Discountprinzip

Beginn der Entwicklung von Eigenmarken durch den Kaufring

Start von Wal Mart in den USA

Kunstwerke von Andy Warhol: Beispiele des Massenkonsums – 210 Coca Cola Flaschen; Campell's Suppendosen

1963

Himmelreich eröffnet in Mönchengladbach einen C & C-Laden (SB-Handelshof).

Zum 50. Geburtstag erzielt Kaiser & Kellermann einen Umsatz von 30 Mio. DM.

Durch Öffnung seiner Lebensmittelabteilung für das private Publikum funktioniert der Ratio-Markt in Münster seinen Cash & Carry-Betrieb in den ersten deutschen Verbrauchermarkt um.

Das erste Coop-Center wird in Kaiserslautern als Gemeinschaftsunternehmen der GEG und der Asko-Saar-Pfalz (die aus der Verschmelzung der Konsumgenossenschaften Neunkirchen und Kaiserslautern hervorgegangen war) eröffnet.

Genex (3. Versandhandelsorganisation der DDR) beginnt mit einem Geschenkdienst für DDR-Bürger. Die Waren werden nur über in der Bundesrepublik erhältliche Kataloge vertrieben und müssen in Devisen (Westwährung) bezahlt werden.

In Österreich startet Helmut Hofer mit seinem ersten Laden.

G. Duttweiler gründet das GDI als Forschungszentrum für den Handel.

Hennes & Mauritz eröffnet in Schweden das erste Geschäft.

Carrefour eröffnet seinen ersten Hypermarkt.

Ikea eröffnet seine erste Auslandsfiliale.

Für zwei Werbeaktionen (französich/schottisch) des Globus/Zürich werden sämtliche Firmenschilder, Inserate und teilweise Briefköpfe abgeändert in: „Galeries Lafayette" und „Mac Globus".

| | |
|---|---|
| 1964 | Kathreiner scheidet aus der A u. O aus und baut eine eigene Kathra-Leistungsgruppe auf, die gegen Ende jenes Jahrzehnts mit 1.000 Mitgliedern ihren Höhepunkt erreicht. |

Bananenreiferaum in den 70er Jahren

Latscha zeichnet 160 frische Artikel mit offenem Verfallsdatum aus

Gründung der UN Conference on Trade Development (UNCTAD)

Errichtung des Main-Taunus-Einkaufszentrums als erstes deutsches Shopping-Center mit einer Geschäftsfläche von 42.000 qm

Gründung der COBANA Bananeneinkaufsgesellschaft als freiwilligen Zusammenschluß selbständiger Fruchtgroßhandlungen zur gemeinsamen Beschaffung von Bananen

O. Beisheim startet mit der Metro seinen ersten Cash & Carry-Markt.

F. Colruyt errichtet einen Cash & Carry-Markt.

1965    Koch & Mann eröffnet einen C & C-Markt in Hagen.

Latscha testet in Wiesbaden einen „Tag und Nacht geöffneten Automatenladen" (wird 1967 wieder geschlossen).

Die GEG übernimmt von den Warenhauskonzernen die Eklöh GmbH. Die GEG sieht durch die Übernahme der 53 Supermärkte die Möglichkeit, den Konsumgenossenschaften mehr Kompetenz bei diesem Vertriebstyp zu verschaffen.

Die Zahl der Konsumgenossenschaften sinkt von 312 im Jahre 1952 auf 210 Genossenschaften. Ihre Mitglieder betrachten sie kaum noch als Selbsthilfeverein, sondern vielmehr als eine Vertriebsform neben anderen modernen Absatzformen.

Fusion der Konsumgenossenschaften Bielefeld/Gütersloh/Bünde-Lübbecke und Herford zur Konsumgenossenschaft Ostwestfalen

Gründung der alli-Frischdienst GmbH & Co KG

Expansion von Quelle nach Frankreich

Die Geschwister Benetton starten mit dem ersten Laden in Italien.

Docks de France beteiligt sich in Spanien an den Supermercados Aragoneses.

F. Colruyt startet einen ersten Lebensmittel-Discountmarkt.

Übernahme der Firma Rüfenacht und Heuberger/Bern durch Globus

1966    Durchführung der ersten EuroShop in Düsseldorf, gegründet durch die Messe Düsseldorf und das ISB/heute EHI

Koch & Mann werden getrennt in K & M Süd/Köln und K & M Nord/Wuppertal. Die Koma-Handelskette macht mit knapp 2.700 Einzelhändlern 275 Mio. DM Umsatz. Die Ladengrößen liegen zwischen 60 bis 100 qm.

Koch & Mann Nord eröffnet in Bochum einen zweiten Cash & Carry-Markt. Man erwartet mit diesem Markt einen Umsatz von 40 Mio. DM.

G. Lehmann (Pfannkuch) hält 48% an Lichdi/Heilbronn und 20% an Latscha/Frankfurt

Latscha, ehemals sehr aktiv in der Frankfurter Innenstadt, schließt seinen letzten Laden in der City und investiert in den Außenbezirken.

Lichdi übernimmt das traditionsreiche Haus Johann Schreiber & Co./Ludwigshafen mit 30 Läden und einem Umsatz von 35 Mio. DM.

Umstellung der Bananenverschiffung auf Kartons, in denen die Bananen in Europa reifen

Eröffnung des ersten Tengelmann-Discounters

Docks de France erwirbt das spanische Supermarktunternehmen Sabeco.

1967

Himmelreich ist Mitbegründer der Globus-SB-Warenhäuser.

Latscha läßt die Rabattmarken fallen, senkt die Preise des gesamten Sortiments um 3% und wirbt mit effektiv niedrigsten (Netto-)Preisen. In den darauffolgenden Wochen schließen sich 7 große Filialunternehmen dieser Maßnahme an.

Nach vorsichtigen Schätzungen werden jährlich bezahlte Rabattmarken in Höhe von fast 100 Mio. DM von Verbrauchern nicht eingelöst

Nanz erwirbt 15 Filialen seines Stuttgarter Mitwettbewerbers Spieß

Geburtsstunde der „Chiquita-Banane"

Erster Grosso-Verbrauchermarkt der Tengelmann-Gruppe

Die sechs mittelständischen Filialbetriebe Gustav Lichdi/Heilbronn, J. Latscha/Frankfurt, Pfannkuch/Karlsruhe, Johs. Schmidt/Hamburg, Adolph Schuermann/Remscheid und Cornelius Stüssgen/Köln gründen zusammen eine Gesellschaft (Kauf-Park) zur Entwicklung und Betreibung von SB-Warenhäusern.

Aldi Süd erwirbt zum Markteintritt in Österreich das Filialunternehmen Hofer.

Fall der Preisbindung der zweiten Hand in der Schweiz

1968

Umwandlung von Horten in eine Aktiengesellschaft; alleiniger Aktionär ist Helmut Horten. Das Unternehmen macht auf 360.000 qm Verkaufsfläche in 51 Warenhäusern knapp 1,9 Mrd. DM Umsatz.

Latscha testet das erste private Werbefernsehen im Supermarkt

Eröffnung des ersten SB-Warenhauses in Heinsberg durch Selgross/allkauf

Einrichtung der ersten (P & Q)-SB-Warenhäuser der Spar

Gründung der Deutschen Spar Handels-GmbH & Co mit der Aufgabe der zentralen Warenbeschaffung

Entwicklung des „Bremer Modells" später auch in der Fortschreibung als „FZ-System der Systemdistribution" bekannt

Die ersten Plaza-Warenhäuser der Konsumgenossenschaften werden in Köln und Esslingen-Weil eröffnet.

Der „Bund deutscher Konsumgenossenschaften" wird als Führungszentrale gegründet.

Helmut Horten stiftet der Hamburger Musikhalle annähernd zwei Millionen DM.

Zollunion innerhalb der EWG

Metro und Makro vereinbaren eine gegenseitige 40prozentige Beteiligung an den jeweiligen Auslandsaktivitäten.

Docks de France eröffnet den ersten Mammouth-Hypermarkt.

**1969** Himmelreich übernimmt Joh. Förster/Köln (10 Filialen/18 Mio. DM Umsatz).

Kaiser & Kellermann (Zustellgroßhändler für Ifa und Vivo-Einzelhändler) steigt ins SB-Warenhausgeschäft (Globus) ein.

Krupp verkauft sein Kaufhaus in Essen an die Quelle.

H. Horten verkauft 50% seiner Aktien an der Börse und 25% an die „DEGAV-Deutsche Gesellschaft für Anlagenverwaltung mbH".

Beginn der ersten Lekkerland-Fusionswelle durch freiwillige Betriebszusammenschlüsse

Nach einer Abtrennung von Leclerc in Frankreich gründet J.-P. Le Roch „Les Mousquetaires"/Intermarché zusammen mit 75 unabhängigen Einzelhändlern.

Carrefour überträgt erstmals sein Hypermarkt-Konzept ins Ausland.

Namensänderung des Verbandes Schweizer Konsumvereine in Coop Schweiz

**1970** Koch & Mann Nord meldet Vergleich an.

Koch & Mann Süd übernimmt das Großhandelsgeschäft von Koch & Mann Nord.

Erwerb der Mehrheit der Mehrheit der A. Schürmann-Kette/Remscheid (100 Mio. DM) und der Rheika KG/Siegen (54 Mio. DM) durch Latscha

14 Getränkefachgroßhändler gründen für den gemeinsamen Einkauf, die Verkaufsförderung und den Absatz die GEVA.

---

**G·E·V·A** *25 Jahre*

*Am 3. Dezember 1970*
wurde unter der Urkundenrolle 439 für das Jahr 1970 des Notars Dr. Volker Blase als amtlich bestelltem Vertreter des Notars Dr. Wilhelm Tittes in Münster die Firma GEVA GMBH & CO. KG, Gesellschaft für Einkauf, Verkaufsförderung und Absatz von Gütern mbH & CO. KG, in den Räumen des Hauptbahnhofrestaurants in Münster gegründet.

Zu ersten Geschäftsführen wurden die Gründungsmitglieder Willy Kampschulte und Wilhelm Sarrazin gewählt.

Die Unterschriften der Urkundenrolle dokumentieren die Firmen, die 1970 die GEVA GmbH & Co. KG als Kommanditisten gründeten.

*Fa. Hermann Arnold, Mainz; Fa. Waldemar Behn, Eckernförde; Fa. Rudolf Ducke, Getränkeindustrie Trappenkamp; Fa. Bier Effinghausen, Celle; Fa. A. Essing Ww. oHG, Rhede; Fa. Heinrich Feldscher, Osnabrück; Fa. Getränke Heydt KG, Cloppenburg; Fa. Gebrüder Janßen, Goch; Fa. Erich Nolte KG, Iserlohn; Fa. Getränke Rheker KG, Goslar; Fa. August Richard KG, Münster; Fa. A. Roth & Co., Andernach; Fa. Schaaff & Co., Heidelberg; Fa. Getränke A. Staude; Hannover; Fa. Heinrich Sievers & Sohn, Elmshorn; Fa. Hoyer & Schöneweis, Braunschweig.*

| | |
|---|---|
| | Der Otto-Versand eröffnet sein erstes stationäres Warenhaus (der Verkauf erfolgt 1974 an Horten). |
| | E. Lux und M. Maus eröffnen den ersten (Obi-) Bau- und Heimwerkermarkt als Pilotprojekt in Hamburg. |
| | Verschmelzung der Coop Ostwestfalen mit der Coop Lage zur Coop Ostwestfalen Lippe |
| | Erwerb der Douglas-Parfümerien durch die Hussel AG |
| 1971 | Gründung der Westhandel/Osnabrück durch Brülle & Schmeltzer, Engelke, Himmelreich, Kaiser & Kellermann, Luer, Lutter, Röhrig und Willick. |
| | Himmelreich beliefert die ehemaligen Kunden von Schwabbe & Hohendahl/Essen. |
| | H. Horten verkauft seine restlichen 25% Aktien an die Interversa/später BATIG. |
| | Die Kathreiner AG und die Spar-Zentrale Kehrer u. Weber gründen das BHZ-Bayerische Handelszentrum. Die Zusammenarbeit wird 1980 wieder eingestellt. |
| | Als Reaktion auf den Abschmelzungsprozeß seiner Kettenkunden „Kathra" (ca. 500 Geschäfte) baut Kathreiner im SB-Warenhausbereich die Krone-Märkte auf. |
| | Beim 75jährigen Bestehen setzt die Firma Pfannkuch in etwas über 100 Märkten 220 Mio. DM um. Die Gesamtverkaufsfläche von 26.350 qm teilt sich auf in zwei SB-Warenhäuser, 92 Supermärkte und sieben Diskontmärkte. |
| | Lichdi erwirbt 40 Drogeriefilialen der Idro Helmut Niessner KG/Neu-Isenburg |
| | Die J. Latscha KG wird alleiniger Gesellschafter der kaufpark GmbH. |
| | Erwerb von 5 SB-Warenhäusern der mehrwert GmbH (Schwab Versand) durch Latscha |
| | Gründung der Marktkauf GmbH durch die Coop Ostwestfalen Lippe |
| | Metro startet in Frankreich und Italien. |
| 1972 | Zum 75jährigen Jubiläum erzielt die Himmelreich-Gruppe 160 Mio. DM Umsatz mit der Handelskette und 200 Mio. DM mit Cash & Carry. |
| | Zum 50. Jubiläum erzielt Schätzlein mit 55 Filialen und 220.500 qm Verkaufsfläche 240 Mio. DM. |
| Gut gewachsen – gesund geblieben | Der Stuttgarter Lebensmittelfilialbetrieb Nanz übernimmt die Firma Goedecke, die mit 70 Filialen im Raum zwischen Heidelberg und Mannheim einen Umsatz von 130 Mio. DM erzielen. |
| | Die GEG und der Bund deutscher Konsumgenossenschaften gründen die Coop-Zentrale Aktiengesellschaft in Hamburg mit dem Ziel, die bestehenden Konsumgenossenschaften in 20 große Regionalgesellschaften zusammenzufassen und jene dann bis zum Jahr 1974 in Akteingesellschaften umzuwandeln. |

Umwandlung der Edeka-Zentralgenossenschaft in eine Aktiengesellschaft

Horten stattet in Bremen sein Warenhaus mit einem zentralen, kreisförmig angeordneten Rolltreppen-System aus.

H. Horten verkauft seine Warenhäuser.

Erste Douglas-Parfümerie in Österreich

Start einer Konzentration der Schweizer lokalen Konsumgenossenschaften, deren erste Phase bis 1977 geht

Erster Auslandseinstieg durch Tengelmann in Österreich: Übernahme von LÖWA/Wien

Metro startet in Österreich und Dänemark.

1973

Erste Erweiterung der EWG um Dänemark, Großbritannien und Irland

Himmelreich übernimmt die Ifa-Kunden von Engelke/Lünen (20 Mio. DM Umsatz).

Horten stattet die Filialen Braunschweig und Krefeld mit Computer-Kassen aus.

Die Coop-Gruppe erwirbt vier Lichdi-Center

Erste Erweiterung der EWG um Dänemark, Großbritannien und Irland

Noch vor dem Fall der Preisbindung der zweiten Hand in Deutschland zum 1. Januar 1974 eröffnen unabhängig voneinander Dirk Rossmann und Götz W. Werner ihr erstes Discountgeschäft für Drogeriewaren.

Umfirmierung der A. u. O. Zentrale in SELEX, heute Markant

Boots eröffnet in Paris seine erste Parfümerie im Ausland.

1974

Fortfall der (vertikalen) Preisbindung der zweiten Hand in Deutschland. Horten mietet sechs Häuser des Otto-Versands langfristig an (36.000 qm, 150 Mio. DM Umsatz).

Verkaufspolitisch verabschiedet sich Horten vom hochpreisigen Genre und betreibt ein gezieltes Trading down.

Die Coop-Gruppe erwirbt Dreiviertel der Anteile der Lichdi AG.

Die Coop-Gruppe erwirbt die Ladenkette der Krupp-Konsum-Anstalt.

Gründung der CCG Centrale für Coorganisation durch die RGH (heute EHI) und den Markenverband

Die Coop-Zentrale AG wird nach Frankfurt/Main verlegt und strebt die Beteiligung regionaler Coops an der Zentral AG an.

Umwandlung der Coop Ostwestfalen-Lippe eG in die AVA Allgemeine Handelsgesellschaft der Verbraucher AG

| | |
|---|---|
| | Beteiligung der Rewe-Zentrale in Köln an dem Filialbetrieb Leibbrand OHG |
| | U. Floto gründet die Eismann-Tiefkühl-Heimservice GmbH. |
| | Gründung der Drogeriemarktkette Fuchs durch die Hussel AG |
| | Fusion der Tabakwarengroßhandlungen Giesen/Essen, Grünewald/Mönchengladbach und Tenberg/Borken zur tobaccoland Großhandelsgesellschaft |
| | Gründung der Tabak-Service GmbH/Y-Gruppe zunächst als regional in Baden-Württemberg und Hessen tätige Kooperationsgesellschaft selbständiger Tabakwarengroßhändler |
| | Das erste IKEA-Möbelhaus wird in Eching/Bayern eröffnet. |
| | Expansion von Quelle in die Schweiz |
| | Beteiligung des Otto-Versandes an 3 Suisses/Frankreich |
| | Delhaize le Lion erwirbt in den USA die Food Town Stores |
| | Ito-Yokado übernimmt die 7-Eleven-Idee aus den USA und paßt sie Japan an. |
| 1975 | Die Nanz-Gruppe aus Stuttgart übernimmt zwei Prima-Kauf-Verbrauchermärkte der Spar-Großhandlung Schaal & Kurtz/Rötlingen |
| | Lichdi gibt die 1966 erworbenen Schreiber-Filialen wieder ab; Erwerber ist die Coop Rheinland-Pfalz. |
| | Start des Tengelmann-Tochterunternehmens kd im Drogeriemarkt-Bereich |
| | A. Schlecker eröffnet seinen ersten Drogeriemarkt. |
| | Aldi Nord startet nacheinander in den Niederlanden, Belgien und Dänemark. |
| | Hugo Mann beteiligt sich in den USA an Fed-Mart. |
| | Marks & Spencer eröffnet in Paris sein erstes Geschäft auf dem europäischen Kontinent und ein zweites in Belgien. |
| 1976 | Der Deutsche Supermarkt (DS) übernimmt von der holländischen SHV das Düsseldorfer Filialunternehmen Otto Mess inkl. des Neußer Filialbetriebs Otto Reichelt. Die Übernahme betrifft insgesamt 91 Filialen mit einem Jahresumsatz von 350 Mio. DM. |
| | Lichdi übernimmt in Würzburg das Allcenter mit 17 Mio. DM |
| | Verkauf von 10 großen kaufpark-Häusern durch Latscha an die Mann-Gruppe (Wertkauf) |
| | Verkauf der Adolph Schürmann-Kette in Remscheid durch Latscha an die Michael Brücken AG |
| | Karstadt übernimmt 51% des Aktienkapitals von Neckermann. |

Beginn der Zentralgespräche mit Mineralölgesellschaften durch die Lekkerland-Organisation

Pfannkuch stellt seine SB-Warenhäuser auf „Kolossa" um.

Schließung der Versandhäuser centrum und konsument in der DDR

Die Schömer-Gruppe/Österreich eröffnet ihren ersten Baumax.

Aldi startet in den USA durch Übernahme der Tee Filialkette Benner.

Promodes beginnt, den spanischen und deutschen Markt für seine Continent-Hypermarkt-Konzeption zu erschließen.

Anita Roddick startet den Body-Shop in Großbritannien.

Carrefour kreiert die No-Names (generics, weiße Produkte).

1977

Horten beteiligt sich über die KS/HS-Touristik/Nürnberg an der TUI/Hannover und verkauft 1978 64.000 Urlaubsreisen im Wert von etwa 50 Mio. DM.

Karstadt übernimmt sieben Neckermann-Warenhäuser

Kathreiner startet im Discountbereich

Im 75. Jahr des Bestehens erzielt das Filialunternehmen Nanz 800 Mio. DM Umsatz.

Leibbrand übernimmt die Zentrale und die 157 Läden der Firma Latscha (390 Mio. DM) und stellt sie auf HL um.

Engagement der SÜGRO im Tankstellenbereich durch Übernahme der Shoptess Service GmbH.

Die Novellierung des § 11 Abs. 3 der Baunutzungsverordnung schreibt fest, daß Handelsflächen über 1.500 qm Bruttogeschoßfläche außerhalb von Kern- und Sondergebieten einer Genehmigung durch die Raumordnungsbehörde bedürfen.

Heijn startet in den USA.

1978

Koch & Mann Süd (180 Mio. DM und 800 Anschlußkunden) stellt seinen Betrieb ein und wird aufgeteilt in: die A u. O-Zentrale Bremke & Hoerster/Neheim-Hüsten. Sie erhält den Bereich Siegen (gegenwärtig betreut sie 220 Kaufleute; der Gesamtumsatz liegt bei 350 Mio. DM); die Spar-Zentrale Duisburg (Koch & Sohn, die gegenwärtig 800 Mio. DM umsetzt); die Spar-Zentrale Ellhofen, die den Filialkomplex Braunworth & Gebhardt/Worms übernimmt.

Die Westa (s. 1948) wird in die Selex eingebracht.

Karstadt übernimmt 15 weitere Neckermann-Warenhäuser (170 Mio. DM).

Im Umsatz von 3,7 Mrd. DM lauten bei Horten die Bestseller: 110.000 Schmuckstücke im Gesamtgewicht von 12 Zentnern Gold, 180.000 Schmuckstücke im Gesamtgewicht von 40 Zentnern Silber, 25.000 Brillianten.

Die Rewe Dortmund übernimmt die Michael Brücken GmbH/Hagen.

Pfannkuch übernimmt drei Verbrauchermärkte von Carl Wild/Freiburg

|      | |
|------|---|
|      | Gründung des Otto-Versands Niederlande |
|      | Docks de France erwirbt eine Minderheitsbeteiligung in den USA an der Convenience-Store-Kette Lil' Champ, die sieben Jahre später vollständig übernommen wird. |
| 1979 | 100 Händler der in Konkurs gegangenen Koma Vertrieb KG (Koch & Mann) schließen sich Himmelreich an. |
|      | Horten testet in Wuppertal-Elberfeld das erste Bahnhofs-Warenhaus in Deutschland. |
|      | Horten hat alle 58 Filialen durch Daten-Fernübertragung online mit dem Computer in der Hauptverwaltung verbunden. Alle Buchungsdaten werden täglich zentral ausgewertet. |
|      | Zum 150jährigen Jubiläum setzt Kathreiner 529 Mio. DM um. |
|      | Gründung der Fruchtring Handelsgesellschaft als Beschaffungsorganisation für Überseefrüchte |
|      | Erwerb von Uhren Weiss und Beteiligung an Montanus durch die Hussel AG |
|      | Aldi erwirbt eine Minderheitsbeteiligung an der Supermarktkette Albertson's. |
|      | In den USA wird das erste Factory-Outlet-Center gegründet, in dem verschiedene Fabrikanten in einer Bündelung von Einzelhandelsgeschäften ihre Ware zu besonders günstigen Preisen direkt an den Konsumenten verkaufen. |
|      | Promodes erwirbt in den USA die Red Food-Supermärkte. |
| 1980 | Die Edeka Wuppertal übernimmt Homberg & Röhrig/Leichlingen. |
|      | Lidl & Schwarz übernimmt den A u. O-Großhändler Maurer & Stein/Koblenz. |
|      | Horten meldet von 1975 bis 1980 die Schließung von 14 unrentablen Filialen mit 68.200 qm Fläche, andererseits die Neueröffnung von 11 Häusern mit 90.150 qm. Der Modernisierungsaufwand von 1975 bis 1982 wird auf 200 Mio. DM geschätzt. |
|      | Horten erwirbt den Spezial-Versender Peter Hahn (Umsatz 90 Mio. DM). |
|      | Die Rewe Bad Homburg/Leibbrand erwirbt in Lübeck Thams und Garfs, die in 34 Filialen etwa 130 Mio. DM umsetzen. |
|      | Vollständige Integration der Lichdi AG mit ihren 48 Filialen und 120 Mio. DM Umsatz in die Coop Schwaben AG. |
|      | Übernahme der 58 Horten-Lebensmittelabteilungen durch die Edeka |
|      | Expansion von Quelle nach Belgien und in die Niederlande |
| 1981 | Die Spar-Großhandlung Koch & Sohn/Langenfeld übernimmt Lutter/Hilden. |
|      | Als erstes Warenhaus-Unternehmen faßt Horten seine 2.000 Verkaufsabteilungen in 56 Warenhäusern und 70 zentrale Einkaufsabteilungen zu einer (28)-Sparten-Organisation zusammen. |
|      | Karstadt stockt seinen Neckerman-Kapitalanteil von 51% auf 94% auf, um die freien Aktionäre vor weiteren Risiken/Verlusten zu schützen. |

Zum 100jährigen Jubiläum erzielt H. Krementz mit 21 Filialen und sieben Top-Markt-SB-Warenhäusern 220 Mio. DM.

Zweite Erweiterung der EWG durch Griechenland

Die niederländische SHV-Gruppe startet ihren ersten Makro-Markt in den USA.

1982

Horten gründet gemeinsam mit dem Geschenkartikel-Großhändler Dogmoch/Ludwigshafen die Ypsilon-Vertriebsgesellschaft. Ziel ist der Aufbau einer Kette für Geschenkartikel.

Horten und Kaufring vereinbaren eine Kooperation auf Großhandelsebene

Fusion von SELEX und TANIA zur Markant/Offenburg

Eröffnung der ersten Douglas-Filiale in den USA

Erwerb der Spiegel-Gruppe in den USA durch den Otto-Versand

Sainsbury's beteiligt sich in den USA an der Supermarkt-Filialkette Shaw's, die vier Jahre später vollständig übernommen wird.

1983

Der frühere Afu-Großhändler Otto Keller/Hückeswagen bringt fünf eigene Märkte und 15 Afu-Kunden bei Himmelreich ein.

Das Kölner Verbrauchermarkt-Unternehmen Peter Simmel tritt der Handelshof-Gruppe bei, die nunmehr einen Umsatz von rund 600 Mio. DM erzielt.

Kaiser & Kellermann (23 Filialen mit 566 Mio. DM Umsatz plus 143 Mio. DM Cash und Carry-Umsatz plus 103 Mio. DM Zustellgroßhandel) wird Mitglied der REWE Zentral AG.

Die Horten AG erwirbt Jacques Weindepot mit 48 Filialen

Hussel verkauft 50% seiner Wandmarker-Beteiligung an die Coop/Holstein und die Coop AG/Frankfurt

1984

Die BAT (Batig) stockt ihren Anteil an Horten über 50% auf. Der Umsatz der 57 Warenhäuser mit insgesamt 533.000 qm liegt bei 2,9 Mrd. DM.

Die Nanz-Gruppe/Stuttgart beteiligt sich mit 40 Prozent an dem Filialunternehmen Karl Gaissmaier/Ulm.

Beteiligung der Hussel AG an Sport Voswinkel/Bochum

Gründung der DTV-Tabakwaren Vertriebsgesellschaft mbH als nationaler Marketingverbund mehrerer Tabakwaren-Großhändler

Die Asko beteiligt sich in den USA an dem Supermarkt-Unternehmen SDC/Furr's.

1985

Die Spar-Zentrale Karl Koch & Sohn/Langenfeld (1,02 Mrd. DM Umsatz) übernimmt die Spar Münster (Victor Bergmann) mit 42 Mio. DM Umsatz und 90 Einzelhändlern.

A. Himmelreich/Köln (Großhändler für 480 selbständige Einzelhändler mit 65.000 qm Verkaufsfläche) geht eine Kooperation mit Dohle/St. Augustin (Umsatz 500 Mio. DM) ein.

Vollständige Übernahme von Gaissmaier/Ulm durch Nanz/Stuttgart

| | |
|---|---|
| | Gründung der Spar Handels-AG |
| | Umfirmierung der SÜGRO-Interchoc in SÜGRO Deutschland Handelsgesellschaft mbH & Co KG |
| | Expansion von Quelle nach Ungarn |
| 1986 | Dritte Erweiterung EWG/EG um Portugal und Spanien |
| | Asko übernimmt Schaper |
| | Beteiligung der Hussel AG an Appelrath-Cüpper/Köln |
| | Toys R US startet den ersten Markt in Deutschland. |
| | Gründung von Otto Sumisho/Japan |
| 1987 | Beginn der Tiefkühllogistik durch alli |
| | Metro übernimmt die BVL |
| | Metro übernimmt Kaufhof |
| | Die Coop Dortmund übernimmt die Coop Kassel und verschmilzt zur Coop Dortmund-Kassel. |
| | A. Schlecker eröffnet seinen ersten Drogeriemarkt in Österreich. |
| 1988 | Gründung des DHI-Deutsches Handelsinstitut durch Verschmelzung von ISB und RGH, heute EHI |
| | Leibbrand übernimmt den Deutschen Supermarkt. |
| | Coop Schleswig-Holstein übernimmt Wandmaker. |
| | Beteiligung der Rewe an den Atlas-Reisebüros |
| | Umwandlung der Kaufring-Genossenschaft in eine Aktiengesellschaft |
| | Gründung der Markant/Schweiz |
| | Marks & Spencer erwirbt in den USA die beiden Handelsunternehmen Brooks Brothers und Kings Supermarkets. Hiermit ist man zugleich über ein Gemeinschaftsunternehmen auf dem japanischen Markt vertreten. |
| | Marks & Spencer eröffnet die ersten beiden Filialen in Hongkong. |
| 1989 | Fall der Berliner Mauer |
| | Vollständige Übernahme der Leibbrand-Gruppe durch die Rewe-Zentrale |
| | Die AVA übernimmt die SB-Warenhäuser der Suba-Center GmbH & Co. KG (Cadenberge) |
| | Die AVA beteiligt sich an der BVA. Gemeinsam betreiben sie die Plaza SB-Warenhaus Nürnberg GmbH. |

Die AVA übernimmt die Kaufmarkt-Märkte im Raum Nürnberg/München.

Die AVA beteiligt sich am Filialunternehmen Krane Optic (Rheda Wiedenbrück).

Beteiligung der Edeka an der AVA mit annähernd 25 Prozent

Namensänderung von Hussel in Douglas Holding AG

Beteiligung der Edeka an der dänischen Großhandlung HOKI A/S, Horsens, mit zunächst 10 Prozent

Gründung der EMD in der Schweiz

REWE gründet mit ausländischen Partnern die Eurogroup SA mit Hauptsitz in Brüssel.

A. Schlecker tritt in den niederländischen und spanischen Markt ein.

Lidl eröffnet seinen ersten Markt in Frankreich.

Norma eröffnet seinen ersten Markt in Frankreich.

Beteiligung von Tengelmann an Skala-Coop in Ungarn

**1990**       Die DDR tritt der Bundesrepublik bei.

Zentralisierung mehrerer Rewe-Großhandelsbetriebe durch die Rewe Zentral AG. Die Rewe Großhandlungen Hungen, Efferen, Korschenbroich/Erkelenz sowie Koblenz bringen ihren Geschäftsbetrieb in die Rewe Zentral AG ein.

Die Rewe übernimmt 400 Coop-Märkte in Süddeutschland.

Übernahme von Coop-Absatzgebieten durch die Asko

Beginn der Belieferung der Aral-Tankstellen als Systemkunden von tobaccoland

Verkauf von 49 Prozent der tobaccoland-Anteile an Austria Tabak, dem österreichischen Staatsmonopol für Tabakwaren

Vollautomatische Sortieranlage beim Frischdienst 2000 in Unterschleißheim-Lohhof/Bayern

Kooperation des DHI mit dem Ökonomischen Institut für den Binnenhandel der Handels-Hochschule Leipzig und der Fachschule Dresden

Wiederaufbau der Atlanta/Scipio Vertriebsorganisation in den fünf neuen Bundesländern

Gründung diverser COBANA Fruchthof-Gesellschaften in den neuen Bundesländern, z. B. in Auerbach bei Zwickau, in Plötzin/Brandenburg, in Guteborn/Meerane in Thüringen, in Halle und Magdeburg (beide Sachsen-Anhalt) und in Rostock und Schwerin (beide Mecklenburg-Vorpommern)

Gründung von DTV-Gesellschaften in Rostock (mit Niederlassungen in Gadebusch und Schwerin), in Elxleben bei Erfurt, tabacon Sachsen und tabacon Thüringen

Erwerb von Betriebsstätte und Einrichtung der Frisch- und Gefrierdienst GmbH in Halle durch die fz-Frischdienst-Zentrale

Aufnahme von 49 Gesellschaftern aus den neuen Bundesländern in die GEVA

Joint-Ventures durch Kaiser's in den neuen Bundesländern mit HOFKA/Berlin, COTTKA/Cottbus und der Schweriner Verbrauchermarkt GmbH

Eröffnung der Vertriebslinien Kaiser's, Plus, kd und Obi in den neuen Bundesländern

Eintritt der Konsumgenossenschaft Oranienburg in den Kaufring-Marketingverbund und zugleich Eröffnung einer Kaufring-Niederlassung in Leipzig

A. Schlecker startet in den neuen Bundesländern und baut innerhalb von sieben Jahren ein Filialnetz von 1.400 Drogeriemärkten in der ehemaligen DDR auf.

Eröffnung der ersten Spar-Geschäfte in den neuen Bundesländern

Errichtung der ersten tobaccoland-Niederlassung in den fünf neuen Bundesländern zwischen Leipzig und Halle

1991    Zerfall der UdSSR

In den neuen Bundesländern gibt es 362 Edeka-Geschäfte mit einer durchschnittlichen Verkaufsfläche von 528 qm. Die Belieferung erfolgt über sechs Edeka-Großhandelsbetriebe der alten Bundesländer.

Aufnahme von 38 Gesellschaften aus den neuen Bundesländern in die GEVA

Übernahme von 2000 Verkaufsstätten der HO durch die Spar – Gründung der Spar Nordost

Gründung der Lekkerland Europa GmbH

Umfirmierung des Kooperationspartners NOKI in Dänemark in Edeka Danmark A/S

J. Meinl eröffnet nach Rückkehr nach Ungarn in Budapest seine erste Filiale.

A. Heijn eröffnet unter der Bezeichnung Mana einen Supermarkt in der Tschechischen Republik.

Die französische Kaufhausgruppe Galeries Lafayette übernimmt das Konkurrenzunternehmen Nouvelles Galeries.

Galeries Lafayette eröffnet in New York ein Haus, das jedoch 1994 wieder geschlossen wird.

Erste internationale Aktivität von Wal Mart in Mexiko

1992    Übernahme von Gottlieb durch die Edeka

Übernahme der Asko durch die Metro

Fusion der Spar Handels AG mit der Spar Nordost

Übernahme von Margareta/Ungarn durch Otto

**100 JAHRE AVA 1892-1992**

|  |  |
|---|---|
|  | Übernahme der BVA durch die AVA |
|  | Eröffnung der ersten Plus-Filiale von Tengelmann in der Tschechischen Republik |
|  | Baumax/Österreich expandiert zuerst nach Ungarn, dann in die Tschechische Republik. |
|  | ICA erwirbt 45 Prozent der Hagen-Gruppe in Norwegen, später Hakon. |
|  | Übernahme des Kaufhauses Stafa durch die A. Gerngross Kaufhaus AGA. |
|  | A. Heijn beteiligt sich in Portugal an Jeronimo Martins Retail. |
| 1992/93 | Übernahme von Nanz durch die AVA |
| 1993 | Freier Waren-, Dienstleistungs- und Kapitalverkehr in der gesamten EG/EU |
| **EHI** | Umbenennung des DHI e. V. in EuroHandelsinstitut e. V. (EHI) |
|  | Erhöhung der Anteile der Edeka an der AVA auf ca. 50 Prozent |
|  | Erster Einstieg des DTV-Verbundes in Belgien und Polen |
|  | Erwerb einer Minderheitsbeteiligung an der britischen Supermarktkette Budgens durch die Rewe |
|  | Die Migros erwirbt in Österreich 100 Lebensmittelmärkte der Zumtobel-Gruppe und vereinbart eine Kooperation mit dem Konsum Österreich. |
| 1994 | Übernahme von Hertie durch Karstadt |
|  | Übernahme von Horten durch Kaufhof |
|  | Joint Venture von Otto in Indien |
|  | Erste Penny-Märkte in Norditalien in Kooperation zwischen Rewe und dem Filialunternehmen Esselunga |
|  | J. Meinl kehrt in die Tschechische Republik zurück. |
|  | Baumax/Österreich eröffnet einen ersten Markt in der Slowakei. |
|  | Austria Österreich stockt seine Tobaccoland-Beteiligung auf 80 Prozent auf. |
|  | Errichtung der International Division von Wal Mart |
| 1995 | Vierte Erweiterung der EU um Finnland, Österreich und Schweden. |
|  | Übernahme von Otto Reichelt durch Edeka Minden |

Übernahme von ITS-Reisen durch die Rewe

Gründung von BANEUROPE, einem Zusammenschluß von Bananenhandelsfirmen aus sechs europäischen Staaten

World Trade Organization (WTO) als institutionalisierte Nachfolge des Gatt (auch als Resultat der Uruguay-Runde 1986 bis 1994)

Tengelmann eröffnet die ersten Plus-Märkte in Polen.

Einstieg des DTV-Verbundes in ein Unternehmen in Ungarn

Insolvenz des Konsum Österreichs; die Migros zieht sich aus Österreich zurück und verkauft die Filialen an die Spar Österreich. Der Marktaustritt des Konsum verändert die Handelslandschaft in Österreich nachhaltig.

Baumax/Österreich eröffnet einen ersten Markt in Slowenien.

A. Heijn startet mit Allkauf ein Joint Venture in Polen.

Docks de France beteiligt sich an einem polnischen Handelsunternehmen.

1996

Erwerb von 40 Prozent des Aktienkapitals von dem privaten Fernsehsender ProSieben durch die Rewe

Kaufring ist im Internet

Eröffnung des CentrO Oberhausen als Mega-Mall nach amerikanischem Vorbild. Auf einer Fläche von 83 ha gibt es neben zahlreichen Einkaufsmöglichkeiten auch Unterhaltungs-, Kultur- und Freizeitangebote.

Übernahme der BML-Gruppe mit den Billa-Märkten in Österreich durch die Rewe. Durch die Übernahme der BML-Gruppe ist die Rewe nicht nur in Österreich, sondern auch in Italien, Polen, Ungarn, Tschechien und in der Slowakei durch das österreichische Tochterunternehmen vertreten.

Einstieg der Rewe in den polnischen Markt mit Minimal-Märkten und zwei Selgros Cash & Carry-Betrieben

A. Heijn beteiligt sich an Bompreco/Brasilien.

A. Heijn startet Gemeinschaftsunternehmen in China, Malaysia, Singapur und Thailand. Des weiteren wird mit Indonesien eine technische Unterstützung vereinbart.

1997

Der Leipziger Hauptbahnhof wandelt sich vom größten Kopfbahnhof des Kontinents zu einem Konsumtempel. Mit rund 140 Einzelhandelsgeschäften und Gastronomie auf den drei Etagen des 270 m langen Querbahnsteigs erhält die sächsische Messestadt einen neuen Einkaufs-Magneten mit rund 30.000 qm Verkaufsfläche.

| | |
|---|---|
| | Sügro wird durch Lekkerland übernommen. |
| | Übernahme von Pfannkuch durch die Spar |
| | Übernahme von Promohypermarkt durch die Spar |
| | Übernahme der KG Dortmund-Kassel e.G. durch Allkauf |
| | Übernahme von Wertkauf durch Wal Mart |
| | Eröffnung der größten Parfümerie Europas durch Douglas in Nürnberg |
| | Austria Österreich erwirbt auch die restlichen Anteile von Tobaccoland. |
| | Die Deutsche Spar Handels AG und die französische Intermarché-Gruppe gründen eine strategische Partnerschaft. |
| | Einstieg der Rewe in den tschechischen Markt mit Penny-Märkten |
| | J. Meinl bildet ein Joint Venture in Polen. |
| 1998 | Die Rewe übernimmt 52 Götzen- und 138 Stinnes-Baumärkte. Damit rückt die Tochter toom-Baumarkt in die Spitzengruppe der Do-it-yourself-Branche auf. |
| | Partnerschaftsmodell zwischen der alli Logistik GmbH und Tengelmann (TIH) für die Belieferung von Tank- und Raststätten |
| | Übernahme der Pro in Hamburg durch die Spar |
| | Übernahme von Allkauf durch Metro |
| | Übernahme von Kriegbaum durch Metro |
| | Kaiser's testet in Berlin und München einen Lieferservice. |
| | Ernennung des ersten Präsidenten der Europäischen Zentralbank |
| | Übernahme der SB-Warenhäuser der Spar durch Wal Mart |
| | Karstadt startet mit My World einen WWW-Zustelldienst für Essen und weitere Ruhr-Städte. |
| | Übernahme der europäischen Makro-Cash & Carry-Betriebe durch die Metro |
| | Der Kaufhof testet in Köln und Düsseldorf Food-Lieferservices. |
| | Die Wiener Händlergenossenschaft ADEG geht eine gesellschaftsrechtliche Verbindung mit der Edeka Kooperationsregion Süd ein. |
| | Schließung der Londoner Tee-Auktionen |
| 1999 | Start des Euro als Buchgeld in 11 Ländern der EU |
| | Lekkerland und Tobaccoland verschmelzen zum Convenience-Versorger L & T. |
| | Die AVA beteiligt sich mit 51 Prozent an der zu Lidl & Schwarz gehörenden Hauser-Bau- |

marktgruppe. Die 30 Märkte haben ein Umsatzvolumen von 520 Mio. DM.

Vollständige Übernahme der Nürnberger Bund Handelsgesellschaft (Umsatz 700 Mio. DM) durch den Kaufring

Die Divaco veräußert aus ihrem Portfolio Tip-Discount-Filialen an Tengelmann (178), Netto (17), Edeka (14) und Rewe (14).

Tengelmann kündigt an, sich in Deutschland vom Supermarkt/Verbrauchermarktbereich (1.500 Filialen, DM 11 Mrd. Umsatz) trennen zu wollen.

Der Kaufring veräußert Golden Team Sport an die Intersport eG.

Der Heine-Versand (Otto) kooperiert mit dem Modehaus Joop, um die Positionierung der Marke Joop national und international voranzutreiben.

Der Otto-Versand bildet mit der spanischen Inditex-Gruppe (3,1 Mrd. Umsatz, 366 Läden in 19 Ländern) die Zasa Deutschland GmbH.

Heimlieferungspartner des Otto-Versands für Lebensmittel wird Citti/Kiel.

Einstieg der Markant Südwesthandels AG ins Home-Shopping

Die Spar AG testet Home-Shopping mit ihrer Tochter

Die Metro gründet mit der Bayer Werk AG die Euro Power Energy GmbH für den Stromhandel.

Die Rewe beteiligt sich an der EHA-Energie-Handels-Gesellschaft, einem Tochterunternehmen der Hamburger Elektrizitätswerke.

Der Zentralverband Gewerblicher Verbundgruppen (ZGV) gründet mit den Hamburger Elektrizitätswerken eine Energieagentur (EAGV)

Der Otto-Versand vermittelt per Internet Yello Strom.

Quelle annonciert den Stromverkauf über Katalog.

Die allkauf Franchise GmbH bietet in Zusammenarbeit mit der Märkischen Energiepark aus Hagen Privatkunden und gewerblichen Anbietern Stromverträge an.

Übernahme von 162 Meinl-Filialen in Österreich durch Rewe

Im englischen Bluewater bei Dartford/Kent wird Europas größtes Einkaufszentrum mit 320 Geschäften und einem „Erlebnispark" eröffnet.

Wal Mart übernimmt in Großbritannien Asda.

Durch Aktientausch verschmelzen die beiden französischen Unternehmen Carrefour und Promodes zum größten europäischen Einzelhändler mit 105 Mrd. DM Umsatz. Hierdurch wird die neue Gruppe auch in Spanien Marktführer und in Italien die Nr. 2

Das belgische Unternehmen Louis Delhaize erwirbt von der österreichischen Julius Meinl International 98,4 Prozent der ungarischen Csemege-Julius Meinl.

|      | |
|------|--|
|      | Die französischen Handelsunternehmen Casino und Cora gründen die gemeinsame Beschaffungsgesellschaft Opera. |
|      | Die Migros/Schweiz lagert strategische Geschäftsfelder wie den Internet-Handel und das Tankstellengeschäft in die Convenience House AG aus. |
|      | Royal Ahold/NL kündigt den Rückzug aus China (Umsatz 48 Mio. Dollar) und Singapore (80 Mio. Dollar) an. |
| 2000 | Die AVA übernimmt 75,1 Prozent an der Baumarktkette Knechtel. |
|      | In den USA trennt sich Marks u. Spencer/UK von seinem Supermarkt-Filialisten Kings (DM 350 Mio. Umsatz). |
|      | Die Rewe kooperiert mit ihrer Baumarkt-Sparte (264 toom-Baumärkte, DM 3 Mrd. Umsatz) mit der österreichischen Baumax-Gruppe (110 Märkte, DM 1,5 Mrd. Umsatz). |
|      | Der Otto-Versand übernimmt die weltweite Distribution der bei Harrods im Internet bestellten Produkte. Die finnische SOK kooperiert mit dem Hamburger Technik-Haus Brinkmann |
| 2001 | Die Schweizer Coop will bis zum 1. Januar alle 15 regionalen Genossenschaften national zusammenfassen. |

# ÜBERGREIFENDE INTERPRETATIONEN

Andeutungsweise wird in drei Artikeln dieses Kapitels das Material der ersten beiden Kapitel übergreifend interpretiert.

# DAS ROTE SORTIMENT

Es liegt tief in der Seele des Menschen, auf Farbe mit unterschiedlichen Gefühlen zu reagieren. So hat sich auch der Handel seine eigene Farben-Symbolik geschaffen. In der Handelssprache steht z. B. die „braune Ware" für Rundfunk und Fernsehgeräte, das weiße Sortiment für Milch- und das gelbe für Käseprodukte sowie das rote für Fleisch.

Auch im Hinblick auf die Konsumentenansprache nutzt der Handel diese Farbsensibilität der Menschen, um bestimmte Produktaussagen gezielt verkaufsfördernd einzusetzen. Rottöne stehen dabei insbesondere beim deutschen Verbraucher bei Fleisch für besondere Frische und so wurde eine Zeitlang auch in der Fleischpräsentation versucht, durch gezielte Rot-Licht-Lampen Frische-Effekte zu erzeugen. Für das menschliche Auge erzeugt der Anblick von frischem Fleisch tiefenpsychologisch Assoziationen zu einem Festgelage, das einfach viel Genuß erhoffen läßt. Auch in der Malerei regen die roten Fleischtöne, die Farben des Blutes, die künstlerische Phantasie an und zwingen geradezu, das Geschehen mit starken Farben festzuhalten. Das Schlachten wird deshalb insbesondere in den Augen der sensiblen Künstler zum Erlebnis gesteigert; die Fleischtöne können Empfindungen auslösen, die von tiefer Erregtheit und Ergriffenheit bis zur Leidenschaft und höchster Freude reichen.

Aktuell hat 1998 der österreichische Künstler Professor Hermann Nitsch die Gemüter in der Kunstszene dadurch erregt, daß er den Schlachtvorgang von Stieren zu einem Mysterienspiel mit künstlerischer Symbolik verknüpft hat.

Schlachtszenen lassen sich schon sehr früh in der Menschheitsgeschichte belegen. In der Frühzeit war das Schlachten von Tieren existenznotwendig. Gerade wegen dieser überragenden Bedeutung wurde es später zum Ritual mit kulturell-religiösem Hintergrund. Schon im Alten Testament war das Schlachten, der Zerlege- und Opfergang ein tief beindruckendes Geschehen. Nicht zuletzt deshalb ist das Interesse der Künstler an diesem Thema noch bis in unsere Zeit erhalten geblieben.

Im späten Mittelalter stellen beispielsweise die Stunden- und Gebetsbücher wahre Fundgruben für Schlachtszenen dar. Die Motive bei den Monatsdarstellungen erfreuten sich einer außerordentlichen Beliebtheit, denn weit über das Mittelalter hinaus bis zu Beginn des 18. Jahrhunderts haben sich immer wieder Künstler in verschiedenen Techniken mit entsprechenden Darstellungen auseinandergesetzt. Zu jenen gehörte auch Peter Brueghel d. Ä. (1525-1565);

*Rembrandt Harmensz van Rijn*
*Der geschlachtete Ochse, 1655*

später hat auch Rembrandt van Reijn (1606-1669) mehrere Bilder und Grafiken zum Fleischerhandwerk geschaffen. Sein mehrfach aufgegriffenes Motiv des geschlachteten Ochsen wurde im übrigen auch von Delacroix, Bonvin und Daumier genutzt. Stellvertretend für das Spätwerk des Spaniers Francesco José Goya (1746-1828) gilt sein Stilleben „Im Fleischerladen". Hammelkopf und Hammelseiten sind fast willkürlich angeordnet, signiert wurde das Bild mit der roten Farbe des Blutes.

Dabei ist aus den Gemälden über die Jahrhunderte zu erkennen, daß jeder Stilabschnitt und auch jeder Maler sich mit seinen Fleischfarben, seinen Rottönen auseinandersetzen muß. Generell sind in der Regel jedoch in den Gemälden die Rottöne in friedlicheren Zeiten freudiger als in Zeiten kriegerischer Auseinandersetzungen, in denen sie häufig wie Feuerzeichen dargestellt werden.

Unterschiedlichste Rottöne sind selbst in den Gemälden der Hochrenaissance zwischen Tizian, Molenaer und Rembrandt zu beobachten. So wurden in der Kunst die Farben Tizian-Rot, Rembrandt-Krapp, van Dyck-Rot und Rubens-Krapp besonders berühmt. Bei Chagalls Bildern Jahrhunderte später taucht dagegen ein glühendes sakrales, verinnerlichtes Rot auf. In den gegenstandslosen Bildern von Klee ergibt sich eine rhythmische Aufteilung durch die Hell-Dunkel-Bewegung auf einem Grund von rötlich-rosafarbenen Tönen.

Die Herkunft und Herstellung von Farben ist so vielfältig wie ihre Tönung. So wurde Purpur schon mehr als tausend Jahre vor Christus in Kreta und vor allem in der phönizischen Stadt Tyrus gewonnen. Als Gewandfarbe war es dem römischen Senat und den römischen Cäsaren vorbehalten. Bei diesem Färbemittel handelt es sich um einen Saft, den man aus den Drüsen verschiedener Schnecken gewinnt. Das Purpur-Rot gilt noch heute als Zeichen hoher Würde – die Prälaten der römischen Kirche erkennt man am Purpur ihrer Gewänder.

Auch Krapp-Lack und Rosa, Hell- und Dunkelrot gab es bereits im Altertum. Die Anwendung von künstlichem Zinnober ist schon seit dem 13. Jahrhundert bei uns im Abendland praktiziert worden. Ein beachtenswerter organischer Rotfarbstoff ist das aus Chochenille-Schildlaus gewonnene Karmin – es wird als Aquarellfarbe verwendet. Aus einer Erdfar-

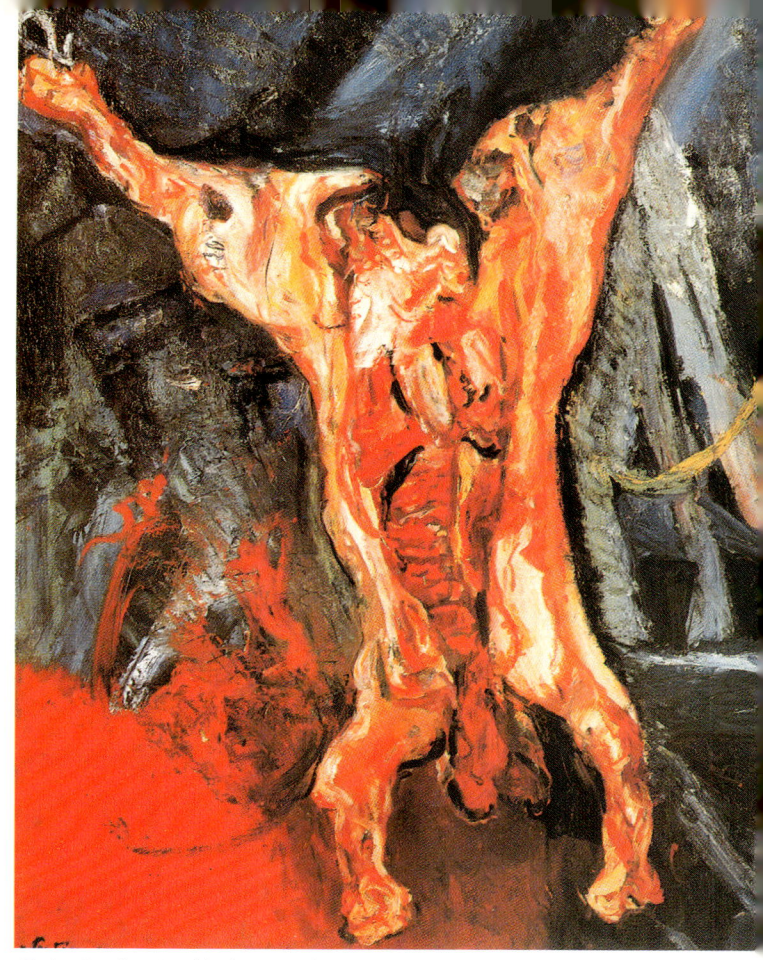

*Chaim Soutine, Geschlachteter Ochse, 1925*

be, der terra die pozuole, wurde von den Malern am liebsten die gewünschte Farbe gemischt.

## Chaim Soutine

Die Dominanz der roten Farbe läßt sich sehr gut am Beispiel der Gemälde des Malers Chaim Soutine belegen:
- Hälfte eines Ochsen, 1920
- Hälfte eines Ochsens und Kopf eines Kalbes, 1920
- Geschlachteter Ochse, 1925

Soutine wurde 1894 in Smilovitch bei Minsk geboren und starb 1943 in Paris.

Er war ein ekstatischer Visionär und malte, so schrieb ein Kritiker, „wie ein Mensch im Hunger die Dinge anfällt und wie man die tragische Melancholie des Lebendigen sichtbar macht". In einer Art Fauvismus, zu dem er sich steigerte, entstanden Bilder in geradezu blutigem Farbenprunk. Es trieb ihn immer wieder, die gleichen symbolischen Themen zu malen: geschlachtete Ochsen und Rinder. Er konnte die Formen und Konturen geradezu spüren und ihnen Wärme und Leben geben. Dabei mußte er seine Eingebung sofort nutzen, denn für Soutine bedeutete das Malen eine ungeheure Nervenanspannung, und so sind seine Bilder auch als ein Befreiungsprozeß im Rahmen der geistigen Auseinandersetzung mit seinem Thema zu sehen.

# STETIGE INNOVATIONS-SCHÜBE IM HANDEL

Das Archiv des EuroHandelsinstituts geht zur Zeit bei den Firmengründungen bis auf

- die Galerieeröffnung von Gersaint in Paris (1718)
- Lisseborn (1726), heute Spar
- Deerberg/Lübbecke (1756), später Kaufring
- Joh/Gelnhausen (1760), später Kaufring
- Sabbadini (1782), später Spar

zurück. Aber ebenso wie aus der erstmaligen Erwähnung des Wiener Naschmarktes 1744 und der Uraufführung von W. A. Mozarts „Zauberflöte" – mit der er dem Vogelhändler ein musikalisches Denkmal setzte – können aus diesen Einzeldaten weder für den stationären Einzelhandel noch für Bauernmärkte theoriebildende Rückschlüsse gezogen werden.

Anders sieht dies von 1800 an aus. Holzschnittartig lassen sich hier in 25jährigen Abschnitten Entwicklungsschübe des Handels belegen. Die ersten 25 Jahre des 19. Jahrhunderts verzeichnen aus Sicht Deutschlands mit einem Aufstieg Hamburgs zur dritten bedeutenden Handelsstadt Europas nach London und Amsterdam zwar einen Höhepunkt, der aber auch schon den morbiden Kern der bis dahin dominierenden Außenhandelssicht in sich trägt. Es ist die Zeit der Auflösung der beiden ruhmreichen

*Markttreiben im 19. Jahrhundert in Köln*

Außenhandelsorganisationen, der niederländischen Vereinigten Ostindischen Company (1798) und der britischen East India Company (1831).

Unter dem Eindruck der Unabhängigkeit der Vereinigten Staaten (1783) fallen in der Zeit von 1810 bis 1825 die meisten spanischen und portugiesischen Kolonien in Südamerika von ihrem Mutterland ab. Hierdurch bauen sich ebenso wie durch die Auflösung der niederländischen und britischen Handelsorganisationen die monopolistischen Handelsschranken der Außenhandels-Imperialisten ab.

Die zweite für den Handel relevante Innovationsperiode 1825 bis 1850 beinhaltet die Gründung des Deutschen Zollvereins (1834). Er baute die bis zu jenem Zeitpunkt überall in Deutschland bestehenden Zollschranken ab. In gleiche Richtung ging der Abschluß des englisch-französischen Handelsvertrages, der 1849 auf Initiative von Richard Cobden, dem Handels-Präsidenten von Manchester, abgeschlossen wurde. Großzügig interpretiert, sind diese Entwicklungen (minimale) Vorläufermodelle des heutigen Eurolandes.

Die Zeit von 1850 bis 1875 mag als Gründungsphase der Selbsthilfevereine und Konsumgenossenschaften gelten. Ausgangspunkt war die Rochdaler Gesellschaft der redlichen Pioniere der englischen Weber, die sich 1844 als Selbsthilfeorganisation zusammenschlossen. Ihr folgten schon ein Jahr später die Gründung des Spar- und Konsumvereins in Chemnitz, 1851 der Konsumverein Zürich, 1852 die Handwerkergenossenschaft in Delitzsch und die Gründung der Hamburger Gesellschaft zur Verteilung von Lebensbedürfnissen. 1854 folgten die ersten Spar- und Darlehnskassen für Bauern durch F. W. Raiffeisen.

Die Phase 1875 bis 1900 gehörte den ersten Kauf- und Warenhäusern. Beispiele hierfür sind die 1869 eröffneten Pariser Kaufhäuser Printemps und Galeries Lafayette, 1872 Pecht in Bad Neustadt (später Kaufring), 1877 Benzing in Neuses (später Kaufring), 1879 Leonhard Tietz in Stralsund (später Kaufhof AG) und F. W. Woolworth in Utica/USA, 1881 Karstadt in Wismar, 1882 Oskar Tietz in Gera und Stralsund (später Hertie).

Die Zeitperiode 1900 bis 1925 stand unter dem Zeichen der überregionalen, nationalen und sogar internationalen Kooperation der Genossenschaften:

- 1894 Gründung der Großeinkaufsgesellschaft deutscher Konsumgenossenschaften (GEG) in Hamburg als erstem ernsten Versuch, die regionalen Grenzen der Zusammenarbeit zwischen den Konsumvereinen zu überschreiten
- 1895 Gründung des internationalen Genossenschaftsbundes (I.G.B.) in London
- 1903 Gründung des Zentralverbandes der Genossenschaften in Deutschland, dem sich noch im gleichen Jahr 666 Konsumvereine anschlossen
- 1907 Gründung des „Verbandes deutscher kaufmännischer Genossenschaften" (heute EDEKA)
- 1911 Gründung der Großeinkaufs-Zentrale deutscher Konsumvereine (GEZ/später Gepag in Köln)
- 1921 Gründung der „ERWEGE Großeinkaufsgenossenschaft e. G. mbH" (später Kaufring)
- 1926 die Gründung der REWE-Zentrale durch 17 Einkaufsgenossenschaften.

## Selbstbedienung initiierte Filialsystem

Die Zeitperiode 1925 bis 1950 ist die erste Gründungsphase der Versender: 1924 Start des Kaffeeversands durch Eduscho/Bremen, 1925 erste Aktivitäten der Versandhäuser Klingel und Baur, 1926 Start des Versandhauses Wenz, 1927 Gründung der Gustav Schickedanz KG/Quelle, 1929 Start der Versandhäuser Bader und Schöpflin.

Der Wiederaufbau 1950 bis 1975 ging Hand in Hand mit der Einführung der Selbstbedienung. Diese wiederum wurde zur Grundlage der Multiplikation von Läden und damit zu Filialsystemen. 1949 eröffnete die Konsumgenossenschaft „Produktion" in Hamburg als erstes Unternehmen nach dem Zweiten Weltkrieg einen Selbstbedienungsladen in der BRD. Es folgten neben anderen 1952 Kaiser's in Duisburg, A. Heijn in Holland, 1953 Tengelmann und 1957 im Großhandel durch die Betriebsform Cash & Carry Terfloth und Snoek in Bochum mit dem Ratio-Großmarkt. Als Reaktion auf den ersten Supermarkt des britisch-kanadischen Weston-Konzerns 1959 übernahmen die vier Warenhauskonzerne Karstadt, Kaufhof, Hertie und Horten den Selbstbedienungspionier Eklöh GmbH. Die Warenhauskonzerne wollten hierdurch gemeinsam die Expansion ausländischer Supermarktunternehmen in der Bundesrepublik Deutschland verhindern. Als Reaktion auf die Filialketten gab es im Bereich des Großhandels Freiwillige Handelsketten. Pioniere waren 1950 die A u. O, heute Markant und 1952 die Spar in Deutschland.

1975 bis 2000 ist die Phase der Großflächen: der Shopping-Center, der Mega-Malls, der Fachmärkte und in Amerika und England der Factory Outlet-Center. Parallel zu dieser Betriebsformen-Innovation erfolgt im Handel als Organisationsinnovation die Internationalisierung. 1972 gab es beispielsweise die erste Douglas-Parfümerie in Österreich, Tengelmann übernahm LÖWA in Österreich, die Metro startete sowohl in Österreich als auch in Dänemark. 1973 eröffnete Boots in Paris seine erste Auslandsparfümerie, 1974 wurde das erste IKEA-Möbelhaus in Bayern eröffnet, Quelle expandierte in die Schweiz, der Otto-Versand beteiligte sich in Frankreich, der Delhaize le Lion erwarb in den USA die Food Town Stores. 1975 startete Aldi Nord nacheinander in den Niederlanden, Belgien und Dänemark, Hugo Mann beteiligte sich in den USA an Fed-Mart, Marks & Spencer eröffnete in Paris sein erstes Geschäft auf dem europäischen Kontinent und ein zweites in Belgien. Aldi stieg 1976 in den USA-Markt durch Übernahme der Tee-Filialkette Benner ein, Promodes begann den deutschen und spanischen Markt für seine Continent-Hypermarkt-Konzeption zu erschließen. 1977 startete Albert Heijn in den USA.

## Online-Handel: „Betriebsform" der Zukunft?

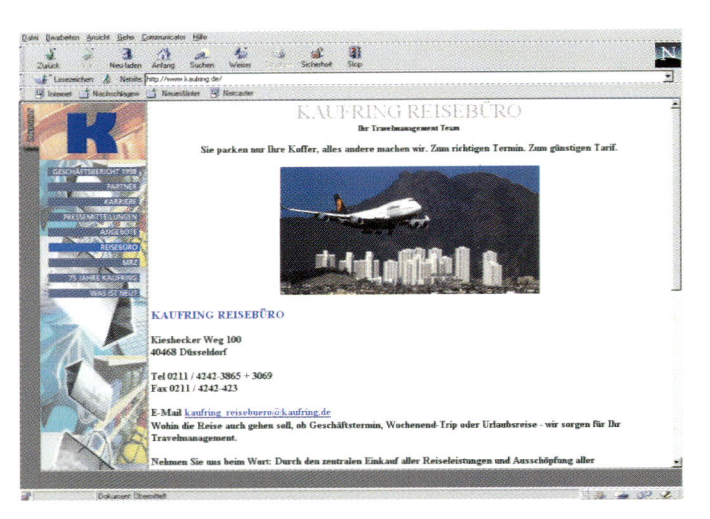

Auf dem Sprung ins neue Millennium (2000 bis 2025) sind das Internet und e-Commerce ein wesentlicher Motor der Innovation. Im weltweiten Datenmeer soll sich nach Experten-Schätzungen die Zahl der Surfer im Jahr 2000 bei 184 Mio. bewegen. Es ist abzusehen, daß zumindestens in einigen Branchen das stationäre Ladengeschäft hierdurch erheblich tangiert wird.

*Internet und e-Commerce werden in den nächsten Jahren erheblichen Einfluß auf den stationären Handel nehmen.*

Der neue technologische Quantensprung des Einsatzes des Internets und des e-Commerce führten 1997 in einer Arbeitsgruppe des EuroHandelsinstituts zu einer Einschätzung des Einsatzes des potentiellen Online-Shopping für ausgewählte Warengruppen. An der Spitze standen Computer-Software, Bücher/Bild- und Tonträger sowie Computer-Hardware. Der Erfolge von Amazon.com, Barnesandnoble.com, MusicBoulevard und CDNow bestätigen diese Einschätzung. Amazon.com. wurde erst 1994 gegründet, setzte 1996 im vierten Quartal bereits 8,4 Millionen US$ um. 1998 hat Amazon.com 500 Millionen $ Umsatz gemacht und war damit drittgrößter Buchhändler der USA. Amazon.com. konnte 1998 schon auf einen Kundenstamm von 4,5 Millionen Kunden aus 160 Ländern verweisen.

Einen ganz neuen Ansatz, Musik direkt über das Internet zu vertreiben, annonciert gerade Frankreichs größte Musik- und Buchhandelskette Fnac. Die gewünschten Titel sollen vom Internet heruntergeladen und über einen Personalcomputer gehört und anschließend auf eine leere CD überspielt werden können. Damit wird der Umweg über Tonträger wie die Compactdisc oder Magnetbänder überflüssig. Nach 29 Mio. Dollar 1997 gehen Experten für den weltweiten Internetumsatz mit Musik von einem Wachstum auf 3,9 Mrd. Dollar bis zum Jahr 2005 aus. Möglicherweise werden rund 15 Prozent hiervon aus dem digitalen Vertrieb kommen, wenn diese Vertriebsform die Unterstützung der größten Unternehmen der Musikbranche erhält.

Zugegeben werden muß, daß – soweit bekannt – die gegenwärtig im Fokus stehenden Internet-Unternehmen noch keine Profite ausweisen. Andererseits ist allerdings auch der zur Zeit sehr hohe Marketingaufwand zu berücksichtigen.

Kurzfristige kaufmännische Erfolgsrechnungen müssen jedoch nicht mit mittel- bis langfristig zu aktivierenden Marktanteilspotentialen korrespondieren! Hierbei gilt es aber zu unterscheiden, daß
- der Einschnitt in bestimmten Segmenten des Einzelhandels wesentlich stärker sein wird als in anderen Segmenten
- in der soziodemographischen Schichtung der Bevölkerung das Internet-Shopping, zumindest in der ersten Stufe, den jüngeren Jahrgängen eher zuzuordnen ist als den älteren. Zu berücksichtigen ist allerdings, daß in 25 Jahren die heute 25jährigen auch zu den 50jährigen zählen!

Bezogen auf einen 25-Jahres-Zeitraum kann für das Internet-Shopping also durchaus ein gravierender Einfluß auf den stationären Handel prognostiziert werden.

## Fazit

Spätestens seit 1800 gab es im Handel 25jährige Innovationsschübe. Die dominierenden Entwicklungen waren:

- der Abbau der Handelsmonopole
- der Deutsche Zollverein
- die Selbsthilfe- und Konsumvereine
- die Kauf- und Warenhäuser
- die überregionalen Genossenschaftsaktivitäten
- der Versandhandel
- die Selbstbedienung und die Segmentierung
- die Internationalisierung
- die Technologisierung

# HANDELSSTANDORT NORDRHEIN-WESTFALEN

Gewisse Epochen der Handelsgeschichte werden mit Standorten assoziiert wie zum Beispiel der Handel der Phönizier mit Tyrus und Karthago, Griechenland mit Korinth, Delos und Alexandria, die Römer mit der Welthandelsstadt Ostia oder Lübeck mit dem Hansebund. Venedig und Genua stehen stellvertretend für die Beherrschung des Mittelmeerraumes im Mittelalter, Lissabon steht für den portugiesischen Pfefferimperialismus, Amsterdam für die Vereinigte Ostindische Kompanie und London für die British East India Company. Keine Region in Deutschland jedoch schrieb so anhaltend über Jahrhunderte Handelsgeschichte wie das heutige Bundesland Nordrhein-Westfalen. Dieser Standort hat für den Handel einen besonderen – 2000jährigen – Klang. Er verfügt neben der langen händlerischen Tradition aber auch in der jüngeren Handelsgeschichte über eine weltweit einmalige Konzentration von Firmensitzen des Handels.

Die Chronik geht auf 38 v. Chr. zurück, als sich einige aus dem germanischen Stamm der Ubier an dem großen Fluß niederließen, den man eine Zeitlang Rhenus und später Rhein nannte. Die Römer gründeten in diesem Bereich mit Köln nicht nur einen Militärposten, sondern auch eine Handelsschnittstelle und vergaben im Jahr 50 n. Chr. das Stadtrecht an die Kölner.

Den umtriebigen Kölner Kauffahrern gestatteten die Engländer 1157 sogar eine eigene Niederlassung in London, die Gildehalle, von der das heutige Wort Guildhall abstammt. 1194 sprach Richard Löwenherz von seinen „geliebten Bürgern aus Köln" und erließ ihnen etliche Abgaben.

Auch im heimischen Bereich erwiesen sich die Kölner als tüchtige Kaufleute, denn 1259 erlangten sie vom Erzbischof aus Mainz das Stapelrecht. Alle Waren, die Köln passierten, mußten drei Tage lang in Köln gestapelt und zum Verkauf angeboten werden. Die Kölner Mark bekam einen so guten Ruf, daß sie 1524 in der ersten Reichsmünzordnung zur Grundlage des gesamten deutschen Münz- und Gewichtswesens wurde.

## Wein gegen Leinen und Tuche

Zu jener Zeit waren Weingüter und Weinhandel Wegbereiter des Wohlstands. Die Kölnerinnen und Kölner verkauften ihren Wein zum Beispiel in Brabant, um dafür verschiedene Tuchsorten einzukaufen. Der Wein stammte hauptsächlich vom Oberrhein. Dorthin schickten die Kölner Tuche, gesalzene Fische aus Skandinavien und der Nordsee sowie Pelze. In westfälischen Städten wurde der Wein vor allem gegen Leinen eingetauscht.

Die Kölner Hanseaten belieferten nicht nur Nordwesteuropa, sondern auch Skandinavien und den ganzen europäischen Osten. Der Rheinwein war aus lithurgischen Gründen dem Klerus unentbehrlich und hatte damit eine feste, beinahe kalkulierbare Nachfrage. Hervorragend beschrieben wird das Ambiente dieses mittelalterlichen Weinhandels in „Das Buch Weinsberg; Aus dem Leben eines Kölner Ratsherrn".

Nordrhein-Westfalens Händler erwiesen sich aber auch in den letzten Jahrzehnten des 20. Jahrhunderts als beständige Pioniere: Beispielsweise eröffnete H. Eklöh 1939 in Hagen das erste Selbstbedienungsgeschäft in Deutschland; 1957 folgte mit dem Ratio Markt in Bochum der erste Cash & Carry-Markt; 1962 entstand der erste klassische Discountmarkt durch die Gebrüder Albrecht; Otto Beisheim startete den Aufbau des heutigen Globalplayers Metro; Karstadt führte 1991 mit Music Master ein neues technologisches Zeitalter ein, und schließlich setzte 1996 die Mega-Mall CentrO. Oberhausen Maßstäbe für die Verquickung von Einkauf und Unterhaltung.

Nordrhein-Westfalen war und ist bevorzugter Standort großer Handelszentralen wie Aldi, Allkauf, AVA, Bertelsmann, Coop Dortmund, C&A Deutschland, Deichmann, DS, Douglas, DTV, Gedelfi, Haniel, Hil, Horten, Karstadt, Kaufhof, Kaufring, Lekkerland, Metro, Raab Karcher, Rewe, Sügro, Stinnes, Tengelmann, Tobaccoland und nunmehr auch Wal Mart.

Nordrhein-Westfalen verfügt neben der universitären Handelsforschung als einzige Region Deutschlands über zwei von Handelspraktikern gegründete Schnittstellen zwischen Theorie und Praxis. Dies sind das Euro-Handelsinstitut (EHI) – hervorgegangen aus der 1951 gegründeten Rationalisierungs-Gemeinschaft des Handels (RGH) und dem 1957 gegründeten Institut für Selbstbedienung (ISB) – und die Betriebswirtschaftliche Beratungsstelle des Einzelhandels (BBE). Alle drei Einrichtungen entstanden jeweils in Köln.

Die Bedeutung des Standortes Nordrhein-Westfalen wird auch an einem Projekt deutlich, das gemeinsam vom EHI und der Messe Düsseldorf gefördert wird: Der EuroShop, die sich seit ihrer Gründung 1966 inzwischen zur weltweit größten Investitionsgütermesse des Handels entwickelt hat. 1999 überschritt aus der Gesamtbesucherzahl von 100.000 Fachleuten des Handels erstmals der Anteil der ausländischen Besucher den Anteil inländischer Teilnehmer. Dieser hohe Internationalisierungsgrad ist ein entscheidender Wesenszug eines langfristig erfolgreichen Handels. Er hat sich vor 2000 Jahren als richtig im Umgang

*CentrO. Neue Mitte, Oberhausen*

mit den Römern erwiesen und wurde vor 1000 Jahren durch die Einrichtung der Guildhall bestätigt – in Vorwegnahme künftigen zollfreien EU-Warenverkehrs! Heute sind die Stichworte Internationalisierung und Globalisierung erneut in aller Munde – und Nordrhein-Westfalens Unternehmen sind wieder dabei.

Augenscheinlich spielen für erfolgreiches Handeln im Gegensatz zu den Zeiten der Ubier nicht nur Waren- und Güteraustausch eine Rolle, sondern heute im Zeitalter des Marketing vielmehr auch das Verständnis für fremde Kulturen. Nordrhein-Westfalen hat über Jahrhunderte als Grenzgebiet im Austausch von Kulturen Erfahrungen gesammelt. Sie haben die Menschen geprägt und bilden nunmehr den Charme der Region.

# HANDEL ALS KULTURSPONSOR

*Bereits in der Antike gab es Mäzene, die sich um die Förderung von Kultur verdient machten. Bedeutende Kultursponsoren in der Geschichte waren unter anderem die Fugger und die Medicis. Auch heute initiieren und fördern zahlreiche Händler Kulturprojekte, eröffnen Galerien und unterstützen Künstlerinnen und Künstler.*

# HANDEL ALS KULTURSPONSOR

Als einer der ersten Kultursponsoren gilt der im Jahr 800 v. Chr. gestorbene Diplomat Maecenas, der die Dichter Horaz, Properz und Virgil in seinem Palast in Rom um sich versammelte und ihre Vorträge mit klingender Münze bezahlte. Das Wort Mäzenatentum leitet sich von Maecenas ab.

Über Jahrhunderte haben aus dem Handel die Medicis und Fugger ihre Namen als Kultursponsoren aufrecht erhalten. Dieses kulturelle Wirken ist der Nachwelt weitaus geläufiger als die originären Tätigkeiten des Alltagsgeschäfts jener Förderer.

So bürgen die Uffizien in Florenz für Markenqualität im Bereich der Ausstellung von Kunst. Die Errichtung geht auf die Tuchhändlerfamilie der Medici und insbesondere auf Cosimo I. de Medici zurück, der um die Mitte des 16. Jahrhunderts den Hofkünstler Giorgio Vasari mit der Aufgabe betraute, im Stadtzentrum von Florenz ein Gebäude zu errichten,

- in dessen Erdgeschoß sich die Büroräume der Zünfte („uffizi"),
- im ersten Stock Werkstätten und weitere Büros
- und im obersten Stockwerk die Loggia

befanden. Schon 1582 wurde die Loggia verglast und beherbergte bereits zum Ende des 16. Jahrhunderts vor allem antike Statuen und Portraits. Francesco I. de Medici ließ dort einen mit kostbaren Materialien ausgestatteten Raum mit achteckigem Grundriß, die sogenannte Tribuna, errichten, in dem Gemälde, Kleinbronzen und Medaillen aufbewahrt wurden.

Für die Modernisierung der Uffizien nach Planungen, die bis ins Jahr 1948 zurückgehen und eine Verdreifachung der Museumsfläche auf 30.000 qm, wurden bis 1999 30 Mio. DM investiert. Für die gegenwärtig eingeleitete Phase sind weitere 50 Mio. DM vorgesehen. Besucht werden die Uffizien jährlich von rund 1,5 Mio. Menschen aus aller Welt.

Schon im 1. Kapitel dieses Kultur- und Geschichts-Reports des EuroHandelsinstiuts wurde der eine oder andere weitere Kaufmann als Sponsor hervorgehoben:

- Jakob (II) Fugger, der sich 1520 von Albrecht Dürer porträtieren ließ.
- Georg Gisze, der 1532 Hans Holbein d. J. einen ersten Porträtauftrag im Stalhof in London gab.
- Der englische in Berlin ansässige Holzkaufmann Eduard Solly, der später das Gisze-Porträt für seine private Kunstsammlung erwarb.
- François Gersaint, der 1720 Antoine Watteau durch den Auftrag für ein Ladenschild förderte und ihn bis zu seinem Lebensende bei sich zu Hause aufnahm.
- Der Berliner Kaufmann Johann E. Gotzhowsky, dessen Gemäldesammlung 1764 auf Geheiß Katharinas II. gekauft wurde und damals den Grundstock der heutigen Sammlung der Eremitage bildete.
- Der Pariser Farbenhändler Julien Tanguy, der seine Farben preisgünstig an junge Maler abgab und sie durch eine Ausstellung im Nebenraum seines Ladens förderte.

Im folgenden soll darüber hinaus jedoch auch etwas ausführlicher exemplarisch das aktuelle unmittelbare Engagement für die Kultur von einer Handvoll Vertretern des Handels gewürdigt werden. Möge sich der eine oder andere der heute tätigen Händler hierdurch ermutigt fühlen, eine eigene Initiative auf diesem Gebiet zu ergreifen.

### Pawel Michailowitsch Tretjakow

Der Moskauer Kaufmann, Industrielle und Intellektuelle Pawel Michailowitsch Tretjakow schuf 1856 das erste Museum für nationale russische Kunst in Moskau. Im Jahre 1860 schrieb er: „Für

*oben: Entwurf der Fassade der Tretjakow-Galerie*

*links: Pawel Tretjakow, 1884*

mich, der so innig und leidenschaftlich die Malerei liebt, kann es keinen schöneren Wunsch geben, als eine öffentliche, jedermann zugängliche Pflegestätte der schönen Künste zu gründen, vielen zum Nutzen und allen zum Vergnügen." Die ersten zwei Bilder – „Versuchung" von Nikolaij Schilders sowie „Scharmützel mit finnischen Schmugglern" von Wassilij Chudjakow – hatte er 1856 erworben und jährlich kamen Dutzende von Werken zu seiner Sammlung hinzu. Dem Sammler Tretjakow waren Engstirnigkeit und Beschränktheit fremd. Er war von Anfang an darauf bedacht, ein objektives Bild von der Entwicklung der russischen Kunst zu vermitteln. Wichtigste Kriterien bei der Auswahl der Bilder waren ein hoher Kunstwert und charakteristische Besonderheiten der Bilder, die den Geist ihrer Entstehungszeit widerspiegelten.

Bereits Anfang der 90er Jahre des 19. Jahrhunderts gab es in der Tretjakow-Galerie etwa 1500 erstklassige Gemälde und einige hundert Zeichnungen russischer Künstler des 18. und 19. Jahrhunderts. 1892 machte Tretjakow seine Sammlung der Stadt Moskau zum Geschenk, mit der Bedingung, daß sie jedem offenstand. Seine Motive lagen in den Vorstellungen der Narodniki (Volkstümler), die „ins Volk gehen" wollten, um die Menschen von der Tradition des Gemeinsinns im russischen Dorf zu überzeugen, und davon, daß es klug sei, sich daran zu halten. Tretjakow hoffte auf segensreiche Wirkungen der Kunst auf das Volk.

Heute ist die Tretjakow-Galerie eine der bedeutendsten Galerien der Welt. Sie ist sowohl Museum als auch wissenschaftliches Zentrum, das sich mit der Aufbewahrung, Erforschung und Propagierung musealer Werte befaßt. Zugleich besitzt die Galerie eine der größten Kunstbibliotheken, eine Fotothek sowie mehrere Restaurierungswerkstätten.

## Louis Comfort Tiffany

Händler und Kunstförderer in einem war Louis C. Tiffany. Er gehörte zahlreichen Akademien an:
- National Academy of Design, New York
- American Water Colour Society, New York
- Century Club, New York
- Society of American Artists, New York (Gründungsmitglied)
- New York Society of Decorative Arts, New York
- Fellow of Metropolitan Museum of Art, New York
- New York Society of Fine Arts
- Architectural League
- Société National des Beaux-Arts, Paris

1918 gründet Tiffany die Louis Comfort Tiffany Foundation zur Unterstützung begabter junger Künstler. Durch diese Stiftung ermöglichte er einem ausgewählten Kreis von jungen Innenarchitekten, Malern, Bildhauern, Designern, Goldschmieden, Fotografen u. a. einen Studienaufenthalt von zwei Monaten, der es ihnen erlauben sollte, alle Werkstätten der Firmengruppe zu nutzen und die Schönheit seiner prächtigen Gebäude- und Parkanlage Laurelton Hall auf sich wirken zu lassen.

Laurelton Hall war Tiffanys größtes Gesamtkunstwerk. 1957 wurde bedauerlicherweise ein erheblicher Teil dieser Verkörperung der Ideen Tiffanys durch einen Brand zerstört.

*Innenhof von Laureltonn Hall, Long Island, New York*

*links: Louis C. Tiffany, gemalt von Joaquin Sorolla, 1911*

Als gesellschaftliches Ereignis berühmt wurde das 1913 in Tiffanys Ausstellungsräumen in der Madison Avenue veranstaltete „Ägyptische Fest", dem ersten einer Reihe von aufsehenerregenden Kostümfesten.

Die Presse stufte die Veranstaltung als „exklusiven Ringelpietz" für die oberen 400 der New Yorker Gesellschaft ein; für Tiffany hatte sie jedoch einen pädagogischen Hintergrund: Kunst sollte als etwas Lebendiges begriffen werden, als etwas, was die Menschen unmittelbar umgibt und ihnen die Sinne für das Schöne öffnet.

Der Maler Joseph Lindon Smith aus Boston gestaltete die Kulissen; Schauspieler wie Hedwig Reicher und Pedro de Cordoba übernahmen die Rollen Kleopatras und Mark Antons; für die von Tiffany bei dem Komponisten Theodore Steinway in Auftrag gegebene Musik wurden die New Yorker Philharmoniker engagiert. Tiffany selbst empfing als orientalischer Potentat im juwelenbesetzten Gewand und mit Turban seine illustren Gäste wie John D. Rockefeller jr., Dorothy Roosevelt, den Architekten des Woolworth-Gebäudes Cass Gilbert und Robert W. de Forest.

Mitgewirkt hat Tiffany aber auch an dem Geschäftshaus der Tiffany & Company in New York in der 37th Street/Ecke Fifth Avenue, wie eine von ihm angefertigte Ideenskizze belegt. Für die eigentlichen Arbeiten zeichnete allerdings die Architektengemeinschaft Mc Kim, Mead and White verantwortlich.

Seine überragende Bedeutung als Künstler erlangte Tiffany durch seine Glas-Meisterwerke als Zeugnis des amerikanischen Jugendstils. Er wurde 1877 durch John La Farge angeregt, mit Glas zu experimentieren. 1880 reichte er dann auf diesem Gebiet seine ersten drei Patente ein. In dieser Zeit gründete er auch seine erste eigene Firma (1879) zusammen mit dem Maler Samuel Colman, dem Künstler und Kunstsammler Lockwood de Forest und der Textilkünstlerin und Gründerin der New York Society of Decorative Art Candace Thurber Wheeler. Zur Herstellung von farbigen Glasfenstern wurde 1885 die Tiffany Glass Company gegründet; die 1892/93 aufgeteilt wurde in die Allied Arts Company für Flachglas und die Stourbridge Glass Company für Hohlglas. Für das Favril-Glass wurde 1894 das Markenzeichen Tiffany Glass and Decorating Company eingetragen – ab 1900 Tiffany Studios.

## Gottlieb Duttweiler

In der Schweiz des 20. Jahrhunderts gab es einen Mann, der es wie kaum ein zweiter verstand, sich über seinen Tod hinaus in das Bewußtsein der Schweizer Bürger einzuprägen und weit über die Grenzen dieses Landes hinaus bekannt zu werden: Gottlieb Duttweiler.

Zunächst unterschied sich das Leben dieses Mannes nicht viel von dem anderer erfolgreicher Kaufleute. Er begann als Lehrbub und konnte sich rasch zum Teilhaber der Firma emporarbeiten, hatte in jungen Jahren großen Erfolg, mußte aber dann

*Gottlieb und Adele Duttweiler 1940*

auch erfahren, was es heißt, arbeitslos zu sein und stempeln gehen zu müssen. Aus Brasilien, wo er 1924 von neuem beginnen wollte, kehrte er nach einem Jahr reumütig und mittellos in die Schweiz zurück. Mit einer neuen Idee fing er hier 1925 nochmals von vorne an: Sie hieß Migros und bestand zu Beginn aus fünf Verkaufsautos mit einer limitierten Anzahl besonders preiswerter Artikel. Aus den fünf Autos wurde schließlich ein Konzern. 1940 erklärte Gottfried Duttweiler, die MIGROS AG mit einem geschätzten Verkehrswert von 16 Millionen Franken in Genossenschaften umzuwandeln und die in eine Stiftung eingebrachten Genossenschaftsanteile an die Konsumenten und zu einem kleinen Teil an die Angestellten zu verschenken.

Duttweiler war auch der Gründer des Institutes für soziale und volkswirtschaftliche Studien, heute Gottlieb-Duttweiler-Institut (GDI) genannt, in welchem seit der Eröffnung im Jahre 1963 Tausende von Managern und Führungskräften aus Wirtschaft und Verwaltung, aus allen Teilen der Welt zusammenkommen, um über aktuelle Probleme der Wirtschaft und der Gesellschaft zu sprechen, nachzudenken und Lösungen zu suchen.

Daneben gibt es mehrere Stiftungen mit der Verpflichtung, „soziale und kulturelle Ideale und Interessen der Mitglieder der angeschlossenen Genossenschaften und der Bevölkerung im allgemeinen zu fördern". Schon 1935 wurden die Statuten dahingehend ergänzt, wonach „der Reingewinn des Unternehmens wohltätigen Zwecken zukommen soll". Seit 1957 ist darüber hinaus per Satzung festgelegt, daß 1 Prozent vom Umsatz der Migros als Kulturfonds ausgezahlt wird.

## Lord Sainsbury

Eng mit den Themen von Kunst und Kultur verbunden ist auch Lord John Davan Sainsbury of Preston Candover. Er ist mit seinen Brüdern zusammen Inhaber der 1869 gegründeten englischen Lebensmittelkette Sainsbury's Supermarkets, die neben den 400 Märkten in Großbritannien auch in den USA mit Homebase, Savacentre und Shaw's Supermarkets engagiert ist.

Der 1927 geborene Lord Sainsbury ist von den 60er Jahren an in einer Vielzahl von Kultureinrichtungen aktiv, wie z. B.
- der Royal Opera House, Covent Garden
- der Dulwich Picture Gallery
- der National Gallery
- der Tate Gallery

*In den Sainsbury Galleries im British Museum, London werden Afrikas Vergangenheit und zeitgenössische Arbeiten ausgestellt*

1991 wurde durch eine Stiftung der Brüder Sainsbury die National Gallery am Trafalgar Square um den „Sainsbury Flügel" erweitert.

Aber auch als Unternehmen unterstützt Sainsbury's viele Kulturprojekte. Zu den Aktivitäten auf nationaler Ebene gehören:
- Sainsbury's Arts for All
  Unterstützt werden die Bournemouth Sinfonietta, das English National Ballet, die Folkworks, die Oxford Stage Company, das Theatre de Complicite und die Welsh National Opera.
- Sainsbury's Pictures for Schools
  Seit 1993 wurden über 30.000 gerahmte Bilder an 6.000 Grundschulen verschenkt, zugleich mit Lehrmaterial, teilweise in Kooperation mit der BBC.
- Sainsbury's Choir of the Year
  Seit 1984 findet zweijährig ein Chorwettbewerb statt. Auch hier berichtet die BBC mit ihren Fernsehprogrammen regelmäßig über diese Aktivität. Das Niveau der Chöre ist hierdurch erheblich stimuliert worden.
- Sainsbury's Youth Orchestra Series:
  Es werden junge Orchester unterstützt, mit bekannten Solisten und Dirigenten zusammenzuarbeiten und auch Aufnahmen aufzunehmen.

*oben: Einladung zu einer Ausstellungseröffnung in das Schömer-Haus in Klosterneuburg*

*Agnes und Karheinz Essl mit dem Architekten Heinz Tesar am Modell des neuen Ausstellungshauses der Sammlung Essl*

Zugleich gibt es eine Vielzahl regionaler und lokaler Projekte wie das Manchester Poetry Festival, Wingfield Arts in Ostengland, eine neue Kommission für die Phoenix Dance Company, das Erziehungsprogramm des Ulster Orchestra, das Kindertheater-Festival in Cambridge, die Schulaufführungen des Bitesize Theatre in Cheshire, die Greenwich Dance Agency und ein Kunstprojekt in den Krankenhäusern von Glasgow.

### Karlheinz Essl

Der 1939 in Hermagor in Kärnten geborene Österreicher Karlheinz Essl entstammt einer Unternehmerfamilie. 1959 reiste Karlheinz Essl in die USA, um die damals aufkommende Entwicklung der Supermärkte zu studieren. Dort begegnete er der aus Klosterneuburg stammenden Agnes Schömer, die sich zur selben Zeit in New York aufhielt. Sie arbeitete in der Zabriskie-Galery, wo sie mit moderner amerikanischer Kunst in Berührung kam. Dies war der Ausgangspunkt einer gemeinsamen Leidenschaft für die Kunst, die später zu einer eigenen Sammlung führen sollte.

Nach ihrer Rückkehr aus den USA heirateten Agnes und Karlheinz Essl, wobei Karlheinz Essl in das Unternehmen seines Schwiegervaters, der Firma Fritz Schömer in Klosterneuburg eintrat.

Heute gehört die Schömer-Gruppe zu den bedeutendsten Handelsunternehmen Österreichs. Sie beschäftigt mehrere Tausend Mitarbeiter. Neben Österreich ist das Unternehmen auch in Ungarn, Tschechien, der Slowakei und Slowenien tätig. Der wichtigste Unternehmensbereich ist BauMax, ein führendes Unternehmen der europäischen Baumarktbranche.

Seit ca. drei Jahrzehnten trägt das Ehepaar Essl eine bedeutende Kollektion österreichischer Malereien nach 1945 zusammen. Die an die 4000 Werke umfassende Sammlung deckt nahezu alle Strömungen der Malerei, die in Österreich nach dem 2. Weltkrieg entstanden sind, ab.

Erstes Zentrum der Kunstaktivitäten war das 1947 fertiggestellte Schömer-Haus. Das Kernstück ist die dreigeschossige, ovale, lichtdurchflutete Halle mit umlaufenden Galerien. Sie bietet großzügige Präsentationsflächen für die Exponate der Sammlung und ist der Ort für vielfältige kulturelle Aktivitäten.

Ergänzt wird die Kunstsammlung durch musikalische Aktivitäten. Als der Dirigent Claudio Abbado das Schömer-Haus kurz nach der Einweihung besuchte, war er von der architektonischen Offenheit und den akustischen Qualitäten so beeindruckt, daß er den Wunsch äußerte, diesen Raum als Konzertsaal für das von ihm ins Leben gerufene Festival „Wien modern" zu nutzen. Daraus resultiert eine enge und kontinuierliche Zusammenarbeit mit diesem wichtigen Festival für Neue Musik.

Jährlich wird ein Kompositionsauftrag an einen international arrivierten, innovativen Komponisten vergeben, der sich mit den akustischen und architektonischen Möglichkeiten des Hauses auseinandersetzt. Dadurch wird ein Anstoß gegeben, neue Hörerfahrungen zu sammeln, die nicht zum Selbstzweck geraten, sondern helfen sollen, neue und unbekannte Möglichkeiten zu erschließen.

Auf eine noch größere räumliche Basis gestellt wird die Sammlung Essl durch ein neues Ausstellungshaus, das im November 1999 eröffnet wird.

Das neue Gebäude befindet sich in unmittelbarer Nähe zum Schömer-Haus und hat eine Gesamtfläche von 7.200 qm, wovon 3.200 qm für Ausstellungen und 2.300 qm für Depots vorgesehen sind.

Eine zweigeschossige Bibliothek, die einen repräsentativen Überblick über das internationale Kunstschaffen bietet, wird sukzessive aufgebaut. Ein Book-Shop fordert zum Stöbern und Blättern auf, ein Café lädt zum Verweilen ein. Terrassen sowie ein Innenhof für Skulpturen schaffen zusätzlich eine angenehme Atmosphäre.

Hiermit findet auch die 1996 gegründete „Sammlung Essl Privatstiftung" eine Heimat. Stiftungszweck ist das Sammeln von Gegenwartskunst, ihre Ausstellung und die Publikation ihrer Werke. Unterstützend gibt es Kunstvermittlungsprojekte, Seminar- und Vortragsprogramme.

## Die Damen Koyama

In Europa ist bisher in erster Linie nur Kennern das vor zwei Jahren eröffnete Miho Museum in den Bergen von Kyoto ein Begriff. Im ersten Jahr kamen nur 100.000 Besucher, davon acht Prozent aus dem Ausland. Im Winter ist das Museum drei Monate lang geschlossen, weil die Fahrzeuge nicht die verschlungene, schmale Straße 20 Kilometer von Kyoto in die Berge hinaufkommen. Einen Hinweis auf die Qualität der Sammlung erhält man jedoch, wenn man weiß, daß im Oktober 1999 im Kunsthistorischen Museum in Wien und im November 1999 im Rijks-Museum in Leiden eine kleine, aber feine Wanderausstellung des Miho Museums zu sehen ist.

Ein weiterer Indikator für die Bedeutung des Miho Museums ist der Stararchitekt Ieoh Ming Pei, der unter anderem die Louvre-Pyramide in Paris, den Wolkenkratzer für die Bank von China in Hongkong, den Ostflügel der Nationalgalerie in Washington, die John F. Kennedy Bibliothek in Boston gebaut hat und auch für den Erweiterungsbau „Schauhaus" des Deutschen Historischen Museums in Berlin zuständig ist.

Für das Miho Museum in Kyoto durfte Pei doppelt so viel Geld ausgeben wie Frank Gehry beim Guggenheim Museum in Bilbao – 215 Mio. Dollar. Das Museum paßt sich äußerlich den Bergkuppen an und ist nur an der Spitze seiner gläsernen Dachkonstruktion zu erkennen. 80 Prozent des Mu-

*Miho-Museum*

auch große Kunst wie die des Buddhismus und der Antike zu sammeln. Sie wurde fündig in den Nachlässen der antiken Kulturen der „Seidenstraße", jener uralten Karawanenstrecke von China bis zum Mittelmeer. Zu der hochkarätigen Kollektion gehören eine dreitausend Jahre alte ägyptische falkenköpfige Gottheit aus massivem Silber ebenso wie kostbare Buddha-Figuren, Plastiken aus Pakistan, Fresken aus Griechenland, Skulpturen aus Rom und Teppiche aus dem Iran. Als Spitzenobjekt der Sammlung gilt ein assyrisches Kultrelief aus der Zeit von 883 bis 859 vor Christus. In nur sechs Jahren trugen die Damen Koyama einen Kunstschatz im Wert von über 500 Mio. Dollar zusammen.

Hiroko Koyama, zugleich Vorsitzende der 1970 in Kyoto gegründeten Glaubensgemeinschaft der „Shumei-Familie", formuliert als ihr Manifest: „Nur die Kunst hat die Fähigkeit, die Seele zu nähren und zu pflegen".

seumskomplexes liegen unter der Erde. Ein geschwungener Fußgängertunnel führt mitten durch einen Berg zum Museumsgelände. Eine von Stahlseilen gehaltene Brücke weist den Weg über ein tiefes Tal zum Museumsaufgang. Der lange Fußweg ist als innerliche Vorbereitung auf das zu erwartende Kunstangebot erdacht.

Initiatoren dieses Museums sind Mihoko und Hiroko Koyama, die ein Milliardenvermögen aus dem Textilhandel ihrer Familie erbten. Mihoko Koyama begann mit dem Sammeln von japanischem Teegeschirr und startete erst 1990 mit der Idee,

## Garry Weston

In Deutschland hat der britisch-kanadische Weston-Konzern 1959 handelspolitisch für Furore gesorgt, als er die Deutsche Supermarkt GmbH und den ersten DS-Markt in München gründete. Generaldirektor für Deutschland war Hugo Mann (nicht zu verwechseln mit Hugo Mann/Karlsruhe).

Als Reaktion auf diese ausländische Handelsinvestition kauften seinerzeit die vier deutschen Warenhaus-Konzerne Karstadt, Kaufhof, Hertie und Horten

*The Weston Gallery of Roman Britain im British Museum*

gemeinsam den Selbstbedienungspionier, die Eklöh GmbH. Sie wollten die Eklöh GmbH als Defensivwaffe gegen die Expansion potentieller weiterer ausländischer Supermarktunternehmen in Deutschland nutzen. 1965 wurde die Eklöh GmbH jedoch dann an die GEG weiterverkauft. Die Selbstbedienung hatte sich in Deutschland durchgesetzt, maßgebliche weitere Auslandsinvestitionen waren unterblieben.

DS hatte sich in Deutschland von 1959 bis 1988 zu einem vielbeachteten Filialunternehmen entwickelt, wurde dann jedoch zum Zeitpunkt der Pensionierung von Hugo Mann an die Rewe-Leibbrand-Gruppe verkauft – unter Sicherung aller Arbeitsplätze bei DS. Den Inhabern der Weston-Gruppe war diese soziale Leistung wichtiger als alternative höhere Kaufpreisgebote für das Unternehmen Deutscher Supermarkt.

Garfield (Garry) Howard Weston, geboren 1927, ist seit 1967 Chairman der Weston-Gruppe. Im kulturellen Bereich hat er mit der Weston Gallery of Roman Britain im British Museum in London die Dokumentation der Historie Großbritanniens gefördert. 1999 unterstützt Garry Weston mit seiner Garfield Weston Foundation aus Anlaß des anstehenden 250jährigen Jubiläums des British Museums die Umbauarbeiten mit 60 Millionen DM. Der zentrale Hof (100 m lang und 70 m breit) wird bis Herbst 2000 durch Sir John Foster mit einer Glaskuppel aus 12.000 qm Glas und einer Konstruktion aus 1.000 to Stahl überdacht.

### Drogeriemarkt dm

Kunst zur Stimulanz im täglichen Leben im eigenen Unternehmen wird seit 1995 durch das Drogeriemarkt-Unternehmen dm gefördert.

Zusammen mit einer Künstlerin veranstaltet dm Workshops, zu denen Mitarbeiter unterschiedlicher Verantwortungsbereiche – von der Verwaltung über das Lager bis zur Filiale – eingeladen werden. Im Mittelpunkt der Workshops steht gemeinsames künstlerisches Handeln – Malen, Plastizieren, Bewegung oder auch Outdoor-Training.

Die Teilnehmer des Workshops erwartet beispielsweise eine weiße Leinwand und Farbtöpfe als Grundlage für ein gemeinsames Bild oder einfach Gegenstände des täglichen Lebens, die zu einem Objekt verbunden werden sollen. Vorgegeben wird in der Regel ein Thema, das dann von den Managern, Lagerarbeitern und Filialleitern gemeinsam (häufig stillschweigend) in ein Werk umgesetzt werden muß. Gefördert werden durch diese Workshops nicht nur die abteilungsübergreifende Teambildung, sondern auch Wahrnehmungsvermögen, Sozialgefühl und Kommunikationsfähigkeit. Die Kunst fördert durch diese Aktivitäten die emotionale Qualität der dm-Mitarbeiter. Neben den Workshops werden regelmäßig Museumsbesuche unter fachkundiger Führung angeboten. Die Kosten für Fahrt, Eintritt und das abschließende Kölsch übernimmt dm.

### EHI als potentieller Katalysator

Zugegebenerweise fällt es auch manchem kunstinteressierten Handelsunternehmer vielleicht schwer, beständig und in großem Rahmen als Stifter im Bereich der Kunst und Kultur aufzutreten. Angeregt wird daher die Möglichkeit, im Rahmen des EHI e. V. einen speziellen Etat für diese Belange einzusetzen, der sozusagen vom EHI kostenlos mitverwaltet wird und Spendern jeglicher Couleur zur Verfügung steht. Je nach Größenordnung könnte analog sonstiger EHI-Arbeitskreise einer für Kunst und Kommerz entstehen, der zugleich eine Art Beirat oder Kuratorium bilden könnte.

Möglicherweise ließe sich die Thematik des Handels auf diese Art und Weise näher an einzelne Künstler oder an Kunsthochschulen herantragen; denkbar wären aber auch Wanderausstellungen, die breiten Bevölkerungskreisen zugänglich gemacht werden könnten.

Schließlich könnte natürlich auch schon der vorliegende EHI-Report dieser Angelegenheit nützlich sein, indem Händler Patenschaften für die Verbreitung dieses Werkes übernehmen, um
- Bibliotheken
- Museen
- Politiker auf Bundes- und Landesebene und den Kommunen
- oder andere Meinungsbildner

mit dieser Publikation auszustatten. Letztendlich sind Kunst und Kultur in diesem Sinne auch Mittel, ein Stück Wirtschafts- und Sozialgeschichte aus Sicht des Handels der Öffentlichkeit zu übermitteln. Erste Spender für dieses Projekt sind:

- Hansa-Kontor
- HDE
- Linde AG
- Messe Düsseldorf
- Stockmeyer
- Umdasch

Das EuroHandelsinstitut dankt diesen Sponoren für die Unterstützung.

*Auf der EuroShop 99 initiierte das EHI an seinem Stand einen interaktiven Dialog mit Messebesuchern durch eine Malaktion.*

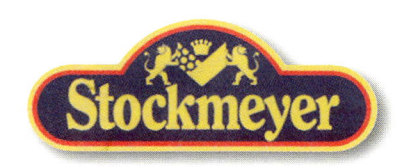

# REGISTER UND QUELLEN

Auch wenn die Akzente des EHI-Reports sicherlich neu sind, so basieren die vielen Daten und Fakten auf der Auswertung diverser Quellen und Publikationen.

# NAMENSREGISTER

Abbado, Claudio 274
Agamemnon 24
Aist, Dietmar von 54, 56, 212
Aiwasowski, Iwan 85, 109, 111
Albrecht, Karl u. Theo 233, 265
Alexander der Große 26, 209
Amann, Jost 116
Andronow, Nikolai 140, 230f., 237
Aquin, Thomas von 6, 211
Arascantus 35
Aretino 81
Aubry, Abraham 64
Audran, Claude 151
August der Starke 116, 154f., 217
Augustus 37, 127
Azteken 38, 120, 122, 125
Bailly, Léon Charles Adrien 53
Balet, Jan 9, 193ff., 231
Bancroft 105
Barbarossa 49, 211
Bebel, August 223
Beckmann, Max 231
Bedford, Gräfin Anna von 107
Behaim, Martin 213
Beisheim, O. 238, 265
Bellini 81
Bellys, Léon Adolphe Auguste 53
Belotto, Bernardo 7f., 153ff., 184, 218
Bembo 81
Benetton 238
Bening, Simon 64, 68
Benois, A. 114
Bismarck, Otto von 68, 215
Bomätschen 136f.
Borodin 114

Bonvin 259
Bosch, Hieronymus 13
Boileau 162
Boucicaut, Aristide 170f.
Brenninkmeyer, August u Clemens 222
Breton, André 125
Brinner, Caspar 117
British East India Company 104, 215f.
Brueghel d. Ä., Jan 7, 62, 215
Brueghel d. J., Pieter 146, 258
Bry, Theodore de 95
Cabot, John 213
Cäsar, Gajus Julius 31, 198, 209
Calf, Cornelius 113
Canal, Antonio 154, 217
Canaletto, siehe Belotto
Carlevaris, Luca 81
Carracci, Annibale 145f., 215
Catherin, Königin 107
Cato 36, 209
Cerruti 54, 56, 212
Cézanne 152, 167, 197
Chagall, Marc 7, 9, 161, 195, 197, 225, 228, 259
Charles II. 107
Chudjakow, Wassilij 269
Chuefhor 18f.
Cicero 37, 209
Claudius 33
Cobden, Richard 261
Codex Manesse 54
Coenen, Adriaan 70
Colbert, Jean Baptiste 216
Colman, Samuel 271
Colruyt, F. 238
Cook, Thomas 12, 218
Cordoba, Pedro de 271
Cortés, Hernán 8, 118, 120, 125, 213f.
Crozat, Pierre 150
Dandolo, Enrico 81, 211
Davila, Pedraria 118
Daumier 259
Degas, Achille 129f.
Degas, Edgar 8, 129f., 220, 223
Delacroix 259
Delaunay 197
Diaghilew 114
Díaz, Porfirio 120

Dostojewski, Fjodor 114, 137
Dürer, Albrecht 7f., 76, 78, 98, 115, 213f., 268
Duttweiler, Gottlieb 229, 237, 271
Duvier, Paul 228
East India Company 104ff., 135, 183, 215ff., 220, 261
Edgar, König 73
Edgitha, Königin 73
Eduard I. 212
Eduard III. 212
Ehinger 118
Eiffel, Gustave 162
Eklöh, Herbert 177, 232, 235f., 238, 265
Eliezer ben Nathan 211
Eligius 210
Elizabeth I. 75, 104, 214, 216
Erasmus von Rotterdam 78, 213
Ernst, Max 231
Essl, Agnes (Schömer, Agnes) 273f.
Essl, Karlheinz 273f.
Etrusker 27f.
Fabian, Fucan 91
Farnaces 31
Federmann, Nikolaus 118
Feiniger, Lyonel 231
Floto, U. 243
Ford 125
Forest, Lockwood de 271
Forest, Robert W. de 271
Franz I. 141
Friedrich I. siehe Barbarossa
Friedrich der Große 217
Friedrich Wilhelm III. 219
Frois, Louis 88f.
Fugger 78, 96ff., 102, 118, 129, 200, 214
Fugger d. Ä., Jacob 96, 98, 212, 214
Fugger, Anton 98
Fugger, Jakob II. 97, 213
Gaillano, John 178
Gama, Vasco da 86f., 213
Garzoni, Constantino 81
Gauguin 152, 195, 197
Gaultier Jean Paul 178
Gauß, Carl Friedrich 220
Gehry, Frank 274
Generalic, Ivan 195
Generalic, Josip 195
Genshu, Moki 89

Germanen 27f.
Gersaint, Francois 146f., 150, 217, 268
Gilbert, Cass 271
Giorgione 81, 150
Gisze, Georg 76, 78, 213f., 268
Goethe, Johann Wolfgang von 6, 218
Gogh, Vincent van 7, 146, 150, 152, 195, 197, 221, 225
Gogol, Nikolai 114, 137, 159, 220
Goldmann, Sylvan N. 232
Gorbatschow, Michail 188
Gossaert, Jean 7, 76
Gotzhowsky, Johann E. 268
Goya, Francesco José 218, 259
Goya, Francisco y Lucientes 7, 142
Grassi, Crostoforo 95
Gropius, Walter 231
Große Heidelberger Liederhandschrift 54, 212
Große Ravensburger Handelsgesellschaft 63
Grosz, Georg 231
Gustav Adolf II. 38, 215
Gutenberg, Johannes 212
Hallier, Eduard 226
Hammurabi 20, 209
Hannibal 23, 209
Harrod, C. H. 221
Harun-al-Raschid 41
Hausbuch der Cerruti 54, 56, 212
Hausmann, Raoul 231
Heartfield, Jean 231
Heijn, A. 183, 225, 233ff., 245, 250ff.
Heinrich der Seefahrer 86
Heinrich II. von England 73, 210, 211
Heinrich IV. 49
Heinrich VIII. 78
Hermes 24, 115
Herzog von Nassau 68
Hesekiel 22
Hideyoshi, Toyotumi 89, 214
Himmelreich, Adolf 226, 229, 236f., 239
Hiroshige, Utagawa 7, 90f., 222
Hoffmann, Joseph 159
Hohermuth 118
Holbein d.J., Hans 7f., 76, 78, 213f., 268
Horaz 268
Horten, Helmut 240ff.
Hudson River Painters 53
Hudson, Henry 119

Humboldt, Wilhelm von 78
Hutten, Ullrich von 118
Iemitsu 91, 215
Indianer 12,105
Inness, George 53
Isabella von Kastilien 94
Ivar 39
Iwan der Schreckliche 112, 137
Iwanow, S. 114
Jelzin, Boris 188
Jesaja 22
Jesuiten 88, 93
Juden 20f., 41f., 44ff., 203, 232
Kahlo, Frida 124f.
Kandinsky, Wassily 7,9, 137, 187f., 223, 231
Karl der Große 41, 45, 79, 210
Karl II. 184
Karl IV. 212
Karl V. 96, 98, 119, 213f.
Karl XII. von Schweden 112f., 155, 217
Karstadt, Rudolf 168, 171, 224
Katharina II. 114, 116
Kathreiner, Franz 220
Keller, Werner 28
Kelten 27f., 36
Khublai Khan 82
Klee, Paul 9, 155, 231
Klein, Calvin 174, 178
Klimt, Gustav 159
Knebel, I. N.114
Kokoschka, Oskar 159, 231
Kolumbus, Christoph 12, 22, 87, 94f., 212f.
Konstantin, Kaiser 209
Köppings, K. 114
Koyoma, Mihoko u. Hiroko 274f.
Krafft, David von 113
Kuindzis 39
Kustodijew, Boris 7, 9, 114, 153, 159ff., 224, 227f.
La Farge, John 271
La Rinascente 229
LasCasas, Bischof 214
Lanceray, J. 114
Leibbrand, Willi 236
Lenbach, Franz 157
Lenin, Wladimir Iljitsch 125
Leopold II. 128
Lermontov, Michail 137

Leszcynski, Stanislaus 155
Lichdi, Gustav 227, 233
Lindon Smith, Joseph 271
Lipton, Tommy 106
List, Friedrich 181
Lodbrok, Ragnar 40
Lissitzky 197
Lord Sainsbury 223, 246
Lortzing, Albert 112, 220
Löwenherz, Richard 73, 264
Ludwig XIV. 150, 216
Luther, Martin 98, 213f.
Lux, E. 241
Macke, August 7, 9, 155,165, 167f. 225, 228
Macy 222
Maecenas 268
Magellan, Fernao de 213
Mahler, Gustav 159
Makard, Hans 157
Malevic, Kasimir Sewerinowitsch 161
Manesse 54
Mann, Thomas 7, 181, 223, 227
Mann, Hugo 243, 275
Manutious 81
Mao-Tse-tung 125
Marbod 31f.
Marco Polo 82f., 86, 211
Martell, Karl 50
Mattmüller, Roland 6
Mauren 50, 53, 210
Maus, M. 241
Maximilian, Kaiser 96, 213
McKaye, Steele 53
Medici 78, 98, 200
Medici, Fancesco I. 268
Medici, Cosimo 268
Mehmet II. 110
Meinl, Julius 222, 249f., 252
Mella, Julio Antonio 124
Memling, Hans 67f., 76
Mendel d. Ä., Konrad 57, 212
Mendel, Marquard 57
Mendelsche Zwölfbrüderbücher 54, 57
Meidner, Ludwig 231
Merchant Adventures 212
Metsys, Quentin 7, 200, 202f., 205, 213
Metternich, Fürst von 68, 218, 221

Michelangelo 145
Ming Pei, Jeoh 274
Mitsukoshi 168, 173
Modigliani 197
Modotti, Tina 125
Mohammed 42f., 210f
Mohammed Abu Alahmar 50f.
Moholy-Nagy, Lazlo 231
Moilliet, Louis 155
Moki Genshu 89
Molenaer 258
Moll, Carl 7, 153, 158f., 222, 226
Montezuma 120, 125
Montgolfier 135
Moore, Gabrielle 51
Moser, Koloman 159
Moskowitische Handelsgesellschaft 119, 215
Mozart, Wolfgang Amadeus 42, 219
Müller, Leopold Paul 8f., 153, 155ff., 220, 224
Murasha 20
Musson, Michel 130
Mussorgski 114
Napoleon I. 132, 218f.,
Nebukadnezar 20, 209
Nekrassow, N. 138
Nero 38
Neudörfer, Johann d. Ä. 117
Niebuhr, Barthold 78
Nijinski 114
Nitsch, Hermann 259
Otto der Reiche 211
Papst 49, 59, 97
Papst Urban II. 48
Papst Alexander VI. 87
Papst Joh, Paul II. 200
Papst Gregor 215
Parisius, Ludolph 226
Pasio, Francisco 91
Pawlowa 114
Perikles 25
Perry, Matthew Galbraith 93
Peter der Große 112ff.,188, 217
Petipas 114
Petrus Christus 200, 203, 212
Pfannkuch 226
Pfeiffer, Eduard 222f.
Pharao 13, 18f.

Philipp II. 98, 214
Phönizier 22f.,209
Picasso, Pablo 125, 195
Pitt, William 219
Pizarro, Francisco 213f.
Platon 24, 209
Pöppelmann, Matthäus Daniel 155
Philipp des Guten von Burgund, Herzog 200
Portinari, Tommaso 76
Pourbus, Pierre 8, 67f.
Ptolemäus 33
Properz
Puschkin, Alexander 111, 114, 137
Raffael 145
Raiffeisen, Friedrich Wilhelm 222, 261
Ramusio 83
Razan, Hayashi 91
Reesen, Bernhard 76
Reichelt, Otto 228f.
Reicher, Hedwig 271
Rembler, M. 74
Rembrandt van Reijn 7ff., 150, 216, 259
Repin, Ilja 39, 111, 114, 137ff., 160, 221, 223
Rerich, Nikolai 39, 137
Ressl, Joseph 134
Reuter 221
Richard Löwenherz 73
Rimsky-Korsakow 7, 114, 221
Rivera, Diego 8, 120, 122, 124f., 225, 229f.
Robertson Moses, Anna Mary 195
Rockefeller jr., D. 271
Roddick, Anita 244
Roosevelt, Dorothy 271
Rouart, Henri 130
Rousseau,Henry 195
Roymerswalde, Marinus 202f., 205, 213
Rubens, Peter Paul 146, 150
Rusticello 83
Sadko 7, 114
Sahlgren, Niclas 113
Saladin 45
Saunders, Clarence 228
Sawrassow, A. K. 138
Schätzlein, Georg 229
Schickedanz, Gustav 230f.
Schilders, Nikolaij 269
Schiller, Friedrich von 7, 218

283

Schlecker, A. 243, 247ff.
Schmid, Gebrüder 78
Schustler 142
Solly, Eduard 268
Sorolla, Joaquin 270
Soutine, Chaim 259
Stalin, Josef 125
Steinway, Theodore 271
Stephenson, George 219
Strabo 126
Strawinsky 197
Stroganow 119
Stüssgen, Cornelius 226
Sulaiman der Prächtige 109f., 214
Tacitus 38, 73
Tacuinum Sanitates in medicina 54, 56
Tanguy, Julien 150, 152, 225, 268
Teixeia, Domingos 87
Tenberg, Fritz 221
Tesar, Heinz 273
Thomas, Albrecht 94
Thurneysen d. Ä., Joh. Jakob 132
Tiepolo, Giovanni Batista 116
Tietz, Leonhard 65, 171, 224, 229
Tietz, Hermann 166, 172
Tietz, Oskar 224
Tiffany, Louis Comfort 8f., 53, 221, 223, 270f.
Tintoretto 81
Tizian 81, 259
Tolstoi, Alexej 137
Tolstoi, Lew 137
Torelli, Stefano 8, 115f., 217
Toussyn, Johann 64
Trajan 33
Treidler 136ff.
Tretjakow, Pawel Michailowitsch 220, 222, 268f.
Trotzki, Leo 124
Tschaikowsky 197
Tschien 30
Tschistjakow, P. P. 114
Turgenjew, Iwan 137
Una 18
Uhde, Wilhelm 195
Ury 171
Valois-Herzöge 67
Vasari, Giorgio 268
Velde, Esaias van de 75

Velde, Jan van de 183f
Vereenigde Oost-Indische Compagnie
(VOC) 99, 102f., 112, 216, 219, 261
Veronese 116, 150
Versace, Gianni 178
Virgil 268
Visscher, Claes Jansz 8, 75, 216
Voltaire 114
Vroom, Hendrick, Cornelisz 8, 99, 102f., 215
Warhol, Andy 8, 177ff., 230f., 237
Watt, James 218
Washington, George 219
Watteau, Antoine 8, 146ff., 217, 218, 268
Weber, Wlhelm Eduard 220
Welser 78, 118, 200
Wenzel von Böhmen 212
Werestschagin, W. W. 138
Westgoten 37, 210
Weston, Edward 125, 268, 275
Weston, Garfield (Garry) Howard 276
Wheeler, Candace Thurber 271
Wikinger 210
Wilhelm III. 78, 219
Wilhelm IV. 68
Wojtila, Kardinal Karel siehe Papst Joh. Paul II.
Woolworth, Frank, Winfield 171, 224, 228, 230f.
Xavier, Francisco de 88
York 99
Zapata, Emiliano 120
Zola, Emile 162, 167, 173, 220, 223f.

# FIRMENVERZEICHNIS

ADEG/Österreich (EDEKA)
Ahlbrand (FZ alli)
Albertson's/USA (Aldi)
Aldi
Allkauf (Metro)
alli (FZ alli)
Alpha Beta/USA
Gebr. Alsberg (Horten/Metro)
Appelrath & Cüpper (Douglas)
Amazon.com/USA
Asko (Metro)
Association Internationale pour l'Exploration et la Civilisation en Afrique
Atlanta/Scipio-Gruppe
Atlas-Reisebüros (teilweise Rewe)
Au Bon Marché/Paris
A. u. O. (Selex/Markant)
AVA (teilweise EDEKA)
Bader
BANEUROPE
Barnesandnoble.com/USA
Baur
Bayer/Darmstadt (SÜGRO)
Benetton/Italien
Benner/USA (Aldi)
Bergmann Spar)
Benzin (Kaufring)
Bertelsmann
BHZ-Bayerisches Handelszentrum
Bielefelder Konsum Verein (AVA)
BML-Gruppe/Österreich (Rewe)
Body Shop/Großbritannien
Bom preco/Brasilien (A. Heijn)
Boots/Großbritannien
Clemens und August Brenninkmeyer (C&A)
British East India Company/Großbritannien

Brooks Brothers/USA (Marks u. Spencer)
Michael Brücken (Rewe Dortmund)
Brülle & Schmeltzer
Brunthaler (COBANA)
Budgens/Großbritannien (Rewe)
Burgholz (Kaufring)
BVA (AVA)
BVL (Metro)
Buss und Wankmüller (Lekkerland)
Carrefour/Frankreich
CDNow/USA
COBANA
F. Colruyt/Belgien
Coop Dänemark (FDB)
Coop Dortmund-Kassel (Allkauf/Metro)
Coop Schleswig-Holstein
Coop/Schweiz
Coop Ostwestfalen (AVA)
Coop Ostwestfalen Lippe (AVA)
Coop Schwaben (AVA)
Coop Zentrale Aktiengesellschaft (u. a. Asko, Rewe)
Crone (Kaufring)
Deerberg (Kaufring)
Delhaize de Lion/Belgien
Despar (Spar/Niederlande)
Deutsche Supermarkt GmbH (Rewe)
Docks de France/Frankreich
J. S. Douglas (Douglas Handelskette)
Dohle/St. Augustin
DTV-Tabakwaren Vertriebsgesellschaft mbH
G. Duttweiler (Migros/Schweiz)
Paul Duvier (Thams und Garfs/Rewe)
Edeka
Eduscho (Tchibo)
Ehape-(Kaufhalle/Kaufhof/Metro)
Einkauf 24 Spar)
Eismann-Tiefkühl-Heimservice GmbH
EKAGE (Sügro/Lekkerland/L &T)
H. Eklöh (Hertie/Horten/Karstadt/Kaufhof/GEG)
Engelke (Himmelreich/Dohle)
Epa (Karstadt)
EMD/Schweiz (u. a. Markant)
ERWEGE (Kaufring)
Eurogroup SA (u. a. Rewe)
Esselunga/Italien (teilweise Rewe)
Fed mart/USA (Wertkauf)
5-Cent-Store/Utica/USA

Fnac/Frankreich
Jos. Förster/Köln (Himmelreich/Dohle)
Food Town Stores/USA (Delhaize le Lion)
Frucht-Hartmann (Fruchtring)
Fruchtring
Fuchs (Douglas)
FZ alli
Gaissmaier (Nanz/AVA)
Galeries Lafayette/Frankreich
Galleria Vittorio Emanuele/Mailand
GEDELFI Großeinkauf deutscher Lebensmittelfilialbetriebe GmbH
GEGRO (Markant)
A. Gerngross/Österreich
Georgii (Spar)
GEVA
Giesen (tobaccoland)
Globus/Köln
Globus/St. Wendel
Globus/Schweiz (Migros)
Goedecke (Nanz/AVA)
Götzen (Rewe)
Gottlieb/EDEKA
Großeinkaufs-Zentrale deutscher Konsumvereine (GEZ/Gepag)
Großeinkaufsgesellschaft deutscher Konsumgenossenschaften GEG
Große Ravensburger Handelsgesellschaft
Grünewald (tobaccoland)
P. de Gruyters u. Zoom (O. Reichel/EDEKA Minden)
Gubener Handelsverein (EDEKA)
Hagen-Gruppe/Norwegen (teilweise ICA)
Hahn (Horten)
Hamburger Commerz-Deputation (Handelskammer)
Hamburger Gesellschaft zur Verteilung von Lebensbedürfnissen
Hammerschlag (Spar)
Handelshof-Kette
Harth
C. H. Harrods/Großbritannien
Hauser (AVA)
Heijn/Niederlande
Hennes & Mauritz/Schweden
Henrich/Dillenburg (SÜGRO)
Hertie (Karstadt)
Heuberger/Bern (Globus Schweiz/Migros)
Hille(COBANA/Fruchtring)
Himmelreich/Köln (Dohle)
Hofer/Österreich (Aldi)

HOKI/Dänemark (EDEKA)
Holtmann/Stroetmann (Spar)
Homberg & Röhrig (EDEKA Wuppertal)
Honer (Kaufring)
Horten (Metro)
Humphty-Dumphty Stores/USA
Hussel (Douglas)
ICA/Schweden
IKEA/Schweden
Intermarché/Frankreich
Internationaler Genossenschaftsbund
Ito-Yokado/Japan
Jaques Weindepot (Horten/Metro)
Joh/Gelnhausen (Kaufring)
Jürgensen (Spar)
Kaiser & Kellermann (Rewe)
Kaiser's Kaffee/Viersen (Tengelmann)
Karstadt
Kathreiner/Kathra u. Krone-Märkte
Kaufhof (Metro)
Kaufmarkt (AVA)
kaufpark GmbH (Latscha/Wertkauf/WalMarkt)
Kaufring
kd (Tengelmann)
Kehrer u. Weber (Spar)
Otto Keller (Himmelreich/Dohle)
Kerber (Kaufring)
Kepa (Kaufhalle/Metro)
Kings Supermarkets/USA (Marks u. Spencer)
Klingel
Koch & Sohn/Langenfeld (Spar)
Koch & Mann/Süd/Köln (teilweise Bremke und Hoerster/teilweise Spar)
Koch & Mann/Nord/Wuppertal (Himmelreich/Dohle)
Kölner Konsumanstalt (Stüssgen/Rewe)
Köpke (COBANA/Fruchtring)
Köster (Horten/Metro)
Kolonialwaren Großhandels GmbH (Markant)
Konsum-Anstalten Krupp (Coop-Gruppe)
Konsumgenossenschaften/Neunkirchen/Kaiserslautern
Konsumgenossenschaft Bielefeld/Gütersloh/Bünde/Lübbecke/ Herford zur Konsumgenossenschaft Ostwestfalen (AVA)
Konsumverein "Bünde und Umgebung" (AVA)
Konsum-Verein Herford und Umgebung (AVA)
Konsumverein Lübbecke (AVA)
Konsumverein/Zürich (Coop-Gruppe Schweiz)
Konsum/Österreich (teilweise Spar/Österreich)

Krane Optic/Rheda-Wiedenbrück (teilweise AVA)
H. Krementz (Dohle)
Kriegbaum (Metro)
Kruhofere/Gelsenkirchen (FZ Borgmann)
Latscha/Frankfurt (Leibbrand/Rewe)
Leclerc/Frankreich
Leibbrand (Rewe)
Leipziger Einkaufskommission (EDEKA)
Lekkerland (L & T)
Gustav Lichdi (Coop Schwaben)
Lidl & Schwarz
Lil' Champ/USA (Docks de France)
Lisseborn (Spar)
Löffler (SÜGRO)
LÖWA/Österreich (Tengelmann)
Lütten (Fruchtring)
Lutter (Koch u. Sohn/Spar)
Macy/USA
Magasins du Louvre/Frankreich
Makro/Niederlande
Margareta/Ungarn (Otto)
Markant/Offenburg
Markant Südwesthandels AG
Marks & Spencer/Großbritannien
Marktkauf (AVA)
Martins Retail/Portugal (teilw. A. Heijn)
Maurer & Stein (Lidl u. Schwarz)
Meinl/Österreich (Rewe)
Merchant Adventures/Großbritannien
mehrwert GmbH (Latscha/Leibbrand/Rewe)
Merkur (Horten/Metro)
Otto Mess (DS/Rewe)
Metro
Migros/Schweiz)
Mitsukoshi/Japan
Monoprix (Galeries Lafayette)
Montanus (Douglas)
Moskowitische Handelsgesellschaft
MusicBoulevard/USA
Nanz (AVA)
Neckermann (Karstadt)
J. Neumann
Helmut Niessner K (Lichdi/Coop Schwaben)
Norma
Nouvelles Galeries (Galeries Lafayette)
Nürnberger Bund (Kaufring)
Obi

Ocean Park/USA
Ostindische Handelsgesellschaft/VOC/Niederlande
OTTO Versand
Parisius
Papst & Co.
J. C. Penney Co. Inc./Wyoming/USA
Pecht (Kaufring)
Pfannkuch (Spar)
Pott (Fruchtring)
Printemps/Frankreich
Pro (Coop/Spar)
J. I. Probst (Spar)
Promohypermarkt (Spar/Wal Mart)
Quelle
Ratio Großmarkt (Terfloth u. Snoek)
Red-Food/USA (Promodes)
Reichelt (EDEKA Minden)
REWE-Zentrale/Köln
Rewe/Dortmund
Rheika (Latscha/Leibbrand/Rewe)
Rheinisches Kaufhaus (Stüssgen/Rewe)
Rid (Kaufring)
Röger (Spar)
Röhrig
C. L. Rosa (Spar)
Rosenbaum (COBANA)
Rüfenacht (Globus Schweiz/Migros)
Sabbadini (Spar)
Sabeco/Spanien (Docks de France)
Sainsbury's/Großbritannien
Samaritaine/Frankreich
Schaal-Kurtz (Spar)
Georg Schätzlein (Werhahn)
Schaper (Asko/Metro)
Scharpe (Spar)
Schimmelpfeng (Spar)
A. Schlecker
Johs. Schmidt (Spar)
Schmidt (Spar)
Schmitz-Scholl OHG (Tengelmann)
Schnatenberg (Kaufring)
Schocken (Horten/Metro)
Schömer-Gruppe/Österreich
Schöpflin (Quelle)
Johann Schreiber & Co. (Lichdi/Coop Rhld/Pf)
Adolph Schuermann (Latscha/M. Brücken/Rewe Dortmund)
Schwab

Schwabbe & Hohendahl (Himmelreich/Dohle)
Schwarz (Kaufring)
SELEX (Markant)
Selgross (allkauf/Metro)
7-Eleven (u. a. Ito Yokado)
SHV (Niederlande)
Shaw's/USA (Sainsbury's)
Simmel (Handelshof)
Skala-Coop/Ungarn (teilweise Tengelmann)
Spa
Spar- und Konsumverein/Chemnitz
Spieß (Nanz/AVA)
Spinner (A & O/Markant)
Sport Voswinkel (Douglas)
Staatliche Handelsorganisation (HO)
Kaufhaus Stafa/Österreich (Gerngross)
Stang (Sügro)
Stegmann (FZ Bayern)
Stenzel (Lekkerland)
Stinnes (Rewe)
Stürke (Kaufring)
Suba-Center (AVA)
Südsee-Gesellschaft/Großbritannien
SÜGRO-Interchoc (Lekkerland/L & T)
Sundheimer (Kaufring
Suomen Osonskauppojen Keskuskunta SOK/Finnland
Supermercados Aragoneses/Spanien (Docks de France)
tabacon (DTV)
Tabakwaren-Großeinkauf Hannover e. G.
Tabak-Service GmbH/Y-Gruppe
TANIA (Markant)
Tchibo
Tenberg (tobaccoland)
Tengelmann (TENGELMANN)
Tesco/Großbritannien
Textor (Lekkerland)
Thams und Garfs (Rewe)
The Great Atlantic & Pacific Tea Company  A & P (Tengelmann)
Leonhard Tietz (Kaufhof)
Oskar Tietz (Hertie/Karstadt)
tobaccoland
Toys R Us
Uniprix (Galeries Lafayette)
Verband deutscher kaufmännischer Genossenschaften (EDEKA)
Verband Schweizer Konsumvereine VSK (Coop Schweiz)
Vereinigte Ostindische Company (VOC) Niederlande
Wandmaker (Coop Schleswig-Holstein)

Wal Mart/USA
Uhren Weiss (Douglas)
Wenz
Werhahn
Wertkauf (Wal Mart)
Westa (Selex/Markant)
Whiteley
Carl Wild/Freiburg
Willick
Witte und Geck (DTV)
Wohlwert Handelsgesellschaft mbH
Zentralverband der Genossenschaften
Zumtobel/Österreich (Migros)

# LITERATURVERZEICHNIS

100 Jahre AVA, 1892 – 1992. Wandel bedeutet Zukunft. Geschichte eines erfolgreichen Unternehmens, Bielefeld 1992.

100 Jahre F.M. Zumtobel, 1862 – 1962.

100 Jahre Kaufhof, 1879-1979. Beilage zu Kaufhof intern Nr. 1/79 vom 28. August 1979.

Cornelia-Hauszeitung, August 1972, Cornelius Stüssgen AG Köln.

Das Hausbuch der Cerruti, Harenberg Edition. Die bibliophilen Taschenbücher Nr. 130, Dortmund 1989.

Der frühe Kandinsky, 1900-1910. Herausgegeben von Magdalena M. Moeller, Hirmer Verlag München, 1994/1995.

Die Tretjakow-Galerie Moskau. Russische und Sowjetische Malerei, Aurora-Kunstverlag, Leningrad 1987

Enzyklopädie des Handels, COBANA/FRUCHTRING, Modellkooperation im europäischen Fruchthandel. Eine Veröffentlichung des EHI, Köln, 1997.

Enzyklopädie des Handels, EDEKA – älteste Einkaufsgenossenschaft des Lebensmitteleinzelhandels, 1994.

Enzyklopädie des Handels, G.E.V.A – eine nationale Kooperation des Getränkefachgroßhandels. Eine Veröffentlichung des EHI, Köln, 1997.

Enzyklopädie des Handels, KAUFRING: Europas größter Verbund selbständiger Kaufhäuser und Fachgeschäfte. Eine Veröffentlichung des EHI, Köln, 1998.

Enzyklopädie des Handels, LEKKERLAND – Vom Süßwarengroßhändler zum Systempartner. Eine Veröffentlichung des EHI, Köln, 1995.

Enzyklopädie des Handels, MIGROS – die Brücke vom Produzenten zum Konsumenten. Eine Veröffentlichung des EHI, Köln,1994.

Enzyklopädie des Handels, SPAR – größte Freiwillige Handelskette. Eine Veröffentlichung des EHI, Köln, 1997.

Enzyklopädie des Handels, TENGELMANN – größter Filialist Deutschlands. Eine Veröffentlichung des EHI, Köln, 1992.

Enzyklopädie des Handels, tobaccoland – Größter Tabakwaren-Fachgroßhändler Europas. Eine Veröffentlichung des EHI, Köln, 1996.

Euro-Land – ein Kunstgebilde, in: Die Welt 23.12.1998.

Ilja Repin. Malerei Graphik, Aurora-Kunstverlag, St. Petersburg, 1984.

Illustrierte Weltgeschichte. Auf den Spuren der Menschheit von den Anfängen bis zur Gegenwart, Naumann & Göbel Verlagsgesellschadft mbH, Köln, o. J.

Japan und Europa 1543 – 1929, Argon Verlag, Berlin 1993.

Kandinsky, Hauptwerke aus dem Centre Georges Pompidou Paris. Katalog zur Ausstellung in der Kunsthalle Tübingen, 2. April bis 27. Juni 1999.

Kandinsky, Katalog zur Ausstellung: Hauptwerke aus dem Centre Georges Pompidou Paris, Kunsthalle Tübingen 2. April bis 27. Juni 1999, DuMont Buchverlag Köln, 1999.

Karstadt-Magazin 2/81, Jubiläumsausgabe 1881-1981.

Katalogbuch zur Ausstellung „Louis C. Tiffany – Meisterwerke des amerikanischen Jugendstils" Dumont Buchverlag, Köln, 1999.
Kunsthalle der Hypo-Kulturstiftung: Marc Chagall, München 1991.

„Kurzweil viel ohn' Maß und Ziel". Augsburger Patrizier und ihre Feste. Herausgegeben von Pia Maria Grüber. Katalog zur Ausstellung des Deutschen Historischen Museums in Zusammenarbeit mit den Städtischen Kunstsammlungen Augsburg und dem Institut für Europäischen Kulturgeschichte der Universität Augsburg; 23. Januar bis 27. März 1994, Augsburg.

Russisches Museum, Hundert Jahre Nationale Russische Schatzkammer, Palace Edition, 1998.

Stadt der Frauen. Szenarien aus spätmittelalterlicher Geschichte und zeitgenössischer Kunst, Bonn 1994.

Watteau, Galerie der großen Maler, Bastei-Verlag, Bergisch Gladbach 1969.

Wer erfand das Schreiben als noch keiner lesen konnte? In: Welt am Sonntag, 18.April 1999.

| | |
|---|---|
| Amiel, G. | Elektronik macht Londoner Teemarkt überflüssig, in: Kölner Rundschau, 18.12.1997. |
| Bathe, B. W. | Von den Kreuzzügen zu den Kreuzfahrten, Verlag Delius/Klasing, Bielefeld/Bonn 1972. |
| Baumann, Felix<br>Karabelnik, Marianne (Hrsg.) | Degas, Die Porträts, Zürich 1994. |
| Becatti, Giovanni /<br>Insituto poligrafico dello Stato | Scavi die Ostia, Bd IV., Mosaici e pavimenti Marmorei – Tavole (Bild) |
| de Bertier de Sauvigny, G. | Metternich – Staatsmann und Diplomat, Diederichs-Verlag, München 1996. |
| Boschmann, Hella | Mit der Kunst die Seele pflegen. In: Die Welt, 31.08.1999. |
| de Bosque, A | Quentin Metsys, Brüssel 1975 |
| d'Haenens, Albert | Die Welt der Hanse, Mercatorfonds, Antwerpen 1984. |
| Dollinger, Philippe | Die Hanse, 5. erweiterte Auflage, Alfred Kröner Verlag Stuttgart 1998. |
| Forrer, M. | Hiroshige, Prestel-Verlag, München/New York 1997. |
| Frei, Helmut | Tempel der Kauflust. Eine Geschichte der Warenhauskultur, Edition Leipzig, 1997. |
| Fuchs, Peter | 100 Jahre Kaufhof 1891-1991, Köln 1991. |
| Gogol, N. | Die toten Seelen |
| Growe, Bernd | Edgar Degas, 1834 – 1917, Benedikt Taschen Verlag GmbH&Co. KG Köln 1991. |
| Grüber, P. M. (Hrsg.) | Kurzweil viel ohn' Maß und Ziel, München, 1994. |
| Haftmann, Werner | Marc Chagall, Köln 1988. |

| | |
|---|---|
| Hagen, Rose-Marie<br>Hagen, Rainer | Bildbefragungen, Band II. Meisterwerke im Detail, Benedikt Taschen Verlag GmbH, Köln 1995. |
| Hässlin, J. J. | Das Buch Weinsberg. Aus dem Leben eines Kölner Ratsherrn, J. P. Bachem-Verlag, Köln 1997. |
| Jammers, Ewald | Das königliche Liederbuch des deutschen Minnesangs, Heidelberg 1965. |
| Jantzen, G. | Zur Geschichte des Stalhofes in London. |
| Kendell, Richard (Hrsg.) | Edgar Degas, Leben und Werk in Bildern und Briefen, München 1988. |
| Kettenmann, Andrea | Diego Rivera, 1886-1957. Ein revolutionärer Geist in der Kunst der Moderne, Benedikt Taschen Verlag GmbH, Köln 1997. |
| Klotz, Heinrich | Geschichte der deutschen Kunst. Erster Band: Mittelalter 600-1400, C. H. Beck, München 1998. |
| Lacoste, Michel Conil | Kandinsky, 1979. |
| Lebedewa, Viktoria | Boris Kustodijew, Trilistnik Moskau 1997, ( russ.). |
| Lloyd, Christopher,<br>Douglas-Henry, J. | Schiffe und Schiffsvolk. Eine Bildgeschichte von den Wikingern bis zur Gegenwart, Praesentverlag Heinz Peter, 1962. |
| Löffler, Fritz | Dresden im 18. Jahrhundert, Koehler und Amelang, Leipzig 1988. |
| Luther, A. | Kleine Russische Literaturgeschichte, Berckers Kleine Volksbibliothek. |
| Massie, R. K. | Peter der Große – sein Leben und seine Zeit, Fischer Verlag, Frankfurt 1995. |
| Matthes, Olaf | Die Mutter aller Kampagnen. Vor 100 Jahren begannen die deutschen Grabungen in den Trümmern von Babylon, in: Die Welt, 7. Mai 1999. |
| Nagel, K., Schlipf, B. P. | Das Fleischerhandwerk in der bildenden Kunst, C.F. Rees-Verlag, Heidesheim 1984. |
| Nolte, Jost | Die Kunst dem Volke, in: Die Welt, 16.12.1998. |
| Nürnberger, K. | Quantensprung im Tea-Business, in: die Welt, 30.06.1998. |
| Ogger, G. | Kauf dir einen Kaiser. Die Geschichte der Fugger, München, 1978. |
| Oxenstierna, Eric Graf | Die Wikinger, Akademische Verlagsgesellschaft, Kettwig, o. J. |
| Pagel, Karl | Die Hanse, neu bearbeitet von Friedrich Naab, Georg Westermann Verlag, Braunschweig 1983. |
| Raff, Dieter | Deutsche Geschichte vom Alten Reich zum vereinten Deutschland, Wilhelm Heyne Verlag, München 1992. |
| Reinoß, H. | Zeugen unserer Vergangenheit, Gütersloh o. J. |
| Samhaber, E. | Kaufleute wandeln die Welt, Frankfurt/M. 1978. |
| Schaal, Hans | Ostia – Der Welthafen Roms. |
| Schidt, Wieland | Die Manessische Handschrift, Berlin 1960. |
| Sebald, W. G. | Die Ringe des Saturn, Frankfurt/Main, 1997. |
| Sédillot, R. | Vom Tauschhandel zum Supermarkt, Cotta Verlag, Stuttgart 1966. |
| Seewald, Berthold | Der zähe Lebenswille antiker Metropolen. „Von Babylon bis Jerusalem: Die Welt der altorientalischen Reiche" im Mannheimer Museum, in: Die Welt, 2. Juni 1999. |
| Semenzato, C. | Die Große Kunstgeschichte der Welt, Südwest-Verlag München, 1988. |

| | |
|---|---|
| Thurbron, Colin | Die Seefahrer des Altertums. |
| Time-Life Redaktion | Rom: Das unvergängliche Erbe der Cäsaren. |
| Uitz, Erika | Die Frau in der mittelalterlichen Stadt, Verlag Herder Freiburg im Breisgau 1992. |
| von Fircks, Jochen | Wikingerschiffe. Über ihren Bau, ihre Vorgänger und ihre eigene Entwicklung. Hirnstorff Verlag Rostock, 1979. |
| Walther, Ingo F. | Vincent van Gogh, 1853-1890, Vision und Wirklichkeit, Benedikt Taschen Verlag 1993. |
| Zank, Wolfgang | Eine Insel für Europa. Globalisierung, nein danke! Über zwei Jahrhunderte lang endeten alle Wege nach Japan auf Dejima, in: Die Zeit; 17. Juni 1999. |
| Zierer, O. | Die großen Ereignisse der Weltgeschichte, Bertelsmann, Gütersloh, o. J. |
| Zola, E. | Zum Paradies der Damen, Winkler-Verlag, München 1976. |

# BILDNACHWEIS

Aachener Domschatz: 44
Archiv für Kunst und Geschichte Berlin: 19, 43,55, 85, 86, 87 oben/unten, 104, 118, 119, 119 oben, 129, 184, 196, 204/205, 210, 211, 218 Mitte/unten, 219, 228 unten
AVA-Archiv, Bielefeld: 226
Bally-Schuhmuseum, Schönenwerd: 27, 29
Bauer, HansJörg, 7000 Jahre Handel. Eine Kulturgeschichte, AT Verlag Aarau/Stuttgart: 1982. 48, 132, 133,
Bayerische Staatsbibliothek, München: 65
Bibliothèque Nationale, Paris 47, 120
Bibliothèque Royale, Brüssel, Cabinet des Estampes: 117
Bildarchiv Preußischer Kulturbesitz, Berlin: 32/33, 166 oben, 163
Bildarchiv Bucher, München: 108, 109
Bildatelier Mauritius, Mittenwald: 46
Bilderdienst Süddeutscher Verlag, München: 112, 231 Mitte
British Museum, London: 31, 74, 76, 216 Mitte
Brooklyn Museum of Art, New York: 53
Bundeswirtschaftskammer Wien: 58
Bunko, Mitsui, Tokyo, Japan: 5
Civico Museo Navale, Genua: 95
Collection Pulverer , Cologne: 90
Cornelia-Hauszeitung, August 1972, Cornelius Stüssgen AG Köln: 175 Mitte, 227 oben
Cosmopress, Genf: 193, 194
Deutsches Archäologisches Institut, Istanbul: 111, 214 oben
Deutsches Museum, Berlin: 77, 213 unten
Dynamik im Handel, 50 Jahre Selbstbedienung: 232 oben
EHI-Archiv: 171,174, 182 oben u. unten, 189, 190ff., 233 unten, 238 unten, 247 unten, 250 Mitte, 252 262, 263ff., 279
Enzyklopädie des Handels, EDEKA – älteste Einkaufsgenossenschaft des Handels,Köln: 225 unten
Enzyklopädie des Handels, MIGROS - die Brücke vom Produzenten zum Konsumenten, Köln: 1994. 271 unten
Enzyklopädie des Handels, MIGROS - die Brücke vom Produzenten zum Konsumenten, Köln: 1994. 230 oben
Enzyklopädie des Handels, Spar, größte Freiwillige Handelskette, Köln: 231 oben
Enzyklopädie des Handels, Tengelmann – größter Filialist Deutschlands, Köln: 243, 239, 242
Enzyklopädie des Handels, Lekkerland. Vom Süßwarengroßhändler zum Systempartner, Köln: 1995. 236 oben
Enzyklopädie des Handels, G E V A... eine nationale Kooperation des Getränkefachgroßhandels, Köln: 240
Enzyklopädie des Handels, fz-Frischdienst-Zentrale, Köln: 248
Enzyklopädie des Handels,Cobana/Fruchtring, Köln: 238 oben
Ermitage, St. Petersburg: 146, 147
Förderungsgemeinschaft des Deutschen Fleischer-Verbandes e. V., Frankfurt a. M.: 57, 212 oben
Frei, Helmut, Tempel der Kauflust. Eine Geschichte der Warenkultur, Edition Leipzig 1997:162, 170 oben, 170 unten, 229 unten
Futagawa, Yukio: 275
Gerling, Michael: 276
Gemäldegalerie Alte Meister, Dresden: 153, 218 oben
Gemäldesammlung der Akademie der bildenden Künste, Wien: 13
Germanisches Nationalmuseum Nürnberg: 75, 198
Groeningemuseum, Brügge: 67
HB-Bildatlas: 26
Hamburger Staatsarchiv: 71
Herzog-Anton-Ulrich-Museum, Braunschweig: 98
Historisches Museum, Amsterdam: 100/101
Historisches Museum Wien: 142, 144 oben

Hispanic Society of America, New York: 270
Il Café Ossia, Silvana Editoriale, Milano 1990: 80/81
100 Jahre AVA, 1892 – 1992. Wandel bedeutet Zukunft, Geschichte eines erfolgreichen Unternehmens, Bielefeld: 250 oben
100 Jahre Kaufhof 1879-1979: 165, 175, 227 oben, 232 unten
100 Jahre F. M. Zumtobel, 1862-1962: 233 oben
50 Jahre Schätzlein (1972): 177 unten, 241 unten
50 Jahre Selbstbedienung, Dynamik im Handel, Sonderausgabe, 1988: 177 rechts oben
75 Jahre Pfannkuch+Co (1971): 176 unten
Japan und Europa 1543-1929, Argon Verlag, Berlin 1993: 88/89, 92/93, 214 unten
Karstadt-Magazin 2/81 Jubiläumsausgabe 1881-1981: 175, 224
Katalog vom KONSUMENT-Versandhaus Karl-Marx-Stadt: 185
Katalog Versandhaus Leipzig: 185, 235 oben
Kaufhof, Firmenarchiv Köln: 165
Kaufring: Europas größter Verbund selbständiger Kaufhäuser und Fachgeschäfte, Enzyklopädie des Handels, Köln, 1998: 229
Kimbell Art Museum, Fort Worth, Texas, USA: 145, 215 oben
Koninklijke Bibliotheek, Den Haag: 70
Robert Koch, Rebel in Glass, 1964: 52
Kunst-Museum Saratow: 160, 227 unten
Prof. Lessing, Wien: 14, 14/15, 18, 18/19, 22/23, 25, 28, 209,210 unten,
Lloyd, Christopher, Douglas-Henry, J.: 135, 223 oben
Joachim Loewe, Luzern: 94
Mairie de Bayeux: 40
Moore, Gabrielle: Moneda andalusi en la Alhambra (Bildmappe mit 7 Bildern): 50/51
Gerhard P. Müller: 110
Musée des Beaux Arts, Pau: 130
Musée du Louvre, Paris: 17, 202, 258f.
Musée National d'Art Moderne, Centre Georges Pompidou: 137
Musées Royaux des Beaux-Arts, Brüssel: 215 unten
Museo Quaunahuac, Instituto Nacional de Antropologia e Historia/ INAH, Cuernavaca, Morelos: 121
Museum Boymans-van Beunigen, Rotterdam: 21
Museum Folkwang, Essen: 164
Nationalmuseum, Stockholm: 113, 217 oben
Österreichische Nationalbibliothek Wien: 56, 144 Mitte
Österreichische Galerie Wien: 154/155, 156/157
Palacio National, Mexiko-Stadt: 122/123, 124
Dr. Peter Pfarl, Bad Ischl: 36
Pfarrkirche in Kirchdorf an der Krems: 62
Phillips/Schwab: 180
Pinakothek, München: 60/61
Prado-Museum, Madrid: 143
Privatsammlung: 186/187
Prospekt Koch&Mann Süd GmbH: 176
Prospekt, Kunst der Gegenwart Sammlung Essl, 1999: 266, 273
Public Record Office/Crown Copyright :107
Rathaus, Lübeck: 69,116
Günter R. Reitz, Hannover: 16
Rijksmuseum 'Nederlands Scheepvaart Museum' Walburg Pers: 99, 103, 216 oben
Russisches Museum, St. Petersburg: 39, 111, 138/139, 161, 221 oben
Sainsbury Galleries im British Museum, London: 272
Sammlung Dr. Robert Koch, Stamford, Conn.: 221 Mitte
Sammlung Irving Blum, New York: 180 unten, 237
Sammlung Martin und Janet Blinder, Los Angeles: 178/179
Sammlung Stavros S. Niarchos: 151
Schloßmuseum Cottage, Petrodworez: 82/83, 109 oben
Albert Schramm, Der Bilderschmuck der Frühdrucke, Bd. XVIII, Leipzig 1935: 63 oben
Schweizerische Post-, Telefon- und Telegrafenbetriebe, Bern, PTT-Museum: 141
Shop aktuell 86. Das internationale Magazin für Ladengestaltung, Umdasch Shop-concept, S. 5: 191
Sint-Jans-Hospitaal, Brügge: 66
Staatliche Museen zu Berlin: 148/149
Staatsbibliothek Berlin Preußischer Kulturbesitz, Bildarchiv: 95 oben, 105, 127, 139 oben, 216 unten
Staatsgalerie, Augsburg: 6, 213 oben
Stadt der Frauen. Szenenarien aus spätmittelalterlicher Geschichte und zeitgenössischer Kunst, Bonn 1994: 59
Stadtarchiv Lübeck: 59 unten
Stadtarchiv Meißen: 136

Stadtarchiv Stuttgart: 166 Mitte
Stadtmuseum, Köln: 64
Stärk, Georg: 169 oben u. unten, 172/173, 174
Teehandlung Joh. Schönbichler, Wien: 197
The Metropolitan Museum of Art, New York: 91, 201, 212 unten
Time-Life: Rom: Das unvergängliche Erbe der Cäsaren, 1994; Eberhard Thiem, Lotos Film, Kaufbeuren/Musei Vaticani, Rom: 34
Tretjakow-Galerie, Moskau: 114, 159, 217 Mitte, 220 oben, 222 oben, 236 unten, 269
U.D.F., Paris: 35
Verkehrsmuseum Nürnberg: 134, 220 unten
Hans Weber, Lensburg: 2/3
Westfälisches Landesmuseum für Kunst und Kulturgeschichte, Münster: 167, 228 oben
Zentralbibliothek Zürich: 63, 199

© Dezember 1999, 1. Auflage

EHI-EuroHandelsinstitut GmbH, Spichernstraße 55, D-50672 Köln, Tel.: 0221/5 79 93-0,
Fax: 0221/5 79 93-45, e-mail: info@ehi.org, Internet: www.ehi.org

| | |
|---|---|
| Herausgeber: | Prof. Dr. Hans-Jörg Bauer, Dr. Bernd Hallier |
| Redaktion und Layout: | Jeannette Fritsch, Dr. Ursula Münch |
| Wissenschaftliche Betreuung: | Dr. Ursula Münch |
| Redaktionelle Mitarbeit: | Ulrich Mertens |
| Produktion: | punktum Postscript-Service Conin & Pütz GmbH, Köln |
| ISBN: | 3-87257-228-8 |